조선 후기 당쟁과 광주이씨

조선 후기 당쟁과 광주이씨

초판 1쇄 인쇄 2011. 9. 21.
초판 1쇄 발행 2011. 9. 28.

지은이 권 오 영·이 기 순 외
펴낸이 김 경 희

경 영 강 숙 자
편 집 장 수 영
영 업 문 영 준
경 리 김 양 헌
펴낸곳 ㈜지식산업사
본사 ◦ 경기도 파주시 교하읍 문발리 520-12
전화 (031)955-4226~7 팩스 (031)955-4228
서울사무소 ◦ 서울시 종로구 통의동 35-18
전화 (02)734-1978 팩스 (02)720-7900
한글문패 지식산업사
영문문패 www.jisik.co.kr
전자우편 jsp@jisik.co.kr
등록번호 1-363
등록날짜 1969. 5. 8.

책값은 뒤표지에 있습니다.

ISBN 978-89-423-1148-4 (94910)
978-89-423-0062-4 (세트)

이 책을 읽고 지은이에게 문의하고자 하는 이는
지식산업사 전자우편으로 연락 바랍니다.

서 문

한국역사문화연구원에서는 그동안 수행해 온 문중연구를 한국역사문화연구총서로 간행하기로 했다. 총서 4는 《아계 이산해의 학문과 사상》이라는 제목으로 이미 출간되었다. 이번에는 조선시대 광주廣州이씨 둔촌공파遁村公派 인물들에 관한 연구들을 모아 세 권의 책으로 발간하고자 한다. 총서 1권에는 광주이씨 대종회에서 2006년에 위촉한 둔촌遁村 이집李集을 비롯한 둔촌계 초기 인물들에 대한 논문 8편을, 총서 2권에는 2007년에 위촉한 조선 중기 광주이씨 인물에 관한 논문 11편을, 총서 3권에는 조선 후기 광주이씨 인물에 관한 논문 12편을 수록하기로 했다. 책 제목은 각각 《조선 초기 사대부정치와 광주이씨》, 《조선 중기 훈구·사림정치와 광주이씨》, 《조선 후기 당쟁과 광주이씨》로 정했다.

1권에는 8편 가운데 4편이 중시조 둔촌遁村 이집李集에 관한 글들이고, 나머지는 그의 아들 지직之直·지강之剛, 손자 인손仁孫에 관한 논고가 실려 있다. 2권에는 이지직의 손자뻘인 극규克圭·극배克培·극감克堪·극증克增·극돈克墩·극균克均·극기克基·극견克堅 등과 그의 증손자인 세우世佑에 관한 논고가 수록되었다. 시대가 시대이니만치 여기에는 사화와의 관계가 다루어질 수밖에 없었다. 그리고 3권에는 조선 중기 이세좌李世佐의 손자인 연경延慶·윤경潤慶을 비롯해 그 뒤의 수경·중경·광악光岳·윤우潤雨·우항宇恒·원정元禎·도장道長·담명聃命·한명漢命·만운萬運·기양基穰 등 다양한 광주이씨 인물들에 대한 논고를 실었다.

대체로 학계에서는 인물연구라면, 더욱이 문중과 연계된 경우에는 문중사학이라고 매도하는 경우가 있다. 물론 문중에 유리하게 편향적으로 서술하면 그런 비난을 받아도 좋다. 그러나 이것은 생각하기 나름이다. 연구를 시작할 때부터 인물에 대한 객관적인 서술을 전제로 임하면 문제가 없을 것으로 생각한다. 오히려 인물사, 사상사 연구에서 문중에만 있는 자료를 협조받을 수 있어 심도 있는 연구에 도움이 될 수도 있다. 한국역사문화연구원에서는 이러한 사항을 반드시 계약서에 넣어 객관적인 연구를 해 오고 있다.

광주이씨는 현달한 인물이 많아서 한꺼번에 수십 편의 논문을 발표했다. 앞으로도 동고東皐 이준경李浚慶, 한음漢陰 이덕형李德馨에 관한 연구를 계속할 것이다. 관심 있는 많은 분들이 읽어 주시기를 바란다.

2011년 8월

한국역사문화연구원장 이 성 무

차 례

이윤경의 생애와 정치관에 대한 기초적 검토 • 서정문

16세기 중반 사림파 이수경 · 이중경의 정치활동의 특징 • 정해은

이광악의 생애와 왜란 때의 활약 • 김봉곤

석담 이윤우의 관직활동과 학문적 위상 • 김학수

낙촌 이도장의 생애와 정치활동 • 조준호

숙종 대 이원정의 정치활동과 피화 • 김문택

17세기 후반 이담명 · 이한명의 정치활동과 경세론 • 이근호

숙종조 총융사 이우항의 정치활동과 도성수비론 • 심승구

묵헌 이만운의 학문 세계 • 박인호

복암 이기양의 생애와 학문 • 차기진

탄수 이연경의 성리학적 삶과 사상

권 오 영
한국학중앙연구원

1. 머리말

13세기 말에 안향이 원나라에서 주희의 《사서집주》라는 신서를 가지고 돌아와 고려사회에 새로운 학풍을 진작시킨 뒤, 성리학은 이색과 정몽주 등에 의해 탐구되었다. 1392년 조선왕조가 개창하자 정도전·권근 등은 정치 이념으로 성리학을 택하였다. 그 뒤 김굉필·정여창 등은 성리학 이론 탐구에 힘썼다. 그러나 당시까지만 해도 이기심성理氣心性에 대한 깊은 탐구는 이루어지지 않았고, 이理를 강조하는 경향도 아직 나타나지 않았다. 오히려 서경덕이 고려의 수도이던 개성에서 기氣에 대해 깊은 탐구를 하여 그의 문하에서 많은 학자가 나왔고, 기껏해야 이언적이 신라의 천년고도 경주에서 조한보曹漢輔와 무극태극논쟁無極太極論爭을 벌여 비로소 조선 이학의 새 장을 열기 시작한 정도였다. 서경덕·이언적 등 당시 학자들이 벌인 학문적 노력은 지금까지 이어져 오던 불교 시대를 마감하고 성리학의 시대를 사상적으로 뒷받침하기 위한 것이었다.

16세기 조선사회는 성리학을 사상적으로 깊이 있게 이해해가던 시기였다. 이연경李延慶은 조선 전기 최고의 명문인 광주이씨 가문에서 태어나 16세기 전반기에 활동한 저명한 학자였다. 광주이씨는 특히 14세기 말에 조정의 핵심에 포진하고 있었다. 따라서 조선왕조의 창업에서 수성에 이르기까지 이 가문은 항상 권력의 중심에 서서 정치적 구실을 하였다고 할 수 있다. 그러다 보니 가문의 부침 또한 변화가 심하였는데, 연산군 대에 일어난 갑자사화로 광주이씨는 정치적으로 치명적인 타격을 입었다.

조선왕조가 성종 이후 안정기에 접어들자, 사상·종교인 면에서 두드러진 변화가 일어났다. 바로 성리학의 보급과 탐구가 그것이다. 성종 대 김종직 등 사림세력이 중앙정계로 진출한 뒤 조선사회에는 사장과 도학이 꽃피게 되었다. 이 무렵 김굉필의 문하에서 조광조·김안국 등 많은 학자가 배출되었는데, 이들은 《소학》을 학습하여 실천에 옮기고 향약 등을 전국적으로 보급하여 향촌을 성리학적 예속으로 교화하는 데 앞장섰다. 그러나 중종연간에 일어난 기묘사화와 명종연간의 을사사화를 겪으면서 정계에서 축출된 많은 지식인들은 재야에서 학문탐구에 힘썼다. 이들은 사화로 징계되어 벼슬에 나아가기를 꺼려하고 물러나기를 쉽게 여겨 산림에서 학문탐구에만 힘쓰는 처사적 삶을 살았다.

이 글에서는 16세기에 활동한 이연경의 성리학적 삶과 사상에 대해 탐구하고자 한다. 그는 사화라는 정치적 어려움 속에서도 우뚝하게 자립하여 평생 절조를 변하지 않아 '기묘완인己卯完人'으로 일컬어졌다. 그는 '한 시대의 유종儒宗'이었고[1] 그 문하에서 이준경·노수신·강유선 등의 뛰어난 학자가 배출되었다. 이연경 사후 종제 이준경이 그의 행장을 짓고 이황이 묘갈명을 지었고, 문인이자 사위인 노수신이 묘지명을 지었으나, 그에 관한 유고가 현재 전하지 않아 이연경의 학문적 업적과 활동을 탐구하기가 쉽지 않다. 따라서 그에 관한 전기 자료와 조선왕조실록이나 문집 등에 보이는 영성한 자료를 통해 그의 삶과 사상의 편린을 알아보는 데 그치고자 한다.

2. 효제孝悌를 실천한 삶

이연경은 고려 말에 판전교시사判典校寺事를 지낸 둔촌遁村 이집李集의 7세손이다. 이집은 고려 말기에 급제하였는데 신돈에게 미움을 받고는 영해로 피난을 갔다가 신돈이 처벌을 당하자 벼슬길에 나아갔다. 이연경의 고조부는 풍애楓崖 이인손李仁孫으로 우의정을 지냈고 그의 문인 서거정徐居正이 신도비명을 지었다. 이인손의 다섯 아들인 극배克培(牛峰·一峰, 광릉부원군)·극감克堪(二峰, 광성군)·극증克增(三峰, 광천군)·극돈克墩(四峰, 광원군)·극균克均(五峰, 광남군)은 모두 문과에 급제하여 재상의 지위에 올라 군君으로 봉해져 광주이씨 가문의 가장 화려한 시대를 열었다. 오극五克의 어머니 교하노씨는 《효경孝經》과 《소학小學》 등 여러 책을 섭렵하고 지식과 교양을 두루 갖춘 여인이었다. 오극의 부모는 다섯 아들을 잘 교육시켜 문과에 합격하자 오자등과자의 부모에게 매년 쌀 20석을 하사하는 규정에 따라 봉양을 받았다.2)

1) 《穌齋文集》 권9, 墓誌, 有明朝鮮國弘文館校理李灘叟先生墓誌銘 幷序. 노수신은 이연경을 '一代儒宗'이라 하였고, 《廣州李氏大同譜》 卷首에는 "早從靜菴先生道義最深厚, 以學問道德爲世儒宗嫡傳"이라고 하였다.

2) 다섯 아들이 과거에 급제한 경우 부모를 포상하는 규정은 세조 5년(1459) 3월 4일

이연경의 증조부 이극감은 형조판서를 지냈고 광성군에 봉해졌다. 그리고 조부 한원漢原 이세좌李世佐는 서거정의 문하에서 공부하였고 김굉필金宏弼·정여창鄭汝昌·유호인兪好仁·성현成俔 등과 도의로 사귀었다. 그는 선정전 강연에서 임금에게 성의·정심과 진군자進君子·퇴소인退小人의 설을 올리기도 하였다.

이세좌는 1477년(성종 8) 장악원 첨정으로 문과에 급제하여 대사간에 임명되었고, 그 뒤 직제학을 거쳐 대사성으로 승진하였다. 1486년(성종 17) 호조참판으로 정조사가 되어 명나라를 다녀와 광양군에 봉해졌고 경상·황해·경기관찰사를 두루 역임하였다. 1497년(연산군 3)에 이조판서에 올랐고 이듬해에는 판중추부사에 임명되었다가 무오사화가 일어나자 김종직과 교분이 있었다고 하여 파직당하였다. 그러나 곧 다시 풀려나 예조판서로 복직하였다.

그런데 1479년(성종 10) 6월, 성종이 왕비 윤씨를 폐위시켜 친정으로 쫓아 보낸 사건이 발생하였다. 그러자 신하들은 원자(연산군)의 어머니를 민간인과 함께 살게 해서는 안 되며 조정에서 따로 거처를 마련하고 관청에서 생활비 일체를 지급해야 한다고 계속 상소를 올렸다. 이에 성종은 이러한 상소는 원자에게 아첨하려는 생각에서 나온 것이라 하여 더욱 역정을 냈고, 또 원자도 점점 자라고 인심도 폐비윤씨에게 미련을 가지고 있다고 하여 1483년(성종 14) 8월에 신하들에게 그 대책을 논의하게 하였다. 그리하여 성종은 좌승지 이세좌에게 명하여 윤씨에게 사약을 내리게 하였다. 연산군이 왕위에 오른 뒤 어머니를 폐한 사건에 대한 반발이 갑자사화를 일으키는 하나의

(병술)에 정해졌다. "傳旨禮曹曰五子登科父母, 歲賜米二十石, 父母已歿者追封, 令所在邑致祭." 그리고 같은 해 7월 4일(계미)에는 "傳旨禮曹曰五子登科, 父母歲賜米二十石, 歿者追贈, 令所在邑致祭"라고 하였다.

빌미가 되었다. 당시 이세좌는 형방승지로서 왕명을 받들어 폐비윤씨에게 사약을 전달했다는 죄목으로 1503년(연산군 9) 함경도 온성으로 유배에 처해졌다. 그는 이듬해 3월 3일에 잠시 사면되었다가 다시 거제도로 귀양을 가는 길에 곤양에서 연산군의 명으로 목매어 자결하였다. 뒷날 그의 8손 가운데 탄수 이연경·숭덕崇德 이윤경李潤慶·동고東皐 이준경李浚慶이 도덕과 공렬功烈로 세상의 추중을 받았다.

1504년(연산군 10) 갑자사화로 광주이씨 가문은 최대의 위기를 맞았다. 이연경의 종조부 이세걸도 명나라에서 돌아오자마자 참형을 당하였고, 종증조부 이극균도 같은 해 4월 5일에 참화를 입었다. 이세광·이수공 부자도 죽음을 면치 못하였으며 이연경의 아버지 4형제가 모두 5월 13일에 죽음을 당하였다.

이연경의 아버지는 원재元齋 이수원李守元으로 충청도사를 역임했고 병조참의에 증직되었다. 그는 김굉필의 문하에서 공부하였고 형재亨齋 이수형李守亨·의재義齋 이수의李守義·정재貞齋 이수정李守貞 등 형제 네 명이 효우孝友로 세상의 법도가 되었다. 충청도사로 있던 1498년(연산군 4)에 무오사화가 일어나 유배되었고, 1501년(연산군 7)에 석방되었으나 또 다시 형제들과 참혹한 화를 당하였다.

이연경의 어머니는 남양방씨로 사용司勇 방의문房毅文의 딸이다. 그리고 이연경의 부인은 전주이씨로 이성수伊城守 이지李墀의 딸이고 후취는 원주이씨로 현감縣監 이연원李延源의 딸이다. 이연경은 슬하에 아들 하나와 세 딸을 두었으나 아들은 일찍 죽어 동생의 아들 호약好約으로 후사를 삼았다. 사위는 노수신(영의정)·심건沈鍵(승문원정자)·강유선康惟善(생원)으로, 이연경이 이들 세 사람을 직접 사위로 뽑아 공부를 가르쳤다.

이연경은 자가 장길長吉이고 스스로 호를 용탄수龍灘叟 또는 탄수灘

叟라 하였다. 그는 8세이던 1491년(성종 22) 김굉필의 문하에서 유교 경전과 행실에 관한 가르침을 받았다고 한다.

이연경의 조부인 이세좌는 연산군의 어머니인 윤씨가 자결할 때에 형방승지로서 왕명을 받들고 왕래하였다. 이 때문에 이연경은 20세 때인 1503년에 함경도 온성으로 귀양을 갔다. 이때 이세좌의 아들들도 유배를 갔는데 이연경은 유배지에서 온갖 고생을 하였으나 뜻을 굳게 지키고 몸가짐을 조금도 게을리하지 않았다. 이듬해 석방되어 서울로 돌아왔으나 얼마 뒤 다시 거제도로 귀양을 가게 되자, 이연경은 또다시 할아버지를 모시고 가다가 광주 수종강水鐘江가에서 연산군이 보낸 형리에 체포되어 해남으로 유배되었다.

연산군은 혼우昏愚하고 포악하여 선비들을 거의 모두 처형하였다. 이때 이연경의 할아버지와 아버지, 그리고 여러 삼촌도 모두 화를 당하니, 이연경은 마음이 애통하여 외로이 서 있는 마른 나무와 같아 급한 소식이 북쪽에서 올 때마다 몸을 깨끗이 하고 단정히 앉아 명령을 기다리며 "비록 죽더라도 허둥지둥하여 떳떳한 법도를 잃어서는 안 된다"고 다짐하였다.

이연경은 유배지 해남에서 오로지 학문탐구에 힘썼다. 1506년(중종 1)에 연산군이 폐위되고 중종이 즉위하자 그는 석방되어 충주로 돌아가 우거하였다. 이연경은 이때 할아버지와 아버지, 삼촌들이 돌아가신 지 3년이 넘었으나 아직 장사지내지 못하였으므로 그대로 소복하고 장사를 마쳤다. 마침 교리 홍언충洪彦忠이 중종의 부름을 받고 가는 길에 이연경이 상복차림으로 있는 것을 보고 놀라서 "나는 그대의 죄인이다"라고 하고는 바로 집으로 돌아갔다.

한편 이연경의 선대가 충주와 인연을 맺은 것은 그의 증조부인 이극감 대의 일이다. 이극감은 당대 충주 지역의 문벌인 충주최씨와 혼인하여 그 기반을 마련하였던 것 같다. 그래서 이극감은 중앙정계에서 은퇴한 뒤 처향인 충주로 이주해 온 것으로 보인다.[3)]

이연경은 1507년(중종 2)에 생원에 합격하였으며 원통하게 죽은 사람의 자손이라 하여 선릉宣陵(성종과 정현왕후 윤씨의 능) 참봉에 임명되었다. 이연경은 직책을 수행함에 한결같이 예법을 따르니, 당시 사람들이 '선릉에 한 법사法司가 있다'고 칭찬하였다. 이연경은 얼마 안 되어 사직하고는 더욱 뜻을 가다듬어 책을 읽었으며, 조광조 등 당대의 명유들과 서로 친하게 사귀며 도의를 강마하였으나 과거에 뜻을 두지는 않았다.

1514년(중종 9)에 어머니를 모시고 선대의 별장이 있는 충주에 정착하였다. 그는 이듬해부터 박하징朴河澄 등과 친밀한 교유관계를 맺었고 기묘사화 뒤에도 함께 자연을 벗삼아 시를 읊조리는 등, 관계는 지속되었다.[4)]

이연경은 1518년(중종 13) 성균관에서 쓸 만한 재행才行이 있는 사람에 포함되어 생원 김세보金世輔·진사 조우趙佑·생원 이약수李若水·진사 김익金釴·유학 안처함安處諴·윤미尹糜 등 7인과 함께 이조에 천보薦報되었다.[5)] 천거 명목은 학행과 간국幹局이 있고 재식才識과 재기가 있으며, 덕행이 있고 지조가 있다는 것이었다. 그리하여 이듬해 현량과에 합격하여 사헌부 지평에 임명되었고, 이어 홍문관교리 지제교 겸 경연시독관 춘추관기주관으로 옮겼다.

이연경은 자품이 좋고 학식이 깊었으며 식견이 뛰어나고 몸가짐이 스스로 법도에 맞았다. 부모를 봉양함에는 반드시 정성스럽게 하

---

3) 朴洪甲, 〈조선 명종조 忠州獄의 전개와 충주사림〉, 《朝鮮時代史學報》 17, 2001, 65쪽.
4) 朴洪甲, 〈16세기 초 청도지역 사림의 활동〉, 《민족문화논총》 28, 영남대학교 민족문화연구소 2003 및 박홍갑, 《瓶齋 朴河澄 研究》, 경인문화사, 2006 참조.
5) 《중종실록》 권33, 중종 13년 6월 26일 갑오.

고 사당에 참배할 때에는 반드시 경건하였으며, 초상에는 슬픔을 지극히 하고 제사에는 공경을 다하여 인륜에 돈독하였으며, 마음을 다하여 위급한 자들을 구휼해 주었다.

이연경은 이종경李宗慶·이승경李承慶·이유경李有慶·이여경李餘慶 등 아우들과 우애가 있어 즐겁게 지내고 잘 타일러 밤낮을 같이하면서 싫어하지 않았다. 이종경은 1513년(중종 8) 생원시에 합격하였고, 1519년 조광조가 투옥되자 육촌형 우천牛泉 이약수李若水와 함께 소를 올려 조광조를 구제하려고 죽기로 다투었다. 이승경은 세칭 '기묘처사己卯處士'였고, 이유경은 형 이연경을 따라다니며 조광조의 성리설을 전수받았다. 그리고 그는 이황·조식·노진·김인후 등과 도의로 교제를 하였다.

이연경은 사헌부에 있을 때에는 정직하고 공평하였으며, 강관이 되어서는 성의로써 임금의 마음을 감동하도록 노력하고 오로지 장구章句의 말만을 지키지 않았다. 하루는 야대夜對에서 동료들이 중종에게 "지금에 태평성대를 이루고자 하신다면 모름지기 당대의 제일 인물을 재상으로 발탁하여야 합니다"라고 하였다. 그러자 이연경은 "이는 조광조를 두고 하는 말입니다. 조광조는 참으로 훌륭합니다. 그러나 지금 인물을 등용할 때에는 경력이 많고 인망이 흡족하여야 맡길 수 있습니다"라고 하였다. 조광조는 이 말을 듣고 달려와 이연경을 만나보고 울며 감사해 하였다. 이연경은 '경력이 많고 인망이 흡족해야 한다'는 단서를 달았는데, 그는 급진적인 개혁을 바라지 않았고 사림의 성장을 기다려 개혁을 해야 한다고 생각했던 것으로 보인다.

그러던 어느 날 조광조가 이연경의 손을 잡고 눈물을 흘리며 "종남수終南守가 죽은 뒤로 과실을 듣지 못하는 것이 한스럽다"고 하였다. 이에 대해 이연경은 '공은 달리 병통이 없고 기량이 관대하지 못한 것이 단점'이라고 하자 조광조는 '정말 나의 부족함을 정확히 파악'하였다고 하였다.[6)]

1519년 중종은 조광조 등 사림을 등용하여 새로운 개혁을 시도하였다. 조광조도 훌륭한 군주를 만난 것에 감격하여 여러 동지들과 힘을 모으고 마음을 합하여 지치至治를 이룩하려고 하였다. 조광조의 동지였던 이연경 또한 중종에게 착한 말을 진언하고 충성스럽고 곧은 경계를 간곡히 드림으로써 여러 사람들은 모두 지치를 기대할 수 있다고 생각하였다.

그러자 심정, 남곤, 홍경주 등은 '조광조가 그 도당들과 함께 장차 사직을 위태롭게 할 것을 도모한다'고 생각하여 기묘사화를 일으켰다. 사화가 일어나자 당시 지평 이희민李希閔과 이연경 등은 궐문으로 달려 들어가 상황을 파악하려고 하였다. 그러나 이미 지평이 체직된 상태였다. 이희민은 바로 경연청으로 들어가서 영의정 정광필에게 "일이 갑작스럽게 일어나서 극히 비밀로 하고 있고, 우리들의 관직이 비록 체차되었으나 오래 시종으로 있었으니 어떻게 태연히 물러가 있겠습니까. 좌우에 이미 사필史筆을 잡을 사람이 없으니, 국가 대사가 흐지부지하게 되어 전할 길이 없으니 더욱 민망스럽습니다"라고 하였다.

정광필은 "너희들은 우선 물러가 있으라. 임금의 노여움이 더욱 심하게 되면, 조광조 등을 죄주려 하겠지만 우리가 어찌 선비를 죽이겠느냐. 극력 주선하여 구제하겠다"고 하였다. 드디어 봉교 조구령

6) 《恥齋遺稿》 권2, 日錄鈔, 甲辰. "十三日夕, 往訪寡悔, 月下談懷, 意思甚好. 余問向者終南守, 何如人也? 悔曰嘗聞於校理公, 蓋善箴儕輩過失者也. 趙先生一日, 執聘翁手流涕曰自終南死後, 未聞過失爲恨. 聘翁曰公別無病痛, 恐器量不寬弘也. 先生曰正中我病."

趙九齡·채세영蔡世英·권예權輗를 시켜 그 일을 기록케 하였다. 이희민 등은 물러나다가 영추문 밖에서 안당安瑭을 만나자, 이연경이 달려 나가, "국사가 이에 이르렀으니, 오직 정승만 믿을 따름입니다"라고 말하고 진심으로 눈물을 흘렸다.

이 해 12월에 대사헌 이항李沆과 대사간 이빈李蘋 등이 합계하여, 좌의정 안당, 좌찬성 최숙생崔淑生, 우참찬 이자李耔, 좌참찬 김안국, 대사헌 유운柳雲, 황해감사 김정국金正國, 지평 조광좌趙光佐, 이연경, 이조정랑 이약수, 수찬 권전權磌, 교리 송호지宋好智, 현감 송호례宋好禮 등 36명을 죄주자고 청하고 단자에 써서 아뢰었다.7) 그런데 중종은 "이연경·송호지는 포의布衣이다"라고 하고 "안당·유운·김안국은 파직하고, 이자·이연경 등 11인은 고신을 모두 추탈하라"고 하였다.8) 이에 이연경은 충주로 돌아와 산수 간에서 한가로이 놀며 고기 잡고 낚시질하며 스스로 즐기고 담박하게 생활하였다.

이연경은 1539년(중종 34)에 평시서령平市署令에 임명되었으나 부임하지 않았고, 1545년(인종 1)에 현량과가 다시 회복되었으나 관심을 두지 않았다. 하루는 이연경이 서울에 도착하니 정순붕鄭順朋이 와서 회포를 풀어놓으면서, "어려서 유원명柳原明(유인숙)과 교유하며 언제나 절개로 의리에 죽을 선비라 하였는데 지금 왜 그렇게 되었는가"라고 하였다. 이연경은 "그것이 절개를 위해 죽은 것인지 모르겠소"라고 하니, 정순붕이 얼굴색이 변하여 가버렸다. 유정柳貞이 옆에 있다가 두려워하며, "호랑이 앞에서 춤을 추는 것은 사람들이 모두 위험하다 하는데 공이 어찌 그런 말을 하는가"라고 하니, 이연경은 웃으며, "그런 게 아니오, 정순붕은 교활하여 원명을 죽인 것은 자손을

7) 《연려실기술》 中宗朝故事本末, 己卯士禍.
8) 《중종실록》 권37, 중종 14년 12월 16일 병자.

위한 계책이지만, 나 같은 거야 공연히 친구를 죽였다는 말만 듣지 자기에게 이익이 될 것이 없을 것이오"라고 하였는데, 정말로 이연경은 해를 입지 않았다.[9)]

이연경은 1519년에 파직된 뒤 초야에 은거하면서 전원생활의 즐거움을 마음껏 누렸다. 그런데 어느 날 친척을 방문하려고 서울에 오자 어떤 사람이 그에게 시 한 편을 던지고 바로 가버렸다.

도시의 티끌이 어찌 몸을 더럽히랴	城市風塵豈被身
녹문의 높은 절개 정말 사람을 놀라게 하였네.	鹿門高節正驚人
지하에 음애의 정령이 있다면	陰崖地下精靈在
왕량의 연연해함을 부끄러워하리라.	應媿王良屑屑頻[10)]

사실 이연경은 벼슬에 뜻이 있어 서울에 온 것이 아니었다. 그러나 이 시를 지은 사람은 이연경의 앞날이 걱정되었다. 왜냐하면 녹문산鹿門山에 숨어 살았던 한漢나라 방덕공龐德公처럼 도덕과 인격이 고매한 이연경이 서울에 나타났기 때문이다. 시의 작자는 도시의 풍진이 이연경을 어찌 할 수 없을 것이라고 이해하면서도, 후한後漢 때에 처음에는 절개를 지켜 벼슬을 하지 않다가 뒤에 벼슬길에 나가 벗들의 조롱을 받았던 왕량王良처럼, 서울 거리를 서성거리는 이연경

9) 《해동잡록》 3 本朝, 李延慶.

10) 《穌齋文集》 권4, 詩, 四夜鷄鳴憶得先聘君先生入京時有無名子投詩感歎次韻 四月. "城市風塵豈被身? 鹿門高節政驚人. 陰崖地下精靈在, 應愧王良屑屑頻. 右所投詩. 語默行藏任一身, 不淪於物不離人. 陰崖地下精靈在, 肯作王良一例頻?" 그런데 이 시는 심언광이 지은 것으로 보기도 한다(《연려실기술》 제8권, 中宗朝故事本末, 己卯黨籍, 李延慶). 한편 노수신은 이 시에 차운하여 이연경이 "말하고 침묵하고 나아가고 물러나 지내는 것을 한 몸에 맡겨 두었으나 物에도 빠지지 않고 사람에도 떠나지 않는" 고결한 도덕과 인격을 가진 인물로 변호하였다.

의 행보를 벼슬에 연연하는 모습으로 오해하였던 것이다. 그러면서 시인은 이연경의 절친한 벗인 이자李耔가 이러한 이연경의 모습을 본다면 서로 벗으로 사귀었던 지난날을 부끄러워할 것이라고 은미하게 풍자하였다. 이연경은 이 시를 보고 시인이 자신의 깊은 속뜻을 알지 못하지만 특별한 사람이라고 생각하였다.[11] 1545년 명종은 즉위한 뒤 인종의 유명遺命이라 하여 이연경을 불렀으나 끝내 벼슬에 나아가지 않고 '완인完人'의 모습을 보여주었다.[12]

1547년(명종 2) 양재역 벽서사건으로 이언적과 권벌이 함께 연행되어 충주에 이르렀다. 당시 이연경은 충주 용탄龍灘에 있었는데, 늘 근심스런 얼굴로 국가의 안위를 걱정하고 있었다. 그런데 이연경은 이들이 오자 크게 웃으며 맞아들였다. 그는 "이 찬성과 권 찬성이 한꺼번에 같이 왔으니 얼마나 빛나는 일인가"라고 하며, 조금도 걱정하는 빛이 없었다. 이에 이연경은, "이공은 나라 근심하기를 죽을 때까지 잊지 아니하였고, 권공은 화와 복을 다 잊고 있었으니, 두 사람이 모두 훌륭하다"고 하였다.[13]

이연경은 자기에게 주어진 직분에 충실하였다. 그는 1519년 9월 18일에 충청감사 유운이 청주 기녀를 데리고 진천으로 가서 누각 위에서 풍악을 했다고 하여 비판하였다. 이연경은 "듣건대, 충청감사 유운이 부임하여 올 때 청주 기녀들을 데리고 진천으로 가서 누각 위에 올라 풍악을 울렸다 합니다. 지금 조정에서 새로 여악女樂을 폐

11)《穌齋文集》권9, 墓誌, 有明朝鮮國弘文館校理李灘叟先生墓誌銘 幷序. "公旣下世, 先生要省, 姑客洛, 有蒼頭投一封書, 忽不見. 其詩曰城市風塵豈被身, 鹿門高節政驚人. 陰崖地下精靈在, 應媿王良屑屑頻. 先生讀之憮然曰異人也."

12)《丙辰丁巳錄》任輔臣撰. "龍灘子李延慶長吉, 亦登賢良科, 君子也. 己卯罷後, 退居築室, 極享田園之樂, 時訪親戚, 往來都下, 有人投詩一篇, 而不見徑去. 其詩曰城市風塵豈被身, 鹿門高節正驚人. 陰崖地下精靈在, 應媿王良屑屑頻. 蓋未知公意者也, 乙巳以仁廟遺命徵之, 竟不起."

13)《연려실기술》제10권, 明宗朝故事本末, 乙巳黨籍.

지하여 자전慈殿께도 쓰지 않으려고 하는데, 유운이 한 도의 장관으로서 감히 이러하였으니 백성들이 무엇을 보고 교화가 되겠습니까. 바라건대 파직하여 그의 잘못을 알도록 하소서" 하였다.[14]

우찬성 이장곤李長坤은 "근일 대관이 충청도관찰사 유운의 일을 논하였으나, 신이 듣건대 유운이 도사都事 김공예金公藝의 부모 다례茶禮 때 가서 보고 청주의 관비를 시켜 노래를 부르게 하였다 하니 그리 해로울 것이 없으며, 또 진천의 누상에서 노래를 불렀다는 것은 헛말입니다. 대관이 유생이 허망하게 전한 것을 그대로 믿고서 아뢴 것이니 살피지 않아서는 안 됩니다" 하니, 중종이 "대간이야 한때의 소문이 있으면 아뢰지 않을 수 없겠으나, 잘못 듣고서 함부로 아뢰면 안 된다"고 하였다.

조광조는 "이장곤은 대신이니 인재를 아껴서 아뢴 것입니다. 조금이라도 사사로운 뜻이 있다면 이는 대간의 언로를 방해하는 것인데, 이장곤에게 어찌 사사로운 뜻이 있겠습니까. 이 일은 과연 이연경이 아뢴 것인데, 부모의 다례 때 노래를 불렀다면 어찌 크게 잘못된 일이겠습니까. 이연경이 들은 것도 어찌 죄다 믿을 수 있겠습니까. 누상에서 노래는 불렀다는 일은 다시 들으니 전혀 없었던 일이었습니다. 이연경은 강개한 뜻을 가졌으므로 듣고서는 곧 아뢰었으니 이장곤의 말은 짐작해서 들으셔야 합니다. 전혀 대간을 그르다고 한다면 폐단이 있을 것입니다" 하였다.[15] 여기서 조광조가 '이연경은 강개한 뜻을 가졌으므로 듣고서는 곧 아뢰었고', '전혀 대간을 그르다고 한다면 폐단이 있을 것입니다'라고 한 데서 두 사람이 동지관계에 있었음을 잘 알 수 있다.[16]

14) 《중종실록》 권36, 중종 14년 9월 18일 기유.
15) 《중종실록》 권37, 중종 14년 10월 10일 경오.

자기 집안이 연산군 대에 무오사화와 갑자사화로 멸문의 지경을 당하는 것을 직접 경험했던 헌납 이연경은 1519년 6월 2일에 사국史局의 허술함에 대하여 논의하였다. 그는 "《신종실록神宗實錄》 때문에 사관 범조우范祖禹·여대방呂大防 등이 모두 큰 죄를 입었습니다. 무릇 사관은 가리지 않아서는 안 되는데, 만일 소인이 그 사이에 끼면 직필하는 군자를 모해하는 것은 예로부터 그러했습니다. 지난 폐조 때에 유자광이 《성종실록》 때문에 지극히 참혹한 사림들의 화를 조성하였었는데, 이는 모두 사관의 일을 누설했기 때문입니다. 요사이 사국이 몹시 허술합니다. 정원은 곧 주서注書·한림翰林이 있는 곳인데, 문관들이 으레 모두 드나들어 시끄럽고 요란하니, 사국이 이래서는 안 됩니다"라고 하였다.

한편 조광조는 "옛적의 사관은 반드시 공론을 견지하고 시비에 밝은 사람으로 임명하였는데 지금은 그렇지 아니하여 한결같이 새로 급제한 사람에게 맡기니 어찌 모두 시비에 밝고 공론을 견지하는 사람들이겠습니까. 이들에게 전적으로 위임함은 불가하니, 신의 생각에는 춘추관 당상이 현재의 사재가 있는 사람 가운데 시비에 밝고 공론을 견지할 사람을 가려서 하되, 수시로 드나들며 검찰한다면 거의 잘 될 것입니다"라고 하였다. 이연경은 또 "옛 풍습을 핑계로 한림 등을 오로지 말단 관료에게만 맡기고 상관들은 돌보지 않는데 이는 매우 옳지 못하니, 무릇 일을 기록할 때에 함께 서로 의논해서 하면 될 것입니다"라고 하였다.[17]

기묘사화 이후 이연경은 충주에 물러나 살았는데, 자연 속에 노닐고 낚시질을 즐기면서 의복과 끼니만 겨우 해결하는 정도에 그쳤다.

16) 《중종실록》 권37, 중종 14년 10월 10일 경오.
17) 《중종실록》 권36, 중종 14년 6월 2일 갑자.

김안로金安老가 함창에서 조정으로 돌아올 때에 충주를 지나는 길에 이연경을 만나보려고 하였으나 이연경은 병을 핑계하고 만나지 않았다.[18]

이연경은 만년에 이자李耔와 교유를 하였다. 이자는 기묘사화 이후에 쫓겨나 음성의 음애에서 살면서 인사를 끊어버리고 시를 읊어 회포를 풀고, 때로 술을 얻으면 실컷 마시고 열흘 동안 일어나지 않았다. 그는 1529년(중종 24)에 이연경이 살고 있던 용탄 근처인 토계로 옮겨 살았는데, 그곳은 인적이 멀고 마을에 집이 드물며 산은 높고 물이 깊었다. 그는 세상일을 잊고 종일 물새와 들짐승과 더불어 생활하였다. 이연경과 가까이 살고 있었으므로 맑은 바람이 불고 달이 뜨면 문득 노를 저어 서로 찾곤 하였다.[19]

이연경은 충주목사 박상朴祥에게 의탁하기도 하였다. 박상은 1515년(중종 10) 김정과 함께 상소하여 중종반정으로 폐위된 단경왕후端敬王后 신씨의 복위를 주장하였다. 그의 이러한 활동에 대해 조광조는 강상을 바로잡은 충언이라고 칭찬하였다. 박상은 기묘사화 후에 충주목사로 있었는데 사화가 일어나 선비들이 돌아갈 곳이 없자 그가 모두 보살펴 주었기 때문에, 김세필金世弼·이자·이연경 등이 모두 가서 의탁했다.[20]

이연경은 1548년(명종 3) 12월 9일에 향년 65세로 작고하였다. 노수신은 맏사위였지만 진도에 유배 가 있어서 이연경의 임종을 지키지 못했다. 노수신은 이연경의 묘지명을 지었다.[21]

---

18) 《중종실록》 권105, 중종 39년 11월 27일 임술.

19) 《연려실기술》 제8권, 中宗朝故事本末 己卯黨籍. 이자의 가계와 교유관계, 그리고 정치활동과 개혁 참여에 대해서는, 정만조의 《陰崖 李耔와 기묘사림》, 지식산업사, 2004 참조.

20) 《연려실기술》 제8권, 中宗朝故事本末 己卯黨籍.

노수신은 19년의 유배생활에서 풀려나 우선 장인 이연경의 묘갈명을 이황에게 청하여 받았다. 이황은 일찍이 남의 묘갈명 등을 즐겨 짓지 않아 오직 도덕과 언행에 평소 경앙하는 이에 대해서만 지어 주었고 또 반드시 정중하게 썼다. 이황이 지은 이연경의 묘갈명은 그의 가문의 내력과 절조를 간명하게 제시하였다.

훌륭한 대성이여	顯允大姓
오직 광주이씨로다.	維李廣城
대대로 공경벼슬 전해와	世傳公卿
찬란한 덕 밝고 신령스럽네.	彪德炳靈
훌륭한 후손들 빼어나	錫類挺生
조상의 명성 이었도다.	優繼家聲
세상을 잘못 만나	遭世罔極
온 가문이 화를 입었구나.	闔門禍丁
죽을 뻔하다 다시 살아나	萬死餘生
하늘의 태양 다시 밝았네.	天日重明
이에 임금의 은총을 받아	迺荷寵祿
참봉으로 발탁되었네.	祠官見星
얼마 후 벼슬을 버리고는	俄去懋懋
벗을 골라 경전을 공부하여	擇友窮經
학문이 날로 진전되어	學以時進
대기가 늦게 이루어졌네.	器以晩成
……	……

21) 《穌齋文集》 권9, 墓誌, 有明朝鮮國弘文館校理李灘叟先生墓誌銘 幷序.

동지들과 더불어	庶及同志
태평성세를 이루길 바랐건만	臻治隆平
뜻밖에 여러 간신들이	何意羣慝
마음에 칼날 품고 독을 부릴 줄이야.	毒淬心兵
충신을 가리켜 역적이라 하여	指忠爲逆
모두 임금님의 진노를 샀으나	俱靡震霆
공만은 홀로 임금께서 기억하시어	獨賴宸記
곤륜산의 불속에서 벗어난 옥이었네.	崑炎脫瓊
옛 집으로 돌아오니	來返舊棲
뜰에는 참새 잡는 그물을 칠 정도였네.	雀羅門庭
좌우에 도서를 쌓아 놓고	左圖右書
앞뒤로 계명을 걸어놓았도다.	前戒後銘
한가로운 풍월은 임금의 은혜라	風月君恩
강호에서 지내는 것을 영화롭게 여겼다네.	江湖義榮
근심 가운데에도 즐거움이 있었으니	憂中有樂
그 즐거움은 무엇과도 비교할 수 없었도다.	樂莫與京[22]

당시 사신은 이연경의 절조에 대해서 매우 높은 평가를 내렸다. 1519년 현량과로 발탁되었던 인물이 명절名節을 끝까지 잘 보전하지 못하자 사관은 "안정을 고수하여 한가로이 물러가기를 반드시 이연경처럼 한 뒤에야, 끝까지 군자의 의지를 보존했다 할 수 있다"고 평했다.[23] 더욱이 인종이 죽고 명종이 즉위하여 그들을 모두 벼슬에

22) 《退溪文集》 권47, 墓碣誌銘, 有明朝鮮國朝奉大夫行弘文館校理知製敎兼經筵侍讀官春秋館記注官李公墓碣銘 幷序.
23) 《중종실록》 권36, 중종 14년 9월 12일 계묘.

임명하자 부름에 급히 나아갔다고 꼬집었다. 그러면서 당시 거취를 결연하게 한 이는 이연경·김대유金大有 등 두세 명뿐이었다고 하였다.24)

3. 과욕寡欲과 청심淸心의 사상

16세기에 김안국·조광조 등은 《소학》의 학습과 향약의 보급 등을 통해 새로운 시대를 열고자 하였다. 특히 조광조는 성리학에 바탕을 둔 지치주의至治主義를 표방하였고, 김안국은 《소학》의 보급과 《정속》의 간행과 《주자증손여씨향약》 등의 보급을 통해 당시의 풍속을 성리학적 예속으로 변화시키려고 하였다. 이들은 또한 《이륜행실도》를 간행하여 장유의 질서와 붕우의 신의를 중시하는 새로운 시대를 열망하였다. 바로 현량과의 실시는 사림들의 진출을 정당화해 준 하나의 상징적인 사건이었다.

이제 그들은 고려의 충신인 정몽주에 대한 현양 문제를 제기하였고, 길재를 부각시키기 시작하였다. 그리고 단종의 어머니인 소릉昭陵(현덕왕후)의 복위 문제를 제기하기도 하고, 단종의 제사 문제를 거론하기도 하였으며, 단경왕후 신씨에 대한 복위 문제도 제기하였다. 충신·효제·의열義烈에 대한 현양의 문제가 당시 사림들에 의해 본격적으로 제기되기 시작하였다.

이연경은 당시 기묘사림의 핵심 인물에 속하였다. 따라서 그 또한 조광조 등과 정치사상적 견해를 같이하였다. 그는 1519년 7월 23일

---

24) 《명종실록》 권1, 명종 즉위년 8월 1일 신묘.

에 향약이 교화에 중요하며, 소릉 복위와 노산군魯山君(단종)에 제사하는 일에 대해 논의하였다.

시강관 이연경은 "신이 외방에 있으면서 보니 과연 향약이 풍속을 바르게 개선하였습니다. 사람의 본성은 본디 착한 것이어서 착한 일로 지도하면 저절로 교화되기 쉬운 것이니, 만일 선량한 사람을 얻어 약정約正을 삼는다면 족히 습속을 변경시켜 사람들이 모두 선에 나아가려 하게 될 것입니다" 하고, 한충은 "신의 집이 청주에 있어 충주와 거리가 멀지 않습니다. 충청도의 향약 거행이 다른 도보다도 낫고 충주가 도 안에서도 제일인데, 당초에 약정이 된 사람은 곧 교리 이연경으로서 이 사람이 약정이 되어 지도하여 거느렸기 때문에 제일이란 말을 듣게 된 것입니다"라고 하였다.[25]

한편 소릉의 복위 문제는 1478년(성종 8) 남효온南孝溫에 의해 발의된 뒤, 성종 말 연산군 초 김일손金馹孫에 의해서 여러 차례 건의되었다. 이 문제는 세조 즉위 자체와 세조 공신의 존재 명분을 간접적으로 부정하는 의미를 지니고 있었다. 소릉 복위 문제는 1512년(중종 7)부터 중요한 정치적 문제로 떠올라 사림 계열 인물들이 이 문제에 깊이 간여하기 시작하였다.

이연경은 "소릉의 복위와 노산군에게 제사하는 두어 가지 일은 곧 기절을 배양하는 하나의 발단입니다. 한漢 광무光武가 엄광嚴光을 벗처럼 대우하여 광무제의 배 위에 발을 올려놓기에 이르렀기 때문에 그 말엽에 당고된 허다한 선비가 있었던 것이니, 기절 배양을 위해서도 아셔야 하고 조정에서는 아랫사람들도 또한 마땅히 이를 스스로 힘써야 합니다. 소릉 복위는 성종조부터 이런 논의가 있기 시작

25) 《중종실록》 권36, 중종 14년 7월 26일 정사.

하여 한때의 지사들이 모두 복구하려다 못했었는데, 우리 성상의 시대에 이르러 복위하게 되었으니 이는 사기가 세워질 근본입니다. 당시 감개한 한 선비가 제문을 지어 그 능묘에 가서 곡하기까지 하였는데, 그 선비는 곧 남효온으로 마침내 이로 말미암아 폐조 때 죄를 입었습니다"라고 하였다.[26]

또한 이연경은 "신이 시골집에 있느라 자세히 듣지 못했습니다. 노산군에게 치제하였음은 진실로 아름다운 일이나 후손을 세우는 일은 어떻게 결정되었는지를 모르니, 금번에 모름지기 거행하여 사기를 격려해야 합니다. 노산군의 일은 정히 견성군甄城君(성종의 일곱째 아들)의 일과 같아[27] 그가 알지 못하는 것이었으니 참으로 애처롭고 비참합니다. 이번에 만약 후사를 세워 이어가도록 한다면 이는 멸망한 이를 존속시키고 끊어진 대를 이어주는 의리가 될 것이니, 비록 먼 동족으로 후사를 삼더라도 무엇이 해롭겠습니까"라고 하였다.[28] 이와 같이 이연경은 노산군의 제향을 주장하였다. 그의 이러한 견해는 인정과 의리에 부합하는 사림의 의견을 개진한 것이었다.

또한 이연경은 "공정대왕恭靖大王(정종)에게는 국기國忌도 거행하지 않고 춘추의 제향도 차리지 않아, 모든 일을 선왕들과 같은 예로 하지 않는다 합니다. 일찍이 이미 백성에게 임하여 나라를 다스렸었는데 선왕과 같은 예로써 대접하지 않음은 무슨 일입니까. 신이 국가의 예전 및 선왕들의 뜻을 잘 알 수는 없지만 매우 온당하지 못합니다"라고 하였다. 중종은 이 말을 듣고 비참하고 측은하여 난처하게

26) 《중종실록》 권36, 중종 14년 7월 26일 정사.
27) 1507년 10월에 甄城君 李惇이 흉악한 무리에게 추대를 받았나 하여, 정부와 육조와 종실 등이 合辭하여 청하기를, "大義로써 결단하여 종묘 사직을 편안케 하소서" 하니, 중종이 마지못해 돈을 사사하였다(《연려실기술》 제7권, 中宗朝故事本末, 李顆의 옥사).
28) 《중종실록》 권36, 중종 14년 7월 26일 정사.

여기는 얼굴빛을 지었고, 이어 다른 일로 대답하기를, “나라의 큰 일은 제사이니 제향소의 제기 일 등을 마땅히 정결하게 해야 한다” 하였다.29) 이러한 사림들의 공정대왕과 노산군에 대한 제향 주장은 숙종 대에 가서야 비로소 이루어졌다.30)

이연경의 사촌 아우 이준경은 이연경 등 기묘사림을 변호하였다. 이 해 11월 16일 야대에서 이준경은 “《소학》과 《근사록》의 강독이 세상에 엄격히 금지되어 있어서 이 책을 끼고 다니면 기묘년의 무리로 지목되는데, 기묘년 사류들은 좋지 못하다 하더라도 이 책이 무슨 죄입니까” 하였고, 구수담은 “요즈음 《소학》과 《근사록》은 사람들이 반드시 찢어서 벽을 바르니 이 폐단도 큽니다”라고 하였다. 이에 대해 영의정 장순손, 좌의정 한효원, 우의정 김근사는 “이준경은 그의 동서가 김윤종金胤宗인데 김식金湜과 함께 죄를 받았으며, 그의 오촌과 육촌인 이연경·이약빙·이약수는 모두 기묘년의 사류에 참여되었는데, 이 때문에 사사로운 마음을 품고 아뢴 것입니다”라고 하였다.31)

이연경은 학문을 함에는 사서를 도에 들어가는 문으로 삼았다. 일찍이 말하기를 “배우는 자는 모름지기 속세의 잡념을 씻어버리고 마음을 맑게 한 뒤라야 거의 도에 들어가는 방향을 알아서 소인이나 금수의 구덩이에 떨어짐을 면하게 되리라”고 하였다. 또 말하기를 “지知와 행行은 진실로 서로 필수적이어야 하나 지가 급선무가 되고 지를 기르는 것은 또 마음을 맑게 하고 욕심을 적게 하는 것에 달려

29) 《중종실록》 권36, 중종 14년 7월 26일 정사.
30) 정송은 1419년 사후 묘호 없이 공정대왕으로 오랫동안 불리다가 1681년(숙종 7)에 정종이란 묘호를 받았다. 단종도 노산군으로 줄곧 불리다가 1681년 노산대군으로 추봉되고, 1698년 묘호를 단종으로 하고 능호를 장릉이라 하였다.
31) 《중종실록》 권76, 중종 28년 12월 19일 정해.

있다"고 하였다.32)

당시 많은 사대부들이 이연경에게 학문을 배웠고, 향리에 쟁송이 있으면 판결을 해주어 일반 백성들도 공경을 다하여 "이야이야李爺李爺"라고 하였다. 노수신은 항상 종일 이연경을 모시고 그의 언동을 살펴보았다. 그 언동은 과거의 가르침과 지난 자취에 얽매이지 않았고 스스로 조리가 있고 법도에 부합하였다. 독서는 《소학》과 사서에 바탕을 두었고 사람을 취함에는 기국과 식견을 우선하였다. 매번 일을 논함에는 시비를 잘 분석하여 반드시 물정에 곡진하게 하였다.

노수신은 1541년(중종 36) 무렵에 이언적에게 편지로 폐백을 하여 제자의 예를 표하고 나아가 가르침을 받았다. 그는 이언적에게 심학心學이 있는 것을 엿보고 드디어 《심경부주》를 가지고 의심스러운 부분을 질의하였고 이어 존심存心의 요체에 대해 질문을 하였다. 그러자 이언적은 손바닥을 가리키며 말하기를 "물物이 여기에 있으니 잡으면 깨어지고 잡지 않으면 달아난다"고 하였다. 노수신은 물러나 곰곰이 생각해보고 대강 그 말이 마음을 잊어버리고〔忘〕 조장하는〔助〕 것의 다른 이름이라는 것을 깨닫고 이언적의 가르침이 더욱 친절하고 의미가 있다는 것을 기뻐하였다.33)

그런데 무엇보다 주목되는 사실은 이연경의 사위 노수신이 삼한三韓의 심학이 오직 이언적에게 있다고 생각했던 것이다. 노수신은 이언적으로부터 심학의 요체에 대해 가르침을 받았다. 이연경은 이언

32) 《退溪文集》 권47, 墓碣誌銘, 有明朝鮮國朝奉大夫行弘文館校理知製敎兼經筵侍讀官春秋館記注官李公墓碣銘幷序. "嘗曰學者須洗去塵雜, 使心地淸明, 然後庶可得入道蹊徑, 而免趨於小人禽獸之域矣. 又曰知行固相須, 然知爲先務, 而養知又在於淸心而寡欲耳."

33) 《穌齋文集》 권7, 序, 晦齋先生集序. "予嘗在辛丑年間, 以書爲贄而禮焉, 望儼卽溫, 親承謦欬, 竊窺有方寸之學, 遂將程氏附註書, 叩疑不已, 仍請存心之要, 久之, 先生指掌曰有物於此, 握則破, 不握則亡, 退而省乎心, 粗覺其爲忘助之異名, 而尤喜其親切而有味也."

적과 희로애락미발喜怒哀樂未發에 대하여 논하였던 내용을 노수신에게 자세하게 설명하여 주었다. 그리하여 노수신은 스스로 자공子貢이 공자로부터 성性과 천도天道에 대해 얻어들었던 것을 자신은 이연경으로부터 얻어들은 셈이라고 생각하였다.[34]

노수신은 이연경을 경명經明과 행수行修를 두루 갖춘 인물로 평하면서 정심과 성의를 일생동안 강론했다고 하였다. 이러한 평은 이연경이 사상적으로 치인治人보다는 수기修己 이전의 단계를 더욱 지향했음을 의미한다.

> 전통 있는 집안인 광양군의 후손은 　故家喬木廣陽孫
> 문채와 풍류가 일대에 간직되었네. 　文采風流一代存
> 행실 닦이고 경서에 밝은 선비로 불리어 임금 대하고 　修行明經徵士對
> 마음 바르게 하고 뜻을 정성스럽게 함을 　正心誠意沒身論[35]
> 종신토록 논하였네.

인간의 심성에 대한 탐구가 주요 연구과제로 떠오르고 있던 시대에 이연경은 정심과 성의의 문제를 깊이 해명하고자 했던 것이다. 더욱이 《대학》이 조선 초기부터 주목받으면서 학자마다 《대학》에 대한 깊은 탐구를 시도했는데, 이연경도 《대학》의 정심과 성의에 대해 종신토록 탐구했던 것이다. 그 결과 그는 욕심을 적게 하고 마음을 맑게 하는 것이 학자가 도에 들어가는 방향을 아는 길이라고 생각하였다.

---

34) 《穌齋文集》 권7, 序, 晦齋先生集序. "先師灘叟先生與先生, 論喜怒哀樂未發, 爲予道其詳, 予又竊自歎曰此子貢所以不可得而聞也."

35) 《穌齋文集》 권2, 詩, 龍灘先生挽詞 三首 己酉正月 草寄同門康生寫之.

향기로운 난초 골짜기에 있으니　猗蘭在谷
말하지 않아도 향기롭구나.　不言惟馨
기풍을 들은 자들은 뜻이 서고　聞風者立
의표를 본 자들은 절로 곧아지네.　覩儀者貞
내가 그 까닭을 살펴보니　我求其故
욕심이 적고 마음이 맑아서였네.　欲寡心淸[36]

이황은 욕심이 적고 마음이 맑았다는 말로 이연경의 사상을 가장 간명하고 직절直切하게 묘사하였다. 이와 같이 이연경은 《대학》의 정심과 성의, 《중용》의 희로애락미발에 대해 깊이 탐구한 학자였다. 따라서 그가 사화의 시대에 명절을 잘 보전할 수 있었던 것은 미발심과 정심, 성의에 대한 깊은 학문적 탐구가 있었기 때문으로 여겨진다.

4. 사상의 전승과 현양

이연경의 사상은 사촌 아우 이준경李浚慶, 사위 노수신盧守愼·강유선康維善·심건沈鍵과 아들 이호약李好約, 외손 심희수沈喜壽·심창수沈昌壽·강복성康復誠 등에게 전해졌다.

이준경은 어린 시절에 종형 이연경에게 나아가 공부를 배웠고, 17~18세에 이미 행실이 이루어지고 덕이 갖추어졌다. 그는 오로지 위기爲己 학문에 힘썼고 예법을 스스로 지켰다.[37] 이준경은 항상 이

36) 《退溪文集》 권47, 墓碣誌銘, 有明朝鮮國朝奉大夫行弘文館校理知製敎兼經筵侍讀官春秋館記注官李公墓碣銘 并序.

연경이 일을 헤아림에 번번이 맞는데 대해서 탄복하여 말하기를, "매양 한 가지 일을 미리 헤아려 뒤에 마땅히 그러하리라고 하면 뒤에 마침내 어긋나지 않아 거의 성인에 가깝다"고 하였다.[38] 이연경이 병으로 누웠을 때 이준경은 직접 가서 몸소 약을 달여드렸고, 작고한 뒤에는 상례와 장례를 예에 따라 행하였다. 따라서 이준경의 사상은 이연경의 가르침에서 깊은 영향을 받았을 것으로 여겨진다.

이연경의 사위 노수신은 1515년(중종 10)에 서울 낙선방樂善坊에서 태어났다. 그는 17세에 이연경의 문하에 나아가 위학爲學의 방법을 듣고 날마다 《소학》을 외워 행신行身의 바탕으로 삼았다.[39] 그는 열여섯 해 동안 이연경의 문하에서 공부하여[40] 학자로 대성하였고 예절을 지켰으므로 그의 명성이 세상에 알려졌다. 노수신은 이연경을 학문의 연원이 있고 만절을 잘 보전한 '유종儒宗'으로 생각하였다.

선생께선 흠이 없고 연원이 있으시니	自無瑕玷有淵源
임천의 만년 절개 아름다운 명망 드높구나.	晩節林泉令望尊[41]

노수신은 추모의 정을 이기지 못하고 이연경의 삶과 자신에게 끼친 학문적 영향에 대해 시로써 간곡하게 피력하였다. 그는 이연경이 안자와 공자의 즐거움을 찾는 생활을 하였고 왕도정치를 지향하고 패도정치를 부끄러워하였다고 하였다.

---

37) 《東皐遺稿》 附錄, 行狀, 領議政贈謚忠正東皐先生李公行狀.
38) 《연려실기술》 세8권, 中宗朝故事本末, 己卯黨籍, 李延慶.
39) 《蒼石文集》 권18, 行狀, 穌齋盧先生行狀.
40) 《穌齋文集》 권2, 詩, 龍灘先生挽詞 三首 己酉正月. 草寄同門康生寫之.
41) 《穌齋文集》 권2, 詩, 龍灘先生挽詞 三首 己酉正月. 草寄同門康生寫之.

선생의 초가는 일렁이는 물굽이에 의지하여 있는데	函丈茅齋倚積灣
안자와 공자의 즐거움을 찾고 패도정치	樂尋顏孔恥文桓
부끄러워하셨네.	
어리석은 이 몸이 가려진 것을	愚蒙幾欲披雲霧
몇 번이나 헤치려고 했던가	
분발해서 끝내 반드시 막힌 여울을 트리라.	憤悱終須決瀨灘[42]

이연경은 자기가 보던 책을 노수신에게 전하여 공부하고 관리하게 하였다.[43] 노수신은 안연이 공자를 아버지로 여겼듯이 이연경을 아버지로 여겼고, 자신을 주자의 학문을 전수받았던 주자의 사위 황간에 빗대었다.

정은 안회가 공자를 아비로 여긴 것 같고	情猶回父孔
의리는 황간이 주자의 사위됨보다 중하였네.	義重幹甥朱[44]

아들 같고 사위 되니 은혜 의리 모두 있는데	猶子爲甥恩義俱
공자에겐 안회요 주자에겐 황간이네.	卽回於孔幹於朱
일찍부터 참된 선비 기대했건만	早年期待眞儒者
결국에는 부귀빈천에 이끌린 소장부였네.	末路淫移小丈夫[45]

앞서 살펴본 바와 같이 노수신은 자신이 이언적과 이연경으로부

42) 《穌齋文集》 권3, 詩, 讀聘君琴臺韻涕泣再次.
43) 《穌齋文集》 권4, 詩, 十三夜尙坐觀書百慮紛然信筆書之凡七首十二月.
44) 《穌齋文集》 권3, 詩, 是夜夢待聘君先生先生爲人寫挽詞未半覺從橫幅便止曰汝可更圖以來已而寤焉和淚書記.
45) 《穌齋文集》 권3, 詩, 聘君先生諱日齋居泣書.

터 심학의 요체와 미발심에 대해 들었다고 하면서, 공자로부터 일관一貫의 도와 성과 천도에 대해 들을 수 있었던 자공에 빗대었다. 그뿐 아니라 노수신은 이연경이 작고하자 공자의 산소에서 6년 동안 생활했던 자공으로 생각해보기도 하였다.[46]

분수를 생각하면 참으로 자식처럼 대하셨고	撫分眞如子
마음으로 기약하되 사위로 여기지 아니했네.	心期不以甥
기쁘게 따르며 바른 길을 달리자니	喜從趨正路
내 자신이 허명에 가까운 걸 안타깝게 여기네.	惜自近虛名
돌아와 산소 아래에 집을 지으니	反築泉臺下
아득한 자공의 정이로구나.	悠悠端木賜[47]

노수신의 학문은 애초에는 매우 정밀하고 해박하여 사림에서 촉망이 이황李滉보다 앞섰는데, 진도에 가 있으면서 나흠순羅欽順의 《곤지기困知記》를 추존하였고, 인심·도심 등의 설을 자기 나름대로 지어 주자의 견해에 이론을 제기하자 이황은 그르다고 비판하였다. 노수신은 주자학뿐만 아니라 상산학象山學의 종지宗旨를 참작하여 설명하기도 하였다.[48]

특히 노수신은 도심은 예體요 인심은 용用이라 하였고, 도심은 미발未發이요 인심은 기발已發이라 하였으며, 인심은 선하지만 악으로 흐를 수 있는 가능성이 있다고 보았다. 노수신은 "욕欲이라는 것은 사람의 성性으로, 사람마다 모두 없을 수 없네"라는 내용의 시를 짓

46) 《穌齋文集》 권5, 詩, 謁龍灘先生墓.
47) 《穌齋文集》 권1, 詩, 得聘君書及妻信.
48) 《선조수정실록》 권24, 선조 23년 4월 1일 임신.

기도 하였다. 이처럼 노수신은 인욕을 성으로 이해하면서 인간이면 누구나 인욕이 없을 수 없다는 견해를 밝힌 것으로, 당시 천리天理와 인욕人欲을 엄격히 구분하여 천리를 밝히는 것을 우선으로 삼았던 이황 등의 견해와는 다른 것이었다.49)

노수신은 17세에 이연경의 딸을 아내로 삼았고, 이로 말미암아 이연경을 스승으로 모시게 되었다. 20세에 성균관에 입학하였는데 성균관의 선비들 가운데 노수신을 존경하는 이가 많았다. 김안국이 지관사로 있을 때, '시습잠時習箴'이란 제목으로 유생들을 시험하고 인재가 성하지 못한 것을 한탄하다가, 노수신이 지은 글을 보고 다시 감탄하면서, "말을 삼가지 않을 수 없다" 하였다.

노수신은 인종 즉위 초에 정언으로 이기李芑 등을 탄핵하여 파직시켰다. 그러나 1545년 명종이 즉위하고 소윤 윤원형이 을사사화를 일으키자 이조좌랑에서 파직되고 1547년 순천으로 유배되었다가 이어 양재역 벽서사건으로 다시 진도로 유배되어 19년 동안 귀양살이를 하였다. 노수신은 1565년(명종 20) 다시 괴산으로 이배되었다가 1567년 선조가 즉위하자 이준경이 선조에게 아뢰어 드디어 석방되어, 곧 홍문관 교리에 임명되었다. 노수신은 다스림의 근본[治本]에 관한 수천 언言을 올리고 이어 《숙흥야매잠해夙興夜寐箴解》를 바치니, 선조는 교서관에 내려 간행하도록 하였다.50)

---

49) 《穌齋文集》 권6, 詩, 贈柳修撰成龍. "欲者人之性, 人皆不可無. 何修以入道? 吾老竟歸愚. 病眼三年淚, 離懷八月湖. 幾人曾此論? 今日更長吁." 노수신은 나흠순의 견해를 지지하여 人心은 已發(情, 用), 道心은 未發(性, 體)로 이해하였다. "此心無外强分隣, 要着工夫入息塵. 若道發時方致一, 靜中眞箇睡中人."(《穌齋文集》 권4, 詩, 方夜得玉溪書, 曉坐潛玩精一之難, 仍記誦前冬敬奉一齋之作, 再次書寄玉溪琴堂, 溪書以精一爲難. 按盧禛子膺, 號爲玉溪, 時宰潭陽); "元來道與器非隣, 可認人心是外塵. 須就道心爲大本, 用時還用道乘人."(《穌齋文集》 권4, 詩, 次韻 奉呈鄭僉使迴軒, 復題一篇, 憑達一齋侍者, 十一月. 鄭名彦直, 曾見知于京, 實一齋友也. 言一齋詩故次); 《高峯文集》 권제3, 書, 答先生問目).

50) 《記言》 別集 제16권 丘墓文, 穌齋先生神道碑銘.

노수신은 부친상을 당했을 때 대상大喪 후에 바로 흑립黑笠을 쓰는 것은 미안하다고 생각하였다. 그래서 그는 백포립白布笠을 쓰고 다니는 것을 국상 때와 같이하였다.[51] 이러한 노수신의 예의 행용에 대한 태도는 바로 이연경이 할아버지와 아버지의 상喪을 소급하여 치렀던 예의식과 그 궤를 같이하는 것으로 생각된다.

이연경의 사위 강유선은 대대로 선산에서 살았는데,[52] 이연경의 사위가 되면서 충주에서 살았다. 그는 1543년(중종 38)에 이연경의 문하에서 수업을 받았다. 어느 날 이연경은 강유선에게 승려 문원文遠을 찾아가게 하였다. 그리하여 강유선은 문원과 사흘 남짓 함께 지내면서 조용히 대화를 나누었다. 강유선은, 요산요수樂山樂水는 유가의 일인데도 금강산과 지리산 등 명산을 두루 다닌 문원을 이해하였다. 그는 뭇 산에 구름이 걷히고 위봉危峯은 우뚝 솟아 있으며 강에는 바람이 남아 있고 거울 같은 수면은 깨끗한데, 이때 방을 깨끗하게 쓸고 옷깃을 바르게 하고 하루를 보내는 것에서 문원의 심지心地를 알 수 있다고 생각하였다. 사실 문원은 여러 차례 이연경과 만나 대화를 주고받은 사이였고 시를 지어 주기도 하였다. 이제 이연경과 문원의 관계가 문원과 강유선의 관계로 발전하고 있었다.[53]

1548년 이연경이 작고한 뒤 이듬해에 충주에서는 이홍남李洪男이 그 동생 이홍윤李洪胤이 불궤를 도모했다고 고변하여 옥사가 일어났다. 이기李芑는 이 기회를 타서 대윤인 윤임 세력을 지지하는 사림에 대한 마지막 살육을 서실렀고 중수 사림은 거의 죽임을 당하였다.

51) 《松江別集》 권7, 附錄, 畸翁所錄. "國俗脫父母喪, 未及終制者, 皆用黑五十竹草笠, 垂黑木纓, 白衣白帶, 以至禫過而純吉. 蓋中古, 我國士人常着淡黃白草笠, 其後士類所着草笠, 變白爲黑, 而禫前之笠, 亦從而黑矣. 白布裹笠, 惟國恤着之, 今右相盧公遭父喪, 祥後以遽黑爲未安, 用白布笠."

52) 《一松文集》 권8, 碑碣, 康舟川墓誌銘幷序.

53) 《舟川遺稿》 序, 贈遠上人序.

이연경도 옥사가 진행되는 과정에서 공사供辭에 이름이 거론되었고, 그의 사위 강유선도 연루되어 사형당하였다.

이 이홍윤 옥사는 을사사화의 여파로 일어난 것이었다. 이홍남과 이홍윤 형제의 불화가 역모라는 고변까지 이어지게 되었지만, 이는 이기 등 소윤 정치세력들이 이홍윤 형제의 불화를 역이용하여 대윤 세력의 잔당과 이를 지지하는 사림세력을 소탕하는 기회로 삼았던 것이었다. 그리하여 윤임의 사위 이홍윤이 역모의 주인공으로 몰려 이약빙의 제자들을 중심으로 한 충주의 사림들이 대거 참화를 당하는 계기가 되었다.[54]

이연경의 죽음은 광주이씨의 불행이었고 충주 사림의 불행이었으며 대윤을 지지했던 양심적인 사림세력의 불행이었다. 그의 죽음으로 이기와 윤원형 등 소윤 세력은 충주 사림에 대한 대대적인 숙청을 감행하여 사림의 정계진출을 봉쇄하고 권력을 마음대로 행사하는 시대를 열었다. 만약 1549년까지 이연경이 살아 있었다면 이기 등 소윤이 주동이 되어 대윤을 숙청하는 옥사는 일어나지 않을 수도 있었을 것이다. 옥사를 주도한 이기조차도 "이 선생께서 살아 계셨으면 이 같은 일이 생기지 않았을 것이다"라고 하였다.[55]

이연경은 사후 20년이 지난 1568년(선조 1)에 이조참판에 추증되고 광안군廣安君에 추봉되었다. 그리고 이자와 이연경을 제향하는 계탄서원溪灘書院(검암서원)은 1582년(선조 15)에 짓기 시작하여 1586년(선조 19)에 완공되었다.[56] 당시 이 서원의 건립에는 충청감사 김우

54) 朴洪甲, 〈조선 명종조 忠州獄의 전개와 충주사림〉, 《조선시대사학보》 17, 2001, 83쪽.

55) 《穌齋文集》 권9, 墓誌, 有明朝鮮國弘文館校理李灘叟先生墓誌銘 幷序. "先生才沒, 李洪男上其弟不軌, 李芑鍛煉大誅, 殺忠人殆盡, 乃曰李某若在, 必不如此, 蓋其意欲以實其事, 亦見橫逆不敢加於賢者有若是者, 豈非天也歟?"

56) 《연려실기술》 별집 제4권, 祀典典故, 書院.

광金宇宏, 충주목사 이선李選과 유한충劉漢忠, 오운吳澐, 김위金偉 등의 학자들이 참여하였다. 또 이연경의 외손자인 강복성이 서원 건축을 주도적으로 추진하였다.57)

그러다가 1592년(선조 25) 임진왜란이 일어나자 충주 탄금대 일대는 전란에 휩싸여 계탄서원도 병화에 소실되었다. 그 뒤 1612년(광해군 4) 서원을 다시 중건하여 이식이 상량문을 지었고 김세필金世弼과 노수신을 추가로 배향하였다.

그 뒤 1672년(현종 13) 충주의 선비 한치상韓致相 등이 상소하여 서원에 편액을 하사해줄 것을 청하였다. 이에 예조에서는 이 사실을 검토하여 "서원을 창건하여 한 당堂에 함께 제사지낸 지 지금 60년이나 되었으니, 존모하여 제사지낸 것이 이미 오래되었다고 하겠습니다. 따라서 금령이 내린 뒤에 신설한 것과는 다르니, 선비들의 바람에 따라 편액을 하사해야 하겠습니다"라고 하자58) 현종은 그해 11월에 '팔봉서원八峰書院'이라 사액하였다. 1736년(영조 12) 4월에 이경하元景夏는 이연경에게 종2품의 증직과 시호를 내리는 것이 마땅하다고 건의하였다. 그리하여 이연경은 1790년(정조 14)에 이조판서에 추증되었고 정효貞孝라는 시호를 받았다.

사실 17세기 이후 조선은 순수 주자학이 학문권력을 행사하던 시대였다. 따라서 주자학을 독자적으로 해석하거나, 상산학이나 양명학을 수용하거나, 승려와 교유하면 학계에서나 정계에서 활동하는

57) 《穌齋文集》 권7, 記, 溪灘書院記. "其制則先建廟以奉二先生曰崇德, 次講堂曰好懿, 次齋東曰明誠西曰敬義, 遂繚以垣而門之, 合扁曰溪灘書院." '溪灘'의 溪는 兎溪에 살았던 李耔를 말하고 '灘'은 龍灘에 살았딘 李延慶을 가리킨다.

58) 《현종실록》 권20, 현종 13년 3월 27일 계유. 팔봉서원은 현재 충북 충주시 이류면 문주리에 있다. 충청북도 기념물 제129호이다. 1871년(고종 8)에 전국적인 서원철폐령으로 폐원되었던 것을 1998년에 복원하였다.

것이 어려웠다. 이연경과 노수신의 사상이 전승이 되지 못하고 조선 후기 학계와 정계에서 그 이름이 차츰 잊힌 까닭도 그들이 주자학을 지향하면서도 상산학 등에 대해 학문적 개방성을 가지고 있었기 때문이었다.

5. 맺음말

이연경은 20대 초반에 갑자사화로 집안이 참화를 당한 어려운 상황에서 언제 희생될지 모르는 불안한 하루하루를 보내었다. 그는 일생을 사화로 점철된 정치상황을 겪으면서도 조광조 등 기묘명현들과 정치노선을 함께 하며 절조를 지키며 만절을 잘 보전하였다.

이연경이 중종이나 동료의 신망을 받을 수 있었던 것은 몸소 효제를 실천하는 높은 인격과 성리학에 대한 깊은 탐구 때문이었다. 그는 갑자사화 때문에 상례조차 치르지 못했던 조부와 부모, 그리고 여러 삼촌의 상례를 중종반정 후에 직접 다시 치러 효제의 실천적 모범이 되었다. 그는 가례도 인정과 의리와 시대에 맞게 해석하여 준용하였다.

이연경은 “배우는 자는 모름지기 속세의 잡념을 씻어 버리고 마음을 맑게 한 뒤에라야 거의 도에 들어가는 방향을 알아서 소인이나 금수의 지경에 떨어짐을 면하게 되리라”고 하였다. 또한 “앎[知]과 행함[行]은 진실로 서로 필수적이어야 하나 지가 급선무가 되고, 지를 기르는 것은 또 마음을 맑게 하고 욕심을 적게 하는 것에 달려 있다”고 하였다. 즉 지를 기르려면 과욕과 청심이 필요하다고 보았고, 그것을 가장 근본적인 것으로 생각하였다. 또한 이연경은 불교에 대해서도 개방적이어서 승려 문원과 아주 가깝게 지내며 시를 지어 주기도 하였고, 그의 사위 강유선에게 문원을 직접 찾아가 담론을 하게 하기도 하였다.

무엇보다 중요한 사실은 이연경이 이언적과 희로애락미발에 대해 토론하는 등 성리학의 이론 탐구에도 힘썼다는 점이다. 이러한 이연경의 사상은 바로 사촌 아우 이준경, 사위 노수신과 강유선 등에게 전해졌다. 노수신은 이연경을 아버지로 여겨 자신을 공문孔門의 안연이라 했고, 또 자신을 주문朱門의 황간이라고 자처하였다.

노수신은 나흠순의 학설을 지지하는 학자였고 상산학도 수용하였다. 이연경의 미발에 대한 학문적 탐구는 사위 노수신의 사상 형성에 깊은 영향을 주었을 것으로 생각된다. 사실 이연경이 이언적과 희로애락미발에 대하여 토론하였던 내용을 노수신에게 자세하게 설명하여 준 것에 대해, 노수신은 자공이 공자로부터 성과 천도에 대해 얻어들었던 것을 자신이 이연경으로부터 얻어들은 셈이라고 하면서 대단한 학문적 자부심을 표현하였다. 그러나 이연경과 노수신이 이룩한 사상적 탐구의 성과는, 이황과 이이의 사상을 계승한 학동이 17세기 이후 이학지상의 시대를 건설하며 학문의 주도권을 거머쥐면서 더 이상 전승되어 나가지 못했다.

■ 참고문헌

《中宗實錄》《明宗實錄》《宣祖修正實錄》《顯宗實錄》
《高峯文集》《廣州李氏大同譜》《記言》《東皐遺稿》《丙辰丁巳錄》《穌齋文集》

《松江別集》《燃藜室記述》《一松文集》《舟川遺稿》《蒼石文集》《恥齋遺稿》《退溪文集》《海東雜錄》

朴洪甲, 《瓶齋 朴河澄 硏究》, 경인문화사, 2006.
鄭萬祚 외, 《陰崖 李耔와 기묘사림》, 지식산업사, 2004.

朴洪甲, 〈조선 명종조 忠州獄의 전개와 충주사림〉, 《조선시대사학보》 17, 2001.
_____, 〈16세기 초 청도지역 사림의 활동〉, 《민족문화논총》 28, 영남대학교 민족문화연구소, 2003.

이약빙의 정치활동과 왕도정치론

이 기 순
홍익대 역사교육과

1. 머리말

16세기 전반의 조선사회는 농업생산과 상공업활동이 늘어나고, 이에 따른 정치와 경제질서의 재편성 논의가 활성화되었다. 중종반정 이후에는 정국 주도권을 둘러싸고 왕권을 자파 세력의 영향권 아래에 누려는 훈척과 사림 사이의 경쟁이 치열했다. 정쟁은 주로 훈척의 행정권 장악 시도와 사림의 간쟁권 확보가 대립하는 양상으로 전개되었다.

1515년(중종 10) 무렵부터 도학정치론을 앞세운 기묘사림의 정치공세에 반발한 훈척 세력의 반발로 기묘사화가 일어났다. 이어지는 을사사화로 기호사림이 다시 한 번 위축되었으나, 사림파의 정치개혁안은 이후 사림정치 시대의 바탕이 되었다.[1)]

---

1) 정만조, 〈한국 서원의 역사〉, 《한국학논총》 29, 국민대 한국학연구소, 2007, 3~4쪽.

지금까지 군주·대신·대간의 정치적 활동을 중심으로 왕도정치를 구현하려고 했던 사림파의 정치활동에 대한 연구는 상당한 성과를 거두었다.[2] 그러나 기호사림파의 정국운영론을 구체적으로 연구한 연구 성과[3]는 몇 편에 지나지 않은 실정이다.

이 글에서는 기호사림의 일원으로서 경연관과 언관으로 많은 활동을 했던 준암樽巖 이약빙李若氷(1489~1547)[4]의 정국 현황에 대한

---

2) 중요한 연구 업적으로는 다음과 같은 것들이 있다.
이수건, 《영남사림파의 형성》, 영남대출판부, 1979; 정두희, 《조선초기 정치지배세력 연구》, 일조각, 1983; 이수건, 《한국중세사회사 연구》, 일조각, 1984; 이병휴, 《조선전기 기호사림파 연구》, 일조각, 1984; 최이돈, 《조선중기 사림정치구조 연구》, 일조각, 1994; 이병휴, 《조선전기 사림파의 현실인식과 대응》, 일조각, 1999; 김우기, 《16세기 척신정치의 전개와 기반》, 경북대 박사논문, 1995; 김돈, 《조선전기 군신 권력 관계 연구》, 서울대출판부, 1997; 송찬식, 〈조선조 사림정치의 권력구조〉, 《경제사학》 2, 경제사학회, 1978; 와그너, 〈정치사적 입장에서 본 이조 사화의 성격〉, 《역사학보》 85, 역사학회, 1980; 우인수, 〈조선 명종대 위사공신의 성분과 동향〉, 《대구사학》 33, 대구사학회, 1987; 이병휴, 〈조선전기 지배세력의 갈등과 사림정치〉, 《민족문화논총》 11, 영남대 민족문화연구소, 1990; 이성무, 〈사림과 사림정치〉, 《청계사학》 8, 청계사학회, 1991; 이태진, 〈조선왕조 유교정치와 왕권〉, 《한국사론》 23, 서울대 국사학과, 1993; 정만조, 〈조선시대의 사림정치〉, 《한국사상의 정치형태》, 일조각, 1993; 정두희, 〈기묘사화와 조광조〉, 《역사학보》 146, 역사학회, 1995; 정만조, 〈조선중기 유학의 계보와 붕당정치의 전개(1)〉, 《조선시대사학보》 17, 조선시대사학회, 2001.

3) 한춘순, 〈명종조 을사사화 연구〉, 《인문학연구》 2, 경희대 인문학연구소, 1998; 박홍갑, 〈중종조 충주사림의 진출과 활동〉, 《사학연구》 55·56합집, 사학연구회, 1998; 박홍갑, 〈조선 명종조 충주옥의 전개와 충주사림〉, 《조선시대사학보》 17, 조선시대사학회, 2001; 박홍갑, 〈16세기 전반기 정국 추이와 충주사림의 피화〉, 《사학연구》 79, 사학연구회, 2005.

4) 광주이씨 이약빙李若氷의 세계도
1대 집集(1327년 6월 2일 정묘生, 고려 충숙왕 14년 遁村先生)
2대 지직之直
3대 인손仁孫
4대 극감克堪(文景公派祖)
5대 세우世佑
6대 자滋(무오·갑자사화 피화)
7대 약수若水(자의 1자, 기묘사화 피화)
약빙若氷(1488~1547 자의 2자, 기묘·을사사화 피화)
약해若海(자의 3자, 을사사화 피화)

인식과 대응책을 분석해 보고자 한다.

2. 행력과 정치활동

먼저 기호사림으로 활발한 언론활동을 했던 이약빙[5]의 건의 내용을 중심으로 그가 지향하던 개혁의 방향을 살펴보자.

이약빙의 화폐유통론은 민생 경제를 살려야 한다는 생각에서 출발하고 있다. 국내 상거래를 활성화할 수 있는 기축통화에 대한 논의는 조선 전기부터 있었다. 세종 대부터 현물화폐 대신에 동전·철전·저화 같은 명목화폐를 사용하자는 논의가 활발했지만, 교환경제가 미성숙한 탓에 중단되었다.[6] 그러나 고액의 물품을 거래할 때 현

8대 홍남洪男(1515~1572 약빙의 1자, 을사사화 피화)
　　홍윤洪胤(?~1549 약빙의 2자, 을사사화 피화)
9대 민각民覺(1535~? 홍남의 1자) 민병民秉(1542~1581 홍남의 2자)
　　민철民哲(1534~1592 홍윤의 1자) 민정民正(?~1549 홍윤의 2자)

5) 이약빙은 본관이 광주廣州이고, 부친은 현감 자滋이며, 부계홍씨缶溪洪氏 현감 홍언승洪彦昇의 딸과 혼인하여 홍남·홍윤을 두었다. 주요 관력으로는 1508년(중종 3) 성균관 전시, 1513년 생원시에 수석을 차지하고, 한림, 호당, 시강관에 기용되었다. 기묘사화 직전에 이조좌랑으로 조광조를 돕다가 파직되고, 1519년 기묘사화로 희생된 조광조와 형 이약수의 사면을 요청하다가 삭직되었다. 1537년 복직되어 예조정랑·한산군수 등을 역임했다. 1539년 노산군(단종)과 연산군의 후사를 세워야 한다고 하다가 파직되었으나, 곧 복직되어 1544년 수원부사로 나갔다. 1547년 소윤 윤원형 등이 양재역 벽서사건을 일으키자, 대윤인 윤임의 인척이라 하여 송린수와 함께 처형되었다. 최고직은 사복시 정, 지제교를 역임했고, 유고 1권이 전한다.
그의 사후 충주에서 아들 이홍윤의 역모사건이 일어나자, 대사헌 송세형 등이 "충주의 역당으로 유자라고 이름하는 자들은 모두 이약빙의 문하로서, 이약빙이 처형되자 원한을 품고 당여를 모아 반역을 도모했다"고 할 만큼 충주에서는 절대적인 영향력을 가진 인물이었다. 1570년 선조 때 신원, 복관되고 대흥의 우천사에 제향되었다. 廣州李氏 大同譜 편찬위원회 편, 《廣州李氏 大同譜》 首卷, 〈牛泉公(諱 若水)·樽巖公(諱 若氷)·首巖公(諱 若海) 行狀〉, 文獻錄, 542~544쪽과 〈文景公(廣城君)派樽巖公系〉 卷1, 159~172쪽 참조. 광주이씨 대종회 사이트 http://www.gwanglee.or.kr/

6) 權仁赫, 〈조선초기 화폐유통 연구〉, 《역사교육》 32, 역사교육연구회, 1982, 83~124쪽.

물화폐로 거래하는 데 따른 불편함이 드러났으며, 이를 대체할 수단으로 명목화폐의 도입 필요성에 대한 논의가 여러 차례 있었다. 하지만 세종·세조 대의 저화 유통을 위한 여러 조처에도 명목화폐가 현물화폐를 완전히 대체할 상거래 수단으로 확고하게 자리 잡지는 못했다. 그러나 《경국대전》에 '속전은 저화로만 징수하고 값을 치를 때는 포와 저화 반반씩 하라'[7]는 규정이 등재된 것을 보면 명목화폐 사용을 장려하려는 정부의 노력은 꾸준히 전개되었다.

16세기에는 상거래 활성화에 따라 현물화폐 대신에 명목화폐의 유통량을 늘릴 수 있는 정책 논의가 활발하게 이루어졌으며, 이약빙도 이러한 논의에 적극 참여했다. 저화를 기축통화로 해야 한다는 논의는 중종연간에 다시 활성화되었다. 1515년(중종 10) 6월에 포를 대신해서 동전과 저화를 국가의 기축통화로 할 수 있도록 정부가 적극 노력해야 한다는 주장에 이약빙도 동조했다.[8] "이전에는 저화와 현물(正布나 쌀) 사이의 교환 가치가 너무 높게 책정되어 민간이 잘 사용하지 않았고, 지금은 저화의 교환 가치가 너무 낮게 책정되어서 잘 사용하지 않는다. 적절한 교환 가치를 새로 책정한다면 저화가 물화의 유통과 재정 운영 상태를 개선하는 데 도움이 될 것"이라고 주장했다. 저화 보급을 확대하려면 담당 부서를 신설하여 저화의 생산량을 늘리고, 저화 교환 값의 표준을 쌀로 정하고, 추포麤布는 적극적으로 수매하여 폐기 처분해야 한다고 주장했다. 추포 대신에 저화와 동전을 법정 화폐로 사용하게 되면 일반 백성의 편의가 좋아질 것이며, 군수물자 구매 비용도 절감되는 효과가 있을 것이며, 저화 유통량 확대를 위한 정부의 노력에 따라서 명목화폐 도입에 따른 효

7) 《경국대전》 戶典, 國幣條.
8) 《중종실록》 권22, 중종 10년(1515) 6월 18일 계유 2번째 기사.

과가 2~3년 이내에 나타날 것이라고 주장했다. 저화 유통량 확대에 적극적이었던 이약빙의 태도는 국부 창출을 통한 민생 회복이라는 측면에서 높이 평가할 수 있다.

이약빙은 가뭄의 해소, 서민 주택 문제와 같은 민생과 밀접한 문제에도 많은 관심을 가지고 있었다. 그는 민생의 안정을 위한 가뭄 대책에 군주의 적극적인 참여가 필요하다고 주장했다. 1516년(중종 11) 5월에 전경典經 이약빙은 "가뭄을 해소하기 위한 기우제에, 임금이 직접 전향傳香하여 지극한 정성을 보여야 한다"고 건의했다.[9] 그는 민생에 결정적인 타격을 주는 가뭄 해소를 비는 행사에 군주가 정성을 다해서 동참하는 것은 농본農本 국가의 군주에게 필요한 주요 덕목이라고 보았다.

같은 해 5월에 전경 이약빙이 "궁궐을 내려다보는 높은 곳에 지은 민가를 철거하는 것을 중단하도록 요청했다." 이에 대해서 중종은 "궁궐을 내려다보는 집뿐만이 아니라 산 밑의 무허가 건물도 모두 철거하는 것이라"고 반대를 했다. 그러나 이약빙은 "1512년(중종 7)에 철거하지 말라는 명령이 있었는데, 이제 와서 다시 철거하는 것은 부낭하다"[10]고 수장했다. 이 시기에 오면 도성의 이주민 수가 늘어나면서 산록에다 집을 짓는 일이 잦았고, 도시의 미관을 고려해서 정비의 필요성이 제기되었으나, 이약빙은 이주민의 주거 안정이 도시 미관보다 우선해야 한다고 주장했던 것이다.

도시민의 거주대책 마련을 촉구한 논의에 이어서, 1518년(중종 13) 10월에 이약빙은 중종에게 사형 집행을 신중하게 해야 한다고 건의했다. 행형단자行刑單子를 입계하는 날에는 임금이 죄인의 죽음을 슬

9) 《중종실록》 권25, 중종 11년(1516) 5월 7일 정해 5번째 기사.
10) 《중종실록》 권25, 중종 11년(1516) 5월 18일 무술 1번째 기사.

퍼하는 뜻을 보이는 것이 좋겠다고 했다. 중종은 이약빙의 건의를 받아들여 앞으로 행형하는 날은 정무를 중단한다고 결정했다.[11] 군주가 백성의 생사 결정 문제에 신중해야 한다는 주장을 펼친 것이다. 이 몇 가지는 민생과 직결된 사안에 대한 군주의 위민爲民의식을 강조한 것으로, 이약빙의 민생에 대한 인식이 구체적으로 나타난 사례이다.

이약빙이 시종직에서 왕성하게 활동하던 1518년(중종 13) 8월에는 조광조의 명성이 높아서 정암을 본받으려는 사람들이 매우 많았다. 신진사류들은《소학》의 도리를 말하며, 몸가짐도 법도에 맞게 하려고 힘쓰고, 말을 함부로 하지도 않았다. 사관은 성리학에 관한 책을 끼고 다니는 사람은 명성만 있고 실지는 없더라도 도학하는 사람이라 했으므로 문관 및 선비들이 읽는 것은《근사록》·《소학》·《대학》·《논어》 등의 책뿐이요, 문예의 학문은 일삼지 않았다고 당시의 상황을 묘사하고 있다.[12] 조광조의 행위를 모방하려는 사회적 분위기가 신진사류들 사이에 형성되자, 기묘사림파의 움직임은 정치권의 주목을 받게 되었다.

기묘사림이 주도하는 천거제 논의가 활발해지자, 정국공신을 비롯한 반대파의 견제가 조직적 행동으로 나타나기 시작했다. 1518년(중종 13) 8월에는 신진사류를 비난하는 글이 나돌았다. 의정부와 사간원의 대문에 신진사류를 비난하는 글이 실린 화살이 박힌 사건에 대해서 당시 사관은 다음과 같이 평가했다.

'조광조 등 30여 인이 국정을 변경하고 어지럽혀서 사직을 위태롭게 하나

---

11)《중종실록》권34, 중종 13년(1518) 10월 29일 을미 1번째 기사.
12)《중종실록》권34, 중종 13년(1518) 8월 21일 무자 5번째 기사.

> 밝으신 임금이 간사한 술책을 모르고 있는데, 대신은 어찌하여 묵묵히 편안하게 앉아만 있는가?'라고 했다. 이는 탄핵을 받아 직을 잃은 사람이 한때의 명사를 미워하여 온갖 계책으로 모함하려다가 그 흉계를 부리지 못하자, 정부와 간원의 문에 화살을 쏘아 조정을 경동시킨 것이다. 이때 김정·조광조 등이 성상의 지우를 받아 아는 것은 말하지 않음이 없었으며 군자를 등용하고 소인을 물리쳐서 당시의 폐습을 개혁하려고 힘썼으며, 비록 조종의 법이라도 조금만 폐단이 있으면 고쳐서 새롭게 하려고 했다. 그 원래 마음은 나라를 위해서 했을 뿐이었으나 사람을 쓸 적에 함께 어울리는 사람이면 그다지 훌륭한 사람이 아니더라도 칭찬하여 추천하고, 어울리지 않는 사람이면 비록 쓸 만한 인재라도 물리쳐 버리므로 원망이 크게 일어나고 질투가 더 심해졌다. 또 신진들의 탄핵이 지나쳐서 노성한 이 가운데 폐기된 자가 많았으므로 조정 재상이 다 자신을 보전하지 못할 것처럼 위태롭게 여기는 마음을 가졌다. 이 때문에 원한이 골수에 사무쳤다.[13]

조광조 등 기묘사림이 중종의 후원에 힘입어 급격하게 국정을 개혁하자, 이에 불만을 품은 세력이 늘어났다. 특히 인사 쇄신 과정에서 탄핵을 받은 관료들은 교체 사유에 대해서 불평을 했다. 기묘사림들이 자기편만 기용하고, 쓸 만한 인재라도 노선이 다르면 무조건 배제한다는 불만이 많았다. 특히 정국공신을 비롯한 원로대신들에 대한 탄핵으로 훈척 세력의 위기의식은 높아만 갔다.

기묘사림파는 자파인사를 기용하기 위해서, 과거 시험을 보아서 관료를 선발하는 방식으로는 진정한 인재를 선발할 수 없으므로 천거로 인재를 뽑아야 한다는 주장을 펼쳤다. 그들은 1518년(중종 13) 9

13) 《중종실록》 권34, 중종 13년(1518) 8월 21일 무자 5번째 기사.

월에 과거를 대신해서 향촌 사회의 인재를 뽑아 쓰는 현량과賢良科[14] 실시를 주장하였다. 1519년(중종 14) 4월 첫 번째 현량과가 시행되어 급제자 28명을 배출했지만, 일각에서는 자신들과 가까운 사람만을 관료로 기용함으로써 국정 운영의 난맥상을 초래했다는 비난이 제기되었다. 서로 번갈아 가며 추천하고 찬양하여 부정하게 끌어주어 붕당을 만드는 것이 악습이 되어, 조정의 관작을 자신의 고마움을 나타내는 물건으로 여기는 듯한 정치 행태를 보인다는 비판이 그것이다.

실록의 사평에는 기묘사림이 추천한 인물은 친분이 있거나 경험이 부족한 사람이 대부분으로, 명성과 실지가 어긋나서 바탕은 아름답지 못하면서 겉만 번지르르한 사람이 대각에 퍼져 있어서 정국 혼란의 원인이 되었다[15]고 기록하고 있다.

기묘사림파가 주요 관직을 차지하고, 정국 현안에 대한 급진적인 해결을 시도하자 중종의 불안감이 표출되기 시작했다.[16] 1519년(중종 14) 7월에 이약빙이 나이와 경력이 부족한 기준奇遵을 직제학에 임명하라고 요청했을 때 중종이 난색을 표명한 것도 기묘사림의 인사정책에 대한 의구심 때문이었다.

기묘사림에 대한 불만은 기묘사화가 발생한 직후인 1519년(중종 14) 12월에 대사헌 이항李沆의 현량과 혁파 주장으로 구체화되었다. 기묘사림이 정국공신의 개정을 주장한 지 40여 일만의 일이었다. 이항은 주장하기를,

14) 이병휴, 《조선전기 기호사림파 연구》, 일조각, 1984; 와그너, 〈정치사적 입장에서 본 이조 사화의 성격〉, 《역사학보》 85, 역사학회, 1980; 정두희, 〈기묘사화와 조광조〉, 《역사학보》 146, 역사학회, 1995.

15) 《중종실록》 권34, 중종 13년(1518) 9월 10일 정미 3번째 기사.

16) 《중종실록》 권36, 중종 14년(1519) 7월 13일 갑진 5번째 기사.

> 현량과는 부득이 혁파해야 합니다. 당초에 듣건대, 김식金湜은 급제한 자가 아니건만 저들이 다 끌어들여서 경연관 또는 대사성이 되게 하려고 했으나, 조종의 법이 아니므로 현량과라는 명목으로 저희가 아는 자들만을 뽑아서 시험하되 그 사람들의 이름 밑에 '경제가 유여裕餘하다'느니 '학문에 연원이 있다'느니 하는 주를 달았다 합니다. 대체로 경제가 유여하다는 것은 능히 성인의 지위에 도달한 자라야 그런 것입니다. 널리 베풀어서 뭇사람을 구제하는 것은 요순일지라도 잘할 수 없는 것인데, 이런 사람을 경제가 유여하다고 할 수 있겠습니까? 또 학문에 연원이 있는 것도 성인 지위인 사람입니다. 공자의 제자 가운데서 오직 안자顔子 한 사람이 이에 해당하고 자유子游·자하子夏일지라도 잘할 수 없는 것인데, 더구나 저런 자가 잘할 수 있겠습니까? 이것은 다 임금을 속인 것이며 그 나머지도 이와 같습니다. 임금께서 능히 깨달으셨다면 기꺼이 결단하여 혁파해야 합니다.

라고 했다. 이항은 기묘사림이 추천한 인물들의 행정 능력에 의문을 제기하고, 그들이 주로 자파를 기용하고자 설치한 현량과를 폐지해야 한다고 정면으로 거론한 것이었다. 이어 이약빙을 비롯한 23명의 이름을 들어 이들은 모두 조광조의 붕당이라며 처벌을 주장했다. 그러나 중종은 주모자인 조광조 등을 이미 처벌했으므로 그의 추종 세력에 대한 처벌은 보류하는 것이 좋겠다는 유보적인 태도를 보였다.[17] 계속되는 처벌 요구에 중종은 신하들의 의견을 수렴하는 형식을 빌려서 조광조를 사사하고, 김식 등을 절도안치하라는 명령을 내렸다. 이어서 기묘사림 가운데 죄질이 무거운 이약빙을 비롯한 16인의 처벌을 논의했으며, 이약빙은 고신을 추탈당하는 처벌을 받았

17) 《중종실록》 권37, 중종 14년(1519) 12월 14일 갑술 2번째 기사.

다.[18)]

1521년(중종 16) 10월에 홍문관에서 기묘사림파의 죄과를 다음과 같이 재론했다.

> 조광조趙光祖·김정金淨·김식金湜·유운柳雲·이자李耔·김안국金安國·최숙생崔淑生·김구金絿·한충韓忠·유인숙柳仁淑·박세희朴世熹·김정국金正國·신광한申光漢·기준奇遵·정응鄭應·이약빙李若氷·최산두崔山斗·이충건李忠楗·이희민李希閔·양팽손梁彭孫·정완鄭浣·이청李淸의 무리가 요직〔淸要〕을 나누어 차지하여 대간이 되었다가 시종이 되었다가 하면서 중추 기관을 관장했다는데, 붕당끼리만 친히 지냈습니다. 그리하여 하는 짓이 탐오하면서도 다스림을 빙자하고, 자신은 개인적인 정을 쓰면서도 공을 핑계하여 날마다 편당 심기를 일삼았습니다.

조광조를 비롯한 이약빙 등이 편당을 지어 요직을 독차지하고 여러 가지 부정한 일을 저질렀으므로 중벌을 면할 수 없다는 것이다. 이어서 "이약빙·기준이 많은 사람들 앞에서 드러나게 말하기를 '광조는 이조판서에 합당하고, 이자는 병조판서에 합당하고, 문근은 형조판서에 합당하다' 했으며, 심지어 안찬安瓚은 서얼인데도 또한 형조정랑에 적합하다고 하여, 조금도 거리낌이 없었다"고 비난했다.[19)] 이런 홍문관원의 문제 제기로 1521년(중종 16) 10월에 이약빙을 외방에 유배보내라는 중종의 명령이 내려졌다.[20)] 이에 따라서 이약빙은 중앙정계에서 물러나게 되었다.

18) 《중종실록》 권37, 중종 14년(1519) 12월 16일 병자 1번째 기사.
19) 《중종실록》 권43, 중종 16년(1521) 10월 23일 신축 3번째 기사.
20) 《중종실록》 권43, 중종 16년(1521) 10월 24일 임인 3번째 기사.

중앙정계에서 물러나 충주에 은거하고 있던[21] 이약빙은 재물을 모으고 강학활동을 활발히 펼쳐서 충주 지역의 유학 진흥에 많은 공헌을 했다. 그의 노력으로 충주 지역에서 성리학적 정치관에 공감하는 사람들의 수가 급증했다. 실록에 "충주의 역당으로 유자라고 이름하는 자들은 모두 이약빙의 문하로서, 이약빙이 처형되자 원한을 품고 당여를 모아 반역을 도모하였다"고 할 만큼 충주 지역에서는 절대적인 영향력을 가진 인물이 되었다.

충주에서 강학활동에 전력하던 이약빙은 19년이 지난 뒤에 다시 중앙정계에 등장하였다. 즉 1537년(중종 32) 12월에 기묘사림의 복권이 논의되면서 이약빙의 직첩을 되돌려 주라는 중종의 명령이 내려졌고,[22] 이어서 1538년(중종 33) 2월에 이약빙을 다시 서용하라는 명령이 내려졌다.[23] 재기용된 지 얼마 안 된 1538년(중종 33) 4월에 이약빙은 제술 성적이 우수하여 중종으로부터 사서삼경 1권을 수상하게 되었다.[24] 곧이어 예조정랑 이약빙은 강경과 제술 시험에서 우수한 성적을 기록해서 반숙마 1필을 하사받았다.[25]

이약빙의 뛰어난 성리학적 자질은 이미 관계 입문 때부터 주목받았다. 성균관 유생 시절인 1508년(중종 3) 친시에 수석으로 합격하여 왕에게서 《예기》를 하사받았다.[26] 또 1513년 사마시에 수석으로 합격하고,[27] 1519년에 사가독서를 한[28] 전력을 보면 이약빙의 성리학

21) 《중종실록》 권105, 중종 39년(1544) 11월 27일 임술 4번째 기사.
박홍갑, 〈16세기 전반기 정국의 추이와 충주사림의 피화〉, 《사학연구》 79, 한국사학회, 2005, 151쪽.
22) 《중종실록》 권86, 중종 32년(1537) 12월 15일 경신 2번째 기사.
23) 《중종실록》 권87, 중종 33년(1538) 2월 21일 을축 5번째 기사.
24) 《중종실록》 권87, 중종 33년(1538) 4월 22일 을축 3번째 기사.
25) 《중종실록》 권87, 중종 33년(1538) 4월 22일 을축 4번째 기사.
26) 《중종실록》 권7, 중종 3년(1508) 10월 24일 무자 1번째 기사.
27) 《중종실록》 권18, 중종 8년(1513) 8월 20일 을묘 9번째 기사.

적 자질은 여러 번 인정을 받았음을 알 수 있다. 또 한산군수로 있던 1539년(중종 34) 4월에는 명나라 사신 접대관으로 선발되어 문학적 자질을 인정받았다.[29] 그가 죽은 뒤인 1570년(선조 3) 5월에는 유희춘 등이 이약빙의 직첩 환급 사유로 그의 강학 능력을 거론했다.

> 중종대왕이 기묘년(1519) 7월, 성균관에 친행하시어 대사성 김식, 생원 이약빙 등과 《주역》·《서전》 등의 책을 강론하니, 문을 둘러싸고 구경했던 자들이 수백 명이나 되었다고 하여 지금까지 미담으로 전해오고 있습니다.[30]

이약빙의 경서 강학은 그가 죽은 지 24년이 지나서까지도 명강의로 거론될 만큼 탁월했던 것으로 보인다.

앞서 한산군수로 있다가 명나라 사신 접대관으로 귀경했을 때 이약빙은 왕실의 입후 문제를 거론했다. 1539년(중종 34) 4월에 한산군수 이약빙은 단종과 연산군의 후사를 이어주어야 한다는 상소문을 올렸다.

> 신은 멸망한 나라를 일으키고 끊어진 대를 이어주는 것이 성왕의 법이라 들었습니다.……노산魯山과 연산燕山은 근대에 폐위된 임금입니다.……나라 잃은 죄로 논하면 폐위시킨 정도에서 끝낸 것이 다행이라 하겠으나 속적을 논한다면 그들이 일찍이 임금이었다는 점은 관두고라도 지친至親임에는 틀림없습니다. 범인에게는 후세에서 성왕의 법을 본받게 하고 왕실 지친에게는 그렇게 하지 않으니 옳은 일입니까, 옳지 않은 일입니까? 지친의 신분으

28) 《중종실록》 권37, 중종 14년(1519) 11월 3일 계사 1번째 기사.
29) 《중종실록》 권90, 중종 34년(1539) 4월 1일 무술 1번째 기사.
30) 《선조실록》 권4, 중종 3년(1570) 5월 15일 임오 1번째 기사.

로 볼 때 두 군주를 위하여 후계를 세우는 것이 무엇이 어렵겠습니까. 그런데도 이를 곤란하게 여기는 까닭이 무엇인지 알 수 없습니다.……무릇 하늘 아래 인간은 모두 하늘의 자식인데, 혹 자기가 원하는 바를 얻지 못하면 하늘에 대하여 못하는 말이 없이 욕설을 퍼붓더라도 하늘이 큰 위력으로 그 사람을 벌했다는 말은 듣지 못했으니, 성왕의 도량도 이러해야 할 것입니다.[31]

이약빙은 노산군(단종)과 연산군의 가계를 이을 수 있도록 후사를 세워줘야 한다고 주장했다. 그는 왕실 구성원간의 우애를 위해서 노산과 연산의 묘소를 재정비하고, 가계를 이을 후계를 정할 것을 주장했다. 또한 중종의 아들인 복성군을 사형에 처한 것은 지나친 처사이므로 철회해야 한다고 주장했다. 그는 왕실 구성원에 대한 자애심을 지키는 것이 성왕의 도량임을 거론하면서 중종의 결단을 촉구했다.

이약빙의 건의에 대해서 중종은 인륜이 끊어지는 것을 염려하는 충정을 높이 평가하면서 노산군과 연산군, 복성군의 후사를 잇는 문제를 긍정적으로 검토해보라는 지시를 내렸다.[32] 이약빙이 중종반정으로 왕위에서 물러난 연산군의 후사 문제를 거론한 것은 정치적 파장을 가져올 수 있는 상당히 민감한 사안이었다. 대신들은 이약빙의 주장이 왕권의 정통성을 위협하는 위험한 발상이라며 추국해야 한다고 주장했다. 그러나 중종은 이약빙의 주장이 공론에서 나온 것이라고 이약빙을 옹호하며 파직만 하라고 명령했다.[33] 이약빙이 왕

31) 《중종실록》 권91, 중종 34년(1539) 윤7월 5일 경자 1번째 기사.
32) 《중종실록》 권91, 중종 34년(1539) 윤7월 5일 경자 2번째 기사.
33) 《중종실록》 권91, 중종 34년(1539) 윤7월 13일 무신 1번째 기사.

의 후사 단절을 그대로 방치할 수 없다고 한 것은 입양제도의 정착[34]이 강조되던 시대적 분위기와 관계가 있는 일로, 후대에도 높이 평가받았다.[35]

1544년(중종 39) 11월에 이약빙은 연산군이 사망한 사실을 하루빨리 중국에 알려야 한다고 주장했다. 1506년에 반정을 일으킨 직후에 이 사실을 중국에 알리지 않고 연산군이 중종에 왕위를 선양한 것으로 거짓 통보했던 사실이 드러나면 나중에 더 큰 외교적 문제가 될 수 있으니, 이제라도 이러한 사실을 중국에 알리는 것이 좋겠다는 주장이었다.[36] 그러나 이약빙의 주장은 오히려 중국 측의 의심을 불러와서 왕권을 위태롭게 할 수도 있는 일이라는 반대파의 비판으로 채택되지 않았다.

1547년(명종 2) 9월에 부제학 정언각鄭彦慤이 '양재역 벽서'를 바치면서 이약빙의 관련설을 거론했다. 정언각이 올린 익명서에는 '여주女主가 위에서 정권을 잡고 간신 이기李芑 등이 아래에서 권세를 농간하고 있으니 나라가 망할 날을 서서 기다릴 수 있게 되었다. 어찌 한심하지 않은가'라는 내용이 적혀 있었다. 대윤인 윤임과 사돈관계인 이약빙이 익명서의 배후라는 지목은 문정왕후와 소윤계열과의 정국 주도권 경쟁에서 나온 것이다. 이 일로 이약빙을 사형에 처하

34) 정긍식은 진사생원시 합격자 가운데서 양자의 비중이 16세기 중반부터 현저히 증가했음을 논증하고 있다. 그의 연구에 따르면 양자는 성종 때(1486) 처음 사마방목에 등재되기 시작했으며, 1544년 이전까지 평균 0.38%에 지나지 않던 양자 출신의 비중이 1545년 이후에는 3.77%로 급격히 증가하는 현상이 나타난다(정긍식, 〈전기자료에 나타난 16세기 양자의 특징—'사마방목'의 분석〉, 《국제·지역연구》 12-4, 국제지역학회, 2003, 109~110쪽).

35) 홍양호洪良浩는 왕에 대한 입후봉사논의立後奉祀論議가 이약빙에서 처음 시작되었다고 지적했다. "中宗御極, 特遣承宣, 備物致祭·立後奉祀之論, 始發於李若氷, 而爾時大臣不能止議, 至使敢言之人, 幾被不測之罪, 吁可惜哉"(《耳溪集》 권30, 墓碣銘, 晉州牧使贈左承旨申公墓碣銘 幷序 241_553b).

36) 《중종실록》 권105, 중종 39년(1544) 11월 27일 임술 4번째 기사.

라는 명종의 명령이 내려졌다.[37] 이어서 이약빙의 자산도 적몰하라는 전교가 내려졌다.[38] 양재역 벽서사건은 을사사화와 위사공신의 부당성에 대한 정치적 논란의 연장선 위에서 확대되었다. 이 사건을 기화로 소윤계 삼공三公은 을사사화의 피화인에 대한 가중 처벌을 주장했고, 결과적으로 많은 사림이 처벌받아서 사림의 정치적 기반이 흔들리게 되었다.[39]

기호사림의 피해는 충주옥사에서도 계속되었다.

1549년(명종 4) 4월에 사인 정유길鄭惟吉과 교리 원호변元虎變은 이약빙의 아들 이홍윤李洪胤이 역모를 꾀한다고 고변을 했다.[40] 역모를 기도했다는 이홍윤의 자복에 따라서 본인뿐만 아니라 40~50인의 충주 지역 인사도 처벌을 받았다. 이 사건은 "충주 지역이 텅 비게 되었다"고 실록에 따로 기록될 정도로 지역 사회에 막대한 피해를 가져왔다.[41] 이약빙 가문이 많은 피해를 본 '충주옥사'는 이약빙의 아들인 이홍남과 이홍윤 사이의 재산 분쟁이 발단이 되었으나, 정치적 음모가 추가되어 역옥으로 번진 것이다.[42] 사건의 여파로 충청도는 청홍도로 도명이 바뀌고 충주목은 유신현維新縣으로 강읍降邑되었다.[43] 이 사건으로 충주 지역의 사림계 인사가 커다란 피해를 입었

37) 《명종실록》 권6, 명종 2년(1547) 9월 18일 병인 3번째 기사.
38) 《명종실록》 권6, 명종 2년(1547) 9월 21일 기사 4번째 기사.
39) 한춘순, 〈명종대 을사사화 연구〉, 《인문학연구》 2, 경희대 인문학연구소, 1998, 347~350쪽.
40) 《명종실록》 권9, 명종 4년(1549) 4월 18일 정사 1번째 기사.
41) 충주옥사에 대한 구체적인 연구는 박홍갑의 논문에 자세하다. 박홍갑 연구에 따르면 충주민 피해자 가운데는 이약빙의 문인 유생이 많이 포함되었다고 한다(박홍갑, 〈16세기 전반기 정국의 추이와 충주사림의 피화〉, 《사학연구》 79, 한국사학회, 2005; 《명종실록》 권9, 명종 4년(1549) 4월 18일 정사 1번째 기사.
42) 한춘순, 〈명종대 을사사화 연구〉, 《인문학연구》 2, 경희대 인문학연구소, 1998, 352~354쪽.
43) 《선조실록》 권1, 선조 즉위년(1567) 10월 12일 계사 1번째 기사.

을 뿐 아니라, 이약빙 가문도 막대한 피해를 입었다. 이들에 대한 정치적 신원은 사림정치가 자리 잡기 시작할 때부터 거론되기 시작하여, 선조 대에 와서 이약빙도 복권되었다.[44]

이약빙은 중종 집권기에는 민생 증진과 성리학적 예속의 진흥을 위한 기묘사림파의 일원으로 활동하다가 기묘사화에 연루되어 파직되었다. 퇴직한 뒤에는 충주 지역에서 사림 강학과 정치의식의 고양을 위한 노력 등 향촌 사회에 성리학을 보급하고자 힘썼다. 재기 후에는 왕실의 계후문제와 대명 외교 현안 해결을 위해 노력을 했지만, 대·소윤 세력의 정치적 갈등으로 꿈을 접었다.

3. 대간과 경연관의 역할론

왕도정치의 구현을 위해서는 군주와 대신의 공치共治를 지향해야 한다는 시대 분위기에 따라서, 시종과 언관의 견제 역할 또한 강조되었다. 이약빙의 정치활동에서 두드러지는 것이 경연관으로서 역할이다. 그는 경연석상에서 항상 왕에게 직언하였고, 아울러 사림정치의 근간인 언로의 확대를 적극 주장하였다.

그러나 기묘사림의 정치적 입지가 강화되자 기존 대간 세력이 반발함으로써, 홍문관과 대간의 대립이 심화되는 양상으로 나타났다. 1516년(중종 11) 1월에 박상朴祥·김정金淨·송흠宋欽 등을 대간으로 추천한 이조판서 안당에 대한 비난 여론이 제기되자, 장령 공서린孔瑞麟이 안당을 변호하다가 반대파의 공세에 몰렸다. 이약빙은 처음에

《燃藜室記述》 권10, 明宗朝故事本末, 乙巳士禍.

44) 《선조실록》 권2, 선조 1년(1568) 2월 25일 을사 2번째 기사.

언론활동 위축을 우려하여 공서린을 지지했지만, 이 사건이 대간과 홍문관의 대립으로 확대되자 홍문관의 입장을 적극 대변하고 나섰다. 중종 또한 홍문관의 입장을 지지했다.[45] 사실 이 논의는 이조판서 안당이 기묘사림인 박상·금정·송흠 등을 대간으로 추천하고 이약빙, 기준 등 후배 기묘사림이 적극적으로 지원한 것이었다.[46]

1516년(중종 11) 2월에는 홍문관과 대간의 정치적 대립이 격화되자 이를 중재하려던 중종이 논박에 적극 가담한 대간과 홍문관 관원을 교체하라는 전교를 내렸다.[47] 그러나 이약빙 등 홍문관원을 한꺼번에 교체하면 경연 업무에 지장을 초래하므로 이를 철회해야 한다는 주장이 제기되었고, 중종도 이를 받아들여서 이약빙 등의 체직을 철회했다.[48]

중종의 신임을 확인한 이약빙은 더욱 적극적으로 자신의 주장을 드러내기 시작하였다. 1516년(중종 11) 2월에 경연청經筵廳의 전경 이약빙은,[49]

> 언로는 크게 국가에 관계됩니다. 박상 등이 죄를 받은 뒤로부터 선비들이 의견이 있어도 모두 상달하지 못합니다. 신이 들으니, 어떤 지방 사람이 상소를 올리려고 오는 길에 박상이 언론활동 때문에 죄를 받았다는 소문을 듣고 중도에서 되돌아갔다고 합니다. 이제 대신·대간·시종이 모두 언로를 확보해야 한다고 건의했는데도 허락하지 않으시니, 신들은 실망스럽습니다.

45) 《중종실록》 권24, 중종 11년(1516) 2월 2일 계축 1번째 기사.
46) 《중종실록》 권23, 중종 11년(1516) 1월 19일 신축 1번째 기사.
47) 《중종실록》 권24, 중종 11년(1516) 2월 11일 임술 3번째 기사.
48) 《중종실록》 권24, 중종 11년(1516) 2월 11일 임술 4번째 기사.
49) 《중종실록》 권24, 중종 11년(1516) 2월 18일 기사 1번째 기사.

라고 하며 언로를 넓히기를 청하였다. 이는 1515년 8월에 정변으로 폐위된 단경왕후 신씨의 복위를 주장하고 훈신 박원종 등의 처벌을 요청했다가 처벌된 박상의 무고함을 밝히는 과정에서 나온 주장이었다.

이약빙은 간쟁권의 확보가 국가의 명운을 좌우하는 중대사로, 언로가 막히면 선비들의 언론활동이 위축되어 사기가 꺾인다고 했다. 그는 언로의 확보가 대신을 비롯한 모든 관료층의 공론임을 내세워 기묘사림 박상의 처벌을 철회해야 한다고 주장했다. 4월에도 재변을 이유로 박상과 김정의 석방을 중종에게 건의하는 등[50] 간쟁권 확보와 기묘사림의 신구伸救를 위한 그의 노력은 집요하게 이루어졌다.

또한 이약빙은 재변에 대한 구언과 대책 마련에 소극적인 태도를 보이는 중종을 비난하고 나섰다.[51] 1516년(중종 11) 5월에 그는 하늘의 재변과 사물의 괴변이 매우 심한데도 조정이 태연한 것은 심각한 문제이므로 시정해야 한다고 주장했다. 하늘의 재변에 대한 해결방안을 제시한 박상·김정의 구언 내용을 문제 삼아 처벌하려는 것에 대해서 사림이 의아하게 생각한다는 것이었다. 만약 진언한 사람에게 책임을 묻는다면 앞으로는 아무도 진언을 하지 않을 것이니, 두 사람을 용서하여 언로를 열어야만 백성들이 기뻐할 것이라고 했다.[52]

이처럼 언로 확대를 위한 노력은 사림세력의 정치적 입지를 확대하는 차원에서도 중요한 사안이었다. 이약빙은 사류를 보호하고 사기를 진작시키는 문제와 관련하여 더욱 적극적으로 언로를 넓힐 것

50) 《중종실록》 권24, 중종 11년(1516) 4월 7일 무오 2번째 기사.
51) 《중종실록》 권24, 중종 11년(1516) 4월 12일 계해 1번째 기사.
52) 《중종실록》 권25, 중종 11년(1516) 5월 7일 정해 5번째 기사.

을 주장했다. 이에 대해서 중종은 연산군 대의 '사화'로 비롯된 사림의 피해의식을 사림의 사기가 저하된 직접적인 원인으로 꼽고, 사기 진작을 위해서 군신이 함께 노력해야 한다고 했다.[53]

이약빙은 대간은 정치 현안에 대해서 임금에게 숨김없이 상소해야 하고, 임금은 이를 받아들여서 대신과 함께 대책을 마련해야 한다는 의견을 드러냈다. 대간의 주장이 옳다면 재앙을 미연에 방지하도록 노력해야 하고, 틀렸다면 일을 처리하는 데 경계심을 갖는 계기로 삼아야 한다고 했다. 또한 왕은 어진 사람을 좋아하고 선한 사람을 포용하는 도량을 넓게 가지는 것이 조정을 다스리는 기본이라고 주장했다. 뿐만 아니라 대간이 제기하는 정치 현안에 대한 해결책 마련을 위해서 대신과 군주가 긴밀히 협조해야 한다고 보았다.

이약빙은 간쟁권은 모든 계층에 열려 있어야 한다고 주장했다.[54] 그는,

> 옛날에는 직책을 가진 자만이 간언을 할 수 있는 것이 아니라 모든 사람에게 개방되어 있었습니다. 후세에 와서는 간언의 책임이 대간에만 주어져서 임금이 곧은 말을 듣기를 원하더라도 언로가 막혀 있었습니다. 이것을 그대로 방치하면 올바른 간언이 사라지고 상하 간에 소통이 두절되어 임금의 주변에는 참언만이 난무하게 될 것입니다. 이를 방지하려면 임금이 언로 확대에 많은 관심을 가져야 합니다. 그런데 근래에는 대간의 말에 대하여 싫어하거나 거절하는 뜻을 가지시어, 한 일을 의논하고 한 사람을 탄핵하는 것까지도 걸핏하면 열흘이나 한 달을 끌어서 겨우 한두 가지만을 들어 주실 뿐입니다. 아무리 지나친 일이더라도 스스로 반성하고 뉘우쳐 깨닫는 뜻을

53) 《중종실록》 권25, 중종 11년(1516) 5월 7일 정해 5번째 기사.
54) 《중종실록》 권31, 중종 12년(1517) 12월 15일 병진 7번째 기사.

> 가지셨다는 말을 듣지 못했습니다. 그리고 모든 것을 글로만 답하고, 허심탄회하게 성의를 베풀기를 즐겨하지 않으십니다.
>
> 이 때문에 선비들은 침묵을 지키는 버릇이 많고 나라에는 퇴폐하고 태만한 형상이 드러나는데, 대신이 이에 약석藥石 같은 말을 올려서 그를 구제한 일이 있다는 것을 일찍이 듣지 못했습니다. 전하께서는 오늘날 이미 안치安治가 이루어져서 한 가지 일도 말한 것이 없다고 생각하십니까?

라고 하고, 서정이 거행되지 않고, 기강이 서지 않고, 어짊과 어리석음이 구별되지 않고, 탐비貪鄙가 풍속을 이루고, 민생이 곤궁하고, 변경에 소요가 발생하는 것 등을 모두 말할 수 있어야 한다고 주장했다. 또 이미 눈과 귀의 구실을 하는 대간을 임명한 이상에는 곧은 의논과 바른 말을 들어 결점을 보충하고 막힌 데를 통하게 해야 하는데, 들어 주지 않고 대수롭지 않게 여기는 것은 문제라고 지적하였다. 아울러 수시로 경연에 나가서 신하들을 만나 충언을 적극적으로 듣기를 촉구했다. 이들 사례는 모두 왕에게 언관의 간쟁권 확보에 각별히 유념해줄 것을 요구한 것이다.[55)]

결국 이약빙은 군주와 대신이 정치권력을 분점해서 유교적 이상정치 구현을 선도해야 할 책무가 있다고 생각했다. 이와 더불어 대간들의 비판을 적극 받아들여야만 왕도정치 구현을 위한 견제와 균형의 제도적 장치가 완비된다는 견해를 밝혔다.

---

55) 《중종실록》 권31, 중종 12년(1517) 12월 15일 병진 7번째 기사.

4. 군신공치론君臣共治論

16세기 전반 조선 정치사에서 중종의 정변은 왕도정치론이 확고히 뿌리를 내리는 중요한 계기였다. 왕도정치가 굳게 자리를 잡으려면 군주와 대신 모두가 성리학적인 성학 공부에 매진해야 하고, 공인의식公人意識으로 무장해야 한다는 주장이 주류를 이루는 시기였다. 왕과 신하 모두가 성리학 공부에 전념하여 왕도정치 실현의 주체라는 인식에 투철해야 한다는 주장은 기묘사림파가 앞장서서 거론했다.

이약빙도 경연관 시절에 성학 공부에 힘써야 한다는 주장을 폈다. 1516년(중종 11) 2월에 전경 이약빙은 《서경》의 무일편無逸篇을 중종에게 강의하면서, 부지런히 정사를 보살피는 것이 군주의 중요한 덕목임을 강조했다. 임금의 마음에 작은 틈이라도 있으면 위망危亡이 바로 닥치게 되므로 경계심을 잃지 말라고 했다. 아울러 경연에서 성심으로 강론하지 않고 훈고에만 치우친다면 성학에 도움이 되지 않을 것이라고 주장했다. 또한 경연의 교육 효과는 주강보다는 야대 공부가 나으니 야대를 자주 열어 치도를 연마해야 한다고 했다.

또한 군주의 개인 재산[私藏]을 늘리고자 백성의 경제적 이권을 침해하는 일이 없어야 한다고 했다. '군주는 재산 증식을 위한 식리활동을 벌여서 농부나 여공과 경쟁해서는 안 된다'는 고사를 인용하면서 내수사의 장리제도를 철폐해야 한다고 주장했다. 왕실이 영리에 집착하게 되면 민간의 상업활동을 위축시켜 상업계 전반의 경제활동을 혼란시킬 위험성이 있으므로 장리활동을 중단하는 것이 좋겠다는 것이었다.56)

1516년(중종 11) 3월에는 경연석상에서 전경 이약빙 등이 기신재

혁파를 주장했다. "기신재에서 판자로 신주를 만들어 흰 평상이나 흰 의자 위에다 놓고 종이돈으로 사방을 두르고 중들이 징과 북을 요란하게 두드리며 신주를 맞아들이고, 불상은 위쪽 법당에 있고 신주는 아래쪽 방에 있게 되니, 이것은 상서롭지 못한 일입니다. 대왕으로서 승사에서 제사하는 것도 안 될 일인데, 하물며 왕후의 신위를 이렇게 모셔서 되겠습니까? 왕후의 신령이 놀라서 흠향하지 않으려고 할 것입니다. 이런 행동이 어찌 인효와 성경의 뜻이겠습니까?"라며 기신재가 유교 제례와 차이가 있음을 지적했다.[57]

이약빙과 여러 경연관들이 기신재를 폐지해야 한다고 주장했지만, 중종은 조상들이 지내오던 제례를 갑자기 중단하는 것은 쉽지 않다고 거절했다. 원래 기신재는 망자의 기일에 불교식 제례를 올리는 것으로, 태종 때 태조의 기신재를 흥덕사에서 지냈다[58]는 기록이 있는 것을 보면 왕실에서 불교식 제례 전통은 오랫동안 지속되었다. 왕실의 불교식 제례를 유교식으로 바꾸는 것은 사림들의 입장에서는 시급히 해결해야 할 과제의 하나였다. 백성의 모범이 되어야 할 왕실에서 불교식 제례가 설행된다는 것은 사림들이 생각하기에 지켜보고만 있을 수 없는 일이었다. 이 때문에 기회가 있을 때마다 기신재의 혁파를 주장했던 것이다. 왕도정치 구현의 주체인 군주부터 불교식 생활 관습에서 빨리 벗어나야 한다고 역설했다.

1516년(중종 11) 4월에 이약빙은 기신재와 장리제의 혁파를 다시 한 번 촉구했다. 이 해에 가뭄이 심하게 들자 시종관들은 기신재와

56) 《중종실록》 권24, 중종 11년(1516) 2월 23일 갑술 3번째 기사.

57) 《중종실록》 권24, 중종 11년(1516) 3월 9일 경인 1번째 기사.

58) "設太祖忌晨齋于興德寺, 命世子行祭, 命議政府承政院, 皆詣寺. 命議政府曰, 今後太祖忌晨及神懿王后忌晨, 依太祖小祥例行之, 佛前布施用綃, 以爲恒式.……自是日至月晦, 輟肉膳."(《태종실록》 권21, 22장 앞쪽~뒤쪽, 태종 11년 5월 23일 계미)

장리 혁파 논의를 진행했다. 기신재가 이전부터 시행한 의식이라도 유교 의례에 맞지 않는 것은 하루빨리 고쳐야 한다며 이약빙도 동조했다. 또 연산군 때 시작한 내수사가 창설 당시와는 달리 시간이 지나면서 장리를 받는 등의 폐단이 심해졌으므로 시급히 혁파해야 한다는 주장에도 힘을 보탰다. 임금은 지출을 줄여서 백성의 고통을 줄이는 데 모범을 보여야지 개인 재산 축적에 노력을 기울여서는 안 된다[59]는 것이었다.

1517년(중종 12) 12월에 이약빙은 왕도정치에서 군주의 역할이 지대함을 역설했다. "임금은 천자의 자리[天位]에 거처하면서 하늘의 일을 대신[代天]하는 자리"임을 강조하고, "군주의 출입이나 유람, 생각 등을 하늘이 늘 살피므로 천재지변은 그냥 생기는 것이 아니라 하늘이 보내는 경고"라고 역설했다.

> 상서는 곧 하늘의 기쁨이요, 변이는 곧 하늘의 노여움입니다. 하늘의 희로喜怒는 하늘이 기뻐하고 노하는 것이 아니라 바로 천하 사람이 기뻐하고 노하는 것입니다. 천하 사람의 희로는 임금의 하는 바에 달려 있는 것이니, 임금의 하는 바가 지극히 선하면 천하의 사람이 반드시 기뻐할 것이요, 기뻐하면 그 마음이 반드시 화평할 것이요, 화기가 상하에 충만하면 천지도 자연 화기로 그에 응할 것입니다. 천지의 기운이 화평하면 음양이 순하고 풍우가 제때에 있고, 만물이 잘 이루어지고 요얼이 일어나지 않아, 세상이 태평하게 될 것입니다.[60]

즉 자연재해는 하늘의 노여움이며, 이는 천하 사람들의 희로를 반

59) 《중종실록》 권24, 중종 11년(1516) 4월 17일 무진 2번째 기사.
60) 《중종실록》 권31, 중종 12년(1517) 12월 15일 병진 7번째 기사.

영한다는 것이었다. 임금의 선한 행동은 민심을 화평하게 하고, 이는 자연의 순환을 순조롭게 하여 세상을 태평하게 하는 반면, 자연의 재해는 하늘의 경고라는 것이다. 또 하늘의 경고를 소멸시키려면 군주가 수기修己와 치성致誠, 덕치德治로 하늘을 감동시켜야 한다고 했다. 이를 위해서 제왕은 학문에 온 힘을 다하여 뜻을 세우고 마음을 성실하게 해야 한다고 강조했다. 또 선왕의 정치를 목표로 삼고 성인의 훈계를 모범으로 삼으며, 간언을 물 흐르듯이 받아들이고, 어진 이를 적극 등용하여 책임을 맡기기를 주장하였다.[61] 이약빙의 이 말에는 그의 제왕론이 집약되어 있다고 할 수 있다.

1517년(중종 12) 윤12월에 검토관 이약빙은 경연석상에서 군주의 학문하는 방법으로 입지立志, 거경居敬, 궁리窮理, 반신反身 네 가지를 제시하였다. 이 가운데서 입지를 가장 중시하면서 중종에게 큰 뜻을 품기를 권면하였다. 이 같은 이약빙의 도학정치론은 성학 연마에 전념해야 한다는 '내성외왕론內聖外王論'으로 연결된다.

이약빙과 함께 경연에 참가한 검토관 기준奇遵도 "중종이 선치에 뜻을 두고 학문에 전념하여 제왕의 정치와 수신·제가·치국·평천하의 학문에 유념하는 것은 아랫사람에게도 좋은 모범이 될 것"이라고 했다. 더욱이 군신 사이에 격물·치지·성의·정심과 같은 대학의 팔조목을 강론하는 것은 왕도정치 실현을 위해서 애쓰는 군신 모두에게 필요한 일이라고 강조했다.

사림파는 중종에게 야대에 자주 참여해서 성리학적 가치관 함양의 기본 지침서를 열심히 강독하기를 요청했다. 즉《소학》,《대학》,《근사록》등을 야대에서 꾸준히 진강해야 한다[62]면서 중종의 분발

61)《중종실록》권31, 중종 12년(1517) 12월 15일 병진 7번째 기사.
62)《중종실록》권31, 중종 12년(1517) 윤12월 1일 임신 4번째 기사.

을 촉구했다. 이는 군주에게 성리학 서적을 읽게 함으로써 군신공치론을 확산시키려는 노력의 일환이었다.

아울러 이약빙은 왕세자 교육의 중요성에 대해서 거론했다. 왕위계승권자인 왕세자 교육은 국가의 치란을 좌우하는 중대사로 많은 사람의 관심사였기 때문이다.

> 왕세자는 천하 국가의 근본이므로 그 중함이 견줄 데 없고 그 책임이 막대합니다. 그러므로 책임이 감당할 수 있는 터전을 마련해주어야 합니다. 선해지느냐 악해지느냐 하는 것은 어릴 때에 판별되는 것이므로 후일의 흥망과 치란이 이에 관계되는 것입니다. 그렇기 때문에 미리 기르고 일찍 가르쳐야 하니, 옛사람은 태중에 있을 때부터 이미 가르침이 있었습니다.……
>
> 지금 곤위坤位(왕비)가 갓 정해졌으니, 눈앞에서 무양撫養하여 은애恩愛의 돈독함을 더하는 것이 더욱 필요합니다. 모자는 천성이라, 비록 가르치지 않더라도 돈후한 정을 잘 쏟는 것이라고 하지만, 무양에는 바탕이 있는 것입니다. 전하께서는 더욱 유의하십시오.
>
> 널리 스승이 될 사람을 선택하되, 벼슬의 고하에 구애받지 말고 오직 돈정하고 순덕한 사람인가를 보아 널리 구하여 대신과 함께 오래도록 서로 뫼시게 하여, 차츰 그에 감화됨으로써 덕성을 기르고 현사를 친할 수 있게 했으면 합니다.[63]

왕세자 교육은 어릴 때부터 적절한 사람에게 맡겨서 체계적으로 이루어져야 하는 만큼 왕비가 왕세자를 곁에 두어 은애의 정을 돈독하게 하고, 돈정敦正하고 순덕順德한 사람(군자)을 골리서 대신과 함

63) 《중종실록》 권31, 중종 12년(1517) 12월 15일 병진 7번째 기사.

께 교육함으로써 덕성을 함양하며, 또 세자가 현사와 친근하게 지낼 수 있도록 배려해야 한다고 주장했다. 또한 세자 시절부터 사림과 긴밀한 인간관계를 형성함으로써 군신이 왕도정치 실현의 동반자라는 인식을 갖도록 해야 한다고 주장했다.

이약빙은 왕을 보필하는 대신을 비롯한 인재의 역할도 왕도정치 구현의 한 축을 담당하는 요소로 중요하게 여겼다. 이약빙은 인재를 엄선하여 적절한 자리에 기용하는 것이 좋은 정치를 구현하는 지름길이라고 보았다. 일선 관서의 일처리를 전담하는 각사 관원의 선발도 신중해야 하겠지만, 나라의 운명을 좌우하는 정승의 선발은 더욱 신중히 해야 한다는 생각이었다. 1516년(중종 11) 4월에 이약빙은 조속히 정승 자리를 채우기를 건의했다.[64] 혼란기에 삼공에게 정권을 위임하지 않은 것은 반란을 염려해서지만, 삼공의 자리는 잠시라도 비워 놓을 수 없으므로 빨리 선임해야 한다는 것이었다. 대신 정승 후보자의 마음 씀씀이를 잘 파악해보고, 여러 번 면담을 해서 적임자인지를 분별하는 과정이 필요하다고 주장했다.

1516년(중종 11)에 이르면 그동안 정국을 주도하던 정국공신 출신 삼정승이 퇴진하고 새로운 인물을 선임하여 그들에게 육경과 백관의 통솔을 맡도록 해야 한다[65]는 논의가 활발해졌다. 이약빙은 기호사림에 우호적인 정광필鄭光弼, 김응기金應箕, 신용개申用漑 등에게 더 많은 정치적 역할을 위임할 것을 주장했다.

1516년(중종 11) 5월에 중종이 대신들을 경연석상에 자주 불러서 정국운영 개선책 마련에 고심했는데, 이약빙은 이를 높이 평가했다. 그러나 한편 대신들이 인재의 천거에 더욱 적극적으로 나서야 하며,

64) 《중종실록》 권24, 중종 11년(1516) 4월 17일 무진 4번째 기사.
65) 《중종실록》 권24, 중종 11년(1516) 4월 25일 병자 3번째 기사.

부적격자를 관직에서 퇴출시키는 데도 적극적인 자세를 보여야 한다고 지적했다. 이는 정치개혁이 새로운 인물의 기용에서 시작될 수 있음을 지적한 것으로, 새로운 인재의 발탁을 위한 천거제의 도입 필요성을 강조한 것이다.

이처럼 인재 발탁을 위한 천거제 도입의 필요성은 사림들의 공통된 시각이었다. 참찬관 김안국金安國은 인재의 천거가 국정의 가장 중요한 과제라고 지적하고 나섰다. 이에 중종은 대신을 자주 소대하는 것은 훌륭한 인재를 추천받기 위한 것이라고 대답했다. 김안국은 인재를 선발할 때는 임금의 비위를 맞추는 데 급급한 사람보다는 정직한 사람을 기용해야 하고, 인재의 육성을 위한 학교 교육의 진흥에 좀더 적극적인 관심을 기울여야 하며 문학에 능숙한 사람을 홍문관 관원으로 선발하고, 이문·한어 같은 사대문서 작성에 능력이 뛰어난 인재의 육성과 선발 방안 마련에도 관심을 가져야 한다고 건의했다. 기사관 심언광沈彦光도 관료들의 근무 기강이 해이해져서 직무에 힘쓰기보다는 녹봉 받는 데만 관심을 갖고 있으므로 관료들에 대한 단속이 필요하다고 주장하면서 인적 쇄신에 동의하였다.[66]

이처럼 기존 관료들에 대한 사림파의 인적 쇄신 주장은 결국 중종반정 공신 세력이 주도하는 정국운영 방식 전반에 대한 문제 제기의 일환으로, 인사제도의 개편 필요성을 제기한 것이다.

이약빙은 인재양성을 위한 학교 교육의 진흥책 마련도 강조했다. 1516년(중종 11) 5월에 경연석상에서 시강관 김굉金硡이 백성 교화의 근원인 학교의 진흥책 마련이 시급하다고 주장하자, 이약빙은 학교가 인재육성의 근원이라며 이에 동의했다.

66) 《중종실록》 권25, 중종 11년(1516) 5월 20일 경자 7번째 기사.

> 김굉이 아뢴 바가 매우 적절합니다. 그 가운데서도 학교와 용인用人은 더욱 중대한데, 용인의 근본은 학교에 있습니다. 학교는 인재가 모여 있는 곳이고 교화의 근원이니, 학교를 진흥한 뒤에야 인재를 얻을 수 있습니다. 근래 유사儒士가 전혀 학교에 나아가지 않고, 설사 학교에 나아가더라도 사우가 학문을 닦는 유익함이 없습니다. 사우 간에는 서로 의義로 규제하고 선善으로 권면해야 하는데, 지금 세상 사람들은 조금만 문자를 알면 곧 과거科擧 볼 마음만 가지니, 심학心學을 하는 선비를 얻으려 한들 어찌 얻을 수 있겠습니까? 위에서 배양의 공을 들이지 않고, 아래에서 정학의 도를 힘쓰지 않으면, 인재가 어디로부터 나오겠으며, 정학이 어디로부터 나타나겠습니까? 모름지기 군왕께서 선을 좋아하는 마음을 분명하게 보여서 아랫사람이 나아갈 바를 알게 해야 하는데, 이것은 또 사장師長을 택하는 데에 달려 있습니다.[67]

이약빙은 용인用人의 근본인 학교 진흥책 마련에 왕이 적극 나서기를 요청하였다. 아울러 학교에서 스승과 벗 사이에 절차탁마하는 학풍을 조성하려면 훌륭한 유학자를 성균관 대사성으로 임명해야 한다고 주장했다. 이런 건의에 대해 중종은 말만 앞세우고 마음 닦는 학문을 하지 않는 성균관의 면학 분위기를 바꾸고자 새로운 대사성을 임명하여 학문 풍토를 쇄신하는 전기를 마련하겠다고 했다.

1517년(중종 12) 12월에 이약빙은 대신의 역할에 대한 견해를 드러냈다. 군주의 생각이 혹 미치지 못하면 좌우에 있는 대신들은 힘과 마음을 다해서 인도하여 임금으로 하여금 옳고 그름을 분별하는 데 어둡지 않게 해야 하며, 그렇게 되면 사류가 이에 힘입어서 튼튼한

67) 《중종실록》 권25, 중종 11년(1516) 5월 25일 을사 3번째 기사.

국가의 기반을 수립할 수 있다는 생각이었다.

> 대신은 대인의 덕을 가지고 임금의 마음이 그릇됨을 바로잡도록 노력해야 합니다. 또 대신은 일국의 선을 포용하고 선비의 추향을 정하며 재물을 풍부하게 하고 백성을 편안하게 하여 정치 교화를 일으키기 위해서 노력해야 합니다. 그런데 현실은 대신이 된 자는 어진 사람을 천거하라고 하면 아는 사람이 없다 하고, 일을 보라 하면 일할 것이 없다 하고, 당참이나 받고 계목에 도장 찍는 일만 할 뿐, 섭리하는 일을 도외시하고 경방이 무슨 일인지도 모르며 재앙을 만나면 상례대로 피혐이나 할 뿐, 몸을 자책하는 실상이나 하늘에 응하는 성의가 있는 것을 보지 못하겠습니다. 도리어 말해서는 안 될 것을 말하고 논할 필요가 없는 것을 논하는데, 재앙을 그치게 하는 방법이 과연 이래야 옳겠습니까? 만일 대신이 해야 할 일을 알고서도 즐겨하지 않는다면 이것은 바로 '우리 임금은 능력이 없다'는 것이고, 알지 못해서 능히 하지 못한다면 이것은 바로 '저런 정승을 어디에 쓰겠는가?'라는 것입니다.

그러면서 한편으로는 왕이 대신을 임용하거나 대우하는 데 부족한 점은 없는지 반성하기를 촉구한 것이다. 이약빙은 대신은 왕의 정치활동을 능동적으로 도와서 왕을 선도해야 할 의무가 있으며, 왕도 인재를 대신으로 기용하고 그들에게 더 많은 권한을 위임하여 주도적으로 왕도정치 실현의 주체가 되도록 독려해야 한다고 주장했다. 이러한 주장은 군주와 대신의 역할이 유교 국가의 치란을 좌우한다는 군신공치론에 투철해야 한다는 인식을 조광조와 공유하는 관점을 보인다.68)

5. 맺음말

이약빙의 정치활동과 정국 운영론에 나타난 그의 정치관은 다음과 같다.

1515년 이후 이약빙은, 군주는 개인적인 식리활동을 중단해서 민생 경제에 지장을 주지 않아야 하고, 불교의식인 기신재를 혁파해서 유교 제례 실천의 모범을 보여야 한다고 주장했다. 또한 저화를 기축통화로 삼아 유통 경제 활성화를 위한 기반을 마련해야 하고, 기우제에 정성을 다하고, 민가 철거 중지, 신중한 행형 집행을 주장하는 등 민생 안정을 위한 노력을 촉구했다.

1518년 이후 이약빙은 사림파로 활동하면서 인재 천거를 위한 현량과 도입을 지지했고, 관직 경력이 거의 없는 자파 인사를 요직에 추천하는 일에 앞장섰다. 이는 훈척 세력의 반발을 불러왔고, 결국 붕당을 결성했다는 죄목으로 정국 운영 일선에서 물러나게 되었다.

기묘사화 이후 충주에 은거하면서 유생 교육에 힘쓰던 이약빙은 19년 만에 다시 기용되었다. 재기해서는 곧바로 강경과 제술에서 우수한 평가를 받았고, 명나라 사신의 접대관으로 특별히 선발되는 등 문명을 과시했다. 재기한 뒤 정치활동에서는 단종과 연산군의 제사 부활과 입후를 거론하고, 연산군의 폐위 사실을 중국에 그대로 알려야 한다는 주장을 폈다. 그러나 명종조에 이르러 양재역 벽서사건으로 죽음을 당했다.

이약빙은 군주·대신·언관이 왕도정치 구현을 위한 각자의 소임을 다해야 한다는 정치관을 갖고 있었다

68) 김정신, 〈朝鮮前期 士林의 '公'認識과 君臣共治論: 趙光祖·李彦迪의 學問·政治論〉, 《학림》 21, 연세대 사학연구회, 2000, 83~85쪽.

또한 그는 성학군주론聖學君主論의 관점에서 군주의 소임을 인식하였다. 군주가 소인과 군자를 구분할 수 있는 안목을 키우려면 성리학 학습에 힘써야 한다고 했다. 세자의 교육을 위해서는 왕비가 양육에 적극 참여해야 하고, 관직의 고하에 상관없이 학덕이 풍부한 군자를 선발하여 세자 훈육을 전담하도록 해야 한다고 했다. 또 어진 선비와 세자가 친밀한 관계를 맺을 수 있도록 배려해야 한다고 했다.

성리학 이념의 보급 확대가 백성의 교화를 위한 최선의 수단임을 강조하였고 인재 육성의 중심인 학교 교육 진흥을 위해서 노력해야 하며, 성리학 강학의 본산인 성균관 대사성을 엄선하여 사기 진작의 기틀을 마련해야 한다고 주장했다.

뿐만 아니라 대신은 인재의 선발과 퇴출을 공정하게 처리해서 왕도정치 실현의 기틀을 마련해야 하며, 인재 선발은 과거제에만 의지하지 말고 천거제를 적극 활용하여 재야의 인재를 적극 받아들여야 한다고 주장했다.

이약빙은 공론정치론公論政治論의 관점에서 언로를 개방해서 많은 사람의 의견을 수렴하여 정치를 할 것을 주장했다. 대간은 정치 현안에 대해서 문제를 제기하고 대신과 군주는 이를 받아들여서 왕도정치의 구현을 위해 함께 노력할 수 있도록 간쟁권을 보장해야 한다고 주장했다.

또한 그는 군신공치론君臣共治論의 관점에서 군주와 대신의 구실을 인식하였다. 군주는 정사에 전념해야 하며, 천재지변이 있으면 군주와 대신이 함께 이를 극복하고자 정성을 다해야 한다고 했다. 또한 군주는 심학 연마를 위한 경연을 자주 열어야 하고, 더욱이 야대를 자주 개최하여 대신들과 국정 전반을 논의해야 한다고 했다.

그러나 이약빙의 현실인식은 토지소유관계의 재편, 농업 활성화, 지방제도의 개편, 군사제도의 재편 등 16세기 전반 조선사회가 직면한 사회적 과제의 해결책을 구체적으로 제시하지 못했다는 한계가 있다.

이약빙의 삶에서는 성리학적 가치관에 투철한 군주와 대신·대간이 정국운영을 주도하는 왕도정치의 구현을 주장하다가 현실적인 장벽에 막혀 좌절했으나, 그의 꿈은 이후 사림정치 시대의 도래로 실현의 길이 열렸다.

■ 참고문헌

《조선왕조실록》

이병휴, 《조선전기 기호사림파 연구》, 일조각, 1984.
이수건, 《영남사림파의 형성》, 영남대출판부, 1979.
_____, 《한국중세사회사 연구》, 일조각, 1984.

권인혁, 〈조선초기 화폐유통 연구〉, 《역사교육》 32, 역사교육연구회, 1982.
김우기, 〈16세기 척신정치의 전개와 기반〉, 경북대 박사논문, 1995.
박홍갑, 〈16세기 전반기 정국 추이와 충주사림의 피화〉, 《사학연구》 79, 사학연구회, 2005.
_____, 〈조선 명종조 충주옥의 전개와 충주사림〉, 《조선시대사학보》 17, 조선시대사학회, 2001.
_____, 〈중종조 충주사림의 진출과 활동〉, 《사학연구》 55·56합집, 사학연구회, 1998.
우인수, 〈조선 명종대 위사공신의 성분과 동향〉, 《대구사학》 33, 대구사학회, 1987.
이성무, 〈사림과 사림정치〉, 《청계사학》 8, 청계사학회, 1991.
이태진, 〈조선왕조 유교정치와 왕권〉, 《한국사론》 23, 서울대 국사학과, 1993.
정만조, 〈조선중기 유학의 계보와 붕당정치의 전개(1)〉, 《조선시대사학보》 17, 조선시대사학회, 2001.
_____, 〈한국 서원의 역사〉, 《한국학논총》 29, 국민대 한국학연구소, 2007.
한춘순, 〈명종조 을사사화 연구〉, 《인문학연구》 2, 경희대 인문학연구소, 1998.

이윤경의 생애와 정치관에 대한 기초적 검토

서 정 문
한국고전번역원

1. 머리말

연산군의 양대 사화를 거친 뒤 중종반정으로 정국의 안정을 찾은 조선은 조광조라는 인물을 중심으로 새로운 시대를 열어갈 준비를 하고 있었다. 즉 가장 이상적인 정치인 삼대의 지치至治를 이루겠다는 성지적 신념을 바탕으로 수기修己와 치인治人의 일체화를 주장한 기호사림파가 등장한 것이었다. 그러나 기묘사화로 말미암아 이들은 일시적 퇴조를 맞이하였고, 그런 상황에서 성리학을 무기로 꾸준히 성장해온 사림은 인종의 등극으로 일시적인 호기를 맞았다. 하지만 정치적으로나 개인적으로 매우 미약했던 인종의 조기 퇴장과 새로운 세력인 명종의 등장으로 조정은 권력교체에 들어갔고, 이런 여건에서 사림들은 다시 정치적 혼란에 빠졌으며, 이전의 사화와는 성격이 전혀 다른 을사사화를 거치며 사림은 분열하게 되었다.

이윤경李潤慶은 1498년(연산 4)에 서울에서 태어났다. 그는 동생인 이준경李浚慶과 함께 광주이씨라는 유력한 문벌에서 태어난 것이다. 그러나 1504년(연산 10)에 갑자사화의 여파로 조부와 백숙부, 그리고 부친을 잃었으며, 일곱 살의 나이에 유배되는 곤경을 겪었다. 중종 후반인 1534년(중종 29)에 환로에 진출한 뒤 인종의 등극과 함께 대사간에 발탁되었으나, 아들이 을사사화에 연루되어 문외출송되는 등 정치적 핍박을 받았다. 따라서 중앙정계보다는 주로 지방관으로 활동하였으며, 일반적인 문신으로서보다는 지략을 갖춘 인물로서 명종의 인정을 받았다.

인종에서 명종으로 권력이 교체되는 시기에 사림의 다양한 대응방식은 매우 중요한 연구과제이다. 이윤경에 대한 인물사적 연구도 이런 점에서 사례 연구로서 일정한 가치가 있을 뿐만 아니라, 당시 사회의 주요한 구성요소로서 문벌에 대한 접근을 통해 사회구조를 엿볼 수 있다는 점에서도 의의가 있다. 하지만 이 글에서는 이러한 목표를 달성하지 못했다. 무엇보다도 이윤경에 대한 자료의 수집에 한계가 있었으며, 또 당시 주요한 정치적 인물들과의 비교도 수행하지 못했다. 따라서 이런 과제를 숙제로 남긴 채 이 글에서는 이윤경에 개인에 대한 가능한 한 자세한 행적을 드러내는 것으로 만족할 수밖에 없었다는 점을 미리 밝혀 두고자 한다.

2. 가계와 생애

이유경은 광주이씨로서 조선 중기 주요 문벌가 출신이다. 그의 외가는 평산신씨이다. 외조부는 판관을 지낸 신승연申承演인데, 신숭겸의 후손으로서 신자수申自守가 그의 조부이다. 신자수는 광평대군에게 자신의 딸을 출가시켰으므로 왕실과도 혼맥을 맺고 있었으며, 아버지 신윤원申允元은 장흥부사를 지냈다. 신승연은 사헌부 감찰, 사재감 주부 등을 지냈다. 진외가는 양주조씨인데, 진외증조부 조근趙瑾은 문과에 급제하고 《문종실록》의 편찬에 참여하였으며, 예조참의, 형조참의, 강원도감찰사 등을 지냈다. 이윤경의 처부 신덕권申德麟은 고령이 본관이며, 특별히 현달한 것 같지는 않다. 그의 가계도는 〈그림 3-1〉과 같다.

이윤경李潤慶은 1498년(연산 4)에 서울 연화방에서 태어났다. 어렸을 때는 명문가의 자제로서 유복한 생활을 누렸던 것으로 보인다. 그러나 일곱 살이 되던 1501년(연산 7)에 일어난 갑자사화에서 할아버지인 이세좌李世佐가 성종 때 폐비윤씨에게 사약을 가져간 형방승지였던 것이 화근이 되어 아버지 이수정李守貞이 형인 이수형李守亨, 이수의李守義와 함께 처형되자 급격하게 가세가 기울게 되었다.

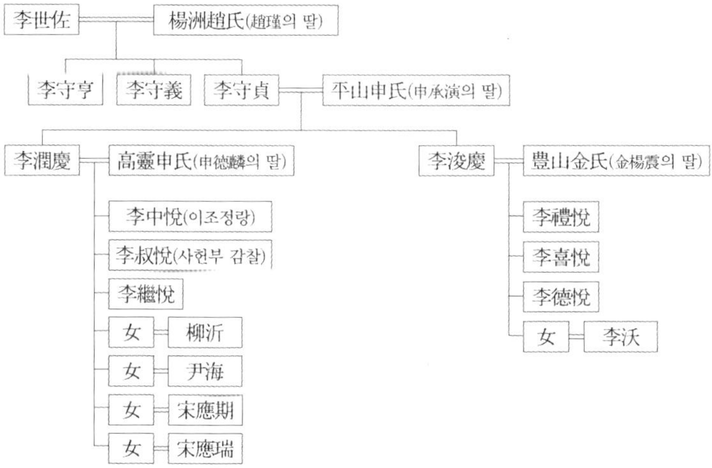

그림 3-1. 이윤경의 가계도

이윤경의 아버지인 이수정은 1501년(연산 7) 생원시에 장원 급제하고,[1] 그해 식년시에서 문과에 급제하였으며,[2] 이어 주서注書에 제수되고 연산군의 명령에 따라 율시를 지어 바치는 등 문명도 상당했던 것으로 보인다.[3] 1503년(연산 9)에 부수찬에 올랐으며,[4] 당시 예조판서로 있던 이세좌와 한림翰林이었던 이수의 등 삼부자가 동시에 청요직을 맡고 있어서 그 위세가 대단했던지 연산군도 그들의 직을 바꾸고, 더욱이 이세좌가 왕이 하사하는 술을 엎질렀다고 하여 그 죄를 의정부와 당상이 논의하도록 명령한 데서 당시 이윤경 집안의 위세를 짐작할 수 있다.[5] 이때 이세좌는 물론 의정부 사인이었던 이수형과 홍문관 수찬 이수정, 예문관 검열 이수의가 한꺼번에 체직되는[6] 등 곧 이어질 참혹한 재앙이 예상되었다.

1504년(연산 10) 5월에 일어난 갑자사화로 할아버지인 이세좌는 물론 아버지인 이수정, 그리고 백부 이수형, 숙부 이수의가 모두 형벌을 받고 이윤경과 이준경은 괴산으로 유배되었다. 중종반정이 일어나 모두 서울로 돌아왔지만, 가세가 기울어 생활을 영위하기 힘들었고, 결국 외조부인 신승연의 상주 임지에 따라가 기식하게 되었다. 당시의 그의 생활이 매우 힘들었던 것은, 그의 어머니가 "《예기》에 과부의 아들과는 뛰어난 사람이 아니면 사귀지 말라고 했다. 너희들은 이미 아버지를 잃고 나 하나를 따라 살고 있으니, 한번이라도 행

---

1) 《연산군일기》 권40, 연산군 7년 2월 24일 병오조.
2) 《문과방목》 연산 7년 신유식년시.
3) 《연산군일기》 권48, 연산군 9년 1월 7일 을해조.
'봄기운에 취한 복숭아 꽃이 빗속에 붉다[醉春桃蕚雨中紅]'라는 어제御題를 승정원에 내리면서 전교하기를, "승지 김감金勘·허집許輯과 주서 이수정은 율시를 지어서 들이라" 하였다.
4) 《연산군일기》 권49, 연산군 9년 5월 10일 을해조.
5) 《연산군일기》 권50, 연산군 9년 9월 19일 임오조.
6) 《연산군일기》 권50, 연산군 9년 9월 19일 임오조.

실이 잘못되면 반드시 세상의 버림을 받을 것이다. 따라서 열심히 공부하고 우리 집안의 명성을 떨어뜨리지 않는 것이 옳을 것이다"[7] 라고 두 아들에게 당부한 것에서도 알 수 있다.

이윤경은 10세가 되던 1507년(중종 2) 학업에 정진하게 되는데, 상주에 있을 때 동생인 이준경과 함께 축재蓄齋 황효헌黃孝獻의 문하에서 공부한 것으로 보인다.[8] 20세인 1517년(중종 12)에 조광조를 찾았으며, 24세인 1524년(중종 19)에는 모친상을 당하였다. 34세인 1531년(중종 26) 8월 15일에 진사시에 장원하고 이어 생원시에 합격하였으며, 37세인 1534년(중종 29)에는 문과에 급제하였다. 이때부터 환로가 시작되었는데, 이 해에 예문관 검열이 되었다. 알다시피 예문관 검열은 봉교 2인, 대교 2인과 함께 한림팔원翰林八員으로 불리었으며 사관인 춘추관의 기사관을 겸하였다. 이들은 문과 출신 가운데서 다시 《통감》·《좌전》과 기타 여러 역사서의 구술시험을 거쳐 선발되었고, 왕의 측근에서 사실事實을 기록하고 왕명을 대필하는 등 항상 권좌의 가까이에 있었으므로 승지와 함께 근시近侍로 일컬어졌으며, 청요직의 대표로서 대단한 인망이 아니면 들어가기 어려웠다.

이때부터 이윤경은 이른바 통청通淸이라고 불리는 청요직의 주요 자리를 두루 거쳤다. 1536년(중종 31) 4월에 승정원 주서가 되었고, 겨울에 체직되었다가 다시 검열이 되었다. 그리고 대교에 올랐으며, 이어 세자시강원의 설서가 되었다. 이듬해인 1537년(중종 32)에는 시

7) 이준경, 《동고유고》 권6 보유 〈正獻公行狀〉, 《문집총간》 28집 358b, 이하의 서술은 주로 이 행장과 실록 기사에 따랐다. 따라서 일일이 각주하지 않으며, 자세한 사항은 별첨한 〈이윤경 행력표〉를 참조할 것.

8) 이윤경의 수학에 대해서는 이준경이 찬술한 그의 행장에 자세하지 않다. 다만 이들 형제가 대부분 같이 생활하였을 뿐만 아니라 함께 조광조를 방문하는 등 행동반경이 비슷하였다는 점에서 수학도 함께 하지 않았나 추측된다.

강원 사서에 엽등獵等하였다고 사헌부의 탄핵을 받을 정도로 빠르게 승진하였으며, 예문관 봉교에 이어 중종의 직접 명령으로 11월에 홍문관 저작에 차임되었다.

41세가 되던 1538년(중종 41) 4월 제술에 입격하여 도롱이와 활을 하사받았으며, 7월에는 홍문관 박사에 올랐다. 이어 8월 홍문관 부수찬에 제수되었고, 9월에는 사간원 정원에, 12월에는 이조좌랑에 올랐다. 이런 환력은 그의 동생인 이준경과 매우 비슷하다는 것을 알 수 있다. 이준경도 33세에 문과 을과에 급제한 다음에 예문관 검열, 이듬해 홍문관 정자, 그리고 이듬해 승정원 주서, 홍문관 박사, 부수찬을 거쳐 39세인 1537년(중종 32)에 이조정랑에 올랐다.[9] 마치 이세좌의 아들이 잇따라 청요직을 지냈듯, 이수정의 두 아들인 이윤경과 이준경도 비록 선후는 달랐지만 조정의 청요직을 두루 역임함으로써 중요 문벌가의 하나로 성장할 수 있었던 것으로 보인다.

42세인 1539년(중종 42) 12월에는 홍문관 부교리에 제수되었고, 이듬해인 1540년(중종 43) 3월에는 홍문관 교리에 올랐다. 4월에는 시독관으로서 경연에 참석하여 학문에 힘쓸 것을 진언하였고, 5월에는 사헌부 지평이 되었다. 8월에는 공조정랑으로 좌천되었으나, 곧이어 홍문관 교리가 되었으며, 다음으로 시강원 필선에 올랐다. 10월에는 전설사수가 되었으나 평안도순변사 우맹선의 요청에 따라 종사관에 뽑혀 따라가게 되었다. 44세인 1541년(중종 36) 2월에 사간원의 사간이 되었고, 6월에는 사복시 부정에 제수되었으며, 10월에 의주목사가 되었다. 이윤경이 의주목사로 뽑힌 것은 일상적인 인사가 아니라 매우 중요한 보임에 발탁한 것이었다.

9) 정필용, 〈동고집 해제〉, 《한국문집총간해제 1집》, 민족문화추진회, 1991.

> 근래에 들어와서 의주가 더욱 피폐해졌습니다. 더구나 북경의 사행 때마다 은을 수색하여 잡아들이는 일 때문에 자문점마咨文點馬 및 본도의 도사가 미리 의주로 가서 오랫동안 머무는데, 이때 그들의 숙식 등 일체의 필요경비를 의주 부민에게 징책하니 백성들이 견디지 못하고 날마다 도망을 합니다. 만약 본주의 목사를 대간과 시종신 가운데서 명망이 있는 문신으로 뽑아 보내신다면 북경의 사행에 따라가는 하인들이 상전의 위세를 등에 업고 은량을 가져가는 것도 더욱 엄정하게 조사할 뿐만 아니라 진민鎭民과 중국 사람들이 교역하는 것도 역시 너끈히 금지시킬 수 있어서 번거롭게 자문점마와 도사를 동원하지 않더라도 간교한 무리들이 두려워하여 저절로 없어지게 될 것입니다. 신 등이 면대하였을 때 이미 이런 뜻을 아뢰었고 이제 이미 잘 골라서 뽑았습니다.[이윤경을 목사에 제수하였다.][10]

이처럼 문신인 이윤경을 군사적 요충지인 의주의 목사로 차정한 까닭은 그의 무재와 지략이 뛰어났기 때문이다.[11] 군사적 요충이라고 하여 무신을 뽑는 것보다는 무재를 갖춘 문신으로 차정하는 것이 의주의 성격에 비추어 보았을 때 적합하다고 판단한 것이다. 그 뒤 이윤경은 소성의 예상대로 능력을 발휘하여 여러 가지 치적을 올렸다. 그는 의주 호송군마가 요동으로 들어갈 때 금지품에 대한 검사를 직접 수행하였는데, 이로 말미암아 조정에서는 도사의 파견으로 인한 역로 백성들의 부담을 낮출 수 있었다.[12] 뿐만 아니라 변경의 경비를 든든히 하여 호인의 왕래를 막아 군민의 보호에 노력하였고,[13] 변경의 상황을 잘 탐지하여 조정에 보고함으로써 급박한 상황

10) 《중종실록》 권96, 중종 36년 10월 6일 무오조.
11) 《중종실록》 권97, 중종 36년 12월 24일 을해조.
12) 《중종실록》 권97, 중종 37년 3월 26일 병오조.
13) 《중종실록》 권98, 중종 37년 6월 16일 을미조.

에 대처할 수 있도록 하였다.[14] 더욱이 의주는 중국과의 외교 요충지로서 각종 문서가 오가는 곳이므로 문신 출신의 목사 이윤경은 외교문서의 내용을 장계로 미리 조정에 알림으로써 대비할 수 있도록 하였다.[15]

47세인 1544년(중종 39) 3월에는 호조참의에 제수되었고, 이듬해인 1545년(인종 1) 1월에는 사간원 대사간이 되었다. 그는 인종이 지나친 슬픔으로 건강이 악화될 것을 염려하여 여러 차례 간언하였으며, 별선온에 대하여 대신과 논쟁을 벌였다. 또한 중종의 어진이 생전이 아닌 사후에 기억에 의존하여 그려졌다는 것을 이유로 봉안에 반대한 것에서 원칙에 충실했던 인품을 엿볼 수 있다. 특히 4월 15일에 올린 군주의 치도에 관한 장문의 상소를 통해 자신의 정치관을 드러내었으며, 6월에 승정원 동부승지가 되었다.

이 해 7월에 인종이 승하하고 명종이 왕위를 계승하자 이윤경은 당시 승지였다는 이유로 공신에 책봉되었으며, 동부승지에 다시 제수되었다. 이때 이조정랑이었던 아들 이중열李中悅이 자신의 절친한 친구인 이휘李煇가 불궤를 도모했다고 조정에 보고하는 사건이 발생했다. 대윤과 소윤 사이에 벌어졌던 극심한 정쟁에서 자신을 보호하기 위한 어쩔 수 없는 대처였다고는 하지만, 결국 소윤의 정치적 핍박을 벗어나지도 못했고, 사림으로부터도 일정한 비판의 대상이 되고 말았다. 어쨌든 이윤경은 9월 16일에 추성정난위사공신 가선대부 행성균관 대사성 광산군에 책봉되었다. 그러나 특별한 공훈 없이 단지 승지로 재직하였다는 이유만으로 책훈되었다는 사간원과 사헌부의 비판이 잇달았다

14) 《중종실록》 권100, 중종 38년 5월 13일 병진조.
15) 《중종실록》 권101, 중종 38년 11월 22일 임술조.

이윤경은 49세인 1546년(명종 1) 3월 고명사은부사로 연경에 갔으며, 8월에 아들 이중열이 소윤인 윤원형에 의하여 이휘의 여당이라고 공격받았다. 이 일로 이중열은 갑산에 위리안치되었으며, 이윤경은 겨울에 성주목사로 나가게 되었다. 50세인 1547년(명종 2) 3월에 아들 이중열이 사약을 받아 유배지에서 죽었고, 이때부터 이윤경은 양사의 집중적인 공격을 받게 되었다. 즉 역적의 아비로서 비록 연좌되지는 않았지만 훈적을 그대로 두는 것은 부당하다는 것이다. 3월 3일 아들이 사사된 뒤 3월 14일부터 시작된 양사의 훈적 삭제요청은 11월까지 줄기차게 이어져서 실록에 나타난 것만 자그마치 50여 회가 넘는다. 결국 11월 11일 충훈부 당상의 건의에 따라 이윤경이 받았던 공신노비가 모두 충훈부에 귀속되었고, 이듬해인 1548년(명종 3) 겨울에는 성주목사를 사직하고 서울로 돌아온다.

이윤경과 이준경 형제 또한 광주이씨의 문벌로서 하나의 정치세력으로 인식되는 것은 전통시대에 매우 당연한 일이다. 때문에 대간의 탄핵이 집중적으로 이어질 수 있었던 까닭도 동생인 이준경이 지방관으로 있었던 사실에 영향을 받았을 것이다. 이는 이준경이 1548년(명종 3)에 특지를 받아 병조판서가 되고 이듬해인 1549년 11월에 대사헌에 오르는 등 다시 중앙정계에서 활동을 시작한 것과 때를 맞추어 이윤경의 정치활동도 재개되는 낌새를 보이는 것에서도 알 수 있다. 따라서 이윤경이 52세인 1549년(명종 4) 가을에 다시 우부승지에 제수되고 곧이어 우승지에 오르는 것과 궤를 같이하여 동생 이준경은 대사헌에 제수되는 등 형제의 정치적 행보는 항상 일정한 상관관계를 보이고 있다. 결국 이윤경이 바로 이듬해인 1550년(명종 5) 5월 진복창의 사주로 대간의 탄핵을 받아 우승지에서 체직되고 문외출송되었으며, 동생인 이준경 또한 역적의 가문이라는 이기 등의 탄핵을 받고 형인 이윤경과 동시에 관직을 삭탈당하고[16] 중도부처되었다. 아들 이중열의 문제로 시작된 이윤경의 정치적 곤경은 형제인 이준경에게도 직접적인 영향을 미치고 있다. 위에 언급한 바와 같이 연산군에 의해서 이세좌의 세 아들(이윤경의 부친과 백숙부)이 동시에 체직된 것도 같은 맥락이라고 할 수 있다.

이윤경이 정치적으로 재기하는 것은 그로부터 3년 뒤인 1553년(명종 8)이다. 동생인 이준경은 이미 지난해부터 정치활동을 재개하고 있었으며, 이런 영향에 따라 이듬해 3월에 상진 등이 이윤경을 불러 볼 것을 요청하고, 대신들은 경주부윤의 자리에 천거하였다. 따라서 윤3월에 그를 서용하라는 전교가 내렸으며, 이어 6월에는 형조참의에 제수되었다. 그리고 57세가 되는 1554년(명종 9) 1월 9일 전주부윤에 제수되었다.

이미 의주목사로서 지방관 경험이 풍부했던 이윤경은 왜적의 침입에 영암을 방어하고 왜적 1백 명의 수급을 베는 혁혁한 전공을 올리게 되었다. 전라도관찰사 김주의 장계에 따르면,

> 전주부윤 이윤경이 군사 3천여 명을 거느리고 영암에 진을 치고 지키면서 명령이 분명하고 위엄을 지키면서도 은혜를 베풀어 성에 있는 군졸들이 한결같은 마음으로 따르며 의지하였습니다. 그런데 순찰사 이준경이 나주羅州에 와서 친형이라서 통제하기 어렵겠다고 생각하고는 영암에 공문을 보내어 나오도록 했었는데, 이윤경이 '국가의 후한 은혜를 입었으므로 마땅히 죽음으로써 보답해야 하니 의리상 나갈 수 없다'고 답하고서는 그대로 영암에 머물며 군사들을 진정시켰습니다. 왜적들이 성 밖의 민가들을 불태우고

16) 《명종실록》 권10, 명종 5년 5월 15일 무인조.

> 장차 성을 포위하려고 하자 성 안의 장교와 군사들이 대경실색하여 적들을 부술 방책이 없었습니다. 그런데 이윤경이 앞장서서 의리를 주창하며 정예병을 뽑아내어 방어사와 함께 힘을 합쳐 적을 베니, 그 기세가 크게 꺾였습니다. 방어하고 포획한 공은 오직 이윤경이 제일입니다.[17]

라고 하여 왜적을 물리친 공로가 이윤경이 제일이라고 보고하였다. 이 일로 조정으로부터 크게 포상을 받았으며, 정치적 입지도 매우 공고하게 되었다. 6월에 가선대부에 가자되었고, 8월에는 전라도관찰사 겸 병마수군절도사가 되었다. 그리고 이듬해인 1556년(명종 11)에는 전라도순찰사를 겸하게 되었는데, 이때 중국을 약탈하고 돌아가는 왜적을 잡아서 수급을 바치고 중국인을 송환하자 중국에서 포상하였다.[18] 이렇듯 이윤경은 지방관으로서, 또 문신임에도 혁혁한 무공을 세워 조정에서 명성을 높였다. 이 때문에 명종의 명에 따라 문신으로서 관사觀射에 입참하는 영예를 얻기도 하였다.

60세인 1557년(명종 12) 3월에 경기관찰사로 부임하였으며, 9월에는 한성부 우윤 겸 오위도총부 도총관에 제수되었다. 61세 때인 1558년(명종 13) 8월 함경도관찰사에 제수되었으며, 이듬해인 1559년(명종 14) 8월 병으로 사직하자 동지중추부사 겸 부총관에 제수되었다. 63세인 1560년(명종 15) 1월 특지로 승정원 도승지에 제수되었다. 이때 노쇠하고 병이 있다는 이유로 사직을 청했으나 허락받지 못하였다. 이어 5월에 자헌대부 병조판서에 제수되었고, 6월에 형조판서에 제수되었다가 7월에 체직되었다. 65세인 1562년(명종 17)에 평안도관찰사에 제수되었는데 이때 이미 병중이었으나 조정의 명령을 어길

17) 《명종실록》 권18, 명종 10년 6월 1일 갑자조.
18) 《명종실록》 권22, 명종 12년 1월 4일 무오조.

수가 없어 부임하였다. 그러나 부임한 지 미처 8개월이 못 되어 임지에서 졸하게 된다.

지금까지 이윤경의 이력을 통해서 그의 생애를 조망해 보았다. 그의 생애를 보면 동생인 이준경과 정치적 행보를 같이하고 있는 것을 알 수 있으며, 특히 이윤경의 아들 이중열이 을사사화에 연루되어 사사되는 까닭에 함께 곤경을 겪기도 하였다. 하지만 이윤경은 문무를 고루 갖추어 왜적을 물리치는 커다란 공훈을 세웠고, 또 왜적에게 잡혀가는 중국 포로를 구출하여 송환함으로써 중국으로부터 포상을 받기도 하였다. 이렇듯 이윤경은 문신이지만 무재를 발휘하고, 또 지방관으로 있으면서 여러 가지 공을 세웠다. 그리하여 전라도관찰사를 비롯하여 경기도관찰사, 함경도관찰사를 역임할 수 있었고, 65세의 나이로 평안도관찰사에 부임하여 임지에서 졸할 때까지 지방관으로서의 치적이 매우 높았다.

3. 대사헌 재직 시 올린 상소를 통해 본 정치관

이윤경의 정치관을 살펴볼 수 있는 자료는 현재 많지 않다. 이준경의 문집인 《동고유고》는 풍부한 내용으로 남아 있으나 이윤경의 문집은 그 초고조차 전하지 않는다. 그러나 이윤경이 진사시에 장원을 한 것을 보면 그의 문학이 상당했을 것으로 보이는데, 무슨 이유로 전하는 시문이 거의 없는지는 분명하지 않다. 다만 아들 이중열이 사화에 연루되어 가산이 적몰되고 또 유배지에서 사약을 받은 것이 가장 큰 원인이 아닌가 추측해볼 수 있다. 당시에 일반적으로 아버지의 문적을 잘 보관할 책무는 아들에게 있었으며, 이 때문에 이중열의 횡사가 영향을 미쳤다고 생각된다. 뿐만 아니라 이윤경 자신도 저술보다는 실천에 더욱 힘썼던 것으로 보인다. 이는 다음에 이준경이 찬술한 행장에서 이윤경의 학문에 대한 서술을 보면 알 수 있다.

> 임소에 부임하면 반드시 손수 장횡거張橫渠의 서명西銘, 장사숙張思叔의 좌우명과 성현의 격언을 벽에 써서 붙이고는 옷깃을 여미고 단정하게 앉아서 읽어보곤 하였다. 책을 읽다가 충신이나 의사, 혹은 명현의 사적이 나오면 반드시 무릎을 치면서 감탄하곤 하였다. 부지런히 행실에 힘써서 일상적인 사장은 중요하게 여기지 않았다. 《소학》이나 《근사록》 등을 책상에서 내려놓은 적이 없었으며 항상 "우리들이 비록 선현先賢에 대하여 부끄럽지만 이 책의 내용을 항상 눈에 익히면 경망함을 고치고 나태한 것을 경계할 수 있으며, 내 마음을 열어주고 내 지혜를 자라게 해 줄 것이다"라고 말하였다.[19]

위 글에서 보이듯 이윤경은 주로 실천에 힘쓰는 학풍을 가지고 있었으며, 당시에 중요하게 인식되었던 《심경》과 《근사록》을 자신의 실천 규범으로 삼고 있었음을 알 수 있다. 이는 이윤경뿐만 아니라 정암 조광조를 필두로 하는 사림들의 일반적인 경향이었으며, 남명 조식으로 대표되는 재야 사림들에게서 뚜렷하게 볼 수 있다.

이제 이윤경이 인종 1년에 대사간으로서 올린 상소로써 그의 정치관의 일면을 보고자 한다. 앞서 언급한 바와 같이, 그는 인종의 재위 기간 동안 가장 중요한 직책을 역임했으며, 명종이 등극한 뒤에는

19) 이준경, 《동고유고》 권6 보유, 행장, 〈正獻公行狀〉. "所至必手書橫渠證頑, 張思叔座右銘與凡聖賢格言. 貼諸壁上. 斂衽正坐而觀之. 每讀書. 見忠臣義士名賢事業. 必擊節嘆賞. 亹亹忘倦. 不以尋常記誦爲貴也. 小學, 近思錄等書. 不離几案曰. 吾輩學雖愧於前賢. 此等文字. 尋常寓諸心目. 亦足以矯輕警惰. 開益心智也."

아들 이중열의 문제로 정치적 한계를 지니고 있었다. 따라서 이 상소는 이윤경의 정치관을 살펴보는 데 유일한 자료라고 할 수 있다. 상소의 중요한 부분을 보면 다음과 같다.

> 천하의 일이 많기는 하나 반드시 요령이 있으므로, 그 요령을 터득한다면 조처하는 것은 간략하여도 미치는 것은 넓으며 힘을 쓰는 것은 적어도 공을 이루는 것은 많을 것입니다. 이 때문에 나라를 다스리는 자는 진실로 그 요령을 먼저 터득하지 않아서는 안 되고, 자신을 닦는 자는 더욱이 그 요령을 몰라서는 안 되는데, 학교를 숭상하고 어진 사람을 등용하는 길을 넓히는 것이 나라를 다스리는 요령이요, 학문을 강구하는 일에 힘써서 마음을 바루는 것이 자신을 닦는 요령입니다. 그러므로 군주가 된 이는 반드시 마음을 바루어서 그 몸을 닦고, 학교를 숭상하여 이륜彝倫을 펴고, 어진 인재를 등용하여 치적을 이루셔야 태평의 터전을 열고 화락한 정치를 이루어서 제왕의 할 수 있는 일이 끝날 것입니다.[20]

이 글은 상소의 서두 부분이다. 이윤경은 서두에서 치국治國과 수신修身이 정치의 모든 것이라는 점을 말하고, 이어 치국의 요령은 학교를 숭상하고 현로를 넓히는 것이며, 수기의 요령은 강학을 통한 정심이라고 하였다. 다시 말해 수기와 치인이 정치의 모든 것이며, 이는 당시 사림의 기본적인 정치 인식이었다. 그런데 이윤경은 여기에서 한걸음 더 나아가 치인의 요령은 학교를 숭상하고 현로를 넓히는 것이라고 언급하고 있으며, 수기의 요령은 바로 강학을 통한 정심이라고 하였다. 요약하자면 곧 현인의 진출을 장려하고 그들과의

20) 《인종실록》 권2, 인종 1년 4월 15일 정미조. 상소를 인용한 부분은 아래도 같으며, 일일이 원문을 각주하지 않았다.

강학을 통한 임금 자신의 수기에 초점이 있는 것이다. 이런 주장은 아래 인용에서 더욱 확실하게 드러난다.

> 우리의 중종대왕中宗大王께서 일찍이 사람을 뽑는 것이 정치하는 데 먼저 해야 할 일이라고 생각하시어 중외中外에서 천거하게 하여 한 과科를 설치하셨습니다. 비록 뽑힌 사람들이 모두 마땅한 사람은 아니었지만 한 시대의 인재가 또한 대부분 뽑혔으므로 성대한 일이라 일컬어졌습니다. 그러나 곧 더러운 세속의 논의에 헐뜯겨서 갑자기 과방을 삭제하였습니다. 저번에 시종신의 요청에 따라 그 과방을 회복하려 하셨으나 또 전처럼 세속의 논의에 막혀서 시행하지 못하였으니, 이것은 다 당시의 아랫사람이 순종하지 못한 죄이지 실로 선왕의 뜻은 아니었습니다. 또 예전부터 과거를 베풀었다가 도로 삭탈한 일은 없었으니, 이제 만약에 이 과방을 회복하여 쓸 만한 자를 거두어 쓴다면, 사기를 진작시키고 교화를 이루는 데 반드시 도움이 없지 않을 것이며, 또한 어진 사람을 등용하는 길을 넓히는 데 큰 도움이 될 것입니다. 아, 어진 이는 나라의 이기利器입니다. 나라를 다스리되 어진 이를 얻지 못하면 요순 같은 성인일지라도 할 수 없으니, 이것은 형편상 그럴 수밖에 없는 것입니다. 그러므로 군수의 직무 중에 어진 이를 찾는 것보다 먼저 할 일은 없습니다. 성상께서 유의하시면 국가에 다행이겠습니다.

간단히 말하자면 조광조에 의해서 설치되었다가 폐지된 현량과의 복설을 주상하는 것이다. 즉 이윤경은 자신의 정치적 입장과 학문적 계통이 조광조를 필두로 하는 사림에 있다는 것을 분명하게 천명하고 있다. 이런 점은 이른바 한당漢唐의 정치에 대한 평가에서도 분명하게 드러난다.

한나라의 고제高帝·문제文帝·광무제光武帝와 당나라의 태종太宗과 송나라의 태조太祖·인종仁宗도 다 뜻이 있는 군주였으니, 당우삼대唐虞三代의 정치를 바라지 않은 것은 아닙니다. 그러나 제왕으로서 자기를 닦는 학문이 없으면, 영명한 자질과 공검한 덕이 있더라도, 지혜가 선善에 밝지 못하고 지식이 이치를 연구하기에 넉넉하지 못하여, 사냥·토목·성색·화리의 욕심과 도사·갑병의 일까지 마음속에서 서로 싸워서 마음이 그 밝음을 잃게 되니 소강小康의 정치를 이룬 것도 다행한 일인데, 어떻게 제왕의 정치를 의논하는 데에 끼겠습니까.

이윤경의 주장은 한당시대에 소강의 정치를 이루기는 했지만, 그것은 결코 당우삼대의 이상적인 정치는 아니라는 것이다. 한나라 고조나 광무제, 그리고 당나라 태종은 모두 역사에서 긍정적인 평가를 얻은 인물이다. 그러나 성리학적 관점에서 보자면 이들은 순수하게 왕도로서 다스린 것이 아니라 패도의 방식을 병용하였다. 그런데 이는 곧 왕도정치에 대한 분명한 확신이 없기 때문이며, 이렇게 왕도에 대한 뚜렷한 확신을 갖지 못하는 까닭은 왕이 학문에 힘쓰지 않기 때문이라는 것이다. 이런 점에서 강학은 더없이 중요한 것이며, 아무리 강조해도 지나치지 않은 것이다.

강학에서 이윤경이 가장 중요하게 여긴 것은 경敬이다.

군주가 된 이가 이제二帝·삼왕三王의 정치를 구하려면 반드시 먼저 이제·삼왕의 학문을 강구해야 하는데, 이른바 학문이란 것은 정밀하고 전일한 것을 뜻하며, 힘을 쓰는 방도에는 또한 반드시 근본이 있습니다. 대체로 경敬이란 것은 한 마음의 주재主宰요, 온갖 일의 근본이어서 학문의 처음과 끝이 되는 것입니다.

경敬에 대한 강조는 남명 조식이나 퇴계 이황에서도 보이듯 당시 사림들의 기본적인 수기 방식이었다. 이윤경 역시 수기만이 현실적인 문제의 유일한 해결책이라 보았다. 즉 사장詞章처럼 학문을 출세의 수단으로 삼는 위인지학爲人之學을 추구해서는 안 된다고 하였다. 그리고 효제를 실천하는 위기지학爲己之學을 위해서는 주자가 주장한 《소학》과 《대학》을 그대로 현실에 적용해야 한다고 주장하였다.

> 옛 성왕이 학교를 세우고 스승을 두어 천자天子의 원자元子부터 서인의 아들에 이르기까지 다 8세에 소학小學에 들어가고 15세에 태학太學에 들어가게 하여 진작하여 가르쳐서 그 성性을 회복시킵니다. 그러므로 인륜이 밝아지고 나서 정치가 융성하고 풍속이 아름다워졌으니, 이것이 삼대三代의 가르침의 방법이었습니다. 국가에서 수도에 성균관과 사학을 설치하고 지방에 향교를 설치하여 스승을 두고 생도를 두어 가르치니, 그 좋은 규모와 아름다운 뜻은 삼대의 성대한 것보다 못하지 않은 듯합니다. 그러나 선비들은 자기를 닦는 학문이 없고 사람들은 효제의 행실이 없어 풍속이 날로 글러가고 도리에 어긋나고 어지러운 일이 잇달아 일어나니, 얼마 안 가서 다 짐승이 되지 않겠습니까. 그렇다면 삼대의 가르치는 도구는 있더라도 삼대의 가르치던 도리는 잃은 것입니다.

그러나 중요한 것은 가르치는 내용에 있다고 하였다. 비록 학교의 제도가 갖추어지고 교육이 이루어진다고 하여도 가르치는 내용은 반드시 효제충신과 같이 실천윤리가 중심이 되어야 하며, 사장이나 장구의 학문을 가르치면 과거에 급제하더라도 일신의 영달만을 추구하게 된다고 하였다.

지금 부형이 된 자는 자제가 겨우 말을 가리는 것을 보면 곧 장구章句의 학문과 문구를 꾸미는 글을 가르치며 인사를 알기 전에 이익으로 유도하므로, 사모하는 것은 과거급제요 바라는 것은 부귀이며 옛사람의 학문하는 도리를 이야기하는 사람이 있기만 하면 떼지어 웃고 헐뜯습니다.

더욱이 아래 언급을 보면, 이윤경은 인종시대 사림이 가졌던 역사인식을 그대로 계승하고 있다는 것을 한눈에 알 수 있다.

온 나라 안이 다 이러하여 그것이 그른 줄 모르는 까닭을 대체로 무오년에 한 번 무너지고 기묘년에 다시 꺾인 데다가 삼흉이 또 따라서 깎아 없앴기 때문입니다. 눈으로 참화를 보고 기절이 꺾여서 인욕은 날로 방자해지고 천리는 거의 없어졌습니다. 전형하는 곳은 벼슬을 위하여 사람을 가려야 하는데도 오직 재상宰相의 간택만을 받아서 벼슬의 높낮이를 주의注擬하는 차례로 삼으니, 현능하고 절의 있는 선비가 있더라도 어떻게 그 사이에 낄 수 있겠습니까.

무오사화와 기묘사화에서 사림들이 좌절하였고, 이어 김안로와 같은 권간들이 더욱 기승을 부리면서 사림의 기개는 모조리 꺾였다고 천명하였다. 그래서 결국에는 막아야 할 인욕만이 횡행하고 확산되어야 할 천리는 거의 사라지게 되었으며, 그 결과 나라의 모든 문제가 발생하게 된 것이라고 하였다. 이런 인식은 바로 당시 사림들의 대표적인 역사인식이라고 할 수 있다.

이상에서 알 수 있듯이 이윤경의 정치관은 조광조로 대표되는 사림의 정치관에서 크게 벗어나 있지 않다. 더욱이 임금의 강학을 강조하고, 현량과의 복설을 주장하며, 사장이 아니라 실천을 전제로 한

위기지학을 주장한 것은 조광조 이후 일반 사림이 지닌 전형적인 정치관이라고 할 수 있다.

4. 실록 사평에 나타난 평가

이윤경에 대한 정치적 평가는 주로 실록의 사평에서 나타난다. 실록 사평에는 주요한 관직에 제수되거나 어떤 일이 발생할 경우 그에 대해 평가하고 있다. 이들 사론에 나타난 이윤경에 대한 평가는, 비록 아들인 이중열과 관련하여 나타난 것은 우호적이지 않지만, 그 밖의 것들은 좋은 평가를 내리고 있다.

실록의 사론에 나타난 이윤경에 대한 평가는 아래와 같다.

① 명종 9년 1월 3일. 이윤경을 전주부윤으로 삼은 것에 대한 사론

윤경의 자는 중길重吉인데, 광주 사람이다. 풍채가 장중하고 도량이 넓어서 중후한 어른의 풍도가 있었다. 따라서 당시의 여론이 그의 의견을 중시하였나. 사신은 논한다. 이윤경은 천성이 깨끗하고 아름다운 데다가 학문으로 보완하여 선을 즐기고 옛 것을 좋아했다. 그의 아우 이준경과 함께 다 현행이 있었는데 평생을 청렴과 근신으로 지냈다. 성주·의주 두 고을의 목사가 되었는데, 다 선정을 베풀어 백성들은 그가 떠난 다음에도 못 잊어 했다.[21]

21) 《명종실록》 권16, 명종 9년 1월 3일 갑진조. "潤慶, 字重吉, 廣州人也. 風采凝重, 氣宇弘廣, 沈厚長者也. 時論倚以爲重. 史臣曰: 潤慶天稟純美, 補以學問, 樂善好古. 與其弟浚慶, 竝有賢行, 平生廉謹自守. 前爲星, 義兩州牧, 皆有善政, 民有去後之思."

② 명종 10년 8월 2일. 이윤경을 전라도관찰사에 제수한 것에 대한 사론

윤경은 밖으로는 온화하고 안으로는 근엄하여 위엄이 있고 대체大體를 알았다. 행동거지가 방정하였고 논의가 너그러웠으며 일에 임하여서는 의를 지켜 굳은 의지를 빼앗을 수 없었다. 형제 사이에는 우애가 지극하였다.[22]

③ 명종 13년 8월 5일. 이윤경을 함경도관찰사에 제수한 것에 대한 사론

근면하고 검소하였으며, 엄정하면서도 효성을 다하고 형제간에 우애가 있었다.[23]

④ 명종 17년 1월 14일. 이윤경을 평안도관찰사에 제수한 것에 대한 사론

이윤경은 이준경의 형이다. 근후하고 침중했으며, 형제간에 우애가 깊었다.[24]

⑤ 명종 17년 8월 10일. 평안도관찰사 이윤경의 졸기

평안도관찰사 이윤경이 죽었다. 사람됨이 강유剛柔를 고루 갖추고 덕행과 기국이 숙성하였으며, 또 청렴 검소한 행실과 선을 좋아하는 마음이 있었다. 아우 이준경과 이웃하여 살면서 우애를 극진히 하였다.

위 사론들은 졸기인 ⑤번을 제외하고는 모두 지방관으로 나갈 때의 것이다. 즉 이윤경이 전주부윤, 전라도관찰사, 함경도관찰사, 평

22) 《명종실록》 권19, 명종 10년 8월 2일 갑자조. "潤慶外和內嚴, 有威重持大體. 操守方正, 論議寬厚, 臨事守義, 堅確難奪. 處兄弟極其友愛."

23) 《명종실록》 권24, 명종 13년 8월 5일 기유조. "以李潤慶[勤幹廉儉, 嚴而孝悌.]爲咸鏡道觀察使"

24) 《명종실록》 권28, 명종 17년 1월 4일 기해조. "李潤慶[浚慶兄也. 謹厚沈重, 兄第友愛.]爲平安道觀察使."

안도관찰사에 부임할 때의 기사에 붙은 사평이다. 이 사평들에서는 이윤경의 인품이 엄정하고, 중후하여 어른의 풍도가 있고, 외유내강하며 근후하고 침중했다고 하였다. 이는 모두 목민관으로서 풍도를 갖추었다는 것을 말한다. 그리고 형제 사이의 우애가 극진하였다는 것은 어느 사평에나 공통적으로 나오는데, 이는 곧 수기의 기본이라고 할 수 있는 효제를 잘 닦았다는 것이다. 말하자면 이윤경은 치인과 수기에서 모두 일정한 수준에 도달했다는 것이다. 물론 이런 인물평이 일상적인 것이고 이윤경에게만 특별하게 해당되는 것은 아니지만, 적어도 이윤경이 목민관으로서 매우 뛰어난 능력을 발휘했던 것은 분명해 보인다.

특히 이윤경이 1555년 을묘왜변이 일어났을 때 영암에서 왜적을 물리친 공로에 대해서는 실록뿐만 아니라 여러 문헌에서 높은 평가를 내리고 아울러 많은 칭송하고 있다.

① 명종 10년 5월 29일. 이윤경이 왜적을 물리친 내용에 대한 실록 기사

당초에 관찰사 김주金澍가 이윤경을 가장假將으로 삼아 영암靈巖을 지키게 하사, 이윤경이 목숨을 걸고 막아내려고 군졸들을 위무하고 무기를 준비하기에 몸과 마음을 다하였으며, 적을 방어하고자 모든 방책을 마련하였다. 그러자 성 안의 사람들이 의지하며 믿게 되었다.[25]

② 명종 10년 5월 30일. 명종이 군관 남정을 인견한 실록 기사

당초에 전주부윤 이윤경이 영암에 주둔하고 있으면서 나가 싸우기를 청하여도 김경석이 오히려 듣지 않다가, 군교軍校들이 '만일 군사가 패하게 되

25) 《명종실록》 권18, 명종 10년 5월 29일 임술조.

면 혼자 죄를 받아야 합니다'라고까지 말을 하며 거듭하여 강력하게 요청하자, 김경석이 할 수 없이 나가 싸우라고 허락하기만 하고 자신은 오히려 성 안에 남아서 군사를 거느리고 따라 나서지 않았다. 장사將士들이 이윤경의 지휘에 따라 비분강개하며 결사항전을 하여 적의 머리 1백여 급을 베자 남은 적들이 군량과 재물을 버리고 도주하였다.

③ 이윤경의 시호를 의논한 일화

유성룡이 응교로 재직할 때 이판서 윤경의 시호를 의논하고자 좌의정인 소재 노수신을 찾아가서 뵈었다. 소재가 유성룡에게 말하기를 "판서는 바로 명재신이다. 또 남쪽에서 왜적을 정벌하여 공이 있으며, 청덕이 높은 분이다. 모름지기 아름다운 시호를 의논해야 할 것이다"라고 하여 유성룡이 "알겠습니다"라고 대답하고는 "의숙懿肅 익장翼莊 의도懿度"의 삼망을 갖추어서 의정부에 올리니 당시에 영의정이었던 사암 박순이 합좌하여 의논할 때에 시호가 공훈에 미치지 못한다고 고치자고 하니 소재가 사암의 말이 극히 옳다고 하였으며, 우의정 임당 정유길도 그렇다고 하였다.[26]

④ 《목민심서》에 기록된 이윤경의 전공

이윤경이 전주부윤이 되었을 때 가정연간의 을묘왜변이 발생했다. 이윤경은 영암의 군수가 되어서 성의 장수로서 방어사 김경석에게 출전할 것을 권유하여 나가서 싸워서 적을 물리치고 관군은 적의 2백여 수급을 획득하였다. 당시에 공의 동생인 준경이 도순찰사였는데, 조정에서는 형이 동생의 통제를 받는 것은 옳지 않다고 하여 공에게 전주로 복귀하게 하였다. 그러

26) 윤근수, 《월정집》 별집 권4 반톡. "柳而見爲應教時. 將仕議李判書潤慶謚. 歷拜左台蘇齋相. 蘇齋謂柳曰. 判書是有名宰臣. 且南征時有功. 且多淸德. 須以美謚謚之. 柳曰諾. 乃以懿肅翼莊勝敵志強曰莊懿度判事得宜曰度備望. 報于政府. 朴思菴時爲首相. 合坐勘啓時. 謂謚號未盡其實. 還下改謚. 蘇相曰此論極當. 與右相林塘同辭以告……"

> 자 군사들이 그가 장차 돌아갈 것이라는 말을 듣고는 몹시 두려워하면서 큰 소리로 말하길 "우리들이 공을 믿고 성을 지켰으니 공이 떠나면 우리도 마땅히 흩어질 것이다"라고 말하였다. 이에 방어사는 물론이고 여러 종사관들도 모두 두려워하여 어찌할 줄을 몰랐다. 그러자 공이 즉시 개인적으로 동생인 순찰사에게 편지를 보내어 "지금 군중의 형편을 살펴보니 모두 나를 굳게 믿고 있다. 내가 만약 조금이라도 움직인다면 어떻게 될지 매우 걱정스럽다. 너와 나는 대대로 국은을 입었으니 이런 때에 목숨을 바쳐야 한다. 따라서 지금은 바로 내가 나라를 위해 목숨을 바쳐야 하는 날이므로 나는 여기를 떠날 수가 없다"고 하였다. 순찰공이 부득이하여 그대로 머물면서 성을 지키게 하니 마침내 왜적을 크게 물리쳤다.[27)]

위 실록의 기사는 물론이고 시호를 의논한 자료에서도 알 수 있듯이 이윤경이 을묘왜변에서 세운 공은 매우 혁혁한 것이었다. 특히 ④번 자료를 보면 전주부윤으로서 영암으로 달려가 매우 어려운 상황에서 병사의 신뢰를 얻었고, 그를 바탕으로 전쟁에서 승리함으로써 그가 목민관으로서 일반 백성의 두터운 신뢰를 얻고 있었음을 알 수 있다.

그러나 유학 안서순 문제에 대한 평가는 우호적이지 않다. 그 기사는 아래와 같다.

27)《여유당전서》제5집, 24권〈목민심서〉권9 兵典六條. "李潤慶爲全州府尹. 當嘉靖乙卯之難. 爲靈巖守. 城將勸防禦使金景錫. 出兵與戰. 賊敗走. 官軍獲二百餘級. 會公之弟浚慶. 爲都巡察使. 朝廷以兄不可受弟節制. 令公還. 軍士聞其將去. 洶懼揚言曰. 我輩恃令公守城. 我輩亦當離散. 防禦使及諸從事. 亦皆驚懼失措. 公卽以私書通于弟巡察公曰. 觀此軍中事勢. 皆恃我爲固. 我若一動. 慮有不測之變. 吾輩世受國恩. 致身至此. 此正吾忘身殉國之日. 吾不可去也. 巡 察公不得已. 因留公守城。竟致克捷."

명종 11년 5월 3일. 전라도관찰사 이윤경이 비밀 서장을 올린 것에 대한 사론

사신은 논한다. 윤경 또한 명사이니 유관柳灌 등의 사건을 모를 리가 없는데 옥에 가두고 계문하기까지 한 것은, 윤경의 아들 중열이 을사년에 죄를 지은 무리에 속하였기 때문에 윤경이 두려워서 서순의 죄를 청한 것이니, 어찌 그 본심이었겠는가. 당시 화를 얽어 공신에 오른 자들이 사악한 말로 선동하여 성총을 현혹시킴이 시간이 흐를수록 더욱 굳어갔다. 조정에 있는 이들이 어찌 그들을 구원할 뜻이 없었겠는가마는, 눈으로 그 참담한 정경을 보고 자신에게 형벌이 닥칠까 두려워서 끝내 말 한마디 없이 숨을 죽이고 지냈다. 이는 비록 당시의 사정이 그렇게 만든 것이라고는 하지만 강직한 기풍이 없었음을 알 수가 있다.[28]

위 사론에서는 이윤경이 강직하지 못하다고 평가하고 있다. 즉 을사사화와 관련하여 현실 권력에 대항하지 못하는 자세를 비판한 것이다. 이윤경의 이러한 태도는 사론에서 지적되고 있듯이 을사사화에 아들 이중열이 연루되어 사사된 데서 비롯된 것으로 보인다. 다음의 사론에서 이중열이 이휘를 고변하려고 하자 아버지인 이윤경이 꾸짖는 장면을 확인할 수 있다.

명종 1년 8월 5일. 이중열이 위리안치된 것에 대한 기사

이중열은 본시 이휘李煇와 서로 절친한 사이였는데, 자기에 관한 말이 제기될까 염려하여 이휘의 죄를 먼저 고발하려 하자 그 아버지 이윤경이 편지를 보내 꾸짖기를 '형륙이 몸에 미치기도 전에 먼저 벗을 죄에 빠뜨리는 것

28) 《명종실록》 권20, 명종 11년 5월 3일 경신조.

을 어찌 옳다 하겠느냐?' 하였다. 그러나 듣지 않고 자수하였는데 끝내 죄를 모면하지 못하였으니, 어찌 스스로 초래한 화가 아니겠는가.[29)]

즉 이윤경의 태도 변화는 아들 이중열이 사사된 데 대한 일종의 방어였지, 사실 사림으로서 기본적인 자세를 저버린 것이라고 볼 수는 없다. 일찍이 갑자사화 때 멸문에 가까운 화변을 당한 이윤경으로서는 이런 태도 변화는 어떻게 보면 당연한 것이라고 할 수 있다. 더욱이 단순한 태도 변화가 아니라 실용주의적 방식으로 전환하여 자신의 정치이념을 실현하려는 방향의 전환이라고 평가된다.

이상에서 알 수 있듯이 이윤경은 목민관으로서는 상당한 평가를 받고 있다. 특히 영암에서 세운 혁혁한 공훈은 실록뿐만 아니라 여러 가지 문헌에서 언급되고 있어서 말 그대로 불후의 업적으로 인식되고 있는 것이 분명하다. 다만 을사사화와 관련된 사림으로서의 자세에 대해서는 제한적인 평가를 하고 있다. 물론 이는 사평을 기록한 사신의 개인적인 견해일 수도 있겠으나, 적어도 아들 이중열이 사사된 뒤에 현실 권력에 적극적으로 투쟁하는 모습을 보이지 못했다는 것은 당시 사림으로서 한계를 노정한 것이라 할 수 있다. 이는 이윤경이 정치사상가로서가 아니라 정치관료로서, 특히 목민관으로서 실용적인 노선을 걸으면서 자신의 정치적 이념을 구현하려 노력한 결과로 보인다.

29) 《명종실록》 권4, 명종 1년 8월 5일 기축조.

5. 맺음말

이상으로 이윤경의 생애를 비롯하여 정치관과 그에 대한 평가를 살펴보았다. 이윤경은 이른바 사림파가 형성되는 연산군 대에 태어나서 갑자사화 때 혹심한 가화를 당함으로써 매우 어려운 환경 속에서 성장하였다. 이런 화변 속에서 그는 오히려 사림으로서 정체성을 확립해 갔다. 이는 동생인 이준경과 함께 조광조를 방문한 것에서도 알 수 있다. 더욱이 인종의 등극으로 대사간에 기용되어 올린 상소에서는 조광조의 정치이념을 충실하게 계승하고 있어서 사림으로서의 정체성을 분명하게 확인할 수 있다.

하지만 을사사화에 아들 이중열이 연루되자 이기의 탄핵을 받아 문외출송되는 등 정치적 핍박을 받게 된다. 이때 아들이 이휘와 관련된 사실에 대해서는 이윤경이 명료하게 대처하지 못하였기 때문에 강직하지 못하다는 사관의 비판을 받는다. 그가 현실 권력을 부정하거나 그에 항거하는 방식으로 대처하지 않은 것은 분명하다. 즉 그의 대처 방식은 청송 성수침처럼 현실에서 유리되는 방식을 택하거나 남명 조식처럼 현실에 대한 철저한 부정을 통한 항거가 아니었다. 이윤경은 민생이나 국방에 직접적으로 이바지함으로써 자신의 정치적 이상을 추구하는 방식을 택한 것으로 보인다. 다시 말해 주로 지방의 목민관으로 활동하여 청덕의 칭송를 받았다든지, 변경에서 국방을 담당하거나 을묘왜변과 같은 국난에 훌륭히 대처하여 민생 안정에 기여하는 등의 방식으로 정치 이상을 구현한 것으로 보인다. 을묘왜변 때 백성들의 두터운 신임을 바탕으로 왜적을 섬멸했다는 것은 그가 어떤 것에 주력하고 있는지를 잘 보여주는 대목이다.

따라서 이윤경은 실용주의 노선을 선택했다고 할 수 있다. 즉 조광조의 지치주의 이념을 계승하고 그것을 현실에 적용하려는 개혁적 정치사상가로서보다는 현실의 민생 문제에 어느 정도 기여를 하는 실용주의 정치관료로서 이윤경의 대처 방식은 당시 사림이 택한 또 하나의 주요한 정치이상의 실현 방식으로서 주목할 만하다.

■ 참고문헌

《조선왕조실록》
이준경, 《동고유고》 한국문집총간28집, 한국고전번역원, 1988.
윤근수, 《월정집》 한국문집총간47집, 한국고전번역원, 1989.
정약용, 《여유당전서》 한국문집총간285집, 한국고전번역원, 2002.
정필용, 《동고유고해제》 한국문집총간 해제1집, 한국고전번역원, 1991.

이윤경 행력표

* 이 행력표는 이준경이 찬술한 행장과 조선왕조실록 등을 바탕으로 재구성함.
* ◎은 실록기사, ○은 행장기사, ◇은 그 밖의 기사.

왕력	서기	연령	기사
연산 4	1498	1	○ 서울 蓮花坊에서 태어나다.
연산 10	1504	7	○ 5월, 사화가 일어나 부친이 죽음을 당하다. 연좌되어 동생 이준경과 함께 괴산에 유배되었다가 곧 양이量移되다.
중종 1	1506	9	○ 중종반정으로 신원되어 서울로 돌아오다. 가세가 어려워 외가에서 기식하다.
중종 2	1507	10	○ 학업에 나아가다.
중종 12	1517	20	○ 동생인 이준경과 함께 조광조의 사제에 찾아가 배알하다.
중종 19	1524	27	○ 모친상을 당하다.
중종 26	1531	34	○ 진사시 장원 및 생원시에 합격하다. ◎ 8월 15일 진사시에 장원하다.
중종 29	1534	37	○ 문과에 급제하다(문과방목). ○ 관직에 나아가 예문관 검열이 되다.
중종 31	1536	39	○ 4월에 승정원 주서가 되다. ○ 체직되었다가 겨울에 다시 검열이 되다. ○ 대교에 올랐으며, 세자시강원 설서에 제수되다.
중종 32	1537	40	◎ 1월 18일 시강원 사서에 갑자기 승진된 것 때문에 헌부에서 체직을 청하다. ◎ 1월 19일 헌부에서 관직의 개정을 청하다. ○ 예문관 봉교에 제수되다. ◎ 10월 29일 홍문관 차저差著에 단망單望으로 차임할 것을 명하다. ○ 11월에 홍문관 저작에 뽑히다.
중종 33	1538	41	◎ 4월 20일 제술에 입격하여 사의蓑衣 궁자弓子 등을 하사받다. ○ 7월 홍문관 박사 겸 경연 사서, 춘방 설서에 오르다. ◎ 7월 16일 홍문관 박사에 제수되다. ○ 8월에 부수찬 지제교 겸 경연 검토관 춘추관 기사관에 제수되다. ◎ 8월 12일 홍문관 부수찬에 제수되다. ○ 9월에 사간원 정원에 제수되다. ◎ 9월 23일 사간원 정원에 제수되다. ○ 12월 이조좌랑에 제수되다.
종종 34	1539	42	○ 12월 홍문관 부교리가 되다. ◎ 12월 21일 홍문관 부교리에 제수되다.
중종 35	1540	43	○ 2월 홍문관 교리 지제교 겸 경연 시독관 춘추관 기사관에

중종 35			오르다. ◎ 3월 4일 홍문관 교리에 제수되다. ◎ 4월 11일 시독관으로서 경연에 참석하여 경연을 항상 열고 학문에 힘쓸 것을 진언하다. ○ 5월 사헌부 지평이 되다. ◎ 5월 21일 사헌부 지평이 되다. ○ 8월에 공조정랑에 좌천되다. 얼마 뒤 홍문관 교리 지제교 겸 경연 시독관에 제수되다. ◎ 8월 23일 홍문관 교리가 되다. ○ 시강원 필선에 오르다. ○ 10월에 전설사수典設司守가 되다. 순변사의 종사관이 되다. ◎ 10월 12일 평안도순변사 우맹선禹孟善의 요청으로 순변사의 종사관에 뽑히다. ◇ 퇴계 이황이 시를 지어 전송하다. (퇴계집 별집 권1 送李重吉潤慶牧義州重吉去年爲巡邊從事 문총31집 15b) ○ 사섬사 부정이 되다.
중종 36	1541	44	○ 2월 사간원 사간이 되다. ◎ 2월 23일 사간원 사간이 되다. ○ 6월 사복시 부정이 되다. 9월 의주목사가 되다. ◎ 10월 6일 의주목사가 되다.
중종 39	1544	47	○ 호조참의 겸 지제교가 되다.(3월 14일)
인종 1	1545	48	○ 사간원 대사간이 되다. ◎ 1월 11일 사간원 대사간이 되다. ◎ 윤1월 10일 차자를 올려 인종에게 과도한 애도를 경계하고 음식을 들 것을 권유하다. ◎ 2월 13일 차자를 올려 인종에게 음식을 들도록 권유하다. ◎ 2월 24일 대사간으로서 별선온에 대하여 대신들과 논란을 벌이다. ◎ 3월 26일 중종 사후에 그린 어진의 봉안을 반대하다. ◎ 4월 2일 장례도감의 낭관에게 높은 벼슬을 준 것에 대하여 차자를 올려 비판하다. ◎ 4월 15일 대사간으로서 군주의 치도에 대해 장문의 상소를 올리다. ○ 5월 첨지중추부사가 되다. ○ 6월에 승정원 동부승지가 되다. ◎ 6월 24일 승정원 동부승지가 되다. ○ 인종이 승하하고 명종이 즉위한 후 9월에 추성정난위사공신에 녹훈되고 가선대부 행성균관 대사성이 되다. ◎ 8월 30일 추성보익공신에 책봉되다. ◎ 9월 6일 추성위사보익공신 동부승지에 제수되다. ◎ 9월 9일 아들인 이조정랑 이중열이 이휘의 불궤함을 아뢰다.

			◎ 9월 15일 추성협익정난위사공신에 책봉되다. ◎ 9월 16일 양사에서 공신 기록에서 삭제할 것을 요청하다. ◎ 9월 16일 추성정난위사공신 가선대부 행성균관 대사성 광산군에 봉하다. ◎ 9월 17일 사간원에서 책훈을 환수하도록 요청하다. ◎ 9월 19일 양사에서 녹공을 환수하도록 요청하다. ◎ 9월 20일 사간원에서 녹공을 환수토록 요청하다. ◎ 9월 23일 사간원에서 녹공을 환수토록 요청하다. ◎ 9월 24일 사간원에서 녹공을 환수토록 요청하다.
명종 1	1546	49	○ 3월 고명사은부사로 연경에 가다. ◎ 8월 5일 아들 이중열이 윤원형에 의해서 이휘의 여당이라고 공격받다. ◎ 8월 7일 아들 이중열이 갑산에 위리안치되다. ○ 겨울에 성주목사로 나가다.
명종 2	1547	50	◎ 3월 3일 아들 이중열이 이휘의 옥사에 연루되어 사사되다. ◎ 3월 14일 양사에서 훈적을 삭제할 것을 요청하다. ◎ 3월 15일 양사에서 훈적을 삭제할 것을 요청하다. ◎ 3월 16일 사헌부에서 훈적을 삭제할 것을 요청하다. ◎ 3월 17일 양사에서 훈적을 삭제할 것을 요청하다. ◎ 3월 18일 양사에서 훈적을 삭제할 것을 요청하다. ◎ 3월 19일 양사에서 훈적을 삭제할 것을 요청하다. ◎ 3월 20일 양사에서 훈적의 삭제를 요청하다. ◎ 3월 21일 양사에서 훈적의 삭제를 요청하다. ◎ 3월 22일 양사에서 훈적의 삭제를 요청하다. ◎ 3월 23일 양사에서 훈적의 삭제를 요청하다. ◎ 3월 24일 양사에서 훈적의 삭제를 요청하다. ◎ 3월 25일 양사에서 훈적의 삭제를 요청하다. ◎ 3월 26일 양사에서 훈적의 삭제를 요청하다. ◎ 3월 28일 양사에서 훈적의 삭제를 요청하다. ◎ 4월 2일 양사에서 훈적의 삭제를 요청하다. ◎ 4월 3일 양사에서 훈적의 삭제를 요청하다. ◎ 4월 4일 양사에서 훈적의 삭제를 요청하다. ◎ 4월 10일 홍문관 부응교 원제검이 훈적의 삭제를 청하다. ◎ 4월 11일 사간 오상과 장령 윤우가 훈적의 삭제를 청하다. ◎ 윤9월 4일 양사에서 훈적의 삭제를 청하다. ◎ 윤9월 5일 양사에서 훈적의 삭제를 청하다. ◎ 윤9월 5일 홍문관 부제학 정언각 등이 훈적의 삭제를 청하다. ◎ 윤9월 13일 양사에서 훈적의 삭제를 청하다. ◎ 윤9월 14일 양사의 요청에 따라 훈적을 삭제하다. ◎ 윤9월 15일 양사 홍언필 육조에서 처벌을 세 번 요청하다.

명종 2			◎ 윤9월 16일 승정원에서 처벌을 세 번 요청하다. 성주목사에 제수되다. ◎ 10월 11일 대비가 수렴청정하고 있는 조강에서 영경연사 이기가 아들 이중열의 문제로 훈적에서 삭제되었는데 여전히 작위를 가지고 있다고 탄핵하다. ◎ 10월 14일 사헌부에서 탄핵하여 파직을 요청하다. ◎ 10월 15일 좌의정 이기의 요청으로 가선대부의 가자가 개정되다. 양사에서 파직을 요청하다. ◎ 10월 16일 양사에서 파직을 요청하다. ◎ 10월 17일 양사에서 파직을 요청하다. ◎ 10월 18일 양사에서 파직을 요청하다. ◎ 10월 19일 양사에서 파직을 요청하다. ◎ 10월 20일 양사에서 파직을 요청하다. ◎ 10월 21일 양사에서 파직을 요청하다. ◎ 10월 22일 양사에서 파직을 요청하다. ◎ 10월 23일 양사에서 파직을 요청하다. ◎ 10월 24일 양사에서 파직을 요청하다. ◎ 10월 25일 양사에서 파직을 요청하다. ◎ 10월 26일 양사에서 파직을 요청하다. ◎ 10월 27일 양사에서 파직을 요청하다. ◎ 10월 28일 양사에서 파직을 요청하다. ◎ 10월 29일 양사에서 파직을 요청하다. ◎ 10월 30일 양사에서 파직을 요청하다. ◎ 11월 1일 양사에서 파직을 요청하다. ◎ 11월 2일 양사에서 파직을 요청하다. ◎ 11월 3일 양사에서 파직을 요청하다. ◎ 11월 4일 양사에서 파직을 요청하다. ◎ 11월 5일 양사에서 파직을 요청하다. ◎ 11월 11일 충훈부 당상의 건의에 따라 공신노비가 모두 충훈부에 귀속되다.
명종 3	1548	51	◎ 8월 26일 간원에서 공이 없이 위사공신에 참록되었다고 언급하다. ○ 겨울에 병으로 사직하고 서울로 돌아오다.
명종 4	1549	52	○ 가을에 승정원 우부승지에 제수되고, 이어 우승지에 오르다. ◎ 9월 12일 승정원 우부승지에 제수되다.
명종 5	1550	53	◎ 1월 29일 승정원 좌부승지에 제수되다. ◎ 4월 29일 승정원 우승지에 제수되다. ○ 5월 진복창의 사주로 대간의 탄핵을 받아 우승지에서 체직 문외출송되다. ◎ 5월 15일 역적의 아비라는 탄핵을 받고 이준경, 송순과 함

			께 관직이 삭탈되다. ◎ 7월 16일 역신 이중열의 지친이라는 이유로 양사 장관이 극변으로 유배할 것을 요청하다. ◎ 7월 22일 양사 장관이 극변에 유배할 것을 요청하였으나 허락하지 않다.
명종 8	1553	56	◎ 2월 25일 상진이 경연에서 송순, 오겸과 함께 선소하기를 진언하다. ◎ 3월 28일 대신들이 경주부윤의 자리에 송순과 함께 천거하다. ◎ 윤3월 22일 서용하라는 전교가 내리다. ◎ 4월 7일 용양위상호군에 제수하다. ○ 6월 형조참의에 제수되다. ◎ 6월 26일 형조참의에 제수하다. ◎ 10월 7일 형조참의로서 서얼 허통의 논의에 참여하다.
명종 9	1554	57	○ 봄에 전주부윤에 제수되다. ◎ 1월 9일 전주부윤에 제수되다.
명종 10	1555	58	○ 여름에 서해안으로 왜구가 대거 침범하자 영암군수로 나가서 왜적을 방어한 공으로 가자되다. ◎ 5월 29일 영암에서 왜적을 쳐서 1백여 수급을 획득하다. ◎ 6월 1일 전라도관찰사 김주의 장계에 따라 포상을 받다. ◎ 6월 5일 왜적을 물리친 공으로 가선대부에 가자되다. ◎ 7월 6일 가선대부의 가자를 사양하는 장계를 올리다. ○ 8월 전라도관찰사 겸 병마수군절도사가 되다. ◎ 8월 2일 왜적을 물리친 공으로 전라도관찰사에 제수되다. ◎ 8월 30일 전라도관찰사로 부임하기 위해 사은숙배하다.
명종 11	1556	59	○ 전라도순찰사를 겸하다. 중국을 약탈하고 돌아가는 왜적을 잡아서 수급을 바치고 중국인을 환송하자 중국에서 포상하다. ◎ 3월 23일 전라감사로서 계본을 올리다. ◎ 5월 3일 비밀서장을 올려 유학 안서순安瑞順이 망령된 언사를 하였다고 보고하다. ○ 가을에 임기가 차서 동지중추부사에 임명되다. ○ 경기도관찰사에 제수되다. ◎ 8월 16일 경기관찰사에 제수되다.
명종 12	1557	60	◎ 1월 4일 중국에서 포상하다. ◎ 3월 27일 경기관찰사로 부임하기 위하여 사은숙배하다. ◎ 4월 13일 명종의 명에 따라 관사에 입참하다. ○ 9월에 한성부우윤 겸 오위도총부 부총관에 제수되다. ◎ 9월 13일 한성부우윤에 제수되다.
명종 13	1558	61	○ 8월 함경도관찰사에 제수되다. ◎ 8월 5일 함경도관찰사에 제수되다.
명종 14	1559	62	○ 8월 병으로 사직하고 동지중추부사 겸 부총관이 되다.

명종 15	1560	63	○ 특지로 승정원 도승지에 제수되다. ◎ 1월 5일 승정원 도승지에 제수되다. ◎ 1월 10일 노쇠하고 병이 있다고 사직을 청했으나 허락받지 못하다. ○ 이어 병조판서가 되었으나 격정자擊鼎者로 인하여 체직되었다. ◎ 1월 14일 자헌대부 병조판서에 제수되었다. ◎ 5월 26일 첨지중추부사에 제수되다. ○ 6월 형조판서가 되었다. ◎ 6월 11일 형조판서에 제수되다. ○ 7월 체직되어 중추부사가 되다. ◎ 8월 4일 동지중추부사에 제수되다. ◎ 12월 9일 지중추부사에 제수되다.
명종 17	1562	65	◎ 1월 14일 평안도관찰사에 제수되다. ○ 평안도관찰사로 재직하다가 8월 10일 임지에서 졸하다. ◎ 8월 10일 임지에서 졸하다. ◎ 8월 13일 상구가 올라올 때 호송할 것을 일로에 하유하라고 전교하다.

16세기 중반 사림파 이수경·이중경의 정치활동의 특징

정 해 은
한국학중앙연구원

1. 머리말

조선시대 정치사에서 16세기는 '권신權臣' 또는 '척신戚臣'의 시대라고 불린다. 권신이란 왕의 신임을 받아 권한을 휘두르는 관료를 뜻하며, 국왕의 외척인 척신들이 정치 일선에 전면적으로 나선 시대였다. 권신이나 척신이 권한을 행사할 수 있었던 까닭은 이들의 반대편에 서서 공론을 주장할 수 있는 정치세력들이 제대로 성장하지 못했기 때문이었다.

이 글에서 검토할 이수경과 이중경은 16세기 중반에 활동하던 사림계 인물이다. 이수경은 1538년(중종 33) 23세의 나이로 문과에 급제하여 관직에 나갔다가 을사사화(1545)에 연루되어 1546년(명종 1) 온성으로 귀양을 갔다. 이수경이 관직생활을 한 기간은 그리 길다고 볼 수 없지만 〈을사당적乙巳黨籍〉[1]에 들어 있는 인물로서, 조선 정치사에서 차지한 비중이 결코 낮지 않다.

이중경은 이수경의 동생으로, 당대를 풍미한 문장가였다. 형 이수경이 을사사화에 연루되어 온성으로 귀양을 가기 몇 달 전인 1546년 4월에 문과에 급제하여 조정에 첫발을 내딛었다. 사관 및 대간 등 청요직을 두루 역임한 뒤 대사간 및 이조참판에 올랐다. 이중경은 1553년(명종 8)에 명종이 스무 살이 되어 정치 일선에 직접 나서면서 소윤 일파를 견제할 목적으로 등용한 왕비(인순왕후)의 외삼촌 이량李樑에게 동조하였다가, 마침내 심강·심의겸 부자에 의해 조정에서 쫓겨났다.

사실 16세기 정치사에서 이수경과 이중경은 크게 알려진 인물은 아니다. 하지만 그 행적을 좇아가다 보면 결코 대강 보아 넘길 수 없는 인물이라는 판단이 든다. 겉으로 드러난 이수경·이중경의 행적은 눈길을 확 잡아끌 만한 사항이 많지 않으나, 이들의 행적을 세밀하게 따라가다 보면, 16세기 정치사를 다른 방식으로 이해할 수 있는 길과 만나게 된다.

이수경·이중경 집안은 아버지 이영부가 기묘사화에 연루되어 조정에서 물러난 뒤 중앙정계에서 멀어졌다. 그러다가 이수경과 이중경이 문과에 급제해 아버지 이영부의 뒤를 이어 출사하면서, 16세기 중반에 정치의 최일선에 서게 되었다. 이후 이수경과 이중경의 정치 활동을 훑어보면 한 가지 공통점이 발견된다. 그것은 바로 언관으로 활동한 것이었다.

이수경과 이중경은 언관 및 사관史官으로 출사하여 사림계 인물로서 자신들의 정치적 소신을 펼쳤고, 자못 영향력있는 정치가로 성장하였다. 이수경은 〈을사당적〉에 올라 있으며, 이중경은 사간원 대사

1) 《燃藜室記述》 권10, 明宗朝故事本末 乙巳黨籍.

간으로 있으면서 당대의 여론을 주도하던 인물이었다. 따라서 이수경·이중경에 대한 관심은 16세기 정치의 소용돌이에서 한 가족이 어떤 정치적 선택을 하였고 그 결과는 무엇이었는지, 그리고 이들을 뒷받침하던 사림세력들이 어떻게 자신들의 세력을 구축해나갔는지를 세밀하게 살필 수 있는 중요한 소재를 제공한다고 여겨진다.

그럼에도 기존 연구에서는, 이들의 생애나 정치활동에 대하여 그다지 주목하지 않았다. 이들은 그저 정치적 소용돌이에서 희생당한 수많은 정치인 가운데 일부였을 뿐이다. 여기에는 현재 이수경과 이중경의 사상이나 행적을 소상하게 알려주는 자료가 제대로 남아 있지 않다는 점이 크게 작용하였다. 유감스럽게도 두 사람 모두 문집이 없으며 가족 및 가족사를 구체적으로 보여주는 자료도 찾아보기 힘들다.

그러나 다행히 조선왕조실록이나 각종 자료에 이수경과 이중경의 관직 경력 및 정치적 활동을 알려주는 단편적인 사료들이 남아 있다. 이 글에서는 이를 바탕으로 하여 이수경과 이중경의 정치적 활동에 초점을 맞추어 이들의 생애를 검토해보고자 한다. 이를 계기로 16세기 정치사에서 묻혀 있던 인물에 대한 발굴과 조명이 활발해지기를 기대해본다.

2. 아버지 이영부와 기묘사화

이수경과 이중경의 정치활동을 이해하려면 먼저 이영부에 주목할 필요가 있다. 이수경과 이중경의 아버지는 기묘사화에 연루되어 파직당한 이영부李英符(1487~1523)로서 〈기묘록己卯錄〉에 올라 있는 인

물이다.[2)]

이수경과 이중경이 태어난 시절은 거듭된 사화로 수많은 관료들이 정치적 또는 도덕적 결단을 내려야만 하는 시기였다. 이수경이 8세이고 이중경이 7세일 때 아버지를 여의었다는 사실에서도 짐작할 수 있듯이, 이들의 어린 시절은 당시 정치적 상황과 밀접하게 관련을 맺으면서 평탄하지 않았다고 짐작된다.

이영부가 연루된 기묘사화는 1519년(중종 14) 11월에 조광조·김정·김식·김구 등 신진사류가 남곤·심정·홍경주 등의 훈구 재상과 충돌하면서 화를 입은 사건을 말한다. 김굉필의 제자이자 김종직의 문인이던 조광조趙光祖(1482~1519)는 중종이 정치개혁을 위해 신진사류들을 중용할 때 기용된 인물로서, 도학정치에 바탕을 둔 개혁을 추진하였다.

조광조가 추진한 개혁의 핵심은 정국공신의 개정과 현량과의 실시였다. 전자는 기득권을 지닌 기성의 정치세력을 약화시키는 방안이었고, 후자는 도덕성을 고루 갖춘 새로운 정치세력을 확보하기 위한 수단이었다. 그러나 중종이 자신의 안위를 위해 정치개혁 의지를 유보하자, 조광조는 기존의 정치세력에 의해 숙청당하고 말았다.[3)]

이영부는 1510년(중종 5) 진사시에 합격한 뒤 1513년 중종이 전정殿庭에서 성균관 유생을 대상으로 실시한 책시策試에서 1등을 차지했다. 1516년 식년시 문과에서는 갑과 2등이라는 높은 성적으로 합격하였다. 이영부는 꽤 빠르게 승진하여 형조좌랑을 거쳐 기묘사화 직전인 1519년 10월에 이조정랑이 되었다. 이 때문에 사헌부의 탄핵을

2) 《大東野乘》〈己卯錄補遺〉卷下, 李英符傳; 《대동야승》〈己卯錄續集〉坐堂人員 罷職類.
3) 정두희, 《조광조-실천적 지식인의 삶, 이상과 현실사이에서》(증보신장판), 아카넷, 2001, 265~269쪽.

받기도 하였다.[4] 그러다가 기묘사화 직후인 12월에 사헌부 지평이 되어 현량과 혁파를 반대하다가 파직되었다.[5] 〈기묘록〉에도 이영부를 기묘사화 때 파직당한 사람[罷職類]으로 분류하였다.

파직 이후 이영부의 행적에 대해서 임피에서 살다가 죽었다는 기록이 있으나,[6] 조선왕조실록에 따르면 파직된 지 2년 만에 다시 조정에 복귀하였다. 그는 1521년에 지평 및 헌납 등으로 등용되었다가 사헌부·사간원의 반대로 물러났다.[7] 그러다가 1년 뒤인 1522년 12월에 사헌부 지평과 장령을 역임하고 있어 여전히 대간직에서 활약했음을 알 수 있다. 그 뒤 이영부는 1523년 5월에 세자시강원 문학으로 근무하다가 세상을 떠났다.[8]

지금까지 간략하게 살펴본 대로 이영부는 기묘사림의 일원으로 문과급제 이후 낭관을 거쳐 대간으로 활동했던 인물이었다. 이영부가 역임한 이조정랑은 당상관은 물론 의정부와 육조의 낭관, 홍문관원, 대간 등 청요직의 인사에 영향력을 크게 행사할 수 있는 자리였다.[9] 이처럼 이영부가 낭관을 거쳐 대간으로 활약한 사실은 기묘사림의 정국운영방식과도 무관하지 않다. 기묘사림은 공론公論에 바탕을 둔 공도정치公道政治를 지향하면서 언관직을 적극적으로 활용했는데, 이영부 또한 언관직에 등용되어 정치적 영향력을 높여갔다고 할 수 있다.

이수경은 1537년(중종 32) 사마시에 급제하고 이듬해인 1538년에

4) 《중종실록》 권37, 중종 14년 10월 갑신.
5) 《중종실록》 권37, 중종 14년 11월 을묘, 12월 임술, 12월 정묘.
6) 《대동야승》 〈기묘록보유〉 卷下, 이영부전.
7) 《중종실록》 권41, 중종 16년 1월 병자; 《중종실록》 권43, 중종 16년 11월 신미.
8) 《중종실록》 권46, 중종 17년 12월 무인; 《중종실록》 권46, 중종 18년 1월 기유; 《중종실록》 권48, 중종 18년 6월 무오.
9) 최이돈, 《조선중기 사림정치구조연구》, 일조각, 1994, 148~172쪽.

문과에 급제하였다.[10] 아버지가 돌아가신 지 15년 만의 일이었다. 이수경이 문과에 급제한 해는 중종이 현량과 급제자들을 다시 등용하도록 명령을 내린 해였으며, 현량과 급제자로서 죽은 사람들의 직첩을 되돌려주던 해였다. 또한 기묘사화에 연루된 사람과 현량과 급제자를 모두 사면하는 조처를 내린 해이기도 하였다.[11]

중종의 이 같은 조처에 대해 김극성은 현량과가 '위과僞科'라는 주장을 펴며 현량과의 복원을 반대했고, 영의정 윤은보도 현량과 출신의 복직을 반대하였다. 이수경은 이러한 상황에서 1538년 4월에 성균관 유생을 대상으로 실시된 제술시험에서 30등 안에 들었고, 상으로 문과 초시에서 가산점을 더하는 특전을 받았다.[12] 그리고 같은 해 9월에 별시에 급제하였다.

이수경이 기묘사화와 연루되어 억울하게 죽음을 당하거나 불이익을 당한 사람에 대한 명예회복이 이루어지던 해에 문과에 급제했다는 사실은, 매우 중요한 의미를 갖는다. 이수경은 기묘사화와 직접적인 연관은 없었으나, 기묘사림의 일원인 이영부가 아버지라는 사실은 이수경이 발신發身을 하는 데 영향을 주었다고 여겨지기 때문이다. 이 점은 이수경이 문과급제 뒤 진출한 관직에서도 잘 드러난다. 이 문제에 대해서는 다음 절에서 자세히 검토해보기로 하겠다.

---

10) 《國朝文科榜目》(1), 태학사, 1988, 427쪽. 이 과거시험의 총 급제자는 15명이며, 이수경은 丙科 8등으로 전체 등수가 14등이었다.

11) 《중종실록》 권86, 중종 32년 12월 경신.

12) 《중종실록》 권87, 중종 33년 4월 경신.

3. 이수경의 정치활동

1) 순탄한 승진과 언관활동

앞서 언급했듯이 이수경李首慶(1516~1562)[13]이 관직에 진출할 무렵, 조정에서는 기묘사화에 대한 재평가 분위기가 이루어지고 있었다. 이수경이 문과에 급제하기 직전인 1538년(중종 33) 3월에 작헌례를 거행한 뒤 별시가 실시되었는데, 여기에는 척신 김안로의 축출을 기념하는 의미도 있었다. 이는 당시 조정의 분위기가 기묘사림에 대한 복권과 사림세력을 다시 받아들이려는 조짐이 조성되었기에 가능한 일이었다.[14]

1540년에도 중종은 천거를 실시하여 40여 명의 인재를 선발하였다. 현량과가 천거제의 하나였다는 점을 떠올린다면, 이 천거는 당시 매우 파격적인 조치였다. 이 천거에 대해 사관史官이 "기묘년에 현량과를 시행하여 많은 인재가 등용되어 볼만했으나, (기묘사화로) 사림에게 화가 크게 닥쳤으니 이는 소인배들의 원망을 샀기 때문이다"[15]라고 평했듯이, 중종 집권 말기에 천거제가 다시 등장했다는 사실은 기묘사화에 대한 평가가 변화되고 있음을 반영한다.

또 인종이 즉위한 이듬해인 1545년(인종 1)에 대사헌 송인수宋麟壽는 나라를 다스리는 방책을 담은 상소를 올리면서 파방된 현량과 급제자를 다시 등용하고 조광조도 복권해야 한다고 주장했다. 인종은 송인수의 주장을 곧바로 받아들이지 못했으나, 임종 직전에 대신들

13) 이수경은 광주이씨 좌통례공파로 자는 백희伯喜, 호는 육유당六有堂이다. 부인은 순천김씨로 참판 김희열金希悅의 딸이다. 자녀로는 6남 1녀를 두었다.
14) 김돈, 《조선전기 군신권력관계 연구》, 서울대학교출판부, 1997, 204~210쪽.
15) 《중종실록》 권93, 중종 35년 7월 을사.

에게 "조광조 등의 관직을 모두 회복하고 현량과 급제자도 다시 등용하라"[16]는 유언을 남기는 등 기묘사화에 대한 재평가 분위기가 무르익고 있었다.

이수경이 1538년 9월에 문과에 급제하고 첫 관직으로 어떤 곳에 들어갔는지 자세하지 않다. 다만 1541년 3월에 승정원에서 주서(정7품)로 일하고 있었음이 확인된다.[17] 조선 전기부터 문과급제자 가운데 생원·진사·유학 출신들은 성균관·승문원·교서관에 따로 설치된 권지權知(임시직)에 나누어 임명하는 것이 관례였다. 즉 성균관 권지 학유學諭, 승문원 권지 부정자, 교서관 권지 정자가 그것이었다. 이를 '분관分館'이라 하였다.[18]

그런데 문과급제자를 성균관·승문원·교서관에 임시로 배치한 것은 단순히 관직 자리가 부족해 곧바로 관직에 제수할 수 없기 때문만은 아니었다. 문과급제자들은 권관으로 배치되고 나서도 계속해서 해당 부서의 참하관직으로 승진하거나, 의정부·승정원·홍문관·예문관·봉상시·세자시강원 등과 같은 핵심 관서의 참하관으로 진출할 수 있었다. 따라서 분관이란 문과급제자가 비중있는 관서에서 첫 출발을 함으로써 궁극적으로 핵심 관직으로 승진할 수 있는 유리한 기회를 가질 수 있는 특권이었다.[19]

이수경도 문과에 급제한 뒤 권지에 임용되었으리라 예상된다. 한 연구에 따르면 16세기 무렵 성균관에 분관된 문과급제자 가운데 앞서 소개한 핵심 참하관직에 진출한 사례가 없다고 한다. 또 교서관

---

16) 정두희, 《조광조-실천적 지식인의 삶, 이상과 현실사이에서》(증보신장판), 아카넷, 2001, 283~284쪽.
17) 《중종실록》 권94, 중종 36년 3월 임인.
18) 김창현, 《조선초기 문과급제자연구》, 일조각, 1999, 88~130·135~141쪽.
19) 차미희, 《조선시대 문과제도연구》, 국학자료원, 1999, 187쪽.

에 분관된 급제자도 참하 관직에 진출하는 사례가 드물다고 한다.[20] 따라서 이수경이 승정원 주서로 일한 것으로 보아 이수경이 분관된 부서는 승문원이 아닐까 싶다.

이수경이 승정원의 주서로 근무한 다음에 옮겨간 부서는 사간원의 정언(정6품)이었다.[21] 즉 참하관에서 정6품 참상관으로 승진한 것이었다. 참상관은 참하관과 달리 책임과 권한이 뒤따랐고 당상관으로 승진할 수 있는 기준이 되었다. 이 때문에 참하관원이 6품관으로 승진하는 일을 특별히 '승륙陞六' 또는 '출륙出六'이라 불렀다. 이런 점에서 이수경이 사간원 정언이 되었다는 사실은 조선시대 관료 세계에서 크게 두 가지 의미를 띠고 있었다.

첫째로 이수경이 2년 6개월 만에 6품관이 되었다는 사실은 다른 문과급제자에 견주어 볼 때 빠른 승진이었다는 점이다. 일반 문과급제자가 6품으로 승진하는 데 걸리는 기간이 평균 5~6년에서 7~8년이었으며, 심하게는 10년 이상 걸리는 경우도 있었다.[22] 이처럼 문과급제자가 적체되고 있던 것은 문과급제자의 증가가 일차적인 원인이기도 했으나, 가문의 고하나 집권세력과 연계되었는지에 따라 승진 여부가 갈리는 것이 현실이었기 때문이다. 이런 가운데 이수경이 2년 6개월 만에 정언으로 올라섰다는 것은 파격적인 인사 조치였으며, 앞으로 고위직으로 올라갈 수 있는 기회가 다른 관료보다 더 활짝 열려있었음을 뜻하였다.

또 하나 분석할 필요가 있는 사항이 이수경이 소속된 사간원이다. 사간원은 청요직의 하나로서 사헌부와 함께 '양사兩司'로 일컬어졌

20) 차미희, 위의 책, 192~193쪽.
21) 《중종실록》 권96, 중종 36년 9월 병술.
22) 차미희, 〈16세기 전반기 문과 급제자의 6품직 승진〉, 《조선시대사학보》 20, 2002, 88쪽.

고, 여기에 소속된 관원을 '대간臺諫' 또는 '언관言官'이라 통칭하였다. 대간은 조정의 여론을 주도하면서 왕의 잘못된 정사에 대하여 바른 언론을 행하고, 관리들을 탄핵하며 국가 정책에 대해서도 신랄한 비판을 하였다. 더구나 사간원 관리는 업무량도 적고 공무를 처리하는 동안에도 음주가 허용되는 등 특별대우를 받았으므로 관리들이 열망하는 관직이었다.[23]

이 때문에 대간은 반드시 문과급제자로서 불의나 부정과 타협하지 않은 강개한 언론을 행사할 수 있는 인물을 선발하였다. 조선 초에 대사헌을 지낸 손순효가 "대간은 모름지기 제일류의 사람을 써야만 몸을 돌보지 않고 분발하여 말을 다하여 숨기지 아니한 연후에야 조정이 바르고 만백성도 바르게 될 것입니다"라고 했듯이, 대간은 당대 최고의 실력은 물론 강직한 성격도 지녀야 하였다.[24] 그리고 출신 가문도 중요하여 반드시 서경署經을 거치도록 하였다. 그러므로 이수경이 승륙하면서 옮겨간 곳이 사간원이라는 점은 이수경의 탄탄한 정치적 입지를 엿보기에 충분하다.

이수경이 6품관이 된 뒤에 역임한 관직을 살펴보면, 1543년(중종 38)에 홍문관 부수찬, 사헌부 지평, 1544년에 홍문관 수찬, 사간원 헌납을 지낸 다음 경기도사가 되었다. 이듬해인 1545년에 명종이 즉위하자 다시 홍문관 교리로 복귀하였다.[25]

이수경이 소속된 관서는 주로 홍문관과 사헌부였다. 홍문관은 사헌부·사간원과 함께 '삼사三司'로 불리던 부서로서 성종 대 이후로

23) 최승희, 《조선초기 언관·언론연구》, 서울대학교출판부, 1989, 11~46쪽.
24) 이성무, 《조선의 부정부패 어떻게 막았을까》, 청아출판사, 2000, 54쪽.
25) 《중종실록》 권101, 중종 38년 11월 갑진, 신해; 《중종실록》 권102, 중종 39년 2월 기묘, 4월 을해; 《인종실록》 권1, 인종 1년 윤1월 무인; 《명종실록》 권1, 명종 즉위년 8월 임진.

언관 기능이 강화되었다. 본래는 왕을 교육하는 경연經筵, 정치 현안에 대한 대책 및 논의 참여, 고제古制 연구 및 서적 편찬 등을 맡았다. 홍문관 소속 관리들은 경연 및 상소를 통하여 의견을 드러내기 시작했고, 홍문록弘文錄을 바탕으로 사림의 정치 진출이 활발해지면서 중앙 정치에도 본격적으로 관여하였다.[26] 따라서 홍문관 또한 경서에 밝고 사리에 통달한 사람만이 들어갈 수 있었으니, 문과급제자 가운데 가장 뛰어난 인물들이 배치되는 로열royal 코스였다.[27]

이상에서 검토했듯이 이수경은 문과에 급제한 뒤 승정원 주서를 거쳐 관직생활의 대부분을 삼사에서 하였다. 삼사는 청요직 가운데서도 조정의 여론을 주도하고 이끌던 핵심 부서였고 당대 최고의 문사가 들어가던 관서였다. 이수경이 삼사에 들어갈 수 있던 것은 개인의 능력 못지않게 당시 정국이 사림을 다시 받아들이려는 분위기가 조성되었기에 가능하였다고 여겨진다.

2) 을사사화의 피해

앞에서 말했듯이, 조선 정치사에서 16세기 중엽은 '권신權臣의 시대'라고 일컬어진다. 인종이 재위 8개월 만에 죽자 1545년 7월에 명종이 12세의 나이로 즉위하였다. 명종은 중종의 세 번째 왕후인 문정왕후의 소생이었다. 당시 조정은 대윤大尹과 소윤小尹으로 불리던 두 외척 사이에 반목과 갈등이 심화되고 있었다. 대윤은 인종을 지지했던 윤임 일파이며, 소윤은 명종을 지지하던 윤원형·윤원로 일파를 말한다.

26) 최이돈, 앞의 책, 9~63쪽.
27) 이성무, 앞의 책, 54쪽.

명종이 어린 나이에 즉위하자, 성종조의 전례에 따라 어머니 문정왕후가 수렴청정을 하였고, 이제 정국은 소윤의 세상이 되었다. 문정왕후의 처지에서 볼 때 명종의 즉위는 본인과 동생 윤원형尹元衡이 온몸을 던져 치열하게 싸운 결과였다. 문정왕후가 명종에게 "그대가 왕이 된 것은 모두 내 오라버니와 나의 공이다"라고 끊임없이 언급한 것도 이러한 맥락에서 이해할 수 있다.[28]

이러한 분위기에서 윤원형은 문정왕후의 밀지를 받아 자파 세력을 위협하는 반대파의 제거에 나섰고, 이때 이수경도 연루되었다. 윤원형은 이기李芑·정순붕鄭順朋·임백령林百齡·허자許磁 등과 결탁하여 윤임尹任, 유관柳灌, 유인숙柳仁淑 등 대윤의 핵심 세력들을 몰아내려 하였다. 이들은 중종 말부터 등장한 사림의 성장에 불안감을 느낀 훈구세력들로서, 을사사화가 대윤·소윤 및 훈구·사림의 대립과 갈등 속에서 복합적으로 표출된 사건이었음을 말해준다.

윤원형 일파가 지목한 이들의 죄목은 다음과 같았다.

> 윤임은……인종이 세상을 떠난 뒤에 스스로 불안감을 느껴 대신과 결탁하여 반역을 꾀하였다. 유관은 선왕의 유명을 받든 대신인데도 윤임의 말을 좇아 임금을 고립무원으로 만들고, 전하가 즉위하는 날에도 영상에게 누구를 왕으로 세워야 하는지 물으려 하였다. 유인숙은 윤임 집안과 혼인을 맺은 사이로서 전하가 즉위하자 잠저 시절의 스승을 불러 전하가 현명하신지 여부를 물었다. 만약 현명하지 못하다고 했으면 어떻게 할 작정이었을까?[29]

28) 김돈, 앞의 책, 252쪽.
29) 《燃藜室記述》 권10, 明宗朝故事本末 乙巳士禍.

그러자 중종 말기부터 사림으로서 성장해오던 헌납 백인걸, 정언 유희춘·김난상 등이 문정왕후와 윤원형 일파를 거세게 비판하고 나섰다. 이에 문정왕후와 윤원형 일파는 중신회의를 열어 이들의 죄상을 논하였다. 여러 논란 끝에 윤임·유관·유인숙은 사사되었고, 강경한 언론을 행사하던 대간들도 파직되었다. 이것이 바로 1545년 명종이 즉위하던 해 가을에 벌어진 '을사사화'의 전말이다.

숙청은 여기서 그치지 않고 그 여파가 일파만파로 번져나갔다. 1545년 9월에 윤임·유관·유인숙의 아들들과 계림군(성종의 아들인 계송군 순의 양자, 윤임의 조카)의 친인척들이 붙잡혀 들어갔다. 또 곽순·정욱·이휘·이중열·나식 등도 윤임과 모의하여 봉성군(중종의 왕자, 희빈 홍씨의 아들)을 옹립하려 시도했다는 혐의로 잡혀오면서 다시 많은 사림들이 화를 입었다.[30]

이처럼 을사사화로 화를 입은 사람은 대윤으로 분류된 인물만이 아니라 기묘사화 이후 정계에 다시 진출하여 조광조 등 기묘사림이 추구하던 정치를 실현하려던 사림도 포함되었다.[31] 이수경이 을사사화에 연루된 것도 바로 윤임과 모의하여 봉성군을 옹립하는 데 가담한 이휘나 이중열 등과 친하다는 이유 때문이었다. 다음은 이수경이 어떻게 을사사화에 연루되었는지를 알려주는 《명종실록》의 기사이다.

> 사예司藝 이수경은 전번에 역적 이휘·이중열·정황과 붕당이 되어 왕래한 사실을 사람들이 다 알고 있고, 이휘를 자기 집으로 불러 함께 잤으니 흉역

30) 이성무, 《조선정치사》(1), 동방미디어, 1998, 410~411쪽.
31) 이재희, 〈조선 명종대 '척신정치'의 전개와 그 성격〉, 《한국사론》 29, 서울대학교 국사학과, 1993, 59쪽.

에 관한 의논을 들었음이 분명합니다. 이수경은 이휘 등이 죄를 받은 뒤에도 오히려 높은 관직을 보존하고 있으니 이미 만족하다고 할 수 있습니다. 그런데도 이수경은 이중열에 대해 국가에서 버리지 못할 인재라느니, 저 사람들에게 죄를 더하도록 논의한 자는 끝내 자신에게 복福이 되지 못할 것이라느니 하였습니다.……그 말이 그처럼 참람하니 너무도 놀라운 일입니다. 이같이 경박하고 삿된 사람은 도성에 둘 수 없으니 속히 먼 곳에 유배 보내소서.[32]

이휘는 1545년 당시 사간원 정언으로 있으면서 "어진 임금을 선택하여 세워야 한다"는 발언 때문에 '괴수'로 지목된 사람이었다.[33] 이중열은 이휘와 절친한 친구로서 "흉모가 발각되자 스스로 화를 모면할 계책을 세워 먼저 흉모를 아뢰었으니 매우 정직하지 못하다"[34]는 이유로 파직되었다가 뒤에 유배를 가서 죽은 인물이다.

사간원과 사헌부에서는 이수경이 이휘·이중열 등과 친하게 오가면서 현 국왕을 몰아내려는 역모를 알게 되었는데도 끝까지 이중열을 두둔했으니 역모죄와 무관하지 않다고 주장하였다. 결국 이수경은 을사사화가 일어난 이듬해인 1546년(명종 1) 9월에 온성으로 유배를 갔다.[35] 그 뒤 1551년에 죽산으로 옮겨졌다가 1553년에야 풀려났다.[36] 8년 동안의 유배생활이었다.

---

32) 《명종실록》 권4, 명종 1년 8월 계축.
33) 《연려실기술》 권10, 명종조고사본말 을사당적 이휘.
34) 《명종실록》 권2, 명종 즉위년 9월 병자.
35) 이문건, 《묵재일기》 1546년 9월 초7일. 이병휴 선생은 을사사화로 화를 입은 인물을 크게 사사賜死·장사杖死·유배·삭탈관작·파직으로 구분하여 총 41명의 명단을 제시하였다. 이 가운데 유배자 명단에 이수경을 포함하였다(이병휴, 《조선전기 사림파의 현실인식과 대응》, 일조각, 1999, 370·394~395쪽).
36) 《명종실록》 권11, 명종 6년 6월 무오; 《명종실록》 권14, 명종 8년 윤3월 무진.

표면적으로 이수경이 을사사화에 연루된 까닭은 역모를 꾸민 죄인들과 어울렸다는 이유였다. 그러나 이면을 들여다보면 아버지가 연루되어 화를 입은 기묘사화와 맞닿아있음을 알 수 있다. 1550년에 시강관 윤옥은 을사사화에 대하여 다음과 같이 분석하였다.

> 근래 사림의 화는 모두 기묘년에서 비롯되었습니다.……그 후에 항간의 의논이 차차 일어나자 혹자는 기묘년의 나머지 사람들을 반드시 모두 서용해야 한다고 하였습니다. 김안로가 몰락한 뒤에 윤희성이 상소하여 기묘년의 나머지 사람의 애매한 실정을 진달하자 중종께서 '기묘년의 나머지 사람을 서용하되 현직顯職에는 서용하지 말라'고 하교하였습니다. 이로부터 그 부류가 조정에 가득 차서 차츰 다른 논의를 만들어 을사년의 화를 빚었으니 을사년의 죄인은 모두 기묘년의 무리입니다."[37]

곧 윤옥은 중종 말년에 사림의 등장과 조광조의 복권 운동 때문에 조정이 문란하게 되었으므로 을사년의 사태가 일어날 수밖에 없었다고 평가한 것이다. 윤옥이 파악한 을사년의 죄인들은 모두 '기묘당류己卯黨類'였던 것이다.[38] 실제로 을사사화에서 많은 사림이 죽거나 유배에 처해진 사실을 떠올려볼 때, 윤옥의 시각은 을사사화를 일으킨 세력의 인식을 대변한다고 볼 수 있다. 따라서 을사사화의 결과 문정왕후와 소윤의 정치적 입지가 확고해진 동시에 훈구세력도 사림세력을 제거하면서 정국 주도권을 장악하는 기회를 가졌다고 할 수 있다.[39]

37) 《명종실록》 권10, 명종 5년 7월 무신.
38) 정두희, 앞의 책, 286쪽.
39) 한춘순, 《명종대 훈척정치 연구》, 혜안, 2006, 43쪽.

이상에서 검토했듯이, 이수경이 을사사화에 휩쓸려 들어간 직접적인 원인은 기존 정치세력에 동조하지 않은 데 대한 보복이었다. 따지고 보면 을사사화는 기묘사화의 연장이었다고 해도 틀리지 않다. 이수경이 을사사화에 연루되어 아버지의 전철을 밟은 것은 문정왕후와 소윤 세력, 그리고 이들에게 동조한 훈구세력이 사림에 대한 공세를 늦추지 않았기 때문이다. 그리고 이수경이 유배에서 풀려나 정계로 복귀하지 못한 것 또한 문정왕후와 소윤 세력이 여전히 건재하기 때문이었다.

3) 임피에서 보낸 말년

《광주이씨대동보廣州李氏大同譜》(1988)에 따르면, 이수경의 묘는 전라도 임피현에 있다고 한다. 이를 바탕으로 읍지를 조사해본 결과 《임피현읍지》와 《여지도서輿地圖書》에서 이수경의 이름을 찾을 수 있었다.40) "문과에 급제하였다. 관직이 교리에 이르렀다"고 짤막하게 기록되어 있으나 인물조에 실려 있는 점으로 미루어볼 때 이곳이 이수경의 근거지로 여겨지며, 지역 안에서 위상이 낮지 않았음을 짐작할 수 있다.

《광주이씨대동보》를 살펴보면 이수경의 선조 가운데서 임피현에 묘소를 둔 것은 증조부 이극견李克堅부터이다. 할아버지 이반李攀(?~1534)과 아버지 이영부의 묘소도 임피현에 있다. 이와 달리 고조부 이예손李禮孫의 묘는 경기도 광주에 있으며, 이극견의 형 이극기李克基의 묘도 광주에 있다. 이를 근거로 볼 때 이수경의 선조는 증조부

---

40) 《臨陂縣邑誌》(서울대학교 규장각 소장, 奎17412) 〈科宦〉; 《여지도서》 보유편, 전라도 임피현.

대에 광주에서 갈라져 나왔다고 보이지만 자세한 속사정은 알 수 없다. 읍지를 조사해보면, 이름이 올라 있는 사람이 이수경뿐이어서 이극견과 이반, 이영부가 임피현과 어떤 관련을 맺고 있는지는 명확하지 않다.

15~16세기 무렵 양반들은 혼인한 뒤에 처가의 재산을 상속하면서 처가 쪽으로 옮겨가는 경우가 많았다.[41] 이수경의 증조부 이극견은 남양홍씨인 남성군 홍석洪錫의 딸과 혼인하였다. 자료가 없어서 단정할 수 없지만 이수경의 조부 이극견도 혼인으로 말미암아 임피로 이주했을 가능성을 배제할 수 없다. 이 문제는 앞으로 다른 자료들을 발굴함으로써 밝혀야 할 부분이라고 여겨진다.

다만, 여러 정황으로 미루어볼 때 이수경이 임피에 묻힌 것은 선조의 근거지와 무관하지 않다고 여겨진다. 한 기록에 따르면, 이수경은 "1553년(명종 8)에 석방되어 돌아왔으나, 시골로 내려가서 10년의 세월을 시와 술로 즐겼다"고 되어 있다.[42] 여기서 '시골'이 어디인지 구체적으로 기록되지 않았으나, 아버지 이영부가 기묘사화 직후 정치적 박해를 받았을 때에 임피로 낙향했다는 기록이 있으므로 아마도 임피현이 아니었을까 추측된다.

앞서도 언급했듯이, 이수경의 삶에 커다란 굴곡을 드리운 을사사화는 기묘사화의 연장선 위에서 이해할 수 있다. 이수경이 유배에서 풀려난 1553년은 명종이 20세가 되면서 직접 정사를 돌보기 시작한 때였다. 그 사이 소윤 세력은 집권 뒤에 독자적인 지배체제를 확립하고자 자파세력에서 문제가 있는 인물과 훈구세력을 제거하는 한편, 사림파의 공론을 정국 운영에 일부 반영하면서 지지기반을 확대

41) 이 문제에 대해서는 이수건, 《영남사림파의 형성》, 영남대학교출판부, 1979 참조.
42) 《연려실기술》 권10, 명종조고사본말 을사당적 이수경.

하였다. 이 과정에서 소윤 세력은 을사사화에 연루된 사람들에 대해 유배지를 가까운 곳으로 옮기거나 풀어주는 조치를 취하였다.43) 이수경이 유배지에서 풀려날 수 있던 것도 바로 이러한 조치가 있었기 때문이었다.

그러나 이수경이 유배에서 풀려나 고향으로 돌아온 뒤에 정계로 복귀하지 못하고 향촌에서 시와 술로 지냈던 까닭은 여전히 정세가 나아지지 않았기 때문이다. 가장 큰 원인은 소윤 세력에 소극적으로 동조하면서 조정에 남아 있던 사림파 인물들이 몇 차례의 크고 작은 사건으로 제거되면서 이수경의 정치적 기반이 약화되었기 때문으로 판단된다.

대표적으로 이수경이 유배간 다음 해인 1547년(명종 2) 9월 18일에 '양재역 벽서사건'이 발생하였다. 양재역에 붉은 벽보가 나붙었는데 거기에는 "여자 임금이 위에서 정권을 잡고 아래에는 간신 이기 등이 권력을 농락하고 있으니 나라가 망할 것을 서서 기다리는 격이다. 어찌 한심하지 않으리오"라는 문구가 적혀 있었다. 이 일로 송인수·이약해가 죽임을 당하고 이언적·노수신·권벌·유희춘 등 수십 명이 유배되었다. 을사사화의 소용돌이에서 간신히 살아남은 봉성군도 울진에서 살해되었다.44)

그러다가 소윤의 권세는 1565년(명종 20)에 문정왕후가 죽고, 2년 뒤 명종도 세상을 떠나게 되면서 막을 내렸다. 선조가 즉위하자마자 기묘사화의 발단이 된 조광조의 복권 논의가 이루어졌고, 그 결과 선조가 즉위한 바로 이듬해인 1568년(선조 1)에 조광조는 영의정으로 추증되었다. 명종이 세상을 떠난 직후에 조광조 문제가 급진전되

43) 김우기, 《조선중기 척신정치연구》, 집문당, 2003, 75쪽.
44) 《연려실기술》 권10, 명종조고사본말 을사사화 附丁未壁書之獄.

었다는 현실은, 반대로 그 이전의 정치 현실을 되짚어볼 수 있는 실마리를 제공한다. 그만큼 이수경이 기댈 수 있는 정치적 입지가 매우 좁았으며, 유배에서 풀려난 이수경이 정계에 복귀하지 못한 채 임피에서 보낼 수밖에 없던 까닭이기도 했다.

4. 이중경의 정치활동

1) 사관활동

이중경李重慶(1517~1567)은 을사사화 때 화를 입은 이수경李首慶의 동생이다. 이중경은 당대에 글을 매우 잘했다고 하며, 명종도 인정한 문장가였다.[45)]

이중경은 1543년(중종 38) 27세의 나이로 생원시에 합격하였고, 그로부터 3년 뒤인 1546년(명종 1) 4월에 명종의 즉위를 축하하고자 거행된 증광 문과에 급제하였다. 당시 나이 30세였다. 조선 초기 문과 급제자의 평균 나이가 20대였다는 사실을 고려해보면[46)] 이중경은 조금 늦게 문과에 급제하였다고 볼 수 있다. 더구나 형 이수경이 문과에 급제하던 때가 23세였다는 사실을 고려할 때에 이중경의 문과 급제는 다소 늦은 편이었다.

이중경은 문과에 급제하여 조정에 발을 내딛자마자 가족의 정치적 불운을 다시 맛보아야 했다. 형 이수경이 그해 9월에 을사사화에

45) 《명종실록》 권28, 명종 17년 2월 기묘.
46) 김창현, 《조선초기 문과급제자연구》, 일조각, 1999. 태조~성종 대까지 나이를 확인할 수 있는 1,799명의 문과급제자 연령을 분석한 결과, 10대 4.7%, 20대 55%, 30대 29.2%, 40대 6.9%, 50대 3.1%의 분포를 보였다.

연루되어 온성으로 유배를 갔기 때문이다. 이런 가운데 이중경은 사림계 인물들이 활발히 활동하던 부서에 들어갔다. 그것은 사관직이었다.

기록문화가 발달된 동아시아에서 역사의식을 지배한 것은 '춘추필법春秋筆法'이었다. 역사란 지나간 일의 선악과 시비를 평가하여 현재와 미래의 교훈으로 삼아야 한다는 《춘추春秋》의 정신은 동양의 역사관을 대변하였다. 그래서 최고 권력자인 왕조차도 역사를 가장 두려워하였고, 역사가는 어떠한 권력에도 굴하지 않고 직필直筆을 해야 한다는 사명감을 부여받았다.47)

전통시대에 역사를 기록하고 편찬하는 사람을 사관史官이라 하였다. 그런데 그 시대에 역사 편찬은 대부분 국가가 주도했으므로 사관은 역사가이자 관리였다. 국가에서는 최고의 역사가를 뽑고자 까다로운 선발 잣대를 적용하였다. 당唐나라 역사가 유지기劉知幾는 사관이 되기 위한 조건으로 재능[才], 학문[學], 식견[識] 곧 삼장지재三長之才를 갖추어야 한다고 말하였다. 조선에서도 사관을 고를 때 일차적으로 삼장지재를 갖추었는지를 따졌다. 그러나 재능·학문·식견을 고루 갖추었다 해도 사관이 될 수 있는 것은 아니었다.

사관이 되기 위한 충분조건은 구체적으로 문자로 명기되어 있지 않았다. 그럼에도 신분제사회였던 조선에서 관례적으로 적용하던 잣대가 있었다. 첫째, 반드시 문과에 합격해야 했다. 이것은 고려시대부터 계속된 관례였다. 둘째, 본인의 아버지·할아버지·증조할아버지·외할버지에게 관리 임용상 결격 사유가 없어야 했다. 예컨대, 반역죄나 장리죄를 저질렀거나 서얼 출신이면 사관이 될 수 없었다.

47) 이성무, 《조선왕조실록 어떤 책인가》, 동방미디어, 1999, 15~18쪽.

셋째, 권력이나 이해관계를 뛰어넘어 직필할 수 있는 기개와 패기를 갖춘 나이 젊은 신진을 선발하였다. 이처럼 사관은 최고의 젊은 엘리트 집단에서 배출되었고, 이후 탄탄한 출세를 보장받았다.[48]

이중경이 사관에 첫발을 디딘 것은 문과에 합격한 바로 그 이듬해였다. 이중경은 1547년(명종 2)에 예문관 검열(정9품)로 임명되었다.[49] 예문관 검열은 전임사관專任史官이었다. 춘추관에 소속된 사관은 모두 겸직이었는데 직무 성격에 따라 겸임사관과 전임사관으로 나누어졌다. 전임사관은 국왕의 동정을 전담하여 기록하는 사관으로서 오로지 예문관에 소속된 관리 8명만이 담당하는 직책이었다. 즉 봉교奉敎(정7품) 2명, 대교待敎(정8품) 2명, 검열檢閱(정9품) 4명이다. 이들은 예문관 소속이지만 실제로는 춘추관의 업무를 전담하였다.

국왕의 곁에서 국왕과 그 주변의 일들을 낱낱이 기록하는 전임사관은 늘 국왕을 그림자처럼 좇아다녔다. 이 때문에 전임사관은 품계는 낮았지만 정치적 위상과 자부심이 상당히 높았고 선발 요건도 매우 까다로웠다. 더욱이 실제로 가장 왕성한 활동을 하는 정9품 검열 선발에는 더 서릿발 같은 잣대를 들이대었다. 선발 방법은 선배들이 후배들을 직접 추천하는 자천제自薦制였고, 추천자가 확정되면 이들을 하늘에 고하는 의식을 거쳤다.

전임사관의 선발 과정은 여기서 끝나지 않았다. 추천된 사람들은 간단한 시재試才를 거친 뒤 이조에서 그 결과를 왕에게 보고하는 과정을 거쳐 최종 임명되었다. 그러나 실제 임용에서 결정적인 영향을 주는 것은 선배의 추천이었고 그만큼 전임사관으로 진입하는 장벽은 높고 엄격하였다. 따라서 전임사관으로 임용된다는 것은 젊은 신

48) 김경수, 《조선시대의 사관연구》, 국학자료원, 1998, 29~34쪽.
49) 《명종실록》 권6, 명종 2년 8월 신묘.

진들에게는 최고의 영예이자 자긍심이었다.

이러한 사실로 미루어볼 때 이중경이 예문관 검열로 임용되었다는 것은 이중경이 누렸을 정치적 지위와 관련하여 눈여겨볼 만하다. 더구나 이 무렵 문과급제자들이 7~8년씩 권지權知에 머물러있던 정황을 고려한다면,[50] 이중경이 문과에 급제한 지 1년 만에 사관에 임용된 것은 꽤 빠른 승진이라고 할 수 있다. 요컨대, 당대 최고의 신진 엘리트로서 첫발을 내딛었던 이중경은 조정에서 특별한 지위를 누렸다고 볼 수 있다.

이중경은 이 시절 매우 의욕적으로 활동하였다. 이중경은 예문관 검열로 임명된 지 채 2주일도 지나지 않은 1547년 11월에 상관과 함께 국왕에게 직언을 고하였다.

> 당대의 역사 기록은 예로부터 열람한 일이 없었으며, 비록 겸춘추관兼春秋官이라 하더라도 역사를 수찬하여 보관한 다음에는 으레 꺼내 보지 못하였습니다. 이번에 을사년(1545) 8월·9월·10월의 시정기時政記를 찬집청撰集廳으로 옮겼는데 이는 옛날에 없던 일로 매우 좋은 일이 아닙니다. 만약 한번 실마리를 열면 역사 기록을 중하게 여기는 뜻에 어긋나고, 후세에 사관들이 직임을 다하지 않을 길이 될까 염려됩니다. 더구나 《속무정보감續武定寶鑑》을 편찬하는 일은 비록 시정기가 아니더라도 이미 《승정원일기》가 있고 죄인들을 심문한 문서[推案]도 있습니다. 그러니 당대의 역사 기록은 다시 춘추관에 보관하여 역사 기록을 소중하게 하소서.[51]

이후 1550년에도 이중경은 《중종실록》을 편찬하는 기사관記事官으

50) 차미희, 《조선시대 문과제도연구》, 국학자료원, 1999, 194~195쪽.
51) 《명종실록》 권6, 명종 2년 11월 계묘.

로 임용되었다. 당시 이중경의 직책은 병조좌랑(정5품)이었다.[52] 기사관이란 춘추관에 소속된 겸임사관이었다. 겸임사관은 '겸춘추兼春秋'라고도 불리는데 소속 관청의 일을 하면서 춘추관의 일도 함께 수행하는 사관이었다. 이들은 자신의 부서에서 수행한 공무 현황을 기록하여 매일 춘추관에 보고했고, 이 보고서는 매년 시정기時政記로 정리되어 실록을 편찬할 때 주요 자료로 활용되었다. 따라서 이중경이 계속하여 사관으로 선발되었다는 사실은 이중경의 정치적 위상을 간접적으로 증명하는 셈이다.

2) 정치적 시련

1545년 을사사화 이후 정국을 주도하던 소윤 일파는 1547년(명종 2) 9월에 다시 한 번 숙청의 칼날을 휘둘렀다. 소윤 일파는 양재역 벽서사건을 빌미로 다시 많은 사람을 죽이거나 유배를 보내었다.

이때 송인수와 이약해가 죽임을 당하고 이언적·노수신·권벌·유희춘 등 많은 사림계 인물이 숙청되었다.[53] 이런 가운데 윤원형은 명종 초반의 크고 작은 정치적 사건을 이용하여 독자적 세력으로 성장해나갔고, 정국의 중요 사안을 결정하는 데 절대적인 영향력을 행사하였다.

1553년(명종 8) 명종이 20세가 되자 문정왕후의 수렴청정이 막을 내리고 국왕이 정치 일선에 직접 나서게 되었다. 명종은 독자적인 세력을 확보하기 위해 왕비 인순왕후의 외삼촌 이량李樑을 동부승지로 특진시켜 윤원형의 독주를 견제하고자 했다. 이량은 1558년(명종

52) 《중종실록》 부록, 편수관명단.
53) 《연려실기술》 권10, 명종조고사본말 을사사화 附丁未壁書之獄.

13)부터 본격적으로 입사하였고, 1561년 이후에는 조정의 여론을 자신에게 유리한 방향으로 조성하려고 언관을 중심으로 세력을 키워 나갔다.

이런 정국에서 이중경은 사관을 거쳐 아버지나 형처럼 대간직에서 활동하였다. 1549년 사간원 정원(정6품)을 시작으로 1552년까지 홍문관 부수찬(종6품)과 수찬(정6품)을 거쳐 사간원 헌납(정5품)을 지냈다.[54] 그해 겨울에 온양군수로 나간 이중경이 중앙정계로 복귀한 시점은 1556년 무렵이었다.[55] 이후 이중경은 사헌부 장령(정4품), 의정부 검상(정5품)·사인(정4품), 사헌부 집의(종3품), 홍문관 응교(정4품)·전한(종3품)·직제학(정3품 당하)을 거쳐, 1559년에 예조참의, 동부승지를 역임한 뒤 1560년(명종 15)에 사간원 대사간(정3품 당상)에 올랐다. 그리고 1563년에 이조참판이 되었다.[56] 그의 나이 47세였다. 청요직들을 두루 섭렵한 탄탄한 승진이 아닐 수 없었다.

이중경이 1556년에 중앙정계로 복귀한 뒤에 사간원 대사간을 거쳐 이조참판에 오르기까지는 전적으로 개인 능력이라기보다는 당시 정치 상황과 밀접한 연관이 있었다. 이중경이 정치적으로 명종의 후원을 받고 있던 이량의 세력에 동조하면서 윤원형 일파에 대항하고 있었기 때문이다. 이량을 중심으로 한 세력은 외척 심통원을 비롯하여 김명윤·정사룡·원계검·이감 등을 꼽을 수 있으며, 언관으로는 이중경을 비롯하여 이언충·고맹영·이령·윤백원·권신 등을 들 수 있

54) 《명종실록》 권9, 명종 4년 2월 정묘, 9월 경오; 《명종실록》 권10, 명종 5년 6월 정유; 《명종실록》 권11, 명종 6년 3월 계묘; 《명종실록》 권13, 명종 7년 2월 정묘.

55) 《명종실록》 권20, 명종 11년 1월 기사.

56) 《명종실록》 권20, 명종 11년 2월 병오; 《명종실록》 권21, 명종 11년 10월 신묘, 12월 병오; 《명종실록》 권23, 명종 12년 10월 정미; 《명종실록》 권24, 명종 13년 6월 신축; 《명종실록》 권25, 명종 14년 3월 경진, 5월 병술, 8월 임인; 《명종실록》 권26, 명종 15년 7월 정묘; 《명종실록》 권29, 명종 18년 2월 계해.

다.[57]

명종의 후원을 받은 이량은 1561년(명종 16) 무렵 삼사三司를 중심으로 세력을 뻗어나갔다. 예컨대 당시 사간원은 이중경을 포함하여 조덕원·이선·김위·유영길 등 이량 세력만으로 이루어졌고, 홍문관에도 이언충·조광언·김경원·이인 등이 포진해 있었으며 6명의 사헌부 관헌 가운데 5명이 이량 세력이었다.[58] 그리하여 1563년 무렵에는 사헌부에 대사헌 기대항, 사간원에 대사간 이중경, 홍문관에 부제학 이언충 등을 중심으로 강대한 세력을 이루었고, 윤원형도 그 위세에 눌려 반전의 기회를 엿보고 있었다.

그런데 이량은 이미 사류의 신망을 받던 자신의 생질 심의겸이 당시 바른 정치를 주장하던 신진 세력과 가까운 것을 꺼려해 심의겸마저 제거하려고 시도하였다. 이에 심의겸의 부친인 심강 등이 인순왕후를 통해 왕을 압박하였고, 결국 이량을 제거하는 데 성공하였다. 이는 명종과 심강 세력 사이에 모종의 정치적 합의가 있었음을 암시한다. 명종은 이량을 발탁했으나 이량의 세력이 급속도로 커지자 내심 우려를 나타냈고 마침내 극단적인 선택을 할 수밖에 없었다. 결국 이량은 1563년(명종 18) 유배되고 말았다.[59]

이량이 정치적으로 도태되면서 그에 동조하던 세력은 대부분 조정에서 내쫓겼다. 이중경이 정치적 위기를 맞게 된 것도 이량과의 관계 때문이었다. 이중경이 이량에게 기울어진 시기는 정확하지 않으나 1560년(명종 15) 무렵으로 판단된다.[60] 이중경이 어떤 정치적

57) 이재희, 〈조선 명종대 '척신정치'의 전개와 그 성격〉, 《한국사론》 29, 서울대학교 국사학과, 1993, 82쪽.
58) 김우기, 《조선중기 척신정치연구》, 집문당, 2000, 86쪽.
59) 이재희, 앞의 글, 86쪽.
60) 한춘순, 《명종대 훈척정치 연구》, 혜안, 2006, 141쪽.

이유에서 이량을 선택했는지는 자세하지 않다.

다만 한 가지 단서는 이중경과 이감李戡이 조카사위와 처외숙으로서 같은 마을에 살아 절친했다는 사실이다. 이감은 원래 소윤이었으나 명종이 이량을 총애하기 시작한 1558년(명종 13)부터 이량에게 접근하였다. 그러다가 결국 1563년(명종 18) 이량이 몰락할 때에 '6간奸'의 하나로 지목되어 유배를 갔다.[61]

조선왕조실록에서 이중경과 관련한 기사들을 검토하다 보면 사관들의 적나라한 비판에 맞닥뜨리게 된다. 사관들의 논평 가운데 대표적인 사례를 소개하면 다음과 같다.

> 사람됨이 어둡고 약하여 벗을 사귀는 것이 단정하지 못하였다. 이감과 혼인을 맺고 이량에게 의탁했으며 윤백원·신사헌과 밤낮으로 상종하면서도 그들의 추함을 모르고 있어 식자들이 비루하게 여겼다.[62]

> 마음에 주관이 없어서 이익을 보면 달려가 따랐고, 다른 것은 볼만한 것이 없었다.[63]

> 이량에게 아부하였는데 그 아첨하는 상태가 극에 달했다. 이량의 아들 이정빈을 인사 부서에 천거하면서 그 일을 힘껏 주장하고 반복하여 뜻을 다해서 마침내 그 일을 이루고는 도리어 남에게 '전조에 이정빈을 천거할 수 없다'고 하였다. 속으로는 실로 아첨하면서 겉으로는 공론을 따르는 것처럼 했으니 일을 하는 간사함이 이와 같았다. 그러나 남을 시기하고 해치는 성

61) 김우기, 앞의 책, 84·149·161쪽.
62) 《명종실록》 권29, 명종 18년 2월 계해.
63) 《명종실록》 권29, 명종 18년 10월 갑인.

품이 없으므로 사림에게 미움을 받은 것이 이량·이감처럼 심하지 않았다.[64]

이처럼 이중경에 대한 사관의 비판은 혹독하기 그지없다. 《명종실록》은 조선 전기 실록 가운데서 사론이 가장 많기로 유명하다. 사론만 1,449항목에 이르고 있다.[65] 그만큼 명종 대의 정치적 상황이 복잡다단했음을 증명해준다. 그러나 실록에 실린 사론의 대부분이 당대 사론으로서 사건이나 인물에 대한 사관이나 실록 편찬관의 주관적 역사평론이라는 점을 고려할 때 이중경에 대한 사론을 온전히 신뢰할 수 없다. 당파나 이해관계에 따라서 그 평가가 얼마든지 달라질 수 있기 때문이다.

이중경에게 정치적으로 시련이 찾아온 것은 1563년 9월이었다. 사간원과 사헌부에서는 "이조참판 이중경은 재상의 반열에 있으면서 시세를 좇아 아부하기를 남에게 뒤질세라 열심히 했으니, 이러한 사람을 그대로 조정의 반열에 둘 수 없습니다. 파직시키소서!"라고 건의하였다.[66] 이에 대한 명종의 답변은 "파직까지 할 것은 없고 이조참판을 교체한 뒤에 병조로 보내 서반직을 제수하라"는 것이었다.

그리자 사간원과 사헌부에서 "이중경은 오로지 세력있는 사람을 좇아 빌붙는 것만을 일삼아 사람들이 더럽게 여겼는데, 아직도 조정의 반열에 있으므로 여론이 온당치 않게 여기고 있습니다. 이중경을 파직하소서"라고 하면서 거듭 이중경의 파직을 요구하였다.[67] 이때에도 명종의 답변은 '불가不可'였다. 이후 1565년(명종 20) 명종은 이중경을 다시 등용하려 했으나 사헌부와 사간원의 극렬한 반대에 부

64) 《명종실록》 권31, 명종 20년 1월 계묘.
65) 김경수, 앞의 책, 371쪽.
66) 《명종실록》 권29, 명종 18년 9월 기묘.
67) 《명종실록》 권29, 명종 18년 10월 갑인.

딪쳤다.[68]

이때에도 명종은 이중경이 간당奸黨에 참여한 일을 잘 모르니 윤허하지 않는다고 버텼다. 그리고 바로 그날 이중경을 부호군이라는 서반체아직에 임명하였다. 그러나 이 조치는 들끓던 여론에 불을 지핀 셈이었다. 다음 날 사간원과 사헌부에서는 "이중경의 관작을 삭탈하여 도성에 발을 들여놓지 못하게 하소서"라는 극단적인 어조로 이중경을 맹렬히 비난하고 나섰다. 사태가 이 지경에 이르자 명종도 더 이상 이중경을 옹호할 수만은 없어서 이중경을 파직하였다. 그리고 이틀 뒤에 다시 계속되는 사간원과 사헌부의 탄핵으로 이중경의 관작을 삭탈하라는 명을 내리고 말았다.[69]

이중경의 처분을 둘러싸고 벌어진 명종과 사간원·사헌부의 싸움은 결국 사간원·사헌부의 승리로 끝났다. 명종은 약화된 왕권을 강화하고자 이량 세력인 이중경을 중용하려다가[70] 오히려 관작 삭탈이라는 명을 내리고 말았다. 파직이란 그 직책에서 물러나게 하는 일이며, 관작을 삭탈한다는 것은 벼슬과 품계를 빼앗고 관원의 명부에서 말소하여 관리 임용 자격을 박탈하는 처분이었다. 따라서 관리가 관작을 삭탈당하는 처분은 조정에서 영원히 추방당하는 매우 치욕적인 조치였다.

한편, 이량과 이중경을 몰아내는 데 주도적 구실을 한 사람은 심강과 심의겸 부자였다. 이들이 당시 사림세력과 긴밀한 관계를 맺고 있었다는 점에서 이중경의 정치적 실세는 기존의 사화와는 다른 양상을 띠었다. 다시 말하자면, 일부 사림세력이 이중경의 축출에 동조

68) 《명종실록》 권31, 명종 20년 1월 계묘.
69) 《명종실록》 권31, 명종 20년 1월 갑진; 《명종실록》 권31, 명종 20년 1월 을사.
70) 한춘순, 앞의 책, 160쪽.

했다는 점은 이 시기 이중경의 실세가 신구 세력의 갈등으로 야기되었다고 보기는 어렵다. 이는 사림세력 사이에서도 정치적 이해관계가 일치하지 않았다는 점을 암시한다.

따라서 이 사건이 이중경에게 입힌 심리적 상처는 상당히 컸던 듯하다. 이중경은 관직에서 파직당한 지 2년 만인 1567년에 세상을 떠나고 말았다. 이중경의 나이 50세였다. 공교롭게도 이 해는 명종이 세상을 떠난 해이기도 하다.

3) 청백리와 어머니 이씨

이중경에 대한 자료를 검토해보면 빠지지 않고 등장하는 수식어가 바로 '청백리'다. 청백리라는 칭호는 개인의 도덕성을 객관적으로 뒷받침하는 덕목이자 가문에 커다란 영예가 되었다.

조선시대에 청백리를 선발하기 시작한 것은 태조 대로 알려져 있으나 그 내용이 자세하지 않다. 그 뒤로도 오랫동안 청백리에 관한 기록이 산발적으로 있으나 대부분 일회성 행사에 머물렀다. 그러다가 국가 차원에서 관심이 높아진 시기는 중종 무렵이었다. 이 무렵부터 청백리 자손을 우대하거나 중앙관서를 비롯하여 전국에서 청렴한 관리들을 추천하도록 하는 등 적극적으로 청백리를 선발하려는 분위기가 형성되었다.71) 이는 반정反正으로 왕위에 오른 중종이 탐오한 풍소를 바로잡고 정통성을 확립하고자 취한 조처의 하나로 이해된다.

유학자 강효석姜斅錫이 1924년에 발간한 《전고대방典故大方》은 고

71) 오수창, 〈조선시대 청백리 선발과 贓吏 처벌〉, 《한국사시민강좌》 22, 1998, 45~47쪽.

대부터 당대까지 각 주제별로 역사 인물들을 정리한 인명백과사전이다. 여기에 〈청백리록淸白吏錄〉이 들어 있는데 조선시대 태조 대부터 순조 대까지 총 218명이 올라 있다. 그리고 여기에 이중경의 이름도 포함되어 있다. 내용을 보면 "이중경〔광주인이다. 이조판서를 지냈다〕"라고 되어 있다.[72)]

이중경이 청백리였다는 사실은 《전고대방》 이외에 다른 기록에서도 확인할 수 있다. 조선왕조실록에는 이와 관련하여 몇 건의 기사가 남아 있다. 1551년(명종 6)에 육조의 소속 관원 가운데 '염근廉謹' 한 관리 33인을 선발했는데 여기에 이중경이 포함되었다.[73)] 염근인은 청백리보다 기준을 낮추어 선발한 사람인데, 모두 후대에 청백리로 통칭하여 불렀다.[74)] 당시 이중경의 직책은 사간원 헌납(정5품)으로서 과거에 급제한 지 5년 정도 지난 시점이었다. 이어 이중경은 1552년에 온양군수로 있을 때 다시 염근인으로 뽑혔다.[75)] 그리고 청백리로 선발된 지 1년 뒤인 1553년 7월에 이중경은 고을을 잘 다스린 수령으로 인정 받아 명종으로부터 '조선에서 짠 옷감〔鄕表裏〕'을 하사받았다.[76)]

이중경의 청렴과 관련하여 《연려실기술》에 재미있는 일화가 남아 있다. 이중경의 어머니 이씨가 아들의 부임지인 온양에 갔을 때의 일이다.

> 공(이수경)의 어머니 이씨가 둘째 아들 중경을 따라 부임지인 온양에 갔

---

72) 《전고대방》 권2, 청백리록.
73) 《명종실록》 권12, 명종 6년 11월 갑오.
74) 오수창, 앞의 글, 47쪽.
75) 《명종실록》 권13, 명종 7년 11월 임오.
76) 《명종실록》 권15, 명종 8년 7월 임신.

는데, 어쩌다 좋은 음식을 드리면 물리치고 먹지 않으면서 "백성들에게 폐가 될까 두렵다" 하였다. 온양 백성들이 그를 맹자의 어머니와 같다고 하였는데, 관찰사가 이 말을 조정에 보고하였다. 이씨는 글도 알아서 모든 자손이 처음 글을 배울 때에는 따로 선생을 들이지 아니하고 그 자신이 가르쳐 주었다.77)

이 이야기는 박희성朴羲成이 1917년에 간행한 《기년편고紀年便攷》에도 그대로 나와 있다.78) 그리고 《대동야승》에는 더 자세한 이야기가 전하고 있다. 여기에 등장하는 어머니 이씨는 《광주이씨대동보》에 따르면 이효완李孝完의 딸로서 본관은 용인이었다.

어머니는 "《효경孝經》·《소학小學》·《열녀전烈女傳》·《정속正俗》 등을 읽어 환하게 깨달아서, 여러 아들과 어린 손자들이 처음 배워 몽매함을 계발할 때에 모두 외부의 스승의 힘을 빌리지 않았다"고 한다. 또한 "제사 받들기를 지성으로 하였고 무당의 일을 즐겨하지 않아 일찍이 한 번도 음사淫祀를 지낸 일이 없었다. 효도하고 우애하는 천성이 지극하여, 부모 섬기기를 정성과 공경으로써 하였고 형제와 아들 소가 가운데 혹 군색하고 가난한 사람이 있으면 도와주지 못할까 걱정하였으며, 먼 일가에게도 두루 미치지 않는 데가 없었다. 그러므로 살림살이가 비록 고갈되지는 않았지만 남아도는 것도 없었다. 항시 말하기를, '몸이 주리고 춥지 않으면 되었지, 어찌 반드시 많이 쌓아 누어야만 하느냐?' 하였다"고 한다.79)

기록에 나타난 이중경의 어머니 이씨는 16세기에 국가가 여성들

77) 《연려실기술》 권10, 명종조 고사본말 을사당적 이수경.

78) 박희성, 《기년편고》 14책 이중경. "李重慶……選清白吏 母李氏 赴重慶温陽任所 進厚味 却不嘗 曰恐出民力 温民指為孟母 兼曉書史 諸子孫初學 不假外師."

79) 《대동야승》, 〈청강선생후청쇄어〉 淸江先生思齊錄.

에게 요구한 덕목을 충실하게 실천한 모습을 보여주고 있다. 더욱이 이씨의 행실 가운데 음사를 지낸 일이 없다고 부각한 점으로 보아, 여성들의 사찰 금지가 적극 행해지던 16세기라는 시대성도 엿볼 수 있다. 따라서 어머니 이씨에 대한 기록은 한 양반 여성에 대한 상투적인 기록이 아니라 어느 정도 사실에 바탕을 둔 기록이라는 판단이 든다.

조선시대에 청백리를 선정하던 기준은 명확하지 않았다. 그래서 《전고대방》에서도 "이해할 수 없는 것이 많다"고 덧붙였을 정도였다고 한다.[80] 이중경도 그가 몸소 실천한 청백리의 내용이 정확하게 전하지 않으나, 어머니 이씨에 대한 기록을 읽고 나면 이중경이 청백리로 선발된 저간의 사정을 짐작할 수 있게 한다. 가장 눈에 띄는 부분이 어머니 이씨가 《효경》이나 《소학》, 《열녀전》 등을 읽고 연구하여 아들들을 외부 스승에 의지하지 않고 가르쳤다는 대목이다. 어머니의 가르침은 아들들의 학문을 이끄는 바탕이 되었고, 어머니 이씨의 검약 또한 아들들에게 귀감이 되었을 것이다. 그리고 아들 가운데 한 사람인 이중경이 그 가르침과 본보기를 생활 속에서 실천했다고 여겨진다.

5. 맺음말

이 글은 16세기 정치사에서 그다지 주목받지 못하던 이수경·이중경 형제의 정치적 활동에 대한 고찰이다. 이 시기 정치사에 대해서

80) 오수창, 앞의 글, 49~50쪽.

는 조광조와 기묘사화를 비롯하여 명종 초의 을사사화에 이르기까지 많은 연구가 이루어져 있는 편이다.

이러한 연구를 통하여 이른바 '사림파'라는 정치세력의 실체가 상세히 밝혀졌고, 16세기 말 이후 당쟁의 시대를 이해하는 밑거름을 제공하였다. 하지만 이 과정에서 기존의 정치세력과 다른 사림의 성격을 확연히 부각하려다 보니 정치적 성향이 뚜렷한 중요한 인물들만 조명된 경향이 없지 않다.

이 글에서 주목한 이수경·이중경 형제는 16세기 정치사에서 전면에 부각된 인물은 아니다. 몇몇 논문에서 이름만 언급되었을 뿐 본격적인 연구는 전혀 이루어지지 않았다. 이수경은 을사사화에 연루되어 온성으로 귀양갔으며, 〈을사당적乙巳黨籍〉에 들어 있는 인물이다. 이중경은 사간원 대사간을 거쳐 이조참판으로 있으면서 명종의 지원을 받던 이량李樑에게 동조하였다가 심강·심의겸 부자에 의해 조정에서 쫓겨난 인물이다.

이수경·이중경 형제가 권신 정치의 희생자가 된 것은 역설적으로 중종 대 후반부터 전면에 나서지 않은 채 성장하고 있던 사림세력들이 있기 때문이었다. 이수경과 이중경 형제가 문과급제 뒤에 주로 몸담은 곳은 사간원·사헌부·홍문관의 삼사三司로서 대부분 언관직이었다. 이중경은 전임사관으로 활약하기도 하였다. 두 형제가 활약한 곳은 조광조 이후 사림세력이 터를 닦아 놓은 부서로, 권신들의 발호 속에서도 사림세력이 깊숙이 뿌리를 내린 곳이었다.

이수경이나 이중경은 소윤 세력의 입장에서 볼 때 그리 탐탁한 인물이 아니었다. 사림세력으로 분류되던 이들이 문과에 급제한 다음에 도태되지 않고 오히려 언관직을 두루 거치면서 성장할 수 있던 배경에는 겉으로 분명히 드러나지 않지만 서서히 성장하고 있던 정치세력이 있었기에 가능하였다. 그리고 이수경이나 이중경 모두 정치적으로 실세할 때까지 대부분의 관직생활을 삼사에서 했다는 사실은 거꾸로 16세기에 사림세력들이 어떻게 자신들의 정치 입지를 다져나갔는지를 다시 한 번 보여주는 좋은 사례가 아닐 수 없다.

이런 면에서 이수경과 이중경의 사례는 16세기 정치사를 풍부하게 이해할 수 있는 다양한 소재를 제공해준다고 하겠다. 특히 이중경의 정치적 도태는 사림세력 안에서도 다양한 정파가 존재하며, 정치적 이해관계가 반드시 일치하고 있지 않았다는 점을 알려주고 있다. 앞으로 이 부분에 대해서는 더욱 면밀한 연구가 필요하며, 이수경·이중경 이외에도 16세기의 다양한 인물들이 발굴되기를 기대해 본다.

■ 참고문헌

《중종실록》《인종실록》《명종실록》
《기년편고紀年便攷》(박희성)
《대동야승大東野乘》
《연려실기술燃藜室記述》(이긍익)
《묵재일기默齋日記》(이문건)
《전고대방典故大方》(강효석)
《국조문과방목(1)》(태학사, 1988)
《임피현읍지》(서울대학교 규장각 소장, 圭17412)

김경수, 《조선시대의 사관연구》, 국학자료원, 1998.
김 돈, 《조선전기 군신권력관계 연구》, 서울대학교출판부, 1997.

김우기, 《조선중기 척신정치연구》, 집문당, 2003.
김창현, 《조선초기 문과급제자연구》, 일조각, 1999.
이성무, 《조선왕조실록 어떤 책인가》, 동방미디어, 1999.
______, 《조선의 부정부패 어떻게 막았을까》, 청아출판사, 2000.
______, 《조선정치사》(1), 동방미디어, 1998.
이수건, 《영남사림파의 형성》, 영남대학교 출판부, 1979.
정두희, 《조광조-실천적 지식인의 삶, 이상과 현실사이에서》(증보신장판), 아카넷, 2001.
차미희, 《조선시대 문과제도연구》, 국학자료원, 1999.
최이돈, 《조선중기 사림정치구조연구》, 일조각, 1994.
최승희, 《조선초기 언관·언론연구》, 서울대학교출판부, 1989.
한춘순, 《명종대 훈척정치 연구》, 혜안, 2006.

오수창, 〈조선시대 청백리 선발과 贓吏 처벌〉, 《한국사시민강좌》 22, 1998.
이재희, 〈조선 명종대 '척신정치'의 전개와 그 성격〉, 《한국사론》 29, 서울대학교 국사학과.

이광악의 생애와 왜란 때의 활약

김 봉 곤
순천대학교 HK연구교수

1. 머리말

이광악李光岳(1557~1608)은 광주이씨 명문가의 후예로 태어나 광남군廣南君을 습봉襲封받았으며, 임진왜란 때 혁혁한 공을 세워 선무공신宣武功臣에 봉해진 인물이다. 그는 선조 17년(1584)에 실시한 무과에 급제하여 여러 고을의 수령을 지내면서 백성을 잘 다스리다가, 왜란이 일어나자 진주성 전투에 나아가 승리하였으며, 전라병사로서도 크게 활약하였다. 그는 이러한 공로로 1604년에 선무공신 3등으로 봉해졌으며,[1] 1711년에는 충장忠莊 시호를 받았다.[2] 이러한 그의 일생은 그와 같은 해에 문과에 급제하였던 이호민李好閔(1553~1634)[3]이 지은 만사에 잘 나타나 있다.

1) 《宣祖實錄》 卷175, 宣祖 37年 6月 25日 甲辰.
2) 《肅宗實錄》 卷50, 肅宗 37年 6月 16日 甲戌.
3) 이호민은 조선 중기의 문신으로 본관은 延安, 자는 孝彦, 호는 五峯·南郭·睡窩, 延安君 淑琦의 증손이다. 그는 1584년 별시문과에서 을과 2위로 급제하였다.

갑신년에 함께 급제한 이 2백 인이었는데,	同榜申年二百人
하늘에 솟구치는 학처럼 홀로 뛰어남을 알았네.	昂霄始見鶴離群
풍류는 탄옹灘翁[4]의 후예로 손색없고,	風流又是灘翁後
시예는 극곡郤穀[5]처럼 넉넉했네.	詩禮知饒郤穀文
관방關防의 병마사로 위엄 떨치고,	威重關防烏戟使
젊은 나이에 봉군封君되니 은총이 그지없네.	恩分茅土黑頭君
사내가 이 정도면 충분할 터,	男兒似此還應足
애달픈 눈물을 흘릴 필요 있으랴!	何用人間涕淚紛

그는 갑신년의 무과에서 뽑힌 2백 명 가운데서도 가장 걸출한 인물로, 그의 고아한 풍류는 뛰어난 사림학자를 배출한 탄수灘叟 이연경李延慶의 후예로서 손색이 없고, 그가 익힌 예악은 넉넉히 춘추 시대의 명장 극곡과 견줄 만하다는 것이다. 이처럼 문무를 고루 갖춘 그가 전장을 누비며 병사兵使로서 큰 공을 세우고 공신에 책봉되었으니, 어찌 평범한 사람의 죽음과 같겠는가라고 이광악의 출중한 인품과 공로를 기렸던 것이다.

이광악이 활동하던 선조 때는 왜군의 침략으로 7년 동안 온 나라가 전란에 휩싸이고, 왜군이 물러나자 북방에서 여진족이 일어나 조선을 위협하던 시기였다. 이러한 연속적인 국가적 위기를 맞이하여 이광악은 무장의 길을 택하여, 죽기 직전까지 목숨을 아끼지 않고 전장을 누비면서 국가에 헌신한 인물이었던 것이다. 이광악에 관해

4) 탄옹灘翁은 이광악의 조부 이연경(1484~1548)을 말한다. 이연경은 호가 탄수이며, 사림들의 존숭을 받았다.

5) 극곡郤穀은 춘추시대 진나라 문공 때 사람이다. 진문공이 삼군을 편성하고 원수가 될 만한 인물을 물색하자 조쇠趙衰가 극곡이 예악을 좋아하고, 시서에 독실하다고 하여 추천하니, 문공이 그를 시켜 중군을 거느리게 하였다(《春秋左傳》 僖公 27年).

서는 현재 보물 제952호로 지정된 〈광남군 이광악 선무공신교서廣南君李光岳宣武功臣敎書〉[6]와 숙종 41년에 발급된 이광악의 〈증시교지贈諡敎旨〉, 숙종 때 강현姜鋧이 찬한 광남군廣南君 이광악李光岳의 시장諡狀,[7] 이광악이 쓰던 보검寶劍 1점과 이광악의 영정 등을 독립기념관에서 공개하고 있어서[8] 세상에 어느 정도 알려지게 되었다. 그러나 아직까지 그에 관한 체계적이고 종합적인 고찰이 이루어지지 않아 이광악의 생애와 왜란 때의 역할이 제대로 조명받지 못하고 있다. 따라서 이 글에서는 우선 이광악의 시장을 중심으로 이광악의 생애를 조사하고, 조선왕조실록이나 왜란 관련 기록을 검토하여 이광악의 생애와 국난을 당했을 때 그가 한 구실을 복원해보고자 한다.

2. 가계와 생애

이광악은 본관은 광주廣州이고 자는 진지鎭之이며, 부친 호약好約과

6) 이 공신교서는 1604년에 선무공신 3등이 된 이광악에게 내린 것인데, 이광악의 자품과 역임한 관직, 그리고 진주성 전투에 승리한 무공을 찬양하고 선무공신 3등에게 내린 특권이 자세히 기록되어 있다. 이때 이광악과 그의 부모와 처자에게는 품계를 1등급을 높이고, 이광악의 도형을 그려주며, 반당 4인, 노비 7구, 구사 2명, 전 60결, 은자 5냥, 표리 1단, 내구마 1필을 내린다는 내용이 기록되어 있다.

7) 이광악의 시장은 숙종 대 대제학을 지낸 강현姜鋧(1650~1733)이 지었다. 강현은 판중추부사 강백년姜柏年의 아들로서, 숙종 6년에 문과에 급제한 뒤 이조참의, 경연찬찬관, 도승지 등을 역임하였으며, 1708년에는 대제학을 지냈다. 이후 그는 예조판서, 한성부판윤을 역임하고 경종 때에는 판의금부사를 지냈다. 그는 소북에 속한 인물로 숙종 대의 정치적 기복에 큰 부침을 겪지 않았으나, 차츰 소론을 지지하여 신임옥사에서는 노론 정치인들을 다스렸다. 이광악의 생애에 관해서는 강현이 지은 시장에 가장 상세하게 기록되어 있다. 이 글에서도 이광악에 대해서는 주로 시장을 참고하여 기술하였기 때문에, 시장에서 제시한 내용은 특별하게 언급하지 않았다.

8) 이광악의 유물은 이광악의 후손인 이주백李柱白, 이종수李鍾壽 등이 1987년 독립기념관에 기증하였다.

모친 경주김씨 사이에서 1557년 충주忠州 유동리遊洞里(지금의 충청북도 충주시 금가면 유송리)에서 장남으로 태어났다.

이광악 가문이 충주 일대에 세거하게 된 것은 이광악의 5대조 이극감李克堪 때부터이다. 이극감은 창수倉守를 지낸 충추최씨 최덕로崔德露의 딸과 혼인하면서 그의 후손들이 충추에 세거하게 된 것이다. 이극감은 당대 훈구세력이었던 이인손李仁孫의 둘째 아들이었는데, 시조 이집李集부터 이광악까지 이어지는 가계도를 작성하면 〈그림 5-1〉과 같다.[9)]

광주이씨는 경기도 광주 일대에 세거하고 있었던 일족 가운데 충목왕 때 문과에 급제하고 이색이나 정몽주, 이숭인 등과 교유하였던 이집을 시조로 한다. 이집의 후손들은 지직과 인손, 극감 대를 거치

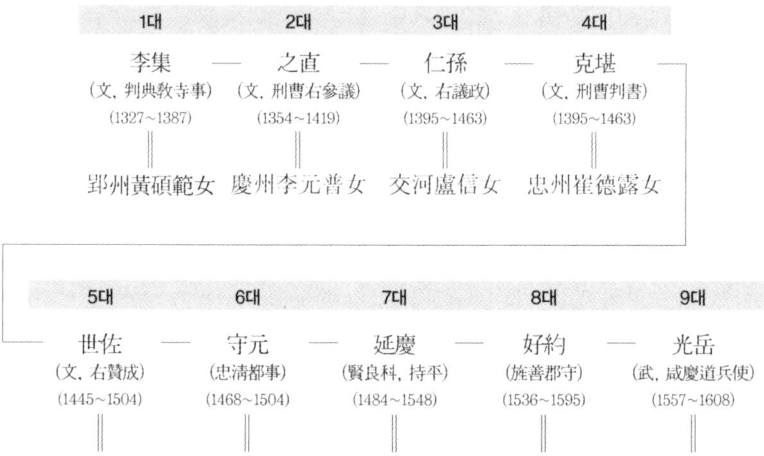

그림 5-1. 이광악의 가계도

9) 《廣州李氏大同譜》 卷1, 1988 참조.

면서 모두 문과에 급제하였고 문벌은 더욱 성하였다. 이지직은 1380년 문과에 급제하고 조선조에 들어와서 보문각 직제학과 형조우참의를 역임하였으며, 그의 차자 이인손은 1417년 문과에 급제하고 세조 대에는 우의정에 제수되었다. 그리고 이인손의 아들들은 다섯 모두 문과에 급제하였으며, 장자인 극배克培(1422~1495)는 좌익·좌리공신, 차자 극감克堪(1427~1468)은 좌익공신, 3자 극증克增(1431~1495)은 좌리공신, 4자 극돈克墩(1435~1503)은 좌리공신에 책봉되었던 당대 최고의 문벌 훈구세력이었던 것이다.

이러한 중앙의 훈구세력이었던 광주이씨도 사림세력이 성장함에 따라 성종 연간부터 그들에게서 수학하거나 교유하는 인물들이 늘어나서 사림으로 전환하는 경우도 적지 않았다. 연산군 때의 갑자사화를 계기로 몰락한 이극감의 후손들의 경우가 가장 대표적이다. 이극감의 장자인 이세좌는 서거정의 문인으로 사림인 김굉필이나 정여창과 교유하였으며, 이세좌의 아들인 수원守元이나 수향守亨, 수정守貞 등이 모두 김굉필의 문인이 되어 사림으로 전환해갔는데, 폐비윤씨에게 사약을 내렸다는 죄목으로 이세좌가 처형되고 그의 아들들이 사화에 연루됨에 따라 이연경李延慶을 비롯한 이세좌의 손자들이 대부분 충주에 정착하게 된 것이다. 당시 이세좌의 손자들이 충주에 정착할 수 있었던 것은 이극감이 충주최씨와 혼인한 이후 경제적 기반이 충주에 형성되어 있었기 때문이기도 하였다. 이 무렵에는 일반적으로 균분상속이 시행되었기 때문에 충주 지역에 경제적 기반이 마련될 수 있었던 것이다.[10)]

이광악의 조부인 이연경은 호가 탄수灘水이며, 수원의 상남이다.

10) 朴洪甲, 〈조선 명종조 忠州獄의 전개와 충주사림〉, 《朝鮮時代史學報》 17, 2001, 65~66쪽.

그는 일찍부터 조광조와 교유하였으며, 중종 대에 현량과에 추천되어 사헌부 지평과 홍문관 교리를 역임하였다. 그러나 기묘사화가 일어나고 조광조가 사사되자 충주로 낙향하여 학문에 몰두하였다. 기묘사화 이후 충주 지역에는 저명한 사림들이 많이 모여들었는데, 이는 사림 출신으로서 충주목사로 부임하였던 박상朴祥(1474~1530)의 후원 때문이기도 하였다. 이연경 외에도 김세필金世弼(1473~1533)이나 이자李耔(1480~1533), 이약빙李若氷(1489~1547) 등의 저명한 사림들이 모여들어, 향약이나 소학을 보급하면서 후학들을 양성하고 있었던 것이다.11)

이연경은 이들과 교유하고 학문과 교육에 전념하면서, 이준경李浚慶(1499~1572)이나 이윤경李潤慶(1498~1562), 노수신盧守愼(1515~1590), 심건沈鍵, 강유선姜惟善과 같은 이름난 문인들을 배출하였다. 이준경과 이윤경은 이극감의 후손으로, 이연경에게서 수학하였다. 이준경은 조광조를 신원하는 데 앞장서고 명종과 선조 대에 우의정과 영의정을 역임하였으며, 이윤경은 을사사화에 연루되었으나 을묘왜변에서 공을 세워 전라도관찰사가 되고 병조판서, 평안도관찰사 등을 역임하였다. 노수신, 심건, 강유선 등은 모두 이연경의 사위가 되었는데, 특히 노수신은 이황李滉이나 기대승奇大升 등과 성리학에 관해 토론을 벌였던 대학자였으며, 선조 때에는 이조판서, 대제학을 거쳐 우의정, 좌의정, 영의정을 역임하기도 한 당대 대표적인 사림 출신의 정치인이었다. 바로 이 이연경의 아들 호약이 충주 지역에서 함께 학문을 선도하고 있었던 김세필의 딸과 혼인하였는데, 이들 사이에서 1557년 이광악이 장남으로 태어난 것이다.

11) 朴洪甲, 〈16세기 전반기 정국 추이와 충주사림의 피화〉, 《史學硏究》 79, 2005, 143쪽.

이광악은 어렸을 때부터 기골이 장대하고 목소리가 크고 맑아서 대인의 기질이 있었으며, 몸가짐이 활달하여 작은 절조에 구애받지 않았다고 한다. 그는 저명한 사림 출신의 후예였지만 일찍이 말을 타고 전장을 누비는 것을 즐겼다. 학문과 수신에 힘쓰는 길을 걷기보다는 무과에 급제하여 무관으로 출사하는 데 뜻을 두었던 것 같다. 그는 특히 활 솜씨가 뛰어났다. 왜란 때에 편전片箭을 잘 쏘아 한 번 쏠 때마다 적을 서너 명씩 거꾸러뜨려 적이 두려워 감히 접근하지 못하였다고 한다. 그의 놀라운 활 솜씨는 1592년 제1차 진주성 전투에서 적장을 활로 쏘아 죽여 전쟁에서 승리를 거두게 된 결정적인 원인이 되기도 하였다.[12]

그는 이러한 뛰어난 무예로 1584년(선조 17) 무과 별시에서 을과 16위로 급제하였다. 갑과 1위, 을과 16위, 병과 185위까지 포함하여 모두 202명 가운데 17위로 뽑혔으니, 우수한 성적으로 무과에 급제한 것이다.[13] 선조연간 무과급제자는 총 1,048명인데 그 가운데서 선조 16년(1583)과 17년(1584) 두 해에 걸쳐 배출된 무과급제자가 702명으로 선조 전체와 비교할 때 자그마치 67퍼센트에 달하고 있다.[14] 이는 선조 16년에 여진족이 차츰 강성해져 경원부 등이 침략을 받는 등 북방의 위기가 고조되고 있었기 때문이다.[15]

12) 이광악의 진주성 전투에 대해서는 본문의 3장 1절 '진주성 전투에서 승리'를 참조.
13) 한국학중앙연구원, 《한국역대인물종합시스템》(http://people.aks.ac.kr/index.jsp.)
14) 한국학중앙연구원, 《한국역대인물종합시스템》(http://people.aks.ac.kr/index.jsp.>디렉토리분류>과거 및 취재>무과)
15) 선조 16년 2월에 여진족의 침입으로 경원부와 安遠堡의 성이 함락되었으며(《宣祖實錄》 卷17, 宣祖 16年 2月 9日 壬辰), 이들을 격퇴하고자 吳澐과 朴宣을 조방장으로 삼아 파견하고, 도순찰사 이용을 방어사로 특별 제수하였다(《宣祖實錄》 卷17, 宣祖 16年 2月 7日 庚寅). 이와 같이 북방이 여진족의 침략으로 자주 위협받고 있었는데, 이와 관련하여 선조는 이때의 별시를 북방의 방어를 위하여 별시를 설치한 것이라고 언급하였다(《宣祖實錄》 卷17, 宣祖 16年 8月 27日 丙子, "傳曰 今年別試 武科五百 乃爲赴防北道也").

연대	나이	관직	비고
1584	28세	선전관 등 무관직	
1586. 8	30세	연일현감	1589. 1 체직
1589	33세	이성利城현감	
1589. 12	33세	경주판관	1590. 12 체직
1591	35세	곤양군수	1592년 임진왜란, 제1차 진주성전투
1594	38세	곽재우의 부장(1594)	동래전투 참가
1595	39세	청주목사 → 만포첨사 → 황해병사(1595. 10)	모친상
1597. 9	41세	전라병사	정유재란, 남원성 함락
1600	44세	장흥부사	
1602	46세	훈련도정 가선대부(종2품) 광남군	
1603	47세	구성부사	
1604	48세	가의대부(종2품) 경기방어사, 선무공신 3등, 자헌대부(정2품)	임란공신 책봉
1604. 9	48세	수원부사	1605. 11 체직
1606	50세	함경남도방어사겸 영흥부사 → 남병사	1607년 남병사 체직 1608년 병으로 별세

표 5-1. 이광악에게 제수된 관직

이광악은 무과에 급제한 뒤 곧바로 선전관을 제수받았다. 선전관은 왕명출납을 담당하는 무승지武承旨로서 무관직에서도 요직에 해당되는 자리이다. 당대 명망 있는 사림가문 출신의 후예로서 무장의 길을 택했던 이광악에게 거는 기대가 어느 정도였는지를 알 수 있게 한다.16) 이광악이 선전관에 제수된 지 2년 뒤에는 종6품 지방 관직인 연일현감으로 부임하여 외직에 나가게 되었다. 이후 이광악에게 여러 차례 관직이 제수되었는데, 1607년 병으로 별세할 때까지 그에게 제수된 관직을 정리하면 〈표 5-1〉과 같다.17)

이광악은 이처럼 연일현감, 이성현감, 경주판관, 곤양군수, 청주목사, 장흥부사, 구성부사, 수원부사, 영흥부사 등 8곳의 지방 수령을 역임하였고, 만포첨사, 황해병사, 전라병사, 훈련도정, 경기방어사, 함경도방어사, 남병사 등의 무관직을 수행하였다. 또한 그는 1602년에는 광남군에 습봉되고 종2품인 가선대부 품계가 주어졌으며, 1604년에는 종2품 가의대부가 주어지고, 다시 선무공신 3등으로 봉해지면서 정2품 자헌대부의 품계가 주어졌다. 그가 선무공신으로 봉해진 것은 왜란 때 김시민과 함께 진주성을 지켜낸 공로를 인정받아서였다.18)

〈표 5-1〉을 보면 이광악이 선전관을 제수 받은 지 11년 만에 청주목사를 거쳐 종2품직인 황해병사에까지 이른 것을 알 수 있는데, 이러한 빠른 승신에 대해서는 이광악이 차례를 밟지 않고 등용하는

16) 머리말에서 살펴보았듯이 이호민은 이광악을 이연경의 후손으로 풍류가 손색이 없다고 하여, 이광악을 높이고 있다. 이러한 사실로 볼 때 그가 이연경의 후손이라는 점에서 당시 사림들의 주목을 받았을 것임이 분명하다. 또한 당시 좌의정으로서 조야에 중망을 받고 있었던 노수신은 이연경의 제자이자 사위였기 때문에 이광악이 선전관직에 곧바로 제수될 수 있었다고 보는 것이다.

17) 이광악의 관직과 연대는 시장諡狀과 각 지방의 읍지를 참조하여 만들었다. 이광악의 재위연대가 기록된 읍지로는 延日縣邑誌, 慶州先生案, 昆陽邑誌, 龜城郡誌, 水原府先生案, 永興郡誌 등을 들 수 있다.

18) 1604년 신조는 왜란 중에 공을 세운 많은 인물들을 扈聖功臣, 宣武功臣, 淸難功臣으로 구분하여 각각 3등급으로 공신의 등급을 정하였다. 이때 이광악은 김시민과 함께 진주성을 지켜낸 공로로 선무공신으로 봉해졌는데, 김시민은 2등, 이광악은 3등을 받았다(《宣祖實錄》 卷175, 宣祖 37年 6月 25日 甲辰).

'불차탁용不次擢用'의 특전을 받은 것으로 설명하고 있다.[19] 이것은 그의 업무수행 능력이 뛰어나기도 하였겠지만, 이광악이 무과급제자 가운데서도 출중한 가문 출신이었기에 가능한 일이었다. 왜냐하면 무과 급제자들은 조선 초부터 사적인 연고관계가 중시되었기 때문이다.[20] 당시 무과급제자가 선전관이나 부장, 수령, 병사, 수사가 되는 것은 대부분 사사로운 정에 달려 있었기 때문에,[21] 이광악도 가문을 배경으로 빠른 승진을 할 수 있었던 것으로 보인다. 그는 당대 사림들이 존숭하던 이연경의 손자였으며, 이광악이 출세할 무렵에는 이연경의 사위였던 노수신이 좌의정, 영의정을 역임하고 있었고, 노수신 사후에는 같은 광주이씨 가문의 이덕형李德馨(1561~1613)이 있었기 때문이다.

이광악은 먼저 지방 수령으로서 탁월한 능력을 보였다. 시장에 따르면, 그가 고을의 책임을 맡으면 치적이 남달리 뛰어나 아전들은 두려워하고 백성들은 잘 따라서 상관들이 그 공정한 치적을 칭송하였다고 한다. 이는 1601년(선조 34) 전라병사였던 그가 나준羅俊을 장살한 죄목으로 형조에서 죄를 논할 때, 그가 비록 광망하고 강직하나 백성을 잘 다스리고 집안에서 부모를 잘 섬기고 형제와 우애가 있다는 평가를 받았던 점을 고려하면[22] 수령으로서 그의 치적은 남달랐을 것으로 보인다. 더욱이 수원부사로 있었을 때는 백성들을 위

19) 《仁祖實錄》卷24, 仁祖 9年 4月 16日 己未. "金時讓曰 先王朝有不次擢用之法 李舜臣李光岳等皆被是選."

20) 具玩會, 《朝鮮後期의 守令制運營과 郡縣支配의 性格》, 慶北大博士論文, 1992, 54쪽.

21) 《明宗實錄》卷14, 明宗 8年 3月 27日 癸卯. "諫院啓曰 武班無異門蔭之人 故以之爲宣傳官部將皆私請也 以之爲守令兵水使 皆私請也……用人之權 在於吏兵兩判書 而今之判書 不能擇人而用之 惟視請之高下而注擬焉 此則吏胥之任也."

22) 《宣祖實錄》卷137, 宣祖 34년 5月 19日 丙辰. "爲人狂戇 雖多過越之事 討賊有功 治民有聲 一家之內 頗有孝友之稱."

엄과 은혜로 잘 다스렸는데, 자신의 봉급과 관아의 각종 경비를 줄여 관청을 수리하고, 백성을 모아 둔전을 경작하였는데 곡식 1천여 석을 더 얻을 수 있었다고 한다. 이와 같이 그가 백성들에게는 선정을 베풀고, 관가에는 창고가 넉넉해지니, 선조가 특별히 표창하여 겉옷과 속옷을 1벌씩 내렸고, 백성들은 이광악이 수원부사에서 체직되자 그를 잊지 못해 거사비去思碑를 세워주었다고 전해진다.

이광악은 무장으로서도 탁월한 역량을 보였다. 그는 왜란에 공을 세운 모든 장수 가운데 이시언李時言, 김응서金應瑞, 고언백高彦伯과 함께 백여 번의 전투에서 앞장서서 물러서지 않고 적을 막아낸 공과 적을 베고 잡아들인 공적이 모든 장수에 으뜸이 된다는 평가를 받았다.[23] 그는 군사를 움직이는 데 개인적인 감정을 두지 않고 먹줄로 직선을 긋듯이 공정하였으며, 적을 상대할 때는 그 기세가 맹렬하여 뇌성이 치고 바람이 일 듯하여 옛적의 명장의 기풍이 있었다고 한다. 그는 또한 왜란 중에 부모상을 당하자 낮이면 평상시와 같이 군무를 살피고, 밤에는 부모를 위해 영악靈幄을 설치하고 상복을 입고 곡을 하며 슬픔을 다하여 많은 사졸들의 존경을 받았다고 한다.

이와 같이 그가 어질고 공정하며 용감하였기에 왜란 동안에 수많은 전투에 참여하여 승리로 이끌 수 있었다. 그는 특히 진주성 전투에서 큰 활약을 하여 승리로 이끌었으며, 일본이 다시 침략하자 전라병사로서 많은 활약을 하였다. 자세한 내용에 관해서는 다음 장에서 살펴보겠다.

23) 李恒福,《白沙集》別集, 雜記, 論亂後諸將功蹟. "李時言金應瑞高彦伯李光岳 大小百餘戰未嘗挫折 汗馬之勞 斬獲之多 常爲諸將先."

3. 왜란 때의 활약

1) 진주성 전투에서 승리

이광악은 곤양군수로 재직하고 있던 1592년 4월에 임진왜란을 맞았다. 이후 그는 왜란이 끝나는 1598년까지 7년 동안의 긴 전투에 참전하게 되었다. 그 가운데서도 1592년 10월 초에 참전하여 승리하였던 진주성 전투는, 나라 전체가 왜군에 짓밟히고 있었던 상황에서 3만 명이나 되는 대군을 물리침으로써, 왜군을 충분히 격퇴할 수 있다는 희망과 자신감을 심어준 전투였다.

이광악이 참전한 최초의 전투는 1592년 5월 무렵 이루어진 함안과 고성전투였다. 그가 이 전투에 참여한 것은 김성일金誠一의 명령을 받아서였다. 김성일은 퇴계 이황의 문인으로, 임진왜란이 일어나자 유성룡柳成龍 등의 건의로 경상우도 초유사로 임명되었다. 일본의 침략이 없을 것이라고 잘못 보고한 죄를 씻을 기회를 주자는 까닭에서였다.[24] 경상우도 초유사로 임명된 김성일은 함양·산음·단성·삼가·거창·합천 등지를 돌며 의병을 규합하는 동시에 각 고을에 소모관召募官을 보내 의병을 모았으며, 의병장 곽재우郭再祐의 의병활동을 고무하였다. 이러한 김성일의 노력으로 경상우도 지역에서 많은 의병이 일어나게 되었고, 김성일은 의병과 관군을 효과적으로 조정하여 많은 전과를 올렸다. 김성일이 경상우도를 방어하면서 가장 중요하게 여긴 지역은 진주성이었다. 그는 진주성의 전략적 위치에 대해 다음과 같이 보고하였다.

---

24) 《宣祖修正實錄》 卷26, 宣祖 25年 4月 14日 癸卯.

> 진주는 남쪽 지방의 거진巨鎭으로 양도兩道의 요충지에 위치하였으니, 이곳을 지키지 못한다면 이 일대의 여러 고을이 손쓸 수도 없이 무너지게 되어 하루도 보존할 수 없을 뿐만 아니라, 적이 반드시 호남을 침범할 것입니다. 호남은 지금 왕을 지키려 출동한 까닭에 도 안이 텅 비었으니 만약 또 적의 침입을 받는다면 더욱 한심하게 될 것입니다.25)

진주성은 남쪽 지방의 거진으로 영호남의 요충지에 있는데, 만일 진주성을 지켜내지 못하면 진주성 일대뿐만 아니라 호남도 차례로 무너질 것이라고 보았다. 김성일은 이러한 판단에 따라 이미 5월 중순에 진주성에 들어와 방어 전략을 모색하였다. 그는 먼저 진주성을 방어하고자 인근 지역에 쳐들어온 왜적을 격퇴하고자 하였다. 그는 장계를 올려 당시 상황을 다음과 같이 보고하였다.

> 진주를 보존하려면 반드시 인근을 침범한 적을 공격하여야 병세를 펼칠 듯하기에 곤양군수를 중위장으로, 사천현감 및 진주판관을 좌우돌격장으로 삼아 정병 3백 명을 거느리고 가서 함안군에서 왜적을 공격하게 하였습니다. 그런데 불행하게도 연일 비가 내려 접전하지 못하였는데 적은 대군이 이른 것을 바라보고는 곧 퇴각하여 흩어졌습니다.26)

진주성을 보존하고자 곤양군수였던 이광악을 중위장, 진주판관 김시민과 사천현감 정득열鄭得悅을 돌격대장으로 삼아서 함안군에 쳐들어온 왜군을 공격하여 격퇴시켰다는 것이다. 이를 통해 이광악이 김성일의 명에 따라 진주성을 보존하기 위한 공방에서 초기부터 관

25) 《宣祖實錄》 卷27, 宣祖 25年 6月 28日 丙辰.
26) 《宣祖實錄》 卷27, 宣祖 25年 6月 28日 丙辰.

군의 중위장으로서 중요한 역할을 수행해냈음을 알 수 있다. 이광악은 함안에서 왜군을 격퇴한 뒤 고성 지역에 왜군이 침범하였다는 소식을 듣자 곧바로 회군하여 다시 고성을 공격하여 적을 압박하기도 하였다.[27]

이광악은 다시 7월 말 진주성 부근에 있었던 전투에 참가하였다. 김성일이 진주를 떠나 각 지역의 의병을 순열巡閱하고, 특히 지례知禮 방면의 왜군과 분전하고 있던 의병장 김면金沔을 돕기 위해 거창에 가자, 이 틈을 타서 창원과 진해 방면의 왜군이 고성, 사천을 거쳐 진주 남강의 건너편 언덕까지 접근해왔기 때문이다. 이때 김성일은 왜적이 쳐들어왔다는 소식을 듣고 곧바로 진주성을 방어하고자 거창에서 단성으로 달려가 함양, 산음, 단성의 군사를 모두 동원해 진주로 달려갔다. 당시 진주성을 방어한 모습을 살펴보면 아래와 같다.

> 공이 오랫동안 거창에 머물러 있자 거창을 점거하고 있던 왜적들이 진주에 방비가 없음을 알고는 진해에 있는 왜적과 서로 호응하여 크게 쳐들어와 노략질하면서 고성과 사천 사이를 횡행하였다. 공은 위급하다는 소식을 듣고 급히 단성으로 달려가 함양, 산음, 단성의 군사를 모두 동원해 진주로 간 다음, 김시민을 단단히 일러 움직이지 말게 하였다. 그리고 또 곤양군수 이광악 및 최강崔堈, 이달李達 등에게 신칙해서 좌익과 우익이 되게 하였다.
>
> 이때 곽재우가 먼저 성에 들어가 있어서 군대의 위세가 자못 왕성해 왜적들이 누대 앞까지 와 강 하나를 사이에 두고 있으면서도 감히 가까이 다가오지 못하고 있었다. 그러던 차에 공이 잇따라 이르러 싸움을 독려하자, 여러 장수들이 공의 명령에 따라서 힘을 합하여 추격하였으므로, 왜적들이

27) 《宣祖實錄》 卷27, 宣祖 25年 6月 28日 丙辰.

> 밤을 틈타 몰래 도망치다가 죽거나 다친 자가 아주 많았다. 이에 드디어 사천, 진해, 고성 등 여러 고을을 회복하였다.[28)]

즉 김성일은 진주성으로 들어가 김시민이 동요하지 않도록 조치하고 이광악과 최강, 이달을 좌·우익으로 삼아 전투준비를 갖추고, 진주성에 있었던 곽재우 의병과 함께 적을 공격하여 결국 사천, 진해, 고성 등 여러 고을을 회복할 수 있었다는 것이다.[29)] 이러한 사실로써 이광악은 당시 진주성 수비군의 좌익을 맡아 전투하였으며, 김성일의 명령에 따라 다른 장수들과 함께 사천, 진해, 고성 일대의 여러 고을들을 회복하였음을 알 수 있다.

이후 이광악은 10월 초에 있었던 제1차 진주성 전투에 참가하여 진주목사 김시민과 함께 전투를 승리로 이끌었다. 이 진주성 전투는 이순신 장군이 이끄는 수군의 활약으로 제해권을 상실한 일본군이 남해안 지방의 거점 확보가 어려워지자 불리해진 전세를 회복할 목적에서 계획적으로 선제공격을 가해온 공성전攻城戰이었다.[30)] 이때도 김성일은 진주성을 막고자 노력하였다. 당시 진주목사였던 김시민은 9월 중순 무렵에 전 경상우도관찰사였던 김수金睟의 주장에 따라 진주성을 포기하고 거창의 김면 군대에 가 있었는데, 경상우도관찰사로 다시 부임한 김성일이 김시민을 불러들여 방어를 명하였던 것이다. 김시민은 진주성에 들어오자 왜군을 물리치고자 염초 150여 근을 마련하고 조총을 본 떠 만든 총통 170여 자루를 제작하

28) 金誠一, 《鶴峰集》, 附錄 卷2, 行狀.

29) 이 전투의 승리로 판관이었던 김시민이 진주목사로 승진하였다(《宣祖修正實錄》 卷26, 宣祖 25年 8月 1日 戊子).

30) 趙湲來, 〈왜란의 발발과 경과〉, 《조선 중기의 외침과 그 대응》(《한국사》 29, 국사편찬위원회, 1995), 81쪽.

여 병사들을 훈련시켰으며,[31] 현자총통이나 비격진천뢰 등의 각종 화기도 준비하였다.

9월 24일 부산과 동래, 김해 등지의 왜군이 합세하여 창원으로 진격하면서 전투가 시작되었다. 대규모의 왜군이 창원을 거쳐 진주성으로 향하고 있다는 사실을 알게 된 김성일은 곧바로 경상우도의 관군과 의병뿐만 아니라 전라도에도 관문을 보내 진주성 전투 참여를 종용하였다. 진주성을 기준으로 동쪽으로는 삼가의병장 윤탁尹鐸, 의령가장 곽재우, 초계가장 정언충鄭彦忠, 북쪽으로는 합천가장 김준민金俊民, 서쪽으로는 전라우의병장 최경회崔慶會와 전라좌의병장 임계영任啓英, 남쪽으로는 고성가장 조원도趙凝道, 복병장 정유경鄭惟敬 등을 불러들여 진주성 전투를 돕도록 한 것이다.[32]

왜군은 창원과 함안을 거쳐 진주성 외곽에서 경상우병사 유숭인柳崇仁의 1천여 명의 군대를 격파하고 10월 5일에 진주성 부근에 진을 쳤다. 전투는 6일 아침부터 11일 오전까지 계속되었다. 이때 진주성을 방어한 병력은 총 3천 8백여 명이었는데, 이 가운데 1백여 명은 이광악이 이끈 군대였다. 진주목사 김시민은 중위장으로서 이광악과 협력하여 군대를 지휘하였고, 진주판관 성수경成守慶은 수성의 급소이자 적의 공세가 가장 치열했던 동문을, 전 만호 최덕량崔德良은 수성대장으로서 장령 이눌李訥과 함께 공세가 예상되는 옛 북문을, 율포권관 이찬종李纘宗은 남문을 맡아 각각 방어하였다.[33]

---

31) 《鶴峯集》 卷3, 〈馳啓晉州守城勝捷狀牧使〉. "生變之後 盡心國事 焰焇百五十餘斤 預先煮取 略倣倭制 新鑄銃筒百七十餘柄 別抄境內幹能之人 常川習放 故臨戰之時 用火藥如水 至裹柴藁中 以投城外 連絡放丸 以摧大賊."

32) 《宣祖實錄》 卷33, 宣祖 25年 12月 5日 辛卯.

33) 池承鍾, 〈16세기말 晉州城戰鬪의 배경과 전투상황에 관한 연구〉, 《慶南文化研究》 17, 1995, 154쪽.

왜군은 진주성을 함락하고자 10월 6일 3개 부대로 나누어 진주성의 동북방을 포위하고 조총수를 앞세워 공격하였다. 그러나 진주성 군민들의 완강한 저항으로 함락하지 못하자, 10월 7일 왜군들은 진주성에 계속 조총을 쏘는 한편 공성장비를 제작하여 각각 토루土樓와 수천 개의 죽제竹梯, 광제廣梯를 만들었다.[34] 10월 8일에는 토루에서 포와 조총을 쏘고 삼층의 산대, 죽제, 광제를 앞세워 공격을 해왔다. 이에 김시민이 이끄는 수성군은 왜군이 성 밖에 높이 쌓아 둔 소나무 가지에 화약을 던져 불 지르고, 비격진천뢰와 질려포 등의 화포를 발사하여 죽제, 광제를 날려 보냈으며, 3층의 산대를 밀고 오는 적에게 현자총통을 발사하여 격퇴하면서 긴 자루를 부착한 도끼와 낫을 가지고 산대를 파괴하였다. 그리고 성벽을 타고 넘어오는 적에게는 끓는 물을 붓거나 돌을 굴러서 격퇴하였다.

이날의 전투는 진주성의 관군과 백성들이 모두 힘을 합한 전투였다. 당일 성을 온전히 지키지 못할 것 같아 김시민이 몰래 수문守門을 열고서 노약자를 내보내려고 하였으나, 이광악이 '이와 같이 하면 군사들의 마음이 크게 변하여 성을 지켜낼 수 없다'고 말려[35] 관군과 백성들이 모두 힘을 합하여 적군을 격퇴할 수 있었던 것이다. 또한 의병부대가 차츰 늘어나기 시작하여 진주성의 군민들을 고무시켰다. 10월 6일 야음을 틈타 김성일이 영사營士 하경해河景海를 시켜 장전長箭 1백여 부를 보냈으며, 밤중에는 곽재우 의병부대가 비봉산에서 나타나 횃불과 호각으로 적을 교란시켰다. 7일에는 고성의병장 최강과 이달, 8일에는 고성의 가장 조응도와 진주 복병장 정유경이

34) 진주성 전투에 관한 서술은 주로 趙慶南, 《亂中雜錄》 2, 壬辰下, 10月 5日부터 10日까지 기사와 진주성 전투에 대한 김성일의 장계를 참조하였다(《宣祖實錄》 卷33, 宣祖 25年 12月 5日 辛卯 및 《宣祖實錄》 卷34, 宣祖 26年 1月 22日 丁丑).

35) 《宣祖實錄》 卷34, 宣祖 26年 1月 22日 丁丑.

진주성의 남쪽 망진산에 도착하여 횃불과 호각으로 교란하였다. 이에 왜군은 병사들을 강변에 보내 원군의 진로를 차단하려고 하는 등 성 안팎의 공격에 대해 차츰 초조한 모습을 보였다.

이와 같이 진주성 외곽에서 의병의 지원이 잇따르자 10월 9일 왜군은 토루를 더욱 높이 쌓고 진주성을 공격하면서, 원군의 지원을 차단하고자 2천 명의 병력으로 단계현과 살천 방면을 공략하였다. 그러나 왜군은 단계현에서 합천가장 김준민金俊民 의병부대에 의해, 살천 방면에서는 정기룡鄭起龍과 조경형趙敬亨의 의병부대에 의해 격퇴되었으며, 10일 새벽에는 퇴각하는 것처럼 위장하고 진주성을 총공격할 것을 모의하였다. 김시민은 왜군의 포로가 되었다가 탈출한 소년의 제보로 왜군의 총공세가 있을 것이라는 사실을 사전에 알게 되어 미리 병력을 요소에 배치하고 무기를 정비하여 왜군의 공격에 대비하였다.

10월 10일 왜군이 새벽 3시 무렵 1만 명씩 군대를 둘로 나누어 동문과 옛 북문 일대로 쳐들어오면서 전투가 시작되었다. 동문에서는 김시민과 이광악이 북격대를 맡고, 판관 성수경은 옹성을 맡아 독전하였다. 이때 왜군들은 긴 사다리와 방패를 갖고 쳐들어왔는데, 3층 사다리에 허수아비를 매달아 기어 올라가는 것처럼 보이게 하고, 주력부대는 몰래 성벽을 오르게 하였다. 또한 이들을 엄호하기 위해 기마병 1천여 명이 뒤를 따라 돌진하고 조총을 쏘며 함성을 질렀다. 이에 김시민과 이광악은 사수들에게 활을 쏘게 하고 비격진천뢰와 질려포를 쏘아 왜적의 접근을 막고, 큰 돌을 굴리거나 뜨거운 쇠를 던지고 끓는 물을 부어 성벽을 기어오르는 적을 물리쳤다. 또한 구북문에 쳐들어간 왜군들은 진주성민들의 결사항전으로 격퇴되었다. 왜군들이 긴 사다리와 방패를 메고 와서 성벽을 넘으려고 하자 군졸들이 동요하였으나, 전만호 최덕량, 장령 이눌, 윤사복尹思復 등이 후퇴하는 아군을 질책하고 죽음으로 막아내니, 군졸들이 다시 사력을 다해 왜군들을 막아내게 되었다. 이때 성안에서는 노약자나 부녀자들까지 가세하여 돌을 던지고 끓는 물을 퍼붓고 짚단에 불을 붙여 던지니, 성 안에 기와나 돌, 초가지붕이 거의 남아난 것이 없었다고 한다.

이러한 격렬한 전투 속에 동문의 북격대에서 전투지휘를 하던 김시민이 왼쪽 이마에 적의 탄환을 맞아 의식을 잃고 쓰러지게 되었다. 그러나 한창 전투 중이었기 때문에 군사들이 동요해서는 안 되었다. 이에 이광악은 당황하지 않고 김시민을 대신하여 장수들을 이끌고 전투를 진두지휘하였다. 이광악은 먼저 직속부대인 곤양병사 1백 명을 제일선에 투입하고, 달려 들어오는 적들에게 강궁수로 하여금 대궁을 한꺼번에 쏘게 하였다. 이광악 자신도 양견마兩牽馬를 타고 군사를 지휘하여 돌진해 온 적장을 화살로 쏘아 죽이니,[36] 왜군들은 더 이상 접근을 하지 못하고 전투에서 죽은 그들의 장수를 메고 통곡을 하면서 후퇴하였다. 이에 이광악이 이끄는 조선군은 사기가 충천하였고, 전의를 잃은 적군은 진·사시辰巳時 무렵에 물러나기 시작하였던 것이다.

적은 송장을 끌고 가서 촌락에서 불에 태우고 퇴각하였는데, 이광악은 김시민 대신 성내를 수습하는 한편 일부 병력을 파견하여 소촌역 일내에서 다시 적을 물리쳤다. 이로써 6일 동안 계속되었던 진주성 전투를 완전한 승리로 이끌게 되었던 것이다.[37]

36) 적장은 長岡忠興의 동생인 長岡玄蕃之允이라는 자였다(李炯錫, 《壬辰倭亂史》, 新現實社, 1974, 563쪽).

37) 《宣祖實錄》 卷33, 宣祖 25年 12月 5日 辛卯.

진주성 전투는 진주성의 군민들이 일치단결하여 왜군을 격퇴하고 성 밖에서 의병부대가 김성일의 요청으로 참전함에 따라 거둔 승리였는데, 김시민의 화약이나 신식무기 등의 사전전투 준비와 용병술, 그리고 이광악의 용맹함과 지휘능력이 돋보이는 전투이기도 하였던 것이다.

2) 전라병사로서 활약

1597년 정유재란이 일어나 격전지였던 전라도 남원에서 전라병사 이복남李福南이 전사하자, 이광악은 그 후임으로 임명되어 다시 큰 활약을 하게 되었다.[38] 도요토미 히데요시가 명 황녀를 자신의 후비로 삼고, 조선의 절반을 할양해주라는 등의 요구가 받아들여지지 않자 다시 침략하였는데, 이때 일본이 전라도 지방을 먼저 공략한다는 기본전략을 세우게 됨에 따라 전라도 일대가 격전지가 된 것이다. 1차 침입 때 조선의 곡창 지대인 전라도를 빼앗지 못해 조선은 전쟁에 필요한 군량미를 확보할 수 있게 되었지만,[39] 왜군들은 전라도에서 수군이 막혀 육군으로는 평양에 이르고 수군으로는 서해로 돌아들어가려는 작전이 좌절되었다고 판단하였기 때문이다.[40] 이에 일본은 전군을 좌우 양군과 수군으로 나누어 편성한 뒤 우군 6만여 명

38) 이광악은 제1차 진주성전투 이후 1594년에 곽재우의 부장으로 東萊전투에 참전하였으며, 1597년 10월 전라병사로 임명되기 전에는 황해병사로서 후방에서 작전을 수행하였다(〈廣南君諡狀〉 참조).

39) 《宣祖實錄》 卷93, 宣祖 30年 10月 6日 癸亥. “然其小邦形勢所在, 則全羅慶尙二道, 最爲關重, 蓋慶尙門戶, 而全羅府藏也. 無慶尙則無全羅, 無全羅則雖有他道, 小邦終無所資以爲根本之. 斯乃賊所必爭, 我所以守之, 故今日小邦之安危, 實係於全, 慶之保守與否也.”

40) 《宣祖實錄》 卷93, 宣祖 30年 10月 6日 癸亥. “往在壬辰, 賊兵陸抵平壤, 又水兵數萬犯全羅, 繞出西海, 適小邦舟師, 扼於閑山前洋, 幸而得捷, 賊遂敗退, 不敢兼水陸之勢. 至今思之, 可爲寒心, 而賊之兇狡, 未嘗一日忘此計也.”

은 모리 히데모토毛利秀元의 지휘 아래 영호남의 요충지인 황석산성을 공파한 뒤 전주를 향해 쳐들어가고, 좌군 5만여 명은 우키다 히데이에宇喜多秀家가 지휘하여 수군의 엄호를 받으면서 해상으로 진격케 한 다음 구례, 남원성을 공취하고 전주를 향해 쳐들어갔던 것이다.41)

당시 남원에는 접반사 정기원鄭期遠·전라병사 이복남 등이 이끄는 조선군과 부총병 양원楊元이 이끄는 요동병 총 4천여 명이 성을 지키고 있었다. 이들 조·명 연합군은 열세한 병력으로 10배가 넘는 왜군을 맞아 군민이 힘을 합해 3일 동안 항전하였으나, 수성전의 경험이 없던 양원의 작전실패로 8월 15일 남원성은 적에게 함락되었다. 이복남 등 조선군의 장수들은 모두 전사하였으며, 양원 등 명의 병사 100여 명 만이 탈출하였다.42)

이후 왜군은 전주로 쳐들어가 함락시키고 전라도의 온 성을 약탈하였다.43) 가토 기요마사나 모리 히데모토, 구로다 나가마사 등이 이끄는 왜군은 계속 북상하여 구로다 나가마사의 왜군이 천안의 직산에 이르렀다. 그러나 임진왜란 때와는 달리 조선이 왜군의 재침에 대비를 하고 있었고, 조·명 연합군의 신속한 반격으로 9월 5일 직산 전투에서 패퇴하고, 9월 15일 명량해전에서 참패하자 왜군이 퇴각하기 시작하였다. 이후 왜군들은 두 달이 못 되어 모든 전선에서 퇴각하고, 동쪽으로는 울산·기장에서부터 서쪽으로 남해·순천에 이르는

41) 李炯錫, 위의 책, 947쪽.

42) 孫鍾聲, 〈강화회담의 결렬과 일본의 재침〉, 《조선중기의 외침과 그 대응》, 한국사 29, 국사편찬위원회, 1995, 118~119쪽.

43) 전라도 여러 지역에 주둔한 일본군이 무려 50여 屯에 달하였는데, 일본군은 살육과 방화를 일삼았으며, 자신들의 전공을 높이기 위해 대량으로 전라도 지역민들의 코를 베었다(趙湲來, 《임진왜란과 湖南地域의 義兵抗爭》, 아세아문화사, 2001, 304~308쪽).

남해 연안의 요충지에 성을 쌓고 방어태세에 들어갔다.

이광악은 1598년 10월 27일에 전라병사로 임명되었다.[44] 그는 병사로 임명되자 먼저 남원을 중심으로 여러 곳에 흩어진 군사들을 모아서 일본에 반격할 준비를 하였다. 이때 남원의병장 조경남趙慶南도 이광악에게 귀속되어 종사관이 되었으며,[45] 조경남 등과 합세한 김완金完(1577~1635)이나 박언량朴彥良 등도 함께 이광악군에 소속되었다.[46] 이와 같은 노력으로 이광악은 휘하에 5백여 명의 군사를 거느릴 수 있었다.[47] 이광악은 왜적이 함양과 운봉 일대에 출몰하여 노략질한다는 소식을 듣고 정예병을 뽑아 이 지역에 배치하여 적을 토벌하였다.[48]

12월 초에는 여러 장수들과 함께 순천 지역으로 진출하였다.[49] 이

---

44) 《宣祖實錄》 卷93, 宣祖 30年 10月 27日 甲申.

45) 조경남(1570~1641)의 본관은 한양이며, 자는 선술善述, 호는 산서山西이다. 부친은 사직 벽璧이며, 모친은 남원양씨이다. 그는 일찍 부모를 여의고 외조모의 손에 자랐으며, 10세에 유인옥柳仁沃에게 입문하고, 18세에 조헌趙憲의 문하로 들어가 의리와 도덕을 터득하였다(디지털한국학, http://koreandb.kdaq.empas.com). 그는 정유재란 때 지리산에 피난하였으나 남원성이 함락되자 의병을 조직하여 왜군을 습격하였으며, 求禮 山洞 등지에서는 60여 명의 의병으로 식량을 확보하러 다니던 평조신平調信의 군사를 무찔렀다. 또한 함양에서는 적을 습격하여 1백여 명 정도 참수한 뒤 이광악군에 들어가 종사관을 지냈다(《宣祖中興誌》 卷5, 丁酉).

46) 조경남은 지리산 파근사에서 천인 박언량 등과 함께 의병을 조직하였으며(《紀年便攷》 卷18, 〈趙慶南〉), 김완도, 조경남, 정사달과 함께 구례 산동에서 왜병과의 전투에 참여하였다.

47) 1598년 1월 21일 부제학 신식申湜의 보고에 따르면 병사 이광악은 방어사 원신元愼과 함께 남원에 주둔해 있는데, 이광악이 거느린 군사는 여러 곳에 매복시킨 군사가 2백 명, 거느리고 있는 군사가 3백 명으로 도합 5백 명이며, 원신이 거느리고 있는 군사는 매복시킨 군사가 2백여 명, 거느리고 있는 군사가 2백여 명으로서 도합 4백여 명에 지나지 않아 요로에 매복하였다가 소수의 왜적을 토벌하는 것은 가능하지만 큰 부대의 왜적은 감당할 수 없다고 한탄하였다(《宣祖實錄》 卷96, 宣祖 31年 1月 21日 丁未).

48) 《宣祖實錄》 卷95, 宣祖 30年 12月 9日 乙丑.

49) 당시 명군은 4만여 병력을 左·右·中協으로 분군하여 각 협을 부총병인 李如梅·李芳春·高策이 맡고, 經理 楊鎬와 提督 麻貴는 左右協을 지휘하여 경주에서 집결하여 울산의 가토 기요마사를 공격하고, 중협군은 호남으로 남하하여 남원을 거점으로 순천의

무렵 조명 연합군이 울산의 가토 기요마사를 공격하는 한편 순천의 고니시 유키나가가 가토 군대를 구원할 수 없도록 견제하고자 남하하고 있었기 때문이다. 이광악은 전라병사로서 순천 왜교성에 주둔하고 있던 고니시 군대가 서쪽으로 진출하지 못하도록 광양 일대를 견제하는 역할을 하였다. 당시 왜교에는 고니시 유키나가, 마쓰라 시게노부, 아리마 하루노부, 오무라 요시아키, 고토 하루마사 등이 1만 3천 명을 거느리고 있었으며, 광양에 일부 병력을 나누어 주둔시키고 있었는데,[50] 이광악군의 공격을 받은 왜군들이 왜교성으로 후퇴함으로써 남해안 일대에 흩어져 있었던 왜군 사이의 연결을 차단했던 것이다. 조·명연합군의 울산 공격은 12월 23일 시작되는데, 이광악의 광양 전투는 이미 1597년 12월 18일에 이루어지고 있었다.

이광악은 광양현에서 왜병이 해상의 수군과 연락하면서 양민의 양곡을 약탈하는 등 폐단이 심하다는 것을 듣고, 12월 18일 밤에 광양성을 공격하였다. 이광악은 관군과 의병을 합친 군사로써 포위 공격을 하였는데, 이때 성안의 왜군을 돕고자 왜교에서 보낸 구원군이 도착하여 갑작스럽게 이광악군의 측면을 공격하였다. 이러한 왜군의 삽삭스런 공격으로 능성현감과 구례현감 김응서金應西 등이 전사하자 군사들이 동요하였으나, 이광악은 앞장서서 왜군들의 공격을 막아내는 한편, 왜군을 촌락으로 유인하거나 기습작전 등을 벌여 동이 틀 때까지 모두 퇴주시켰다. 이광악은 이후로도 광양 일대에 출몰하

고니시 유키나가가 가토 기요마사를 구원할 수 없게 견제하고자 하였다. 조선군도 도원수 권율이 조선군을 충청병사 李時言과 경상좌병사 高彦伯, 경상우병사 鄭起龍 등의 군사로써 3영을 만들어 명군과 함께 남하하여 일본군을 무찌르도록 하였던 것이니(《宣祖實錄》 卷33, 宣祖 25年 12月 9日). 이 가운데 중협군 3만 6천명은 남하 도중에 작전이 변경되어 울산성 공격에 합류하였다(孫鍾聲, 앞의 글, 121쪽; (國防部戰史編纂委員會, 《壬辰倭亂史》, 1987, 247쪽).

50) 李炯錫, 위의 책, 1102~1103쪽.

는 왜군에 맞서 자주 유격전을 벌였고, 결국 왜군은 광양성에서 왜교로 철수하게 되었다.[51]

또한 이광악은 1598년 1월에 다시 광양과 순천에 쳐들어온 적을 격퇴하였다. 그는 순천성과 광양에 왜적들이 쳐들어와 노략질을 하고 있다는 정보를 듣고 자신의 휘하 군사 1천여 명과 평안병사 이경준李慶濬이 이끄는 군사 및 명군 50여 명과 합세하여 순천성에 쳐들어가 왜적 5백여 명을 물리치고, 이어 곡식을 거두어 왜교로 돌아가고 있었던 왜적 3백여 명을 무찔렀다. 이광악은 이처럼 광양과 순천 일대에서 잇달아 승리를 거두게 되자, 명군 측에 조선군과 함께 순천의 왜교에 머물고 있었던 고니시 군대와 전면전을 벌일 것을 주장하였다.

> 전라도절도사 이광악이 치계하기를, "요즘 예교曳橋의 적정賊情을 살펴보건대 지난번 두세 번의 싸움에서 패전한 뒤부터는 감히 함부로 다니지 못하고 땔나무 베고 물 긷는 일에도 제멋대로 하지 못하고 있으니, 그들의 기세가 꺾였다는 것을 대체로 상상할 수가 있습니다. 요즘 적진에서 도망하여 돌아온 사람을 통해서 그들의 허실을 자세히 물어보았는데 그들의 숫자가 수천 명에 지나지 않는다고 하였습니다. 만약 본도의 정예병 1천 명과 명군 1, 2만이 합세하여 함께 그들의 소굴로 쳐들어간다면 그들을 섬멸시키는 공을 거둘 수 있을 것인데, 명군 장수 동정의董正誼 등 5명이 이 계책을 따르지 않을 뿐만 아니라 군문에서 한창 강화하고 있다는 것을 이유로 신들을 몰아내어 남원으로 돌아가게 함으로써 앉아서 기회를 잃게 만들었으니, 매우 애석합니다. 조정에서 상의하여 온편하게 조처하소서" 하였다.[52]

51) 李炯錫, 위의 책, 1063~1144쪽.
52) 《宣祖實錄》 卷97, 宣祖 31年 2月 8日 己巳.

이광악 등이 이끄는 군사들의 잇단 공격으로 순천의 왜교에 주둔하고 있는 왜군들이 성 밖에 나가지 못할 정도로 위축되어 있으니, 전라도의 정예병 1천 명과 명군 1, 2만 명을 동원하여 쳐들어가면 충분히 섬멸할 수 있다고 주장하였던 것이다. 그러나 명군이 왜군과의 강화회담을 주장하자 이광악은 어쩔 수 없이 남원으로 되돌아갔다.

그 뒤 이광악은 남원에서 전세를 관망하면서 1598년 4월 8일 무렵 무주 일대에 쳐들어온 왜군을 격퇴하였다. 당시 사천에 주둔하고 있었던 시마즈 오시히로의 일부 병력 3백여 명이 거창을 거쳐 무주에 들어와 약탈하고 있었는데,[53] 이 소식을 접한 이광악은 방어사 원신元愼과 평안병사 이경준이 이끄는 조선군, 명나라의 참장參將 이녕李寧이 이끄는 명군과 합세하여 왜군을 쳐부수고자 장수 방면으로 출동하였다.[54] 이에 왜군은 금산 방면으로 쫓겨갔는데, 이광악군이 이들을 추격하여 왜군 40명의 수급을 베었다.[55]

이광악은 또한 전라병사로서 수령들이 관할 지역에 쳐들어온 왜군의 움직임에 대한 보고를 게을리 하거나, 전투에 소홀한 수령들을 처벌하기도 하였다. 당시 전라도는 전쟁으로 황폐해진 곳이 많아서 부임을 꺼리는 수령도 많았을 뿐만 아니라, 부임을 하여도 자기 관할 지역에 나타난 왜군과의 전투에 소홀한 자들이 많았기 때문에 기강 확립과 전투수행 능력을 강화하기 위해서 필요한 조치였다. 그는 1598년 4월 즈음에 방어사 원신과 함께 장계를 올려, 진산군수 이성임李聖任이나 금산군수 홍창세洪昌世가 군읍이 황폐하여 고의로 병을

53) 李炯錫, 위의 책, 1079쪽.

54) 李星齡,《春坡日月錄》卷10, 戊戌 正月 21日.

55) 이광악은 원신과 함께 이 전투에 대해 각각 4월 15일 장계를 올렸다. 이때 군공을 세운 군사에 대해 이광악은 127명, 원신은 79명으로 보고하였다(《宣祖實錄》卷100, 宣祖 31年 5月 1日).

핑계로 사직하고 영광군수 전협田浹은 연해沿海에 부임하면 전쟁 중에 무사하지 못할 것을 알고 병을 핑계로 사직하였으니, 이들을 처벌해야 한다고 주장하였다.56) 또한 1598년 7월 무렵에는 이광악이 장계를 올려 5월 25일 적선이 흥양 지방에 깊숙이 쳐들어왔는데도 8일 만에 보고하여 3백 명에 달하는 사람과 가축이 붙잡혀 갔으니, 보고를 게을리한 흥양현감 최희량崔希亮과 보성군수 전백옥全伯玉을 처벌하자고 주장하였다.57)

이와 같이 남원과 순천 일대에서 전투를 수행하며 지방 수령들의 전투를 독려하고 있었던 이광악은, 1598년 9월에 들어 명군과 연합하여 철군을 준비하고 있었던 고니시 유키나가 군과 마지막으로 왜교성 전투를 치르게 되었다. 당시 조·명연합군은 4로로 나누어 남해안쪽으로 진격해오고 있었는데, 울산성에 주둔한 가토 기요마사 군대를 공격 목표로 한 동로군과 사천성의 시아즈 요시히로 군을 목표로 한 중로군, 왜교성의 고니시 유키나가군을 목표로 서로군, 그리고 진린의 명 수군과 이순신의 조선 수군을 하나로 묶은 수로군이 바로 그것이다. 당시 이광악은 전라병사로서 서로군에 소속되어 왜교성 전투에 가담하게 되었다. 서로군은 제독 유정劉綎이 이끄는 명군과 도원수 권율, 전라병사 등이 이끄는 1만여 조선군을 포함하여 모두 3만 6천여 병력이었다.

이광악은 출병에 앞서 9월 11일 제독 유정, 감군 왕사기王士琦를 비롯해서 조선의 우의정 이덕형, 접반사 김수, 도원수 권율, 순찰사 황신黃愼, 병사 이시언李時言, 방어사 원신元愼 등과 함께 피를 나눠 마시며 승리를 기원하고 순천으로 나아갔다.58) 전투는 9월 20일부터 시

56) 《宣祖實錄》 卷99, 宣祖 31年 4月 21日 乙亥.
57) 《宣祖實錄》 卷102, 宣祖 31年 7月 6日 己丑.

작되었는데, 9월 하순에 이르러서는 진린과 이순신의 수로군까지 합세하여 육상연합작전이 이루어졌다. 특히 10월 2일과 3일에는 왜교성을 둘러싸고 각각 육지와 바다에서 격렬한 전투가 벌어졌다.

이광악은 전라병사들을 이끌고 10월 2일 유정이 지휘하는 전투에 참여하였다. 10월 2일 새벽이 되자 유정이 산대에 올라 작전 전반을 통할 지휘하였는데, 나팔소리를 신호로 전군이 일제히 진격하여 선봉이 성 밑까지 이르고 대규모의 기병이 그 뒤에서 후원을 하였다. 그러나 왜군이 포루에 올라 쉴새없이 대포를 쏘고 조총을 사격하여 쉽게 전진하지 못하였으며, 선봉 부대가 끌고 간 비루飛樓와 포차는 너무 무거워 기동성이 부족하였다. 이에 왜군은 섶과 풀에 불을 붙여 운제雲梯와 비루를 태워버리고, 우왕좌왕하는 연합군을 공격하여 수많은 사상자가 발생하자 연합군은 결국 퇴각하고 말았다. 당일 이광악 등이 이끄는 전라병사들도 부총병 조희삼曹希彬군에 소속되어 선봉에 서서 왜교성을 함락시키기 위해 온 힘을 다하였는데, 이 과정에서 사도첨사蛇渡僉使 황세득黃世得과 이청일李淸一이 전사하고 해암현감 유형柳珩, 진도군수 선의경宣義卿, 강진현감 송상보宋尙甫 등이 부상을 당하였다.

이날 전투에서 명군은 전사자가 8백 명에 달하였으며, 유정은 이날의 전투를 계기로 전의를 상실하고, 고니시군과 강화에 주력하게 되었다.[59] 그 뒤의 전투는 주로 이순신과 진린 등이 이끄는 수로군에 의해서 전개되었다. 10월 3일 왜교성 앞바다에서 격렬한 전투가 행해졌고, 11월 19일에는 노량에서 최후의 전투가 벌어져서 왜군을

58) 申欽, 《象村集》 卷56, 〈天朝先後出兵來援志〉.

59) 趙湲來, 〈정유재란과 順天 倭橋城戰鬪〉, 《임진왜란과 湖南地方의 義兵抗爭》, 아세아문화사, 2001, 345~351쪽.

대파하고 이순신도 전사하였다. 고니시군은 11월 20일 왜교성에서 철수하였으며, 이광악도 한 달 뒤인 11월 21일 왜교성을 떠나 남원으로 되돌아갔다.

이후 이광악은 1598년 12월에 강진의 병영으로 되돌아가 진관체제를 복구하고자 각 군현별로 육군 병력을 재배치하였으며, 1599년 전라도 일대에 흉년이 들어 도적이 만연하자 포도捕盜 대책을 세우는 등 병사로서의 소임을 다하였다.60)

4. 맺음말

이광악은 광주이씨 명문가문에서 태어나 평생 동안 관직생활을 하면서 나라에 충절을 다하였다. 그는 16세기 중엽 사림을 대표하는 탄수 이연경의 손자로서 효성이 지극하였고 무과에 급제하였다. 관직에 나아가서는 평상시에는 수령으로서 백성을 사랑하고 어진 정치를 베풀었으며, 전란 시에는 용감한 성품과 풍부한 지략으로 전투를 승리로 이끌었다. 그는 관사官事를 처리할 때도 항상 백성의 고충을 먼저 생각하고 자신의 봉급을 줄여 경비를 마련하여 백성들의 삶을 곤궁하지 않게 하였고, 왜란 때에는 크고 작은 백여 차례의 전투에서 항상 앞장서서 적을 물리친 공이 모든 장수의 으뜸이었다.

더욱이 이광악이 참여한 전투 가운데 1592년 10월 초 진주성 전투의 승리는 나라 전체가 왜군에 짓밟히고 있던 상황에서 3만 명이나 되는 대군을 물리침으로써 왜군을 충분히 격퇴할 수 있다는 희망과

60) 《宣祖實錄》 卷121, 宣祖 33年 1月 12日 丁巳.

자신감을 심어주었다. 진주성은 경상우도의 요충지였을 뿐만 아니라 호남으로 연결되는 길목에 있었기 때문에 진주성을 방어해 냄으로써 경상우도를 방어하고 호남의 곡창지대를 확보할 수 있게 하였던 것이다.

이광악은 제1차 진주성 전투 이전부터 진주성 방어를 위해 참전하였다. 그는 5월 중순에 경상도초유사로서 진주성에 들어온 김성일의 명을 받아 진주성 방어를 위한 중위장으로 임명되었다. 이에 이광악은 사천과 고성 전투를 잇달아 지휘하여 6월 초 무렵에는 왜군들을 창원, 웅천 방면으로 퇴각시켰다. 또한 7월 말에는 진주성에 쳐들어온 왜군을 맞아 수성군의 좌익을 담당하여 여러 장수들과 함께 사천, 진해, 고성 등 여러 고을을 회복하였다. 이광악은 이러한 전투 경험과 자신감으로 10월 6일부터 10일까지 계속된 진주성 전투에서 10배에 달하는 적군을 맞아 전혀 동요하지 않고 전투하였으며, 주장인 진주목사 김시민이 총을 맞고 쓰러지자 대신 여러 장수들을 독려하고 전투를 지휘하였다. 그는 또한 자신의 직속부대 곤양병사 1백여 명을 제1선에 내세우고 강궁을 쏘아 왜적을 격파하였는데, 특히 이광악 본인이 적장을 활로 쏘아 죽임으로써 수성군의 사기가 하늘을 찌를 듯하고, 전의를 상실한 적군은 퇴각하게 되었던 것이다.

뿐만 아니라 이광악은 정유재란 때 전라병사로서도 큰 활약을 하였다. 남원성이 함락된 뒤 전라병사로 임명된 이광악은 남원과 순천 일대를 중심으로 활약하였다. 그는 관군을 재정비하고 의병부대를 합류시켜 운봉이나 함양, 무주 일대에 출몰하는 왜군을 격파하는 한편, 순천의 왜교성에 주둔하고 있는 고니시 유키나가군을 여러 차례 공격하였다. 1597년 12월 18일부터 왜교성과 가까운 광양 지역 공략을 시작으로, 1월에는 순천성과 왜교 부근 왜군을 격퇴하였다. 그는 이러한 승리를 바탕으로 명군과 연합하여 대규모의 병력을 조직하여 왜교성을 공격하려고도 하였으며, 9월에는 제독 유정이 이끄는 명군과 연합하여 왜교성을 공격하기도 하였다. 이와 같은 이광악의 잇단 왜교성 부근의 전투는 고니시군을 순천의 왜교성에 묶어둠으로써 전라도 일대의 피해를 최소화하고 남해안 일대에 있는 다른 왜군과의 연결과 지원을 끊는 중요한 역할을 했던 것이다.

이광악은 왜란이 끝난 뒤에는 전라병사로서 진관체제를 복구하고 도적을 잡는 방책을 세우는 데 앞장섰다. 그리고 1600년대에는 여진족이 차츰 강성해짐에 따라 함경도를 지키기 위해 함경도 방어사와 남병사가 되어 여진족 방어에 그의 마지막 일생을 바쳤다.

그러나 이러한 이광악의 뛰어난 업적과 충절에도, 아직까지 그에 대한 연구가 제대로 진행되지 않고 있다. 이 글은 이광악에 관한 초보적인 연구에 지나지 않는다. 아직도 그가 왜란 때 수행한 역할, 특히 다른 장수들과의 관계나 영호남을 제외한 다른 지역에서 이룬 활동, 그리고 여진족과 관련하여 그가 수행한 일들이 무엇이었는가 등의 중요한 문제가 제대로 밝혀져 있지 않다. 따라서 필자는 이 연구가 이광악 연구의 기초적이고 초보적인 연구임을 자인하면서도, 앞으로 이 연구를 바탕으로 이광악이 더욱 새롭게 조명되고, 그에 관한 선양도 함께 이루어지기를 기대해본다.

■ 참고문헌

《明宗實錄》《宣祖實錄》《宣祖修正實錄》《仁祖實錄》《肅宗實錄》《春秋左傳》
《象村集》(申欽, 國立中央圖書館)
《白沙集》(李恒福, 國立中央圖書館)
《鶴峯集》(金誠一, 國立中央圖書館)
《春坡日月錄》(李星齡, 國立中央圖書館)
《紀年便攷》(朴羲成, 韓國學中央研究院)
《亂中雜錄》(趙慶南, 國立中央圖書館)
〈廣南君諡狀〉(李好閔, 獨立記念館)
《廣州李氏大同譜》(1988)
한국학중앙연구원, 한국역대인물종합시스템(http://people.aks.ac.kr/index.jsp.)

李炯錫, 《壬辰倭亂史》, 新現實社, 1974.
國防部戰史編纂委員會, 《壬辰倭亂史》, 1987.
趙湲來, 《임진왜란과 湖南地域의 義兵抗爭》, 아세아문화사, 2001.

具玩會, 〈朝鮮後期의 守令制運營과 郡縣支配의 性格〉, 경북대 박사논문, 1992.
朴洪甲, 〈16세기 전반기 정국 추이와 충주사림의 피화〉, 《史學研究》 79, 2005.
孫鍾聲, 〈강화회담의 결렬과 일본의 재침〉, 《한국사》 29, 국사편찬위원회, 1995.
趙湲來, 〈왜란의 발발과 경과〉, 《한국사》 29, 국사편찬위원회, 1995.
池承鍾, 〈16세기말 晉州城戰鬪의 배경과 전투상황에 관한 연구〉, 《慶南文化研究》 17, 1995.

석담 이윤우의 관직활동과 학문적 위상

김 학 수
한국학중앙연구원

1. 머리말

이윤우李潤雨(1569~1634)의 자는 무백茂伯, 호는 석담石潭, 본관은 광주이다. 그는 양란兩亂과 인조반정으로 이어지는 역사의 격동기에 학인學人이자 관료로서 치열한 삶을 살면서도 원칙과 소신을 굽히지 않아 스승 한상 성구鄭逑의 사랑과 기대를 한몸에 받았다. 또한 학문과 행실이 순독純篤하여 사우들로부터는 지란芝蘭 같은 사람으로 추억되었다.

> 참의 이윤우는 따사롭고 고아하며 한가롭고 고요한 성품을 지녔고, 학문은 독실하고 행실은 순수하였는데, 선조(우복)는 그와 더불어 아주 친하게 지냈다. 일찍이 선조는 화도시和陶詩를 지어 소회를 드러냈는데, 그 시는 다음과 같다.

지초芝草와 난초蘭草 같은 기운 타고났으며, 芝蘭諒同氣
난새와 학이 어찌 서로 달리 깃들리. 鸞鶴奈異棲
수레 타고 그대를 찾아가고도 싶으나, 命駕欲往從
시내와 길 먼데다 진흙탕이네. 川塗修且泥
거문고 뜯으며 그윽한 마음 쏟아내보나, 援琴寫幽思
궁상宮商 서로 안 어울려 마음 괴롭네. 宮商苦不諧
누가 능히 내 어깨에 날개 돋게 해, 誰能翰我腋
천리 먼길 훌쩍 날아가게 하려나.[1] 千里去不迷

당쟁의 시대를 살면서도 편협하지 않았던 그의 성품은 경향을 포함하는 교계交契 형성의 바탕이 되었고, 임금을 바르게 보좌하고 백성들의 삶을 윤택하게 하고자 노력했던 경세관료로서 열정과 치적은 관료사회의 미담이자 본보기가 되었다. 또한 기미를 알아 처신했던 '제弟'로서의 행신과 학문적 계승의 실상은 강문고제岡門高弟로 우뚝 서는 토대가 되었다. 이처럼 석담은 관료로서 활약과 치적이 학자적 면모를 가릴 수 없고, 학문적 대성이 관료로서의 생애를 축소시킬 수 없는 삶을 살아왔던 것이다.

2. 석담의 가계

석담 이윤우는 1569년 11월 4일 칠곡 웃갓리[上枝里]에서 뒷날 좌

1) 《愚伏別集》 卷8, 〈言行錄〉. "參議李公潤雨溫雅恬靜•學篤行純 先祖與之友善 嘗和陶詩寄懷 有云 芝蘭諒同氣 鸞鶴奈異棲 命駕欲往從 川塗修且泥 援琴寫幽思 宮商苦不諧 誰能翰我腋 千里去不迷 幷閒居雜記○已上 述師友從遊."

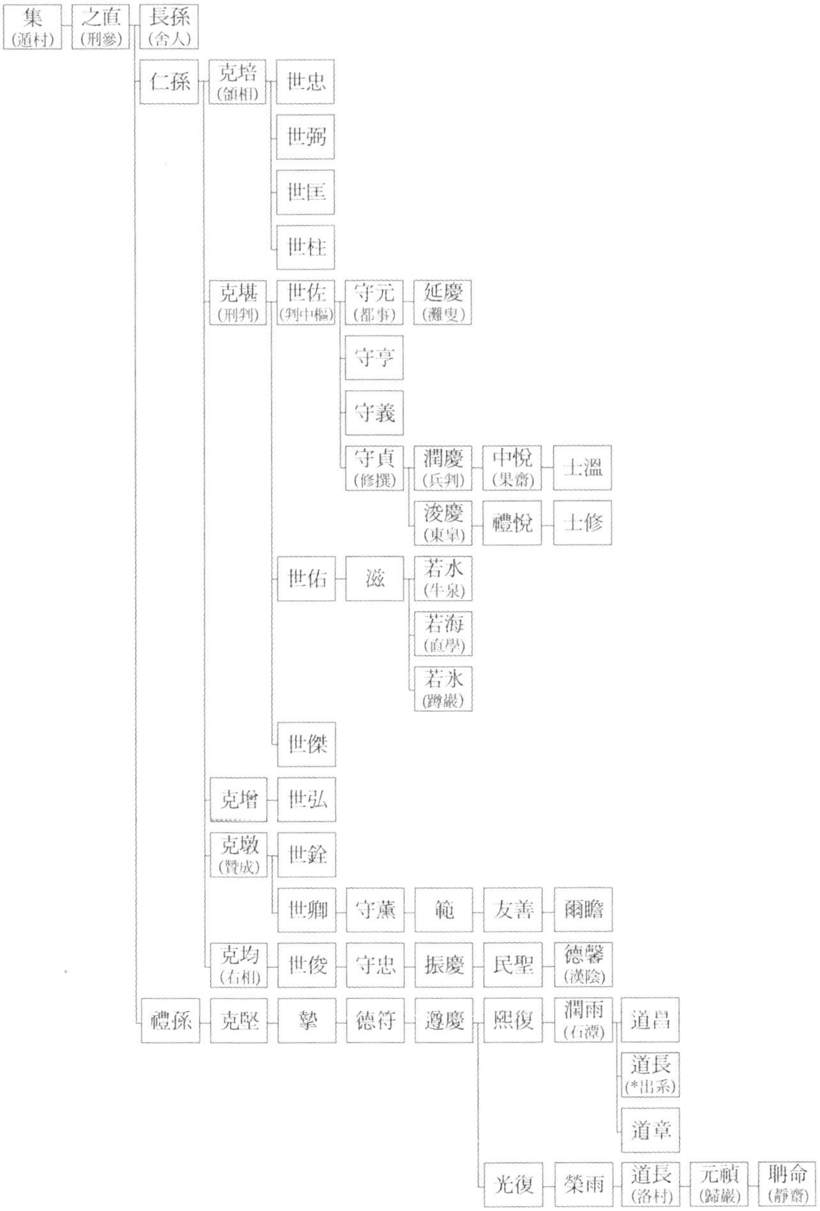

그림 6-1. 광주이씨 가계도

승지에 추증된 이희복李熙復과 별제 김숭조金崇祖의 딸인 청도김씨淸道金氏 사이에서 둘째 아들로 태어났다. 그의 집안은 한때 '광이창성廣李昌成'으로 일컬어지며[2] 문벌가문의 상징처럼 인식되었던 광주이씨 가문이었다. 세거지인 광주와 서울을 오가며 혁혁한 문벌을 이루었던 광주이씨의 한 지파가 성주에 정착한 것은 석담의 고조 이지李摯 때였다.

이극견李克堅의 둘째 아들이었던 이지는 아버지가 근무하던 성주에서 시종하다 영천최씨 최하崔河의 딸과 혼인하게 되면서 성주 상지(지금의 칠곡)에 정착하게 되었던 것이다.[3] 비록 이지는 사환과는 거리가 있었으나 당대 최고의 문벌가문의 자제였고, 처가 또한 성주 일대에 강력한 재지 기반을 두고 있었다는 점에서 사회적 기반은 탄탄했던 것으로 생각된다.

이지의 성주 정착은 단순히 거주지의 이동이라는 의미를 넘어 향후 자손들의 정치·학문적 행보에까지 중요한 영향을 끼쳤다. 그의 아들 이덕부는 신천강씨 강중진康仲珍의 딸과 혼인하였는데, 이 혼인은 훈구파의 대명사였던 광주이씨와 영남사림파의 결합이라는 점에서 주목되고, 뒷날 석담집안이 영남학파의 핵심가문으로 떠오를 수 있었던 가학적 토대도 여기에 있다고 볼 수 있다.

김숙자의 외손자로서 외숙 김종직에게 수학하여 사림파의 학통을

2) 成俔,《慵齋叢話》卷2. "當今門閥之盛 廣州李氏爲最 其次莫如我成氏 廣李自遁村以後漸大 遁村之子參議之直 參議之子三 曰長孫舍人 曰仁孫右議政 曰禮孫觀察使 舍人之子克圭今爲判決事 議政有五子 曰克培領議政廣陵府院君 曰克堪刑曹判書廣城君 曰克增廣川君 曰克墩吏曹判書廣原君 曰克均知中樞 皆階一品 四人以功封君 廣城雖早卒 其子世佐今廣陽君 文子文孫 羅列崇班 相繼不絶."

3) 혼인을 통한 낙남현상은 영남사림파 가문에서 그 사례를 적지 않게 찾아볼 수 있다. 정경세의 8대조 정의생鄭義生이 상주목사로 부임한 아버지 정택鄭澤을 따라왔다가 상산김씨 김득제金得齊의 딸과 혼인하여 상주에 정착한 것이라든지 이현일李玄逸의 고조 이애李璦가 영해부사로 부임하는 중부 이중현李仲賢을 배종하다 대흥백씨 백원정白元貞의 딸과 혼인하여 영해에 정착한 것이 이에 속한다.

이었던 신천강씨 강백진·중진 가계는[4] 한때 상주권을 중심으로 강하게 구축되어 있었던 탄수·소재학맥의 형성에 매우 중요한 영향을 미쳤는데, 강중진의 손자 강유선康惟善이 이연경의 사위이자 문인이었다.

이연경 →노수신으로 이어지는 소재학맥은 혈연성이 매우 강하였다. 이연경의 문인으로 알려진 노수신, 강유선, 심건沈鍵, 서경덕徐敬德, 조성趙晟, 윤정숙尹鼎叔[5] 가운데 노수신, 강유선, 심건은 이연경의 사위이자 문인들이었다. 또한 노수신의 문인으로 알려진 황오黃澳, 백광훈白光勳, 노대하盧大河, 강복성康復誠, 심희수沈喜壽, 김홍도金弘度, 유정惟靜 가운데 노대하는 노수신의 조카, 강복성은 강유선의 아들, 심희수는 심건의 아들이었다. 더욱이, 뒤에 강복성과 더불어 소재학맥의 구심점이 된 심희수는 노수신의 아우 노극신盧克愼의 사위가 됨으로써 소재학맥과는 학연·혈연으로 굳게 연결되어 있었다.

강유선의 유복자로서 외조 이연경의 집에서 생장했고, 노수신에게서 학문을 익힌 강복성은 이연경과 노수신에 대한 강한 연원의식을 갖고 있었는데, 그가 노수신이 살아있을 때 이미 이자李耔, 이연경을 세향하는 충수 계탄서원溪灘書院(팔봉서원으로 개칭되고 김세필·노수신을 추향함)을 건립했고,[6] 그 뒤 〈소재연보穌齋年譜〉의 편찬이나 《소재집穌齋集》의 중간 등 학맥의 현양사업을 스스로 도맡았던[7] 배경도 여기에 있는 것이다.

혼맥에 바탕을 둔 영남사림과의 유대는 여기서 그치지 않았다. 이

4) 《一松集》 卷8, 〈康舟川墓誌銘幷序〉.

5) 《東國文獻錄》 儒林篇 〈李灘叟門人〉.

6) 《穌齋集》 卷7, 〈溪灘書院記〉. “王子師傳康復誠實主院事 屢屬余文以記之.”

7) 《蒼石集》 卷12, 〈書蘇齋年譜後〉. “上年夏 竹磵康侯撰出先生年譜 間以示余 且要書一言于後…… 竹磵名復誠 早從先生游 得諸傳授者旣的 故其言皆實錄也.”

지는 김취성金就成의 딸을 손자며느리로, 김취문金就文을 손녀사위로 맞았는데, 선산 출신의 김취성·취문 형제는 박영朴英(1471~1540)의 문인으로 송당학맥을 대표하던 학자들이다. 김굉필의 문인 정붕鄭鵬의 문하에서 수학한 박영은 무반 출신이라는 점에서 사회적 기반은 그다지 견고하지 못했으나 학문과 행실을 바탕으로 선산, 밀양 등 영남 일원은 물론 호서 지역에 이르기까지 다양한 계층의 문도를 규합하였다.

각종 연원록에서 확인되는 송당문인은 이항李恒,[8] 성운成運, 박운朴雲, 김취성金就成, 김취문金就文, 노수함盧守諴, 최응룡崔應龍, 최해崔海, 최심崔深, 김진종金振宗, 길면지吉勉之, 문팽담文彭聃, 김종金琮, 신계성申季誠, 박소朴紹, 박집朴緝, 임건任楗 등이다.[9] 이 가운데 박운, 김취성, 김취문, 노수함, 최응룡, 최해, 최심, 김진종, 길면지 등이 선산 출신이며, 특히 박운, 김취성, 김취문, 노수함, 최응룡, 최해, 최심 등이 송당의 고제로서[10] 후계后溪문인 고응척, 월천문인 김번金蕃 등과 함께 16세기 중반 선산 지역의 학풍을 주도했던 것이다.

선산 지역에 끼친 송당학맥의 영향력은 원우 제향의 인적 구성에 그대로 반영되어 있었다. 수원인 금오서원金烏書院에는 길재·김종직·정붕·박영·장현광이, 낙봉서원洛峰書院에는 김숙자·김취성·박운·김취문·고응척이, 송산서원松山書院에는 최응룡·최현이 제향되었는데, 세

---

8) 이항과 성운은 조식, 서경덕과 함께 16세기의 처사형 학자로 이름이 높았는데, 이항의 학통과 사상에 대해서는 權五榮, 〈李恒의 性理說과 그 思想史的 位相〉, 《仁荷史學》 10-韓榮國教授 停年紀念號, 2003, 471~496쪽 참조.

9) 《松堂集》 卷3, 附錄 〈門人錄〉; 《東儒師友錄》 卷21, 〈朴松堂門人〉; 《朝鮮儒賢淵源圖》, 태학사, 1985, 30쪽.

10) 선산 지역 송당문인들에게서 보이는 한 가지 재미있는 특징은 노수함[松菴], 최응룡[松亭], 최심[松湖], 최해[松菴] 등이 박영과 같은 '송松' 자 호를 사용했다는 점이다. 필자는 이것을 우연이기보다는 박영에 대한 강한 사승의식의 발로로 해석하고자 한다.

곳 모두 송당학맥과 밀접하게 관련되어 있음은 재론의 여지가 없다.

위에서 살펴본 바와 같이 석담의 선대는 성주 이거 직후부터 탄수·소재학맥·송당학맥의 핵심가문들과 통혼하며 사회·학문적 기반을 확대해 나갔다. 비록 소재학맥과 송당학맥은 17세기 정경세, 장현광의 학문적 성장으로 저마다 우복학맥과 여헌학맥 속으로 흡수된 측면이 없지 않지만 이윤우가 정경세, 장현광과 교유하며 영남학파에서 입지를 더욱 굳힐 수 있었던 것도 선대에 확보된 혼맥·학맥과 일정한 관계를 가진다고 할 수 있다.11)

3. 광해-인조조의 정국과 석담의 관직활동

1) 광해조의 정국과 석담의 활동

석담이 관계에 발을 디딘 것은 1606년(선조 39) 문과에 합격하면서였다. 이때 그의 나이는 38세였고, 1591년 진사시에 입격한 지 15년 반이었다. 조사初仕로서는 꽤 많은 나이였지만 1607년 5월 성균관 권지 학유에 보임되면서 관직생활이 시작되었고, 탁월한 문장과 학식을 바탕으로 관계의 촉망을 받아 1609년에는 승정원 주서, 1610년에는 사림의 극선인 예문관 검열을 거쳐 시강원 설서를 역임했다.

그러나 광해군의 즉위 이후 대북정권이 강화되면서 그의 앞길에도 어두운 그림자가 드리워졌다. 정인홍과의 갈등과 대립이 그 원인

11) 석담은 56세 때인 1624년 4월 선산 들성[坪城]으로 가서 외증조 김취성의 묘소를 참배하고 치제하는 등 연원의식을 유지하고 있었다(《石潭集》 年譜 〈甲子〉(1624) "往善山坪城 祭眞樂堂金先生墓").

이 되었다. 대북의 영수로서 광해군을 옹립하는 데 성공한 정인홍은 중앙정계에서 강력한 영향력을 행사하였고, 또 남명의 수문을 자처했던 그는 1610년 사림오현(김굉필·정여창·조광조·이언적·이황)의 문묘종사에 즈음해서는 퇴계학파와 갈등을 키워갔다. 더욱이 그는《남명집》의 간행을 독단하며 동문이었던 한강을 철저히 배제시켰고, 정구의 〈동강만사東岡輓詞〉에 반발하여 〈고풍정맥변高風正脈辨〉을 지어 이를 비판하는 등 이미 선조 말년 무렵부터 정구와의 관계도 더 이상 회복할 수 없을 정도로 악화되어 있었다.

남인을 표방했던 석담에게 정인홍 등 대북정권의 전횡은 응당 비판의 대상이 될 수밖에 없었고, 또 한강의 애제자였던 그에게 '퇴계폄하론'에 바탕을 둔 정인홍의 위압적 태도 또한 비판의 대상이기는 마찬가지였다.

이에 석담은 한림(검열)으로 재직하면서 정인홍을 비롯한 대북 일파의 비리와 죄상을 직필하였는데, 이것은 남인 퇴계학파라는 정치·학문적 입장을 넘어 사관으로서 마땅히 해야 할 공직자의 도리이기도 했다. 그러나 당시의 정국 구도에서 석담의 입장을 용인하기는 어려웠고, 평소 석담의 예기와 직필을 두려워했던 대북파들은 그에 대한 경계를 강화하는 가운데 석담은 마침내 1610년 12월 사헌부의 탄핵을 받아 파직되기에 이른다.

> 사헌부가 아뢰기를, "검열 이윤우는 사람이 사악하고 아첨을 잘하며, 대현大賢을 모욕하는 것으로 출세의 바탕을 삼아 왔습니다. 붓을 잡는 직책을 이런 사람에게 맡길 수 없으니, 체직하고 서용하지 말도록 명하소서.〔윤우는 (영남) 성주인星州人이다. (한번) 붓을 잡은 (이후로 악을 내치고 선을 허락하기를 지극히) 엄하고 분명하게 하였다. (그래서 이미) 시기하고 아첨하는 무리

의 뜻에 거슬렸다.」[12]

당시 석담은 태백산 사고의 포쇄曝曬를 마치고 돌아온 직후에 사헌부의 탄핵을 받았는데, 발론자는 지평 한찬남韓纘男이었지만 배후 주론자는 정인홍, 이이첨 등 대북의 수뇌부들이었다. 한찬남 등이 제기한 탄핵의 사유는 석담이 '대현을 모욕하는 것으로써 출세의 바탕을 삼았다'는 데 있었는데, 여기서 대현은 곧 정인홍을 가리키는 말이었다.[13]

결국 석담은 정인홍과 대북의 전횡에 직필로써 맞서다 파직되었고, 이듬해인 1611년에는 예문관 대교·봉교, 1612년에는 봉교와 성균관 전적에 임명되었으나 번번이 사양하는 등 한동안 조정을 떠나 있었다.

그러다가 1612년 4월 석담은 수성찰방에 임명되었고, 이때 그는 한강에게 출처를 의논하였다. 석담이 이처럼 출사를 깊이 고민했던 까닭은 수성찰방이 외방의 한직이기도 했거니와 출보의 이면에 있을 정치적 계산에 대한 우려 때문이었다. 대북파들은 평소 직언과 직필을 서슴지 않았던 석담을 변방으로 보냄으로써 정권을 더욱 농단코자 했던 것이고, 이런 의도를 꿰뚫어 본 주변 사람들이 부임을 만류하자 한강에게 출처를 자문했던 것이었다.[14] 이때 한강이 손수 전별연을 열어 충의忠義로써 권면하고, 출사를 권한 데 힘을 얻은 석

12) 《광해군일기》 권36, 광해군 2년 12월 16일 정해.

13) 《石潭集》 年譜 〈庚戌〉(1610). "冬奉命曝史于太白山 還爲韓纘男所劾 時鄭仁弘自負翊戴功 李爾瞻韓纘男爲其羽翼 先生心疾之 在史局直書其惡 及春秋館齊坐 爲爾瞻所瞯 忿恨欲害 先嗾纘男劾以侮辱大賢 所謂大賢 卽指仁弘也."

14) 《石潭集》 實記. "壬子四月 拜輸城察訪 時爾瞻纘男羅織於上 鄭沆郭祺等傾軋於下 陰害萬端 出補先生於絶塞 史禍朝夕將起 人皆危之 而先生曾不少沮曰死生命也 何怖之有 鄭先生設餞慰送 勗以忠義."

담은 곧바로 임지로 향했다.

그해 5월 수성에 도착한 석담은 자신의 녹봉을 들여서까지 역세驛勢의 정비와 확장에 만전을 기했고,15) 여가시간에는 경성판관 정온鄭蘊, 길주목사 정문부鄭文孚와 회합하여 친분을 다지는 한편으로 《퇴계집》 등을 읽으며 학문에 열중했다.

이런 가운데 석담은 1613년 여름, 다시 대북의 탄핵을 받아 파직되어 남쪽으로 돌아왔다. 그런데 어찌된 영문인지 대북들은 그가 돌아온 지 10일 만에 다시 경성판관에 보임하는 파격적 인사를 단행했다. 여기서 잠시 《광해군일기》를 살펴보자.

> 이윤우를 경성판관鏡城判官으로,〔이윤우는 일찍이 사관이 되었는데, 정인홍이 그가 자신의 잘못을 직서直書했다는 말을 듣고 대간을 사주하여 그를 탄핵하여 수성찰방輸城察訪으로 내보냈는데 끝나고 돌아온 지 열흘 만에 다시 경성판관에 임명하였다.〕16)

사관의 논평대로, 그의 경성판관 출보는 한림으로 재직했을 때 정인홍과 그의 당여들의 죄상을 직필한 것에 대한 정치적 보복과 다름없던 것이다.

그해 10월 임지에 도착한 석담은 위엄과 신의로써 정사에 임했고, 사직社稷·석전釋奠·성황城隍·여제厲祭를 몸소 행함은 물론 향교를 수리하여 경내의 유생들을 훈도하는 데에도 최선을 다했다.17) 그 결과 1615년에는 순검사의 보고로 광해군으로부터 표리를 하사받기도 했

15) 《石潭集》 實記. "五月赴任 當職盡心 撫摩郵卒 捐供立馬 關北驛路 賴以稍蘇."
16) 《광해군일기》 권70, 광해군 5년 9월 9일 갑자.
17) 《石潭集》 年譜 〈癸丑〉(1613). "九月拜鏡城府判官."; 〈甲寅〉(1614). "修飾學宮 會儒生課學."

다.[18]

한편 석담은 1616년 4월 회령에 오산서원鰲山書院을 세우고 김우옹金宇顒의 위패를 봉안하였다. 회령은 1589년 김우옹이 기축옥사에 연루되어 유배된 곳이었다.[19] 판관 재직시 이곳을 자주 오가면서 동강의 유촉遺躅을 기릴 서원의 필요성을 절실히 느꼈던 석담은 감사와 수령에게 도움을 요청하고 가까운 선비들을 권유하여 건원사업을 마무리할 수 있었고,[20] 봉안 당일에는 직접 위판의 글씨를 쓰고 축문까지 지어 봉향하였다.[21] 이러한 흥학과 존현의 구실 덕분에 1642년 석담의 위패도 오산서원에 봉안되었는데, 당시 이를 주도한 사람은 '석담묘지명石潭墓誌銘'의 찬자이기도 했던 김세렴金世濂이었다.[22]

1616년 5월 임기를 마치고 고향으로 돌아온[23] 석담은 1623년 인조반정으로 북인정권이 몰락하기까지 꼬박 7년 동안 모든 관직을 마다하고 향리에 은거하였다. 이때 그는 한강과 함께 강학에 전념하는 가운데 《오선생예설분류五先生禮說分類》 등 한강의 주요 저술의 교정에도 힘을 기울였다. 또한 그는 도산·역동·옥산서원 등 선현의 유적지를 방문하거나 《서애집》의 교정작업에 참여하는 등 영남유림에서

18) 《石潭集》 年譜 〈乙卯〉(1615). "二月巡檢使上治績 賜表裏."

19) 《선조수정실록》 권23, 선조 22년 12월 1일 갑술.

20) 《石潭集》 年譜 〈丙辰〉(1616). "四月往會寧 建鰲山書院 奉安東岡金先生位板."; 《東岡集》 年譜 〈丙辰〉. "四月 會寧鰲山書院成 先生易簀後十年 韓柳川浚謙按是道 採府中士論 營立是院 功未畢而被遞 崔公瓘繼爲方伯 助以米布 以成韓公之志 而又未畢 乙卯 李公宗一守是府 始克完事 以明年四月 奉安位板."

21) 《東岡集》 附錄 卷2, 祭文 및 輓詞 〈鰲山書院常享祝文李潤雨〉. "居夷何陋 素行其位 晉鄙薰德 潮廟懸思."

22) 《石潭集》 〈實記〉 〈鰲山書院尊德祠誌〉. "石潭李先生……勸進後學 作成人才 北方士林 仰之若山斗 金公世濂按本道而採史論 壬午八月二十日 奉安位板."

23) 석담이 환향하자 경성 부민들은 路資를 제공하는 한편 철비를 세워 그의 善政을 기렸다고 한다(《石潭集》 年譜 〈丙辰〉. "五月 爪滿遞還……及歸行橐蕭然 鏡民無不齎咨 立鐵碑爲去後思").

활동 범위를 더욱 넓혀갔다.

이런 가운데 석담은 1620년 한강이 세상을 뜨자 상을 치르는 데 주력하는 한편, 저술의 편간 및 원우의 건립 등 한강 추양사업에 몰입하였다. 물론 이때는 광해군의 말년으로서 대북정권이 더욱 극성을 부리던 시기였으므로 환로 자체가 봉쇄된 측면도 없지 않지만, 석담은 스승 사후 동문들의 결속을 도모하고 추양사업을 추진하는 데만 열중할 뿐 출사에는 전혀 뜻을 두지 않았다. 더구나 그는 인조반정 직전인 1623년 정월에는 문도들에게 《주역周易》을 강론하는 등 오로지 한강의 학풍을 계승, 발전시키는 데 박차를 가했다.

2) 인조반정과 남인 중진관료로 부각

1623년 3월 이귀, 김류 등이 주도하여 성사시킨 인조반정은 향후 3백 년 서인정권의 초석을 다진 정치적 사건이었다. '서인이 이를 갈고 남인이 원망을 품으며 소북이 비웃는' 상황에서 성사된 반정은, 대북정권의 패륜성 그 자체보다는 대북의 독주에 대한 서인의 반발에 주된 원인이 있었다. 반정 뒤 서인들은 남인을 이른바 관제야당官制野黨으로 삼아 서인·남인의 연립정권을 세웠다. 서인은 대북이 일당독재하다가 패망한 것을 지켜보았기 때문에 의식적으로 남인과 소북의 일부를 관제야당으로 육성한 것이다.

그러나 그것은 하나의 집권방편이자 민심수습책에 지나지 않았다. 당시 여론은 반정 자체를 그저 군주를 바꾼 것에 지나지 않는다고 여길 정도로 공신세력에 대해 냉소적 태도를 보이고 있었다. 심지어 정태화는 반정공신 가운데 순전히 종묘사직을 위해 힘쓴 사람은 최명길, 장유, 이해 등 몇 명뿐이었다고 떠올릴 정도였다.

이런 상황에서 인조정권은 수많은 저항운동에 부딪히게 되었다. 인조 초반에 집중된 이괄의 난, 이인거의 난, 유효립의 역모사건 등 여러 모역 및 고변사건이 이를 입증하고 있다. 이에 서인들은 이러한 위기 국면을 극복하고자 인조정권에 반대하는 행위는 역모로 처단하는 한편, 청서淸西계를 비롯하여 일부 남인들의 등용을 통한 민심의 수습에도 적극적인 모습을 보였다.[24] 그 결과 이원익, 정경세(서애문인), 이준(서애문인), 정온(내암·월천·한강문인), 최현(한강문인), 조정(학봉·한강문인), 전식(서애·여헌문인), 김영조(서애문인), 이윤우(한강문인), 홍호(서애·우복문인), 권도(한강·여헌문인), 김응조(서애·우복·여헌문인) 등이 조용되었는데,[25] 여기서 눈여겨볼 것은 이들의 성격이다.

서인들은 이원익으로 대표되는 근기近畿남인과 정경세로 대표되는 영남남인의 일부를 일종의 정치적 파트너로 받아들였는데, 후자의 대부분이 서애·우복학맥 또는 한강·여헌학맥과 밀접한 관련이 있었던 것이다. 즉, 서인들은 영남남인 가운데서도 학통으로 보아 퇴계학파에 속하고 지역적으로는 안동(풍산), 상주, 인동, 성주, 단성(진주) 등 서부 지역(강우 지역)의 인사들을 주로 인진引進하였으며, 이런 경향은 장현광과 유진을 산림으로 징소하는 과정에서 더욱 뚜렷해졌다.[26] 정경세와 장현광이 인조조 영남남인의 양대 축을 이루게 되면서 그 문인들의 정치적 진출도 활발해졌던 것이다.

24) 오수창, 〈인조대 정치세력의 동향〉, 《한국사론》 13, 1985; 한명기, 〈인조반정 이후 재조북인에 대한 소고〉, 《조선의 정치와 사회》, 2002.

25) 고영진, 〈17세기 전반 남인학자의 사상-鄭經世·金應祖를 중심으로-〉, 《역사와 현실》 8, 1992, 88~90쪽.

26) 장현광의 산림으로서의 징소 배경과 활동에 대해서는 우인수, 《朝鮮後期 山林勢力研究》, 일조각, 1999 참고.

> 오직 상주와 인동은 정경세와 장현광으로 말미암아 풍속이 미후美厚하지만 그 나머지 열읍은 군부君父를 염두에 두지 않고, 수재守宰를 구축하는 것을 계책으로 삼아 모든 차역差役을 전혀 거행하지 않는다.[27]

위 글은 반정 직후인 1623년 경상감사 김지남이 조정에 올린 장계의 일부인데, 영남을 상주·인동권과 그 밖의 지역으로 구분, 인식하는 서인계의 대對영남정책의 한 부분이 극명하게 드러나 있다.

이와는 대조적으로 안동·예안권은 서인정권의 등용권에서 다소 멀어져 있었다. 서인정권의 입장에서 볼 때, 특히 예안은 광해조에 월천계가 대북과 연계한 전력이 있어 이들의 수용은 정정의 불안으로 직결될 수 있다는 우려가 있었다.[28] 공교롭게도 예안 사림들 또한 서인정권 참여에 매우 부정적이었다. 물론 일부 월천문인들은 상주권의 우복문인들과 더불어 등용되기도 했으나, 지조가 있어 세칭 '영남제일인嶺南第一人'으로 불렸던[29] 김영은 인조반정을 현실로 받아들이기는 하면서도 서인집권에 냉담한 반응을 보여 모든 관직을 마다하였다. 더욱이 그는 1624년 3월 이준李埈, 황정간黃廷幹, 김지복金知復, 고인계高仁繼 등 서애·우복문인들과 김중청金中淸, 이광윤李光胤 등 월천문인들이 등용된 것을 잘못된 일[弊事]로 규정할[30] 만큼 서인세력은 물론 이에 동조하는 영남남인들에 대해서도 비판적 입장을 고수하였다. 예컨대, 1623년 8월 예조정랑에 임명되자 이를 서인들의

27) 《溪巖日錄》〈癸亥7月1日〉. "金止男搆陷此道人啓達云 惟尙州仁同 鄭經世張顯光之故 風俗美厚 其餘列邑 不有君父 以驅逐守宰爲計 凡所差役 專不擧行."

28) 정만조, 〈仁祖4年 陶山院長 李有道 致斃事 논란〉, 《韓國學論叢》 26, 국민대학교 한국학연구소, 2003.

29) 《인조실록》 권28, 인조 11년 1월 9일 신축.

30) 《溪巖日錄》〈甲子3月4日〉. "尙州李埈黃廷幹金知復高仁繼 或拜官或擬望 其他鄭彦宏琴業金中淸李光胤等 大爲弊事 琴以募得義糧爲言 黃與金 皆拜別提."

'정치적 수단'으로 치부하며 출사를 거부하는 한편, 전이성이 정경세의 주선에 힙입어 병조정랑에 임명된 것을 비웃기도 했던 것이다.[31]

이처럼 인조반정으로 정국이 급반전하고 서인계의 영남등용론이 상주·인동·성주 등 강안 지역에 집중되는 상황에서 대북정권에 직필로 맞서다 수난을 겪은 석담의 존재가 부각되는 것은 당연한 결과였다. 그리하여 그는 1623년 6월 예조정랑에 전격 발탁되어 입경하게 되는데, 정경세·장현광과 그의 문도들이 중심을 이룬 당시 영남 남인의 정치적 진출상을 고려할 때 석담의 입조는 한강학맥을 대변하는 성격이 짙었다.

이후 그는 사간원 정언, 성균관 전적을 거쳐 같은 해 9월에는 신정新政 출범에 즈음하여 이도吏道 쇄신 차원에서 특별히 기획, 추진된 암행어사 파견 대상에 특차되는[32] 등 조야의 신망을 받았다. 또한 그는 탁월한 학식을 바탕으로 경연관으로 활동하며 군왕을 계도하는 데 노력했고,[33] 부제학 정경세와 함께 《대학》, 《논어》를 교정하는 등 당대의 학술문화를 주도하였다.[34]

이런 가운데 그는 부수찬, 부교리, 교리 등 문한직을 독점하였으며, 1624년 이괄이 반란을 일으키자 왕명에 따라 초유교문招諭敎文을 찬하는 한편 함경도 선유어사宣諭御使로 파견되어 민심을 진정시키는 데 크게 이바지했다.[35] 그리하여 그에 대한 인조의 신임도 더욱 깊

31) 《溪巖日錄》〈癸亥8月13日〉. "初五日政 除禮部郎中 是盖西人之前手段也 前旣未赴 今則所當往而病身又有辱舌 何能生意乎 全性之拜兵郎 鄭景任全淨源有書云 力言於諸位 有此差除 須陪道急來以實鄙等之言 看來 可笑."

32) 당시 석담은 張維, 李命俊, 李榮, 金時言, 金世濂, 崔有海, 鄭基廣 등과 함께 어사에 차정되었으나 영의정 이원익이 경연에서 그의 건강을 우려하여 만류하는 건의를 함으로써 行公하지는 못했다(《石潭集》 年譜 〈癸亥〉 "九月 承御使之命").

33) 석담의 경연에서의 활동상은 《石潭集》 卷3, 〈筵說〉 참조.

34) 《石潭集》 年譜 〈癸亥〉. "與副學鄭愚伏 校正大學……與鄭愚伏校正論語."

35) 《인조실록》 권4, 인조 2년 2월 8일 임진.

어졌지만 석담은 이에 만족하지 않고 감언敢言, 직언으로써 임금을 보좌함을 자신의 임무로 삼아 사헌부 장령에 재직하던 1624년 4월에는 대사헌 장유와 함께 간언을 받아들이지 않는 인조의 병폐를 극론했고,[36] 10월에는 언로를 열고 조정의 기강을 바로잡을 것을 극력 주청하였다.[37]

한편 그는 민폐의 해결에 누구보다 고심했던 애민의 정치가이자 대북정권의 전횡을 보고만 있지 않았던 감언지사敢言之士였다.

> 교리 이윤우가 아뢰기를, '광해군이 10여 년 동안 혹독하게 침탈할 적에 궁중宮中의 차인差人들이 각 고을에 횡행했던 것이 곧 첫째 가는 고질적인 폐단이었는데, 오늘날 다시 이런 일이 있으니 진실로 통탄스러운 일입니다. 듣건대 충훈부의 위임을 받은 차인들이 역마를 타고 횡행하며 기름진 전토田土를 탈취하고 부역에서 빠져나온 완악한 백성들을 모아 놓고는 충훈부의 둔전屯田이라고 이름하는가 하면, 심하게는 과거 국정을 어지럽혔던 대부大夫들의 전장田庄을 모두 여러 공신들에게 소속시키고 당시 약탈당한 물품들도 그대로 차지한 채 돌려주지 않고 있다고 합니다. 이는 잘못된 폐습을 여전히 본받고 있는 것입니다.'[38]

> 시강관 이윤우가 아뢰기를, '삼결수포법三結收布法은 폐조 때에 만든 것인데 지금까지 혁파하지 않고 있으니, 백성들이 원망하며 괴로워하는 것이 또한 당연하지 않겠습니까. 그리고 충훈부가 경상도에 사람을 보내 둔전을 설치하고는 진鎭이라고 이름을 붙였는데, 민간에 피해를 끼치기 때문에 백성

36) 《인조실록》 권5, 인조 2년 4월 13일 병신.
37) 《인조실록》 권7, 인조 2년 10월 8일 기축.
38) 《인조실록》 권7, 인조 2년 10월 13일 갑오.

들이 모두 폐조에 비유하고 있다 합니다.'[39]

위 두 기사는 공신들이 백성들의 전토를 침탈하는 폐단을 지적한 것인데, 여기서 우리는 석담의 공신관功臣觀 또는 서인관西人觀을 일정 부분 엿볼 수가 있다. 인조정권에 참여했던 대부분의 남인계 관료들이 다 그러했겠지만 석담도 공서계의 지원이 없었다면 청요직을 역임하며 정국운영의 핵심으로 부각되기는 어려웠을 것이다. 그렇다고 영남남인들이 서인들에게 전적으로 동조한 것은 아니었다. 이런 정황은 반정 직후에 정경세가 '공신은 공신대로이고, 사론은 사론대로이다[功臣自功臣 士論自士論]'[40]라고 하며 공신에 대한 경계를 드러낸 것에서도 확인할 수 있다. 물론 이귀와 정경세의 인식 차이는 이귀를 비롯한 공서계의 대남인 강경책을 부추긴 면이 있었고, 심지어 인성군의 옥사와 관련해서는 이귀가 정온, 정경세, 최현의 목을 베어야 한다고 주장하는[41] 등 험악한 상황이 빚어지기도 했다. 남인들은 비록 서인정권에 조용되는 처지에서도 서인에 대한 비판과 견제의 고삐를 늦추지 않았던 것이다. 위 글에 나타난 석담의 건의 또한 이런 맥락에서 이해할 필요가 있는 것이다.

석담의 정치적 성장은 뒤에도 계속되었다. 1625년에 접어들어서도 그는 경연관으로서 인조를 측근에서 보필했고, 그해 2월에는 시강원 보덕으로서 서연을 아울러 출입했으며, 4월에는 정사원종공신(1등)에 녹훈되어 회맹연에 참여하기도 했다. 그리고 6월에는 사복시정, 8월에는 교리, 9월에는 의정부 검상을 거쳐 10월에는 사인이 되었고,

39) 《인조실록》 권8, 인조 3년 1월 6일 을묘.
40) 《인조실록》 권2, 인조 1년 7월 8일 병신.
41) 《인조실록》 권7, 인조 2년 11월 27일 정축.

12월에는 도당에 나아가 한림을 취재取才키도 했다. 그의 순탄했던 환력은 1626년에도 변함없이 지속되었다. 문한이 출중하고 직무상의 실사에도 뛰어났던 석담의 역량은 1627년 정묘호란에 대처하는 과정에서 다시 한 번 입증되었다.

> 상이 흥정당에 나아가 대신과 비국의 당상들을 인견하였다. 이때 이식李植이 아뢰기를, '정경세가 호소사로 차하된 일을 모르고서 지금 이미 올라왔습니다. 영남 지방의 경우에는 적들이 쳐들어왔다는 소식을 까마득히 모르고 있다고 합니다. 그러니 이윤우를 호소어사로 삼아 먼저 내려보내야만 합니다.……정경세가 아뢰기를, '생각컨대 도내의 백성들이 이구동성으로 서로 응할 것입니다. 그리고 신은 조정의 선비 몇 사람을 얻어서 종사관으로 삼았으면 합니다. 이윤우는 이미 차하되었다고 하니, 강대진姜大進(강대수)이 현재 대관臺官으로 있는데, 어떨지 모르겠습니다. 만약 불가하지 않다면 신은 그를 직접 선발하고 싶습니다. 박한도 데리고 갔으면 합니다' 하니 상이 이르기를, '영남의 일이 아주 중요하니 그대로 하라'고 했다.42)

즉 이식은 석담을 경상좌도 호소사 정경세의 종사관으로 적극 추천했고, 석담은 이에 부응하여 정경세를 도와 여러 고을의 의병을 초유하고 군량을 모으는 데 적극 노력했던 것이다.43)

한편 석담은 1628년 세 번째 외직인 담양부사로 부임하였다. 여기서 그는 약 2년 6개월을 봉직하는 동안 활리猾吏의 농간을 엄하게 다

42) 《愚伏別集》 卷3, 經筵日記 〈丁卯丁月二十四日〉. "上御興政堂 大臣備局堂上引見時 李植曰 鄭經世不知號召使差下之事 今已上來 嶺南則漠然不知賊奇云 李潤雨稱號召御史 先爲下送可矣……經世曰 道內人民 想必同聲相應矣 且臣欲得朝士數人爲從事官 李潤雨則旣已差下云 姜大進方爲臺官 未知何如 若無不可則臣欲自辟 朴亦欲帶往矣 上曰 嶺南之事尤重 依爲之."

43) 《石潭集》 年譜 〈丁卯〉(1627). "承命爲號召使從事……先生承命南下 招諭列邑義兵 辦取糧餉."

스려 향풍을 새롭게 진작시켰고, 관창官倉을 열어 기민을 구제하는 등 민생의 개선에 힘썼다. 또한 그는 향교와 미암서원眉巖書院(=義巖書院)을 수리하여 향중 자제들의 교학활동을 독려하는 등 흥학에도 열정을 쏟았다. 이처럼 선정을 베푼 결과 1630년 7월 그가 부사에서 물러나 고향으로 돌아가자 부민들은 청덕비淸德碑를, 사림들은 흥학비興學碑를 세워 그의 선정과 흥학의 공을 기렸다.[44)]

그 뒤 석담은 1631년 11월 공조참의에 올라 목릉穆陵의 동지 헌관과 유격 강정국江定國을 영접하는 접대소의 당상직을 수행하기도 했으나 연로하여 건강이 좋지 않아 이전처럼 활발한 활동을 펼치지는 못했다. 이듬해인 1632년에는 풍비風痺가 재발하여 벼슬을 그만두겠다고 글을 올렸고, 같은 해 6월 인목대비의 상에 부곡한 것을 끝으로 관직생활을 마무리한 채 선대의 묘도문자, 행장, 묘갈명 등을 제찬하는 등 집안의 문헌 정비에 노력하다 1634년 윤8월 9일 66세를 일기로 생을 마감하였다.

이상에서 살펴본 바와 같이 석담은 38세라는 비교적 늦은 나이에 출사하였지만 전후 약 30년을 관료로 지내는 동안 내외의 요직을 거치며 많은 지석을 남겼다. 우선 그는 사림들이 선호했던 한림, 삼사 등의 요직을 역임한 엘리트 관료로서 부당한 권력에는 직필과 직언으로 맞섬으로써 관료사회의 귀감이 되었으며, 외직으로 나아가서는 민생의 구제와 문교의 진흥에 앞장섰던 바람직한 공직자상을 이루었는데, 여기서 우리는 1603년(선조 36) 석담이 성균관에 유학하였을 때 그를 '국기國器'로 추중해 마지않았던 관중 제유들의 평가[45)]를 되새겨 볼 필요가 있을 것 같다.

---

44) 《石潭集》 實記 〈潭陽興學碑銘〉.

45) 《石潭集》 實記. "三十一年癸卯 遊泮宮 館中諸儒 見先生容貌端重 言行有度 無不敬服 推以國器."

4. 한강학맥과 석담의 학문적 위상

1) 학문의 연원-사우관계를 중심으로

성주 낙남 이후 신천강씨 강중진 가문, 선산김씨 김취성·취문 가문 등 영남사림의 주요 가문들과 통혼하며 재지적 기반을 확보해 가던 광주이씨는 석담 이윤우라는 뛰어난 학자를 배출하면서 영남의 학계가 주목하는 집안으로 성장하게 되었다.

이윤우의 학문적 성장에서 결코 간과할 수 없는 인물은 한강寒岡 정구鄭逑이다. 남명·퇴계 양문의 고제였던 한강은 16세기 후반부터 성주·대구권을 중심으로 강학하여 자그마치 340여 명에 이르는 문인을 배출함으로써 이른바 '한강학단寒岡學團'을 이루게 된다. 석담은 21세 되던 1589년 한강을 스승으로 섬긴 뒤부터 1620년 사문師門의 상을 당하기까지 꼬박 30년을 한강문하에서 수학하였다. 뿐만 아니라 그는 '한강 추양사업'을 사실상 앞장서서 지휘하였고, 사후에는 사양서원(1664), 회연서원(1677)에 종향됨으로써 강문고제岡門高弟로서의 위상을 더욱 공고히 할 수 있었던 것이다. 이처럼 석담의 학문과 학통상의 지위를 논하는 데 한강의 존재는 거의 절대시 되었고, 또 그것이 사실에 바탕하고 있다는 점에서는 의심의 여지가 없다.

그럼에도 석담의 사승과 관련하여 반드시 언급해야 할 사람은 율곡 이이이다. 석담과 한강 사이의 단선적이고도 강렬했던 사제관계의 측면에서 볼 때, 석담의 '율곡문인설'은 매우 예외적이긴 해도 이것은 엄연한 사실이었다.

'영남학파'와 '기호학파'라는 양분적 관점, 여기에 17세기 중엽 이후 전자는 남인, 후자는 서인(노론·소론)이라는 정파적 구별의식이

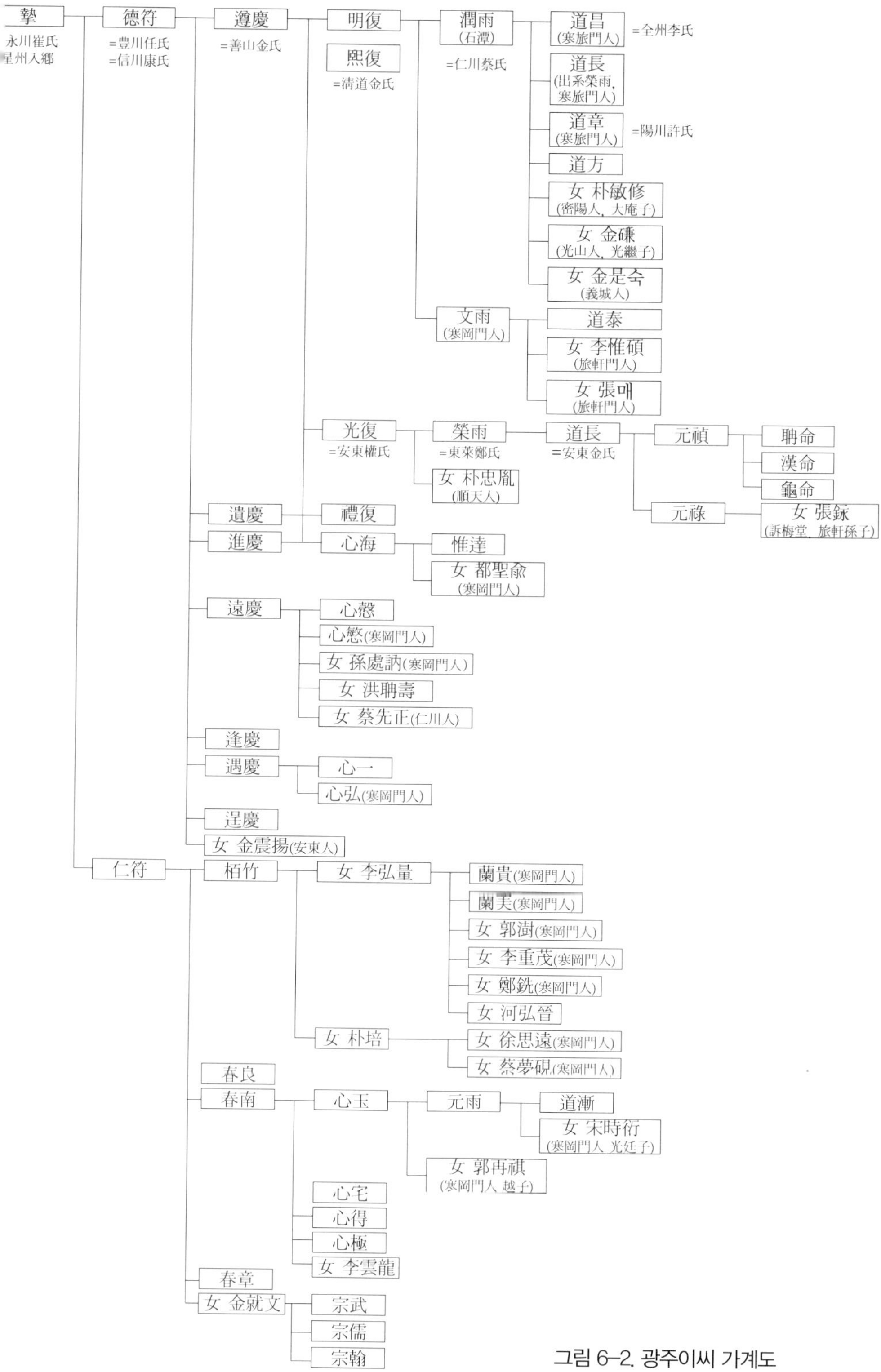

그림 6-2. 광주이씨 가계도

고착화하면서 영남과 기호의 소통은 그것이 순수 학문적인 교류라 할지라도 좋지 않게 보였고, 이 과정에서 당대의 실상들이 은폐 또는 축소되어 갔다.[46)]

석담의 '율곡문인설'과 관련하여 이이의 《율곡전서栗谷全書》나 이윤우의 《석담집石潭集》 어디에도 두 사람이 사제간이라는 기록은 없다. 하지만 석담의 '율곡문인설'은 석담이 신흠에게 '한강신도비명'을 청탁할 때 직접 진술한 내용에 바탕을 두었고, 이 말이 신흠의 아들 신익성申翊聖, 손자 신경申炅을 거쳐 외손자인 박세채에게로 전승되면서 문자화되었던 것이다.

> 신형申兄 용회用晦[申炅]가 말하기를, "이공 윤우潤雨는 율곡의 문인이다. 문하에서 가장 오래도록 수학했고, 선생께서 돌아가시자 다시금 한강을 사사했다. 뒤에 어떤 사람에게 말하기를, '율곡 선생을 모시고 있을 때는 마치 춘풍이 가득한 방에 들어간 것 같아 하루도 그 곁을 떠날 수가 없었는데, 나 또한 그 까닭을 모를 정도였다. 비록 몽매한 무리라 할지라도 한번 선생의 안색을 뵈면 기꺼워 심복하지 않을 수 없었다'고 했다고 하였다."[47)]

이에 따르면, 이윤우는 정구의 문인이기 전에 이이를 먼저 사사했

46) 이이의 퇴계문인 여부에 대해서는 논란이 있지만 《陶山及門諸賢錄》에 율곡이 등재되어 있고, 송당문인 김취문金就文의 아들로 석담과는 7촌의 척분이 있던 김종유金宗儒가 우계문하를 출입했고(《牛溪年譜》 補遺 卷5, 〈師友錄〉), 서애 유성룡의 아들 유여가 사계문하를 출입했고(《沙溪全書》 卷47, 〈師友錄〉), 사계문인 이유태李惟泰가 여헌문하를 출입했고(《旅軒全書》(下), 〈及門諸賢錄〉), 역시 사계문인 송준길宋浚吉이 정경세의 사위이자 문인이었던 점을 고려할 때 17세기 초반까지만 해도 영남·기호 사이의 학문적 교류가 적지 않았지만 우율종사론과 예송정국을 통해 서남 사이의 정쟁이 심화되면서 이런 양상은 크게 축소되었다고 할 수 있다.

47) 《南溪集》 卷57, 〈記少時所聞〉. "申兄用晦言李公潤雨 栗谷門人也 受學最久 及先生歿 又去事寒岡公 後謂人曰 當陪侍先生時 如入春風之室 不能一日而離其座 余亦自不知其何也 雖愚蒙之輩 一承顏色 莫不誠悅而心服焉."

고, 이이에 대한 경모심이 각별했음을 확인할 수 있다. 신경은 신흠의 손자이고, 박세채는 외손자라는 점에서 기록에 신빙성이 있고, 더구나 이 말은 이윤우가 신흠에게 '한강신도비명'을 청탁할 때 자술한 내용이라는 점에서 당시의 실상을 매우 잘 반영하고 있다고 본다.

뿐만 아니라 석담은 '한강신도비명'을 부탁하는 과정에서 자신의 '율곡사사설栗谷師事說'은 물론 한강의 '율곡경모설栗谷敬慕說'을 아울러 거론했다.

> 이윤우가 또 말하기를, "한강은 율곡을 크게 존경하여[大敬] 사모하고 좋아함이 깊었고, 일찍이 백사 이항복李恒福이 지은 율곡의 비문을 보고는 '문장이 좋기는 하지만 숙헌叔獻(이이)의 학문을 어찌 이토록 심상하게 형용해서야 되겠는가?'라고 했다고 한다."48)

> (이윤우가 말하기를) '한강은 율곡을 매우 존경하였고, 만년에 이르러서는 더욱 그러하여 항상 율곡의 후사後事를 자처하였다. 율곡의 비문이 서울에 도착하면 한강이 재빨리 취하여 읽어보았고, 두세 번 살펴보고는 천천히 말씀하시기를 '숙헌의 도덕을 어찌 이처럼 범연하게 논해서야 되겠는가'라고 하며 오래도록 안타까운 표정을 지었다고 한다.' 대개 이공(이윤우)은 처음에는 해주에서 이선생(이이)을 사사하였다가 뒤에 정선생(정구)을 따라 졸업하였는데, 외왕부 상촌공께 신도비문을 청하면서 자술함이 이와 같았다.49)

48) 《南溪集》 卷57, 〈記少時所聞〉. "又曰寒岡大敬栗谷 慕好不淺 嘗見白沙李公所撰栗谷碑文 歎曰儘是好文章 第形容叔獻之學 豈可如是凡率之甚乎."

49) 《南溪集》 卷68, 〈跋寒岡先生甲申手帖〉. "因記少時內兄平山申用晦爲余說故石潭李公潤雨之言曰寒岡甚敬栗谷 晚歲猶然 常以後事自擬 及其碑文至自漢師 寒岡亟取而讀之 再三披玩 徐曰叔獻道德豈容如是泛論已也 憮然久之 蓋李公始事李先生於首陽 後從鄭先生卒業 爲請碑文於外王父象村公 其所自述如此."

이윤우가 제기한 정구의 '율곡경모설'과 '율곡후사론栗谷後事論'은 단순한 표방이 아닌 역사적 맥락과 가닥을 지닌 실사實事였다. 평소 정구의 학식과 경륜을 눈여겨 보았던 이이는[50] 1583년 3월 성혼成渾, 성윤해成允諧와 함께 그를 전격 추천[51]하였고, 같은 해 10월 이조판서에 재직하고 있을 때에도 적극 천거[52]하는 등 정구의 인진引進에 공을 들였다. 그 결과 그해 겨울 정구에게 형조·호조정랑이 제수되었던 것이다.[53]

이때 정구는 소명을 사양하는 대신 이이에게 감사 편지를 보냈다.[54] 이 사실은 서인계 명사들 사이에서 공공연하게 회자되었고, 더욱이 박세채가 이 편지 내용을 바탕으로 율곡과 한강의 '여택도합설麗澤道合說'을 주장[55]함으로써 한때 정구의 '율곡문인설'이 나돌기에 이르렀으며, 마침내 박세채는 정구의 문묘종사론을 거론하기까지

50) 이이는 평소 정구를 김우옹, 정인홍과 함께 조식의 고제로 인식하는 가운데, 정구를 '예학에 공을 들이고, 율신에 엄격하며, 논의가 영발하여 청명이 날로 드러났다'고 평하는 한편 관료로서의 자질에 대해서도 격찬한 바 있었다[《栗谷全書》 卷29, 經筵日記 〈隆慶六年壬申〉(1572). "(南冥)門人多介士 而金宇顒鄭仁弘鄭逑最著."; 卷30, 經筵日記 〈萬曆八年庚辰〉(1580). "以鄭逑爲昌寧縣監 逑謹於禮學 律身甚嚴 議論英發 淸名日著"; 卷30 經筵日記 〈萬曆九年辛巳〉(1581). "持平鄭逑上疏辭職 不允 無何 因事遞職 逑治邑 政聲赫然."].

51) 《선조수정실록》 권17, 선조 16년 3월 1일 계미.

52) 《선조수정실록》 권17, 선조 16년 10월 1일 기유. 당시 정구와 더불어 '양강兩岡'으로 불리던 김우옹에 대해 이이는 "선인善人이라고 할 수는 있으나 시비는 밝지 못합니다"라고 하여 매우 상반되는 인식을 드러냈다.

53) 《寒岡全書》 年譜 〈癸未〉(1583)에도 "冬拜刑曹正郎戶曹正郎 皆不就 是年春 上令備邊司各薦人才 李栗谷擧以應命"이라 하여 이이의 천거 사실을 특서하였다.

54) 《寒岡續集》 卷2, 〈答李叔獻珥〉. "去年 聞尊兄西行 時論大紛 旣又披召還朝 而與牛溪兄 共理天官 魚水之歡 協恭之美 實爲千載一時 平生所講 今且不爲空言 而陶一世於太和之中矣 其所以慰賀而跂望者 夫豈在他人之後哉 然區區相愛之心 猶不容已焉 則竊復有一說焉 願吾兄體聖明知遇之隆 念吾身負荷之重 深恢顔子不較之量 務存孟氏反求之義 付是非於公論 忘彼此於東西 廓虛明之見而無所蔽 審權度之用而極其當 非古之王佐之道 不以存於心中 非古之王者之道 不以陳於君前."

55) 《南溪集》 卷68, 〈跋寒岡先生甲申手帖〉. "兩先生並生一時 麗澤道合 未嘗以遠近疏密而有間……旣與牛溪成先生造朝共貞 繼請召用先生 仍爲之與書 以冀趨命 是雖辭旨曲折 無所尋繹 而其彙征求助之大意 凜凜可識也……是不惟爲李先生當時受用之藥石 抑足以見鄭先生平日造詣之蘊奧……而諸賢之推誠進士 責善圖事 又自洛閩以來所未有者."

했던 것이다.[56)]

석담이 거론한 한강의 '율곡경모론'과 '율곡후사론', 박세채가 표명한 이이와 정구 사이의 '여택도합설' 때문에 기호학파권에서는 한때나마 정구의 '율곡문인설'이 널리 펴져있었던 것 같다. 이에 대해 송시열은

> '한강의 도통이 율곡에게 귀속된다'고 한 것은 도덕의 고하高下는 물론이고 시세時世의 선후에서도 도착됨이 심하니, 이 설이 혹 다른 사람의 눈에 띄게 되면 웃음거리가 됨을 면치 못할 것입니다.[57)]

고 하며 이를 한마디로 부정함으로써 정구의 '율곡문인설'은 더 이상 거론되지는 않았지만, 이상의 서술로 볼 때 석담이 율곡의 문인이고, 한강이 율곡을 존경했던 것은 분명한 것 같다. 석담이 서인계인 신흠에게 한강의 신도비명을 촉탁했던 것도 이런 맥락에서 이해할 필요가 있다.

석담과 율곡의 관계성이 이러했음에도 《석담집》이나 《율곡전서》에 관련 기록이 전혀 보이지 않는 것은 서남 당쟁의 여파 때문으로 파악된다. 알려진 바와 같이 석담의 (생가 쪽) 손자 원정과 증손 담명은 숙종조 남인정권의 핵심 당로자로서 율곡의 학통을 이은 송시열, 김수항 등과 첨예하게 대립하였다. 현전하는 《석담집》의 간행연도는 자세하지 않으나 저자의 7대손 만운萬運(1736~1820)이 찬한 〈석담

56) 《敬庵遺稿》 卷7, 〈明齋先生年譜後說〉. "先生嘗言玄石以爲寒岡沙溪 實合從祀云." 이 연장선에서 박세채는 《東儒師友錄》(卷25)에서 퇴계문인 72현을 수록하면서 정구를 맨 앞에 편차하였는데, 이는 그가 정구를 이황의 수문으로 인식했음을 말해준다.

57) 《宋子大全》 卷102, 〈答沈德升別紙〉. "以寒岡道統歸之栗谷云者 無論道德之如何 而其時世先後殊甚倒錯 此說或掛他眼則恐不免見笑也."

선생실기石潭先生實記〉가 첨부되어 있는 것으로 보아 이만운이 가장家藏 초고草稿를 편차, 교열하여 정조-순조연간에 초간했을 가능성이 크다. 이만운이 1777년(정조 1) 문과에 합격하고도 끝내 청요직에서 배제된 것도 이원정, 담명 등 남인 강경론을 주도했던 선대의 정치적 입장과 무관하지 않았던 바, 그가 편찬한 것으로 추정되는 《석담집》에 석담의 '율곡문인설'이 개입할 여지가 없었던 것이다.

이상에서 살펴본 바와 같이 석담의 '율곡문인설'이 실사에 기초하고, 또 그러한 바탕 위에서 신흠에게 '한강신도비명'을 청했던 것도 사실이지만 석담이 한강학단, 나아가 17세기 초반 영남학파의 석학으로 성장하는 데 가장 큰 영향을 미친 인물은 한강이었다.

석담의 한강관은 '의리로는 사생師生의 분수가 정해졌으나 정으로는 부자의 친함과 같다'[58]고 한 〈한강만사〉에 압축되어 있다. 즉 석담에게 한강은 스승이자 어버이였고, 이러한 각별한 '사생의식'은 30년을 한강의 문하에서 수학하는 과정에 깊이 쌓인 것이었다. 〈석담연보〉에 따르면, 석담이 한강을 본격적으로 스승으로 섬긴 것은 21세 되던 1589년이었다.[59] 이 무렵 석담은 한강에게 《주역》을 배웠는데, 이때 한강은 석담에게 《소학小學》→4서(《논어》·《맹자》·《대학》·《중용》)→《근사록近思錄》→주자서로 이어지는 독서의 차제를 일러주었다. 이에 석담은 사문의 가르침을 충실하게 실천함으로써 동문의 준재들을 제치고 한강이 살아있을 때부터 이미 '강문고제'로서 위상을 확보해가게 되었다.

석담의 한강문하 입문은 사제 모두 성주 출신이라는 지역적 연고에 더해 인척적 배경이 크게 작용하였다. 광주이씨 집안에서는 석담

58) 《石潭集》 卷1, 〈寒岡先生輓〉. "義定師生分 情同父子親."
59) 《石潭集》 年譜 〈己丑〉.

이전에 이미 그의 종숙 이심민·심홍이 한강의 문하를 오갔고, 대구 출신의 한강고제 손처눌孫處訥은 석담의 종고모부였다. 그리고 석담의 재종조 이백죽의 가계는 한강학단과 유대가 더욱 두터웠다. 이백죽의 큰사위이자 한강의 처남이었던 이홍량의 두 아들(난귀·난미), 세 사위(곽주·이중무·정선)와 작은 사위 박배의 두 사위(서사원·채몽연) 모두 한강문인이었다. 더욱이 한강학단의 양대 구심점을 이루었던 서사원과 손처눌을 비롯하여, '한강신도비명' 개정론을 이끌었던 채몽연 등 한강학단에서 상당한 영향력을 가졌던 주요 인사들 모두가 석담가문과 인척관계로 맺어져 있었던 것이다. 이런 맥락에서 석담은 젊었을 때부터 손처눌, 서사원을 종유하였고, 한강을 따른 뒤에도 이들과 종유관계를 이어갔는데,[60] 이는 석담의 학문 형성과 강문岡門 출입에 이들 두 사람의 구실이 매우 컸음을 말해주는 것이다.

한편 석담은 강문에서 입지를 강화할수록 정인홍 등 대북정권의 요주의 인물로 지목되어 갔다. 앞서 말한 바와 같이, 그가 1610년 한찬남의 탄핵을 받고 파직된 것도 이 때문이었는데, 이러한 불화의 밑바탕에는 한강과 정안홍 사이의 대립과 갈등이 자리 잡고 있었다. 한강과 정인홍 사이의 반목과 대립은 《남명집》 편간시 정구의 배제, 정구의 〈동강만사東岡輓詞〉와 정인홍의 반박(正脈高風辨), 1608년 '임해군옥사臨海君獄事'에 따른 입장 차이, 1610년(광해군 2) '박이립朴而立 고변사건', 1611년 정인홍의 '회퇴변척晦退辨斥' 등 일련의 사건을 거치면서 격화되었다. 이 가운데서도 후유증이 가장 컸던 것은 1610년

60) 《石潭集》 卷2, 〈答孫慕堂幾道〉. "更奉德範 共論朱書 當必不遠"; 年譜 〈戊戌〉(1598). "往伊川與樂齋徐公講論朱書"; 《慕堂集》 卷6, 年譜 〈己亥〉(1599). "講會于鹿峯……時石潭李茂伯潤雨·浣石亭李君顯彦英·克明堂張正甫乃範·李興雨皆從之 李茂伯於先生爲妻從姪 而自髫齔從遊 講摩質疑多蒙獎許焉."; 〈壬寅〉(1602). "石潭李茂伯講質周易 日記李茂伯上舍來留 問易傳疑義 所見多精明甚可敬愛云"; 《樂齋集》 年譜 卷1, 〈戊申〉(1608). "李正字潤雨 來質朱書."

의 '박이립 고변사건'이었다.

'박이립 고변사건'이란 성주 유생 박이립이 정구가 신하의 도리에 어긋나는 말〔不道之言〕을 하며 역모를 꾸몄다고 고변한 사건을 말한다. 이로 말미암아 정구는 관부에 나아가 대죄하는 한편 자명소自明疏를 올렸고,[61] 광해군이 직접 진상 조사를 명하는 등 이 사건은 한때 조야의 최대 현안으로 부각되었다. 물론 무고로 결론이 났지만 사관이 정인홍을 박이립의 배후로 지목한 것에서[62] 보듯 한강문인들도 정인홍을 사건의 배후로 인식했던 것 같고, 성주 유생 정준민鄭俊民, 송원기宋遠器 등이 상소를 올려 정구의 변무와 박이립의 처벌을 주장하는 과정에서 한바탕 소동이 벌어지기도 했다.[63]

정인홍의 배후설이 사실인지는 알 수 없으나, 손처눌을 비롯한 일부 한강문인들은 정인홍의 배후설을 확신했던 것 같고,[64] 그 연장선에서 상주에 설청된 변무소에도 적극 동참했던 것이다. '한강변무소(辨寒岡先生被誣疏)'[65]는 성주·인동·선산·고령·대구 등지의 한강문인들이 대거 참여하였고, 소두에는 선산 출신의 한강문인 김영金寧이 차정되었다. 이 소사의 〈소회제명록疏會題名錄〉에 석담의 이름이 보이지는 않지만 그는 동문의 이탁李濯과 함께 순사를 만나 한강과 박이립은 무관한 관계임을 주장하는 한편 한강과 더불어 소를 올릴 시기를 치밀하게 조율하는 등 사실상 소사를 주도하였다.[66] 이를 통해

61) 《寒岡續集》 卷1, 疏 〈庚戌爲兇人朴而立所誣陷〉.

62) 《광해군일기》 권31, 광해군 2년 7월 28일 신미.

63) 《광해군일기》 권31, 광해군 2년 7월 28일 신미; 권33, 광해군 2년 9월 18일 경신.

64) 《慕堂日記》 庚戌 8월 2일(김형수, 앞의 글, 286쪽 각주 55에서 재인용).

65) 金寧, 《遯峯集》 卷2, 〈辨寒岡先生被誣疏〉.

66) 《石潭集》 卷2, 〈上寒岡先生〉. "示事今與諸同志 相聚于黌舍 反覆思量 則彼人等已就禁府 監司無可爲者 呈文畢竟無益 惟潤雨與李濯往見使相 開進其人不干於門下矣 道內通文 未見渠等上京後供招而先爲通告於列邑 似有起鬧之弊 姑待彼之上京招辭 而亦如前招辭 則不得已當有叫閽之擧矣 大概此間朋友之意 則前書所敎靜竢之意 似爲得之 如何如何."

우리는 한강이 석담을 얼마나 신임했고, 또 석담이 한강을 얼마나 열성적으로 추종했는지를 다시금 확인하게 된다.

1607년 초사初仕 이후 환로에 여념이 없었던 석담이 학자로 돌아와 학문에 전념하게 된 것은 경성판관의 임기를 마친 1616년 6월이었다. 이때부터 석담은 사상을 넘나들며 한강과 더불어 강학하며 학문에 침잠하였고, 이 과정에서 한강은 자신의 저술을 석담과 서로 의논하여 절충하는 등 학적 지우를 아끼지 않았다.[67]

> 6월 사상에서 한강 선생을 뵙고 머물면서 강학하였는데, 정선생께서는 선생을 특별히 경중하게 대하여 문하 제생들 가운데 가장 촉망을 받았다. 선생께서 경성에서 돌아오기 전에 정선생께서 편지를 보내 '예전의 붕우들은 거의 다 조락했고, 앞으로 상종할 이는 오직 좌우뿐입니다'라고 했고,……또 이르기를, '항상 그대가 고인의 책에 힘을 기울이고 진수를 함양하여 근본을 두텁게 한다고 생각했는데, 지금 보내온 편지를 보니 과연 거침없이 진취되는 것을 볼 수 있어 내가 기대하는 바에 더욱 부응하고 있으니 매우 위로가 됩니다'라고 했다.[68]

이렇듯 석담에 대한 한강의 기대가 날로 커지는 상황에서 1617년의 봉산욕행蓬山浴行은 석담이 한강문하의 고제로 인식되는 결정적인 계기가 되었다. 봉산욕행이란 한강이 1617년(광해군 9) 7월 20일부터 9월 5일에 이르는 기간 동안 성주→현풍→창원→밀양→양산→김해를 경유하여 동래에서 온천욕을 하고 경주→영천→신녕→하

67) 《石潭集》 年譜 〈丙辰〉. "六月拜鄭先生于泗上 因留講學 自是無復有意進就 日侍鄭先生于泗上 鄭先生纂述群書 未嘗不與之相確而折衷焉."

68) 《石潭集》 實記.

양→경산→대구를 거쳐 다시 집으로 돌아간 것을 말한다. 전후 45일에 걸친 욕행 일정은 신병 치료에 목적이 있었지만 탄탄하게 구축되어 있었던 한강학맥의 결속을 재확인하고, 새로운 문인들을 규합해가는 과정으로 해석될 수 있을 만큼 나이가 든 영남 유림들이 대회합한 사건이었다. 당시 석담은 출발에서 귀가에 이르는 전 과정 full-course 동안 시종하였고, 45일의 일정을 일기형식으로 기록한 〈봉산욕행록蓬山浴行錄〉을 남겼다.[69]

이때 한강은 제자들과 더불어 《오선생예설분류》의 중요 부분인 〈이선생예의문답李先生禮疑答問〉의 대목大目과 〈오복연혁도五服沿革圖〉를 강정講定하는 한편 석담에게 명하여 이를 정사淨寫케 하였는데,[70] 이는 석담을 자신의 수제자로 인정하는 한강의 은미한 뜻이 내포된 것으로 해석할 수 있다. 사실 한강 학문의 본령이 예학에 있고,[71] 《오선생예설분류》와 《오복연혁도》는 한강 예학의 정수였던 바, 이들 저술의 강정 및 편간을 석담에게 위임했다는 것은 석담에 대한 한강의 기대가 그만큼 컸음을 반증한다. 더욱이 《오선생예설분류》는 봉산욕행 이전에 경성판관으로 재임하고 있을 당시 이미 성서成書를 부탁받은 바 있었고,[72] 욕행 두 해 뒤인 1619년에도 사상으로 가서 강정 및 정사작업을 주도하는[73] 등 석담은 한강 생전에 이미 주요 저술의 편간을 전담하다시피 했고, 1620년 한강이 사망하자 원

69) 《石潭集》 卷4, 〈蓬山浴行錄〉. 〈봉산욕행록〉은 《석담집》 수록본과 《한강전서》 수록본이 있다. 후자는 전자를 저본으로 하여 당시 동행했던 일부 문인들의 기록을 참작, 부기한 것일 뿐 내용상의 큰 차이는 없다.

70) 《石潭集》 卷4, 〈蓬山浴行錄〉. "七月二十七日 先生命潤雨 寫退溪李先生禮疑答問大目……八月初三日 先生講定五服沿革圖及李先生禮疑答問題目……八月初八日 先生命潤雨寫五服沿革圖."

71) 고영진, 《조선중기 예학사상사》, 한길사, 1995.

72) 《石潭集》 卷2, 〈上寒岡先生〉. "禮說至今未得爲成書 實吾儕士友之過 爲之慨嘆也."

73) 《石潭集》 年譜 〈己未〉(1619). "往泗上 講定五先生禮說 以禮說校正淨寫事 出文通諭同門諸子."

고 또한 그가 직접 관리하면서 간역을 지휘했던 것이다.

2) '한강추양론'의 주도와 한강학단의 결속 강화

1620년 정월 초5일 한강 정구가 사상의 지경재持敬齋에서 78세를 일기로 고종考終하였다. 이날 석담은 이서·이천봉李天封과 함께 한강을 곁에서 모시다가, 유시酉時에 한강이 사망하자 호상護喪으로서 사문의 치상을 주관하였다.[74]

당시 한강문하에는 손처눌(1553~1634), 문위(1555~1632), 이후경(1558~1630), 채몽연(1561~1638), 이서(1566~1651), 이천봉(1567~1634) 등 그보다 선배격의 문인들이 즐비하였지만, 석담은 문인을 대표하여 사문의 상례를 진두지휘하여 같은 해 4월 2일 예장을 마무리하게 된다. 예장의 완료는 '한강 추양사업'의 시작을 뜻했다. 석담은 그해 4월 7일 졸곡제를 지내기가 무섭게 동문들과 더불어 신도비 건립작업[石役]과 간행사업[刊役]을 논의한 것을 시작으로[75] 1634년 사망하기까지 문집 등 각종 저술의 간행, 신도비명의 제찬과 건립, 청시와 원향론의 추신 등 일련의 추양사업에 매진하였다.

한강 추양사업은 단순히 스승의 현양에 그치는 것이 아니라 저술의 편간을 통해 사설의 계승과 발전을 도모하고 동문의 결속을 강화하는 데 주안점을 두고 진행되었다. 그리하여 《한강집寒岡集》의 간행이 완료된 1636년(인조 14) 무렵에 이르면 주요 사업들은 일단락을 짓게 되는데, 이러한 일련의 과정을 조율, 지휘한 사람이 바로 석담

74) 《石潭集》 卷4, 〈泗濱護喪錄〉. "初五日 吾與以直叔發侍側 先生各呼三人之字 縷縷言說而皆不得省矣 未時扶起而坐 命着冠 俄而就寢 酉時屬纊擧哀 諸友以潤雨爲護喪 分定諸執事."

75) 《石潭集》 卷4, 〈泗濱護喪錄〉. "四月初七日 行卒哭祭 與諸友料理石物遺稿等事."

이었던 것이다.

여러 사업 가운데서도 석담이 가장 공을 들인 것은 원향院享(회연·천곡서원), 저술의 간행(예설분류·오복연혁도), 석역(신도비) 및 청시 등이었다. 원향의 경우, 한강은 1622년 대구 연경서원에 봉안된 것을 시작으로 1623년에는 성주 천곡서원, 1627년에는 성주 회연서원에 제향되었다. 천곡서원 배향시 석담은 성주사림을 대표하여 감사에게 정문하여 한강은 퇴계의 고제로서 학문이 순정하고 조예가 정심하며, 논의가 정당하고 거취가 명백하기로는 오현 이후 유일한 사람임을 역설하여[76] 추향을 성사시켰고, 한강의 주향처이자 한강학맥의 본산으로서 훗날 자신의 위패가 봉안되는 회연서원 건원론도 그가 주창한 것이었다.[77]

한편 석담은 1620년 이래 손처눌 등과 협의하여 《오선생예설분류》의 교정 및 간행작업에 공을 들이다가[78] 1623년 인조반정으로 출사의 기회를 맞았다. 입조 이후 경연관으로 활동하게 된 석담은 한강의 시호와 증직 요청을 비롯하여 《오선생예설분류》의 간행을 아울러 계청하는 등 한강 추양에 더욱 박차를 가했다.

> ① 수찬 이윤우가 아뢰기를, "정구는 조행과 학식이 남방 사림의 영수이니 특별히 시호를 내리는 것이 마땅하겠습니다" 하니, 상이 해조에 명하여 시행토록 하였다.[79]

---

76) 《石潭集》 卷3, 〈呈方伯文〉(寒岡先生川谷書院從祀時 代星州士林作). "學問之醇正 造詣之精深 論議之正當 去就之明白 五賢之後一人而已."

77) 《石潭集》 年譜 〈壬戌〉. "建鄭先生祠于檜淵."

78) 《石潭集》 年譜 〈庚申〉(1620). "校正禮說."; 〈辛酉〉(1621). "再校禮說."; 卷2, 〈答孫幾道〉. "所敎禮說 固欲傳書廣布 以與同志者共之 而第未得校正 近與諸友 方謀讎校 待其畢校後 取去傳寫如何."

79) 《인조실록》 권3, 인조 1년 10월 14일 경자.

연도	주요내용
1620 (광해 12)	■ 정월 한강 사망
1621	■ 이윤우李潤雨 등이 문집 등 각종 저술의 교열 및 편간작업에 착수함
1622	■ 대구 연경서원硏經書院에 위패 봉안, 성주 회연서원檜淵書院 건립 착수 ■ 행장 찬술의 저본으로서 주요 문인들에 의해 '한강행록寒岡行錄'이 작성됨
1623 (인조 1)	■ 성주 천곡서원川谷書院에 위패를 봉안함(종향)
1624	■ 문인 배상룡裵尙龍이 장현광에게 행장의 찬술을 요청함
1625	■ 이윤우가 신흠에게 신도비명의 찬술을 요청함 ■ 문목文穆의 시호가 내림
1626	■ 이윤우가 신흠에게 신도비명의 개찬을 요청함 ■ 배상룡이 거창에서 신도비석을 벌석함
1627	■ 성주 회연서원에 위패를 봉안함(주향) ■ 배상룡 등이 채몽연에게 〈한강연보〉의 편찬을 요청함 ■ 채몽연蔡夢硯이 장현광과 신흠에게 각기 행장과 신도비명의 개정을 요청함
1628	■ 채몽연이 정경세에게 묘지명의 찬술을 요청함 ■ 신흠이 신도비명의 개정을 완료함(1차 개정) ■ 채몽연이 신흠에게 신도비명의 재개再改를 요청함(2차 개정)
1629	■ 이윤우가 《오복연혁도五服沿革圖》, 《오선생예설분류五先生禮說分類》를 간행
1630	■ 묘갈을 건립함(찬자미상)
1632	■ 김세렴金世濂이 '한강신도비명'의 글씨를 씀
1633	■ 창평산 아래에 신도비를 건립함
1635	■ 성천 용천서원龍泉書院에 위패를 봉안함
1636	■ 문집을 간행함(초간)
1638	■ 창녕 관산서원冠山書院에 위패를 봉안함
1639	■ 목천 죽림서원竹林書院에 위패를 봉안함
1651 (孝宗 2)	■ 성주 사양서원泗陽書院에 위패를 봉안함
1657	■ 영의정에 추증됨 ■ 김응조金應祖가 묘지명을 찬함
1660 (顯宗 1)	■ 묘갈을 개각改刻함(영의정 추증에 따른 補刻)
1668	■ 신도비를 회연서원 앞으로 이건함(묘소 이장에 따른 이건)
1678 (肅宗 4)	■ 현풍 도동서원道洞書院에 위패를 봉안함 ■ 허목이 묘지명(文穆公壙銘)을 찬함

표 6-1. 한강추양사업 일람(광해~숙종조)

② 1623년 10월 16일, 수찬 이윤우가 한강선생의 시호 내려줄 것을 계청했다. 일찍이 경연 도중에 이시발이 "성주 고 참판 정모는 인홍과 절교하여 인홍이 그를 원수처럼 여겼습니다. 계축옥사 때에는 전후 두 차례 차자를 올려 윤기를 부식하였으니, 증시와 사제를 속히 거행치 않을 수 없습니다"라고 했다.[80]

③ 이윤우가 아뢰기를, "정구는 곧 신의 스승입니다. 학문상의 공부로 보면 옛사람들에게 부끄러울 것이 없는데, 무신년에 소장을 올려 인륜을 붙잡아 세우려 하다가 불행히도 죽어 오늘날을 보지 못하게 되었습니다. 사림이 모두 숭질崇秩에 추증되기를 기대했는데, 참판이었다고 하여 이번에 단지 판서로만 추증하였으므로 섭섭하게 여기는 듯싶습니다" 하니 왕이 이르기를, "이미 추증하였으니, 지금 다시 의논하기는 어렵다" 하였다.[81]

④ 1624년 12월 25일, 부응교로서 숙배하고 경연의 자리에 입대하여 "한강 선생께서 지으신 《오선생예설》을 간행하지 않을 수 없습니다"라는 뜻을 아뢰니, 상께서 "변란을 겪은 뒤라 물력이 탕진되었으니 잠시 후일을 기다려보자"고 하셨다.[82]

비록 추증과 《오선생예설분류》의 간행은 실현되지 않았으나 시호만큼은 순조롭게 진행되어 1625년 6월 한강에게 문목文穆의 시호가 내려졌다.[83] 당시 조정에서 김시양金時讓을 파견하여 시호를 내리고

80) 《石潭集》 卷3, 筵說 〈癸亥10月16日〉.
81) 《인조실록》 권7, 인조 2년 10월 13일 갑오.
82) 《石潭集》 卷3, 筵說 〈甲子12月25日〉.
83) 《인조실록》 권9, 인조 3년 6월 2일 무인.

치제하자 석담은 동문들을 소집하여 연시延諡 행사를 성대하게 치렀다.[84]

이 무렵 석담을 비롯한 한강문인들이 가장 역점을 두고 추진한 것은 '한강신도비명'의 찬술이었다. 정구의 신도비명을 신흠申欽(1566~1628)에게 공식 촉탁한 것은 1625년(인조 3) 정월이었다. 문집(한강집)을 비롯한 각종 저술의 간행, 청시請諡, 원향院享으로 이어지는 일련의 추양사업이 1620년 정구의 사망 직후부터 빠르게 추진되었던 것과 견주어 신도비명의 찬술이 미루어진 것은 저본이 될 행장行狀이 이때 비로소 완성되었기 때문이었다.

구체적인 논의 과정은 알 수 없지만 '한강행장'의 찬술권은 정구 사망 직후에 이미 장현광張顯光에게 위임되었던 것 같고, 대략 1622년 무렵에는 각종의 '한강행록寒岡行錄'이 수합되어 행장 찬술의 참고자료로 장현광에게 보내졌다.[85]

> 행장을 찬술하고자 이제 막 제우諸友들이 기록한 행록을 수합하여 여헌께 보내고자 하니 당신께서 찬한 행록 또한 지금 그곳으로 간 사람 편에 보내주시면 어떻겠습니까?[86]

---

84) 《石潭集》 卷2, 〈答文茅溪順甫緯〉. "賜祭今到泗水 聖恩深厚也 門下諸人 不可不爲之來見 而兄居最遠 初旣不能相通 今則已無及矣 奈何."

85) 배상룡의 藤庵年譜 〈甲子〉(1624)에 따르면, 1624년 10월 배상룡이 장현광에게 '한강행장'의 찬술을 요청한 것으로 되어 있다. 그러나 아래 인용문뿐만 아니라 李厚慶 및 李天封 所撰의 '寒岡言行錄'의 기년이 '天啓壬戌年'임을 고려할 때, 1622년 무렵에는 여러 행록이 수합되어 행장 찬술작업이 시작된 것으로 보인다. 그리고 어떤 인물들의 행록(언행록)이 장현광에게 송부되었는지는 자세하지 않지만 《한강선생언행록》의 '箚記諸子目錄'에 보이는 17인〔徐思遠·孫處訥·文緯·郭赾·李厚慶·崔恒慶·張興孝·朴明胤·李舒·李天封·李潤雨·李堉·金大澤·裵尙龍·黃宗海·李垕·許穆〕을 행록 찬술의 대상으로 설정할 수 있는데, 다만 이들 가운데 각자의 문집에서 '한강행록' 또는 '한강언행록'이 확인되는 인물은 문위·이후경·박명윤·이서·이천봉·이육·배상룡 등이다.

86) 《茅谿集》 卷4, 〈張德優顯道·金行遠軸·金志遠轃·成觀明辨奎·李叔發·李新之·李而直書〉(壬戌:

이후 장현광은 늦어도 1624년까지는 '한강행장(초본)'을 탈고한 것으로 보이며, 이를 바탕으로 1625년 정월 석담이 한강문인을 대표하여 신흠에게 신도비명을 청한 것이다.[87] 뒷날 비문에서 특서한 바와 같이 이때 신흠은 장현광의 '한강행장'을 돈사焞史로 평가하며 이윤우의 요청에 적극 응했다.

> 선생의 문인 이학사 윤우 씨가 여헌 장공이 지은 행장을 가지고 와서 흠에게 신도비문을 청하기에 흠은 행장을 읽고 말하기를 "이는 돈사焞史로서 충분히 고명한 도덕을 그려냈다고 하겠습니다. 불초한 흠이 비록 문인 제자의 반열에 끼지는 못했으나 그 규범을 흠모한 지가 하루 이틀이 아니니, 또 어찌 감히 문장이 대단치 못하다 하여 사양하고 찬양하지 않을 수 있겠습니까" 하였다.[88]

1625년 정월 이윤우의 청탁을 받은 신흠이 '한강신도비명'을 탈고한 것은 1626년 가을 즈음으로 파악된다. 이러한 추측을 할 수 있는 까닭은 이 해 12월 이윤우가 신흠을 직접 찾아가 비명의 개정을 요청하였기 때문이다.[89] 당시의 개정 사유는 분명하지 않지만,

> 이른바 '구문舊文'은 곧 당초 이담양李潭陽(이윤우)이 품청하여 제찬制撰한 것이고, 이른바 '중본中本'도 이담양이 재품하여 개찬한 것이다. 그 문구 가

1622). "擬撰行狀 方集諸友記實之錄 送于旅軒前 尊所撰行錄 須付今去人惠下 如何如何."

87) 《石潭集》 年譜 〈乙丑〉(1625). "正月 丙寅 往拜右相申象村欽 請撰寒岡先生神道碑銘."

88) 《象村稿》 卷27, 〈鄭寒岡神道碑銘幷序〉. "先生之門人李學士潤雨氏 持旅軒張公狀 徼欽以神道之文 欽讀而曰 是惇史也 是足以侔高狀明矣 不佞如欽 雖未獲齒於函丈之列 而景仰軌躅 非一日之積也 則又安敢以短於觚墨 辭而不爲之闡揚乎."

89) 《石潭集》 年譜 〈丙寅〉(1626). "十二月 往拜申象村 請改撰鄭先生神道碑文."

> 운데 비록 선계先系를 보입하고 일부 단락을 삭제하거나 고친 곳은 있을지라도 그 전체의 기축은 실로 구문과 더불어 하나의 궤적을 이루어 처음부터 조금도 다름이 없었다.[90]

고 한 기록에 따르면, 이윤우는 선대 세계世系의 보완, 일부 단락의 삭제 등 비문의 체격體格과는 무관한 부분적인 보삭補削을 요청했던 것이고, 신흠 또한 이러한 요청을 적극 받아들였던 것으로 보인다.

이윤우의 개찬 요청과 신흠의 수락은 비문의 내용을 착실히 강화하는 의미가 있었고, 배상룡(1574~1655) 등을 중심으로 이루어졌던 '벌석작업伐石作業' 또한 순조롭게 진행되어[91] 이제 '한강신도비'는 각자刻字와 건립 절차만 남겨두는 듯했다. 그러나 1627년 11월 채몽연蔡夢硯이 제기한 개정론으로 모든 상황은 원점으로 되돌아갔고, 이 과정에서 엄청난 난맥상이 수반되었다.

채몽연이 '한강신도비명'의 개정론을 제기한 것은 1627년 11월이었다. 이윤우가 개정을 요청한 지 약 1년 만이고, 신흠이 개정본을 송부해 온 지 몇 개월 뒤였다. 추측컨대, 채몽연은 신도비명 원본(구본)의 열람 직후에 개정의 필요성을 절감했던 것 같다. 그럼에도 한동안 이를 거론하지 않았던 것은 이윤우가 요청한 개정의 결과를 지켜볼 필요가 있었기 때문이었고, 예상대로 수정의 폭이 기대에 크게 미치지 못하자 개정론을 전격 제기하게 된 것이다.

채몽연의 개정론은 '한강신도비명'은 물론 그 저본이 된 장현광 소찬의 '한강행장'을 아우르는 전면적 개정론이었다는 점에서 눈길

90) 《投巖集》 卷3, 〈答申東陽尉別紙〉(庚午). "所謂舊文者 乃李潭陽初禀請製者也 所謂中本者 又李潭陽再禀請改者也 其文雖有補入先系刪改數段之處 而其爲全體機軸 則實與舊文只是一箇塗轍 初無小異."

91) 《藤庵集》 年譜 〈丙寅〉(1626). "伐先師神道碑石於居昌."

을 끈다. 채몽연은 한강문인들이 지은 '행록'의 부족한 점과 오류가 '한강행장'에 그대로 실렸고, '한강신도비명' 또한 이를 바탕으로 찬술됨으로써 '이오전와以誤傳訛'의 결과를 가져온 것으로 인식하고 있었다. 개정론의 주된 대상은 '한강신도비명'이었지만 장현광 소찬의 '한강행장'이 그 대상에서 예외일 수 없었던 배경도 여기에 있었다.

이보다 앞서 채몽연은 장현광과 마주한 자리에서 '한강행장'의 일부 구절에 대한 의문점을 제기해 오다가[92] 신흠의 개정본이 기대에 미치지 못하자 이 참에 사문師門 문자의 개정 및 통일을 위해 장현광과 신흠에게 문목問目을 보내 개정을 요구함으로써 개정론을 공식화했던 것이다.[93]

채몽연이 문목에서 제시한 '한강신도비명'의 개정 대상은 '구본'이었고, 세부적인 개정 항목은 자그마치 37군데에 달했다.[94] '구본'을 개정의 대상으로 삼은 까닭은, 채몽연이 볼 때 이윤우의 요청에 따른 개정본(중본)은 개정의 의미가 없었으므로 모든 것을 원점에서 다시 논의할 필요가 있었기 때문이었다.

채몽연의 개정론은 주변의 동문들을 당황케 했다. 일부 동문들은 그가 제기한 비문의 문제점에 동의하면서도 '장여헌이 어떤 사람이며, 신상국이 또한 어떤 사람인데, 그들이 찬한 행장과 비문을 그대

92) 《投巖集》 卷3, 〈上旅軒先生〉. "顧於其中 有不能無疑者 曾於執事面稟一二 盖緣諸錄有所未該也."

93) 《投巖集》 卷3, 〈上旅軒先生〉. "所謂行狀 乃所以示後 則於其十分盡善之中 更求十分盡善者 是固爲弟子職分之所當爲也……敢具其目若干條 又私于下執事 事雖僭越 心則無他 竊惟執事其於無似 素加矜憐 伏願盛德涵容特賜下覽 逐一批誨 俾得於無復遺憾中更無復遺憾 千萬幸甚." 장현광에게 보낸 개정요청서는 이처럼 본지만 남아 있고, 세부 조항을 담은 별지 형식의 문목은 전하지 않는다. 하지만 사안의 동질성을 감안할 때 신흠에게 보낸 문목과 그 내용이 크게 다르지 않았을 것으로 생각된다.

94) 《投巖集》 卷3, 〈上申象村欽〉(丁卯11月). 이 서간의 말미에는 채몽연이 신흠에게 개정을 요청한 37개 문목과 거기에 대한 신흠의 답변성 견해가 병기되어 있어 개정의 과정을 이해하는 데 더없이 용이하다.

가 감히 평의評議할 수 있겠는가?' 하며 적극 만류했다.[95] 그러나 채몽연은 선대의 비갈을 청수請受하면서 형성된 신흠과의 유대가 있었고,[96] 무엇보다 정구의 돈행과 수학邃學을 현창하려면 개정이 반드시 필요했기에 나머지 '득상거의론得詳祛疑論'에 바탕을 두고 신흠을 설득했던 것이다.[97]

37개 조항으로 구성된 채몽연의 문목은 개정 대상 항목을 드러내는 데 그치지 않고 개정의 사유와 타당성을 사실과 논리에 바탕을 두고 설파한 한 편의 저작과 같았다. 물론 여기에는 연조年條나 행관行官의 도착 등 단순 오류의 수정이나 내외 세계의 자세한 설명 요청 등 자잘한 사안에서 사승관계, 학문과 저술 등의 수정 등 중대 사안에 이르기까지 다양한 내용들이 망라되어 있다. 하지만 개정론의 밑바탕에 흐르는 인식의 골자는 정구의 '퇴계적전론退溪嫡傳論'과 '순정유자론醇正儒者論'으로 요약된다. 37개 조항 가운데 신흠은 자그마치 36개 조항에 대해 수정 또는 보론해주었던 것이다.

그러나 채몽연이 주창한 개정론의 여파는 컸고, 이것의 수용 여부를 두고 찬반 양론이 엇갈리는 것도 당연했다. 이천봉李天封 등 일부 한상분인들이 채몽연의 개정론에 동조하여 신흠의 개정본을 받아들이는 입장을 보인[98] 것과 달리 상당수의 문인들은 '수용불가론'을

95) 《投巖集》 卷3, 〈上旅軒先生〉. "夫張旅軒是何人 申相國抑何人也 其所爲行狀若碑文 子乃敢議爲也哉"

96) 채몽연은 1610년경에 이미 7대조 蔡泳, 6대 조모 안동권씨(蔡倫의 배위), 아버지 蔡定國의 묘갈명을 신흠에게 받을 만큼 상호 유대가 돈독했다(《象村稿》 卷25, 〈朝奉大夫軍資少監蔡公墓碣銘幷序〉, 〈贈淑夫人權氏墓碣銘 幷序〉, 〈學生蔡君墓碣銘幷序〉). 서로 문자 교유가 이루어질 수 있었던 것은 신흠이 채륜의 외예라는 인척적 배경이 크게 작용한 것 같다.

97) 《投巖集》 卷3, 〈上申象村欽〉. "使先師敦行邃學 無微不顯 無隱不彰 以徵來世乎……初非敢議爲也 蓋欲得其詳以祛其疑 亦閤下相訂之意也."

98) 《投巖集》 卷7, 附錄 〔附〕〈李白川答書〉. "碑文元本 與申相手筆來 此當與同儕勸諭而用之爲計."

완강하게 주장함으로써 난맥상을 가져왔다. 이런 상황에서 당초 '한강신도비명'을 신흠에게 위촉했던 석담의 입장은 개정본의 수용 여부를 결정하는 최대 관건이 되었다.

그러나 1628년 3월 개정본의 완성 직후 이에 대한 찬반 논란이 제기되었고, 마침내 개정본 폐기론이 들끓자 1629년 정월 채몽연은 이윤우에게 서한을 보내 개정의 전말을 밝히며 이를 수용해줄 것을 요청하게 된 것이다. 이때 채몽연은 '한강신도비명'의 구본과 개정본, 개정시 문목, 신흠의 답서 등을 동봉하여 '자작설'에 대해 해명하는 한편, 비문의 구체적인 기술을 예증하며 구본과 개정본의 차별성을 강조했다.[99] 특히 개정본 폐기론에 대해서는,

> 현상玄相(신흠)이 지은 비문을 쓰지 않으면 그뿐이지만 만약 개정본을 폐기하고 중본을 쓰고자 한다면 현상께서 개제改製하고, 또 이른바 '취용되어 입석되었으면 한다'고 한 뜻은 필경 과연 어떻게 되는 것입니까?[100]

라고 하며 불가함을 강변했다. 그러나 이윤우는 채몽연의 설득과 항변에 대해 함구함으로써 채몽연을 향한 의혹은 더욱 깊어졌고, 비판의 눈초리도 한층 날카로워졌다. 참다못한 채몽연은 1630년 이윤우에게 다시 편지를 썼다. 여기서 그는, 개제본의 입언立言과 명의命意와 관련된 자주설自做說, 동문의 공의를 충분히 수렴하지 않은 데서 비롯된 '망청설妄請說'은 감수할 수 있지만 임의로 문구를 추가했다는 '미속설眉續說'에 대해서는 강한 불만을 드러냈다.[101] 그리고 자신이

99) 《投巖集》 卷4, 〈與李石潭〉(己巳正月). "且以舊文所削改本所補 比而較之 則其於先師之道德學問 其所以載烈象容者 又不啻霄壤."

100) 《投巖集》 卷4, 〈與李石潭〉(己巳正月). "今若不用玄相之文則已 若棄其改文而欲用中本 則玄相之所以改製與其所謂欲用而壽諸石之意 畢竟果何如也耶."

개정을 주창한 것은 비문의 완전무결을 추구하고자 함이었고, 결과적으로 정구의 학문적 행적을 형용함에 사실과 본령에 충실한 기술을 이끌어 낸 것인데,[102] 받아들이지 못할 까닭이 어디에 있는지를 따져 물었다. 마지막으로 그는 석담에게 구본, 중본, 개제본을 검토한 뒤 어느 것이 백세에 의혹이 없을 선본善本인지 선택할 것을 촉구하였다.[103] 이렇듯 한강문인의 분열이 감지되는 상황에서 그해 9월 석담은 매우 뜻밖의 기쁜 소식을 전해 왔다.

> 형께서 전후로 신상에게 촉탁한 내용은 모두 실질적인 근거가 있는 것이며, 신상의 개제본 또한 전본(구본)에 견주어 더욱 자세하고 극진하여 우리 선생의 덕업을 모사함에 다시금 유감이 없게 하였으니, 이를 취용하여 비를 세우는 데 무슨 의혹이 있겠습니까? 형의 의중을 보니, 오로지 선생을 천향하는 데서 나왔고, 일언 일자도 온당치 않는 곳이 있을까를 걱정했을 따름이었으니 여러 벗들도 어찌 피차간의 형적을 혐의하여 취사함이 있었겠습니까? 저는 가까운 시일 안에 마땅히 여헌을 찾아뵙고 형께서 보내오신 전후의 개본에 대한 취용 여부를 물어 가르침을 청할 것입니다.[104]

101) 《投巖集》 卷4, 〈與李石潭〉(己巳正月). "雖曰申相國所製 而其立言命意 皆出於蔡公之所禀 則是猶蔡公之所自做 不可用也 或曰蔡公不有同門 自擅妄禀 而相國意其同門之議 亦且如此 故苟循其請乃敢改製 不可用也 或曰蔡公雖云請改於相國 而其實則所自尾續者居多 不可用也 噫 二或之說 猶可諉也 至於所自尾續者居多云爾 則雖甚無似 直欲溘然而無聞也."

102) 《投巖集》 卷4, 〈與李石潭〉(己巳正月). "今此所謂改本云云者 是也 以無似所覩 記其所以轉換機軸較德焯勤者 非但於前所陳者 有所是正 而無不備載也 其於所謂根本田地上 特加詳焉 若比舊文 如出兩手 極其侔狀 無復遺憾."

103) 《投巖集》 卷4, 〈與李石潭〉(己巳正月). "伏乞虛心精鑑 以擇三篇 垂示顯刻 百世不惑 則他日泉下 庶可有辭 而子雲 堯夫 其在是矣 不審令兄以爲如何."

104) 《石潭集》 卷2, 〈與蔡投巖夢硯〉 "抑兄之前後奉囑於申相者 皆有質據 而申相改搆之文 比前本尤爲詳盡 所以模寫吾先生之德業者 無復餘憾 其當用之以入石者 亦何疑哉 觀兄之意 專出於爲先生闡揚 而懼有一言一字有所未穩而已 則爲諸友者 豈可以彼此形跡之嫌而有所取舍焉乎 弟近當往拜旅軒 當以兄送來前後改本 奉叩而請教也."

이로써 '한강신도비명' 개정에 따른 찬반 논란이 순식간에 반전되자 건립 작업도 한층 활기를 띠게 되었다. 그리하여 1632년 당시 현풍현감에 재직하던 김세렴金世濂의 글씨를 받아[105] 이듬해인 1633년 4월 개정본을 새긴 신도비가 세워진 것이다.[106]

한편 석담은 1628년 담양부사에 부임하면서 숙원 사업이었던《오선생예설분류》과 《오복연혁도》의 간행에 착수하였고, 이듬해인 1629년 전라감사 이성구李聖求, 나주목사 신계영辛啓榮, 광산현감 이유달李惟達, 순천현감 강대진姜大進, 무안현감 김주金輳, 후임 감사로 부임한 권태일權泰一의 협조를 바탕으로 간역을 완료하였다.[107] 이 가운데 이유달은 석담과 육촌사이였고, 강대진, 김주, 권태일은 모두 한강문하의 동문들이었다.

그 뒤 석담은 고향으로 돌아와《한강집》의 편집과 교정에 힘쓰다[108] 미처 이를 간행하지 못한 채 1634년 사망하였다. 이에《한강집》은 평소 석담을 도와 현양사업에 적극 참여했던 배상룡裵尙龍과[109] 이서 등이 1636년 간행을 완료하였고,[110]《한강연보》는 '한강

105)《藤庵集》卷2,〈答金東溟世濂〉. "道碑擬以開春爲峙竪計 倘荷重臨 吾儕之幸 如何[細註: 金公以筆名 請寫寒岡先生神道碑 追別于龍淵寺 後有此書]"

106) '한강신도비명' 개정본은 1678년경에 초간한《寒岡年譜》卷2, 附錄〈神道碑銘幷序〉에서 확인할 수 있다. 당초 신도비는 정구의 산소가 있던 창평산 아래에 건립되었으나 1663년(현종 4) 묘소를 이장하게 되자 신도비 이건론이 아울러 대두되어 1668년(현종 9) 회연서원 앞으로 옮겨 세웠다(張應一,《聽天堂集》卷3,〈敬書寒岡鄭先生神道碑後〉).

107)《石潭集》卷3,〈五先生禮說跋〉및〈五服沿革圖跋〉.《오복연혁도》는 충분한 반질이 이루어지지 못했고, 또 책판마저 분실되자 1664년(현종 5) 전라감사 鄭萬和가 복간하였는데, 그 전말은 송시열의 발문에 자세하게 기록되어 있다(《宋子大全》卷146,〈五服沿革圖跋〉. "昔寒岡鄭先生取儀禮五服圖 參以歷代之制 名曰五服沿革圖 使門人李承旨潤雨繕寫爲一帖 凡三十五目也 先生之於禮 可謂博而勤也 崇禎己巳春 李承旨鋟板于秋城府 而印布未廣 旋復見失 先生嘉惠後學之意 殆乎泯滅矣 歲甲辰冬 監司鄭萬和縣令洪錫相議復入于梓 藏置于龍潭縣舍 因志其顚末云.").

108)《石潭集》卷2,〈李汝懋〉. "先生遺稿裒集事 緣此間朋友聚散不常 時未有頭緒 蒙兄留念.";年譜〈辛未〉(1631). "攷正鄭先生文集."

109)《澗松別集》卷1,〈開津期會錄〉. "藤庵寒岡鄭先生晩年高弟也……公嘗執經岡門 聞心學之要 講

신도비명' 개정과 관련하여 한때 석담과 논란을 벌였던 채몽연이 편찬하게 되었다.[111]

3) 회연서원 입향과 한강고제로서 위상 강화

30년을 한강문하에서 면학하며 사문의 가르침을 전수, 발휘했고, 한강 사후에는 스승의 현양사업을 통해 동문의 결속을 강화하고 한강학풍의 계승과 발전에 이바지했던 행적에 힘입어, 석담은 사망과 동시에 '강문고제'로 인식되어 갔다. 물론 그는 한강이 살아있을 때도 이미 사문의 촉망을 한몸에 받았고, 이를 바탕으로 추양사업도 주도할 수 있었지만 사망과 동시에 그에 대한 추양론도 더욱 고조되었던 것이다.

장현광은 그를 한강의 학문을 발휘시킨 '개제군자愷悌君子'로 평가했고,[112] 동문 최항경은 그를 가장 가까이서 한강의 미언微言을 들은 인물로 칭송해 마지않았는데,[113] 이는 석담이 주변의 사우들로부터도 한강의 고제로 인정을 받았음을 반증하는 것과 다름없었다.

이런 가운데 석담은 1642년 회령의 오산서원에 제향되었고, 1646년에는 이조참판에 추증되었으며, 1642년에는 그의 독향처로 매호사梅湖祠의 건립이 발의되었다. 그해 8월 매호사의 건립을 촉구한 사림

禮之日 先生愛重之 余雖獲拜先生於少年之日 頹惰庸拙 終不得侍函丈 而先生已下世矣 以歆慕嚮往之勤 而見當時及門之士 能不傾心愛悅以求聞其緒言乎 況藤庵之於先生 非只見伊川面者也 修先生文稿 立先生祠廟 凡所以發揮先生事業者 無所不用其極."

110) 《東湖集》 卷2, 〈寒岡先生文集序〉.

111) 《藤庵集》 卷3, 〈祭蔡投巖文〉. "編年作譜 殫竭誠力 除拜次第 出入事蹟 廣詢博攷 刪煩摭實 條例機軸 粲然可述."; 年譜 〈丁卯〉(1627). "九月 與同文諸賢 致書于蔡投巖夢硯 屬年譜之役."

112) 《石潭集》 實記 〈張顯光祭文〉. "古人之稱吉人者 有曰愷悌君子 有曰溫其如玉 以余所見 公乃其人也."

113) 《石潭集》 實記 〈崔恒慶祭文〉. "昔年泗濱 函丈師門 得聞微言 惟公爲最."

통문에는 박명윤, 이서, 배상룡을 비롯하여 한강의 손자 정유숙·유도 등 성주권 한강문인의 핵심 인사 31명의 이름이 적혀 있어 석담의 위상을 실감할 수 있다.[114] 이후 매호사는 1655년부터 위패를 봉안하였고, 이로부터 약 10년 뒤인 1663년에는 박명윤·배상룡의 아들인 박진구, 배세유 등이 사양서원으로 이향移享을 전격 추진하였다. 이들은 1663년 9월 10일자 통문에서 다음과 같이 이향의 사유를 밝혔다.

> 선사先師(정구)와 석담은 구산龜山과 이천伊川, 면재勉齋와 주자朱子의 관계와 같은데, 이는 선배들이 그를 추허했고 후학들이 그를 존모하는 이유이다. 사양서원에서 제향을 시작한 지 지금 이미 여러 해가 되었으나 아직도 제부躋祔를 못했으니, 이것이 어찌 우리들이 (두 선생을) 경앙해 온 본심이었겠는가? 하물며 한 고을 안에 양학兩學(泗陽과 梅湖)이 병립하고, 얼마 되지 않는 거리 안에 선생과 제자가 묘우를 달리하고 있으니, 이는 정情으로 보나 예禮로 보나 참으로 흠이 된다.[115]

이것은 석담을 한강고제로 공언한 것이었고, 그 결과 1664년(현종 5) 사양 이향이 실현될 수 있었다.[116] 그 뒤 이윤우의 '한강고제론'은 1677년(숙종 3) 회연서원 종향[117]으로 일단락을 짓게 되는데, 아래의 인용문은 당시의 분위기를 짐작하게 한다.

---

114) 《石潭集》 實記 〈士林通文〉(壬午年).
115) 《石潭集》 實記 〈士林通义〉(癸未).
116) 당시 봉안문은 낙재 및 한려문인이었던 蔡楙가 찬했다[《石潭集》 實記 〈泗陽書院奉安文〉(佐郎蔡楙製)].
117) 《石潭集》 年譜 〈丁巳〉(1677); 實記 〈檜淵書院奉安文〉(進士朴震耈製).

순번	서원명	소재	제향인물	제향연도	비고
1	회연서원	성주	정구/이윤우	1627	1677(석담)
2	관산서원	창녕	정구	1638	
3	회원서원	창원	정구/허목	1638	1708(미수)
4	사양서원	성주	정구/이윤우	1651	1664(석담)
5	도림서원	함안	정구/이칭/박제인/이정	1672	

표 6-2. 정구를 주향하는 서원-영남지역

> 우리 선생께서는 사문을 주맹主盟하사 사람을 가르침에 게으르지 않아 폐백을 갖추어 입문하는 자가 문정을 가득 메웠네. 석담石潭 이씨가 홀로 그 종宗을 얻었으니, 이천 문하의 윤자尹子이며, 자양 문하의 황공黃公이로다. 현사賢師와 고제高弟는 한 곳에서 제향함이 마땅하여 이제 그 곁에다 종사한다.[118]

영남에 있는 서원 가운데 한강의 주향처는 모두 네 곳인데, 이 가운데 두 곳에 석담이 종향되었고, 특히 회연서원은 한강학맥의 본산으로 기능했다는 점에서 석담의 회연 종향은 한강학통의 선수와 관련하여 매우 중요한 의미를 가진다.

그럼에도 정조연간 채제공이 기호남인 학통을 퇴계→한강→미수→성호로 정리함으로써[119] 한강의 적통이 영남보다는 기호 쪽으로 전수된 것으로 이해되어 왔고, 이 과정에서 석담의 존재는 부각되지 못했다. 미수의 '한강적전설'은 이만부 등 미수문인 안에서조차

118) 《石潭集》 實記 〈檜淵書院奉安時告寒岡先生文〉.
119) 《樊巖集》 卷51, 〈星湖李先生墓碣銘〉. "吾道自有統緖 退溪我東夫子也 以其道而傳之寒岡 寒岡以其道而傳之眉叟 先生私淑於眉叟者 學眉叟而以接夫退溪之緖."

논란이 있었음을 고려한다면[120] 한강학통에 대한 새로운 접근과 조명이 이루어질 필요가 있을 것 같다.

5. 맺음말

한강과 그 문인집단에 대한 학계의 공통된 의문은 한강학통의 전수 문제이다. 한강은 조부 이래로 성주에 세거하며 강학했고, 그의 문하에는 석담을 비롯하여 수많은 선비들이 있었지만 한강의 학통, 더욱이 적전인식嫡傳認識에서 영남은 배제된 채 미수→성호로 이어지는 기호남인 학통만 강조되어 왔다.

필자는 이미 다른 논문에서 미수의 '한강적전론'이 지닌 정치적 의미를 논급한 바 있고, 이 글의 본론에서는 석담의 '한강적전론'을 완곡하게 피력하였다. 당대의 실상과 후대의 인식이 접목되어 나타나는 학통(도통)의 속성을 고려할 때, 비록 미수의 '한강적전론'에 정치적 요소가 반영되어 있다고 해서 그것을 부정할 수는 없다. 왜냐하면 그것은 역사적 인식이기 때문이다.

필자가 이번의 연구를 통해 제안하고 싶은 것은 지금까지 미수의 '한강적전론'에 가려졌던 영남 지역 한강학맥의 전승 과정을 좀더 정밀하게 살펴보자는 것이며, 석담 이윤우에 대한 연구가 그것의 새로운 출발점이 되었으면 하는 점이다.

120) 《息山集》 卷3, 〈答上雪軒從大父 別紙〉. "謹案先生 覲其先考縣監公任所 歷訪寒岡 其後更無所質問之事 有不可以師弟言者 先生之於寒岡 一見契合 雖與他人酬酌不同 然 若謂先生之學 盡出於寒岡 則恐致後人之疑 似非據實之論 未知如何."; 卷3, 〈答上雪軒從大父〉. "眉叟之學於寒岡 擧世所傳之說也 然 其無問業質疑之事 豈以其學爲盡出寒岡乎 竊觀兩先生之學 頗不同 玆未信傳者之言耳 眉叟於先輩 最尊寒岡 撰其遺事 極其稱道……學之之說 由此而稱之乎 未可知矣."

■ 참고문헌

《조선왕조실록》, 《石潭集》(李潤雨), 《寒岡全書》(鄭逑), 《旅軒全書》(張顯光), 《愚伏別集》(鄭經世), 《記言》(許穆), 《慵齋叢話》(成俔), 《一松集》(沈喜壽), 《東國文獻錄》, 《穌齋集》(盧守愼), 《蒼石集》(李埈), 《松堂集》(朴英), 《東儒師友錄》(朴世采編), 《朝鮮儒賢淵源圖》, 《東岡集》(金宇顒), 《溪巖日錄》(金坽), 《牛溪年譜》(成渾), 《沙溪全書》(金長生), 《南溪集》(朴世采), 《栗谷全書》(李珥), 《敬庵遺稿》, 《宋子大全》(宋時烈), 《慕堂集》(孫處訥), 《樂齋集》(徐思遠), 《慕堂日記》(徐思遠), 《遯峯集》(金寧), 《象村稿》(申欽), 《投巖集》(蔡夢硯), 《藤庵集》(裵尙龍), 《聽天堂集》(張應一), 《澗松別集》(趙任道), 《東湖集》(李서), 《樊巖集》(蔡濟恭), 《息山集》(李萬敷)

고영진, 《조선중기 예학사상사》, 한길사, 1995.
우인수, 《朝鮮後期 山林勢力硏究》, 일조각, 1999.

고영진, 〈17세기 전반 남인학자의 사상-鄭經世·金應祖를 중심으로-〉, 《역사와 현실》 8, 1992.
권오영, 〈李恒의 性理說과 그 思想史的 位相〉, 《仁荷史學》 10-韓榮國敎授 停年紀念號-, 2003.
오수창, 〈인조대 정치세력의 동향〉, 《한국사론》 13, 1985.
정만조, 〈仁祖4年 陶山院長 李有道 致斃事 논란〉, 《韓國學論叢》 26, 국민대학교 한국학연구소, 2003.
한명기, 〈인조반정 이후 재조북인에 대한 소고〉, 《조선의 정치와 사회》, 2002.

낙촌 이도장의 생애와 정치활동

조 준 호
실학박물관 학예연구사

1. 머리말

낙촌洛村 이도장李道長(1603~1644)이 활동하던 인조 대는 격동의 시기였다. 광해군을 물러나게 한 반정을 계기로 공신계가 전권을 장악하는 급격한 정치세력의 변동이 있었고, 잇따라 발생한 두 차례의 호란과 선생의 패배는 지배체제의 위기를 가져왔다.

인조 8년 문과를 거쳐 중앙정계에 출사한 이도장은, 병자호란 당시 남한산성으로 국왕을 호종하면서 국치의 현장을 생생히 목도하였다. 그 뒤 청의 간섭과 전쟁의 패배에 대한 책임 공방이 가열되던 정국에서 이도장은 남인계 관료로 활동하였다.

이도장의 생애를 다룬 연구 논문은 현재까지 없는 실정이다. 다만, 그의 출신 배경인 광주이씨 가문의 선대와 사회경제적 배경을 살필 수 있는 몇 편의 연구가 있을 뿐이다.[1] 이 글에서는 인조 전반기를 살다간 이도장의 정치활동과 그의 경세론을 살피고자 한다. 그의 행적은 관찬 연대기와 함께 《낙촌집洛村集》을 기본 자료로 삼아 파악하였다. 더욱이 경세론의 내용은 생애의 마지막에 개진했던 시무상소時務上疏를 중심으로 살폈다. 이 연구를 통해 남인계열의 정치가였던 그의 면모가 밝혀지는 데 도움이 되었으면 한다.

2. 출신 배경과 생애

이도장의 본관은 광주이다. 그의 선대는 조선 전기 명문거족으로 손꼽히던 가문이었다.[2] 고려시대 광주의 토성으로 출발한 이 가문은 고려 말에 활동하였던 둔촌遁村 이집李集(1314~1387)을 중시조로 하였으며 세조 대 들어와 크게 현달하여 중앙의 대표적인 훈구가문으로 성장하였다. 이처럼 15세기 이래 훈구세력의 대표가문으로 인식되던 광주이씨는 성종연간 중앙에 진출한 초기 사림파의 중심인물들인 김종직金宗直·정여창鄭汝昌 등과 교유하거나 학문적인 사승관계를 맺음으로써 차츰 사림으로 전향하였다.[3]

---

1) 광주이씨 가문의 선대와 정치활동에 대한 연구는 다음을 참고할 수 있다.
정만조, 〈朝鮮 中·後期 士族의 變遷과 集姓村의 發達-廣州李氏〉, 《조선시대 경기북부 지역의 집성촌과 사족》, 국민대출판부, 2004, 200~210쪽.
李樹健, 《嶺南學派의 形成과 展開》, 일조각, 1995.
또한 경상도 칠곡에 자리 잡은 광주이씨 石田派의 사회경제적 배경은 아래의 연구를 참고할 수 있다.
김건태, 〈조선후기 병작제의 양상-칠곡 석면 광주이씨가 사례-〉, 《대동문화연구》 32, 대동문화연구원, 1997.
김건태, 〈조선후기 칠곡 석전石田 광주이씨가廣州李氏家의 농업경영문서〉, 《역사와 현실》 29, 1997.
김건태, 〈갑술, 경자양전의 성격-칠곡 석전 광주이씨가 전답안을 중심으로-〉, 《역사와 현실》 31, 한국역사연구회, 1999.
2) 成俔, 《慵齋叢話》.
3) 정만조, 〈朝鮮 中·後期 士族의 變遷과 集姓村의 發達-廣州李氏〉, 《조선시대 경기북부 지

이도장의 가계는 중앙에서 활동하던 광주이씨의 한 갈래가 영남으로 낙향한 가문이었다. 광주이씨의 선대 계보는 〈그림 7-1〉과 같다.

이들이 영남으로 낙남한 시기는 16세기 초반 무렵이었다. 성종~연산군 대에 활동한 이극견李克堅이 성주목사로 있을 때 팔거현八莒縣(지금의 경북 칠곡)에 사는 최하崔河(본관 영천)의 딸과 그의 아들 이지李摯가 혼인하였다고 한다. 당시 자녀균분상속제의 관행 아래서 이지는 처가의 재산을 분급받아 세거의 터전을 마련하였고 팔거현은 좌

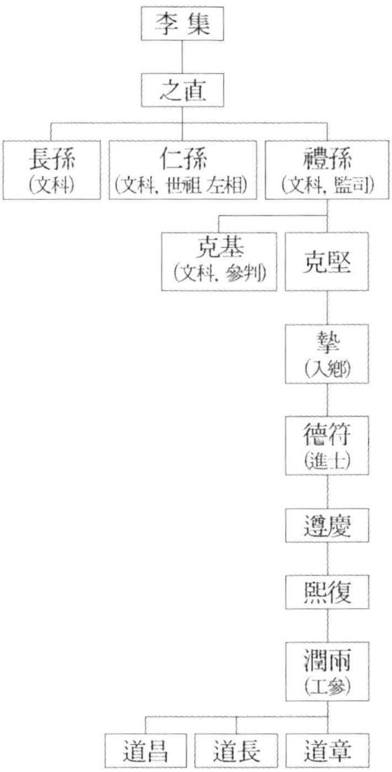

그림 7-1. 광주이씨 가세노 초략

역의 집성촌과 사족》, 국민대출판부, 2004, 200~210쪽.

통례공(이극견) 후손의 세거지〔石田〕로 전해 내려오게 되었다.[4]

팔거현에 정착한 이래로 이들 가계는 이윤우李潤雨 대에 이르러 문과급제자를 배출하였고, 그 뒤 이도장李道長·이원정李元禎 등 후손들이 현달하였다. 지역적인 기반을 다져나감과 동시에 이윤우는 한강寒岡 정구鄭逑를 사사하여 그 문인이 되었고, 그의 아들들인 이도장 등은 여헌旅軒 장현광張顯光을 사사하는 등 당시 영남을 대표하는 학자들의 문하에서 학문적 수련을 거쳤다.

이윤우 대부터 사환과 학문으로 발신하기 시작했던 이 가문의 학연에서 특징적인 점은, 이윤우가 율곡栗谷 이이李珥와 한강 정구를 아울러 스승으로 모셨다는 사실이다. 선조 초년 신진사류를 대표했고 이후 서인계 학통의 종장으로 추숭되는 이이의 문하에서 성장했던 이윤우의 학문과 정치적 성향은 그의 아들들에게도 영향을 미쳤으리라 본다.[5]

이 같은 환경에서 이도장은 선조 36년(1603) 이윤우와 인천채씨(생원 채응린蔡應麟의 딸) 사이에서 태어났고 이후 족숙 이영우李榮雨의 양자로 출계하였다.[6] 청년기에 한강 정구를 뵙고 가르침을 청했으며 이어 여헌 장현광(1554~1637)을 사사하였다. 그 뒤 여헌 문하의 고제로서 활동한 이도장은 인조 20년(1642) 8월 여헌을 경상도 성주에 있는 천곡서원에 추향하며 스승의 추숭사업을 주도하였다.[7]

이도장의 부인은 안동김씨이고 슬하에 4남 4녀를 두었다. 특히 그

4) 《廣州李氏大同譜》 卷1 左通禮公派. 허목이 찬한 이윤우의 묘갈명에 따르면 승사랑 이지가 성주에 살기 시작하였다고 기록하고 있다.

5) 김학수, 〈寒岡(鄭逑)神道碑銘의 改定論議와 그 의미〉, 《조선시대사학보》 42, 2007, 55~64쪽.

6) 이도장의 생애에 대해서는 許穆, 《記言》 卷22, 〈贈吏曹參判李公(道長)墓碑銘〉 및 《洛村集》 권2, 墓碣銘(李敏求 찬)을 참고하였다.

7) 《洛村集》 卷1, 〈川谷書院旅軒從祀時呈方伯文〉(임오 8월)

의 처부인 김시양金時讓(1581~1643)은 선조 말년 등과하여 남인으로 활동한 인물로, 광해군 7년 전라도도사로 향시를 주관하다가 제출한 시제가 문제가 되어 유배되었다. 그 뒤 인조반정을 계기로 다시 등용되어 청현직을 두루 역임했고 서인 공신계 김류金瑬의 추천으로 도체찰사에 올랐다. 그는 역대의 제작製作·헌장憲章·문물文物·이사吏事·재화財貨 등에 두루 통달하였고 탁월한 실무능력으로 중용을 받았다.[8)]

이러한 일들을 배경으로 이도장은 인조 8년(1630) 문과를 거쳐 사환의 길에 올랐다. 그가 역임한 관직을 정리해 보면 아래와 같다.

문과·승문원 권지·가주서(인조 8) → 사근찰방(인조 12) → (생부 이윤우 3년상) → 주서(인조 14.12월) → 검열·봉교·박사·대교(인조 15) → 봉교·전적·병조좌랑·지평·부수찬·정언·이조좌랑·경상경시관·지제교(인조 16) → 부수찬·합천현감·이조정랑(인조 17) → 교리·이조정랑(인조 18) → 헌납·이조정랑·부응교·사간(인조 19) → (사간 체차)(인조 20) → 졸卒(인조 22)

이도장은 인조 8년 등과한 뒤 사근찰방沙斤察訪과 합천현감을 역임한 것을 제외하고는 모두 승정원·홍문관·삼사·육조의 낭관직을 두루 거쳤다. 그가 관직에서 비교적 활발한 활동을 펼친 때는 인조 15년~인조 17년의 3년간이다.

인조 14년 12월 병자호란이 발발했을 때, 이도장은 주서의 직책을 띠고 인조를 남한산성으로 호종하였다. 그 기간에 민첩한 일처리로

8) 趙絅, 《龍洲遺稿》 卷20, 〈判中樞府事荷潭金公神道碑銘〉. 또한 김류와 김시양과의 관계는 이태진, 《韓國軍制史-近代 朝鮮後期編》, 육군본부, 1977, 105쪽 참조.

국왕의 신임을 받았고 이후 2년 동안 늘 측근에서 국왕을 모시는 시종의 직책을 맡았다. 인조 18년 이후에는 숙환인 풍병 때문에 관직활동이 여의치 못했다. 이도장은 향리에 머물면서 관직 제수의 명을 받들지 못함을 한스러워하며 거듭 사직상소를 올렸다.

비록 짧았던 중앙의 관직생활이었지만, 그가 활동했던 시기는 격변기였다. 이도장은 병자호란을 전후한 시기에 조정의 의론이 주화와 척화로 양분되어 가다가 결국 패전의 치욕을 당하는 것을 지켜보았다. 이와 같은 경험은 이후 그의 정치활동에 큰 영향을 미쳤다.

3. 인조 대의 정국과 정치활동

1) 인조반정과 남인의 정계 진출

이도장은 인조 8년 28세의 나이로 문과에 합격하였다. 그 뒤 그가 활동했던 인조 전반은 반정을 주도한 서인계 공신이 정국을 주도하던 시기였다. 반정 초기 공신 세력들은 광해군 말기까지 정권에 깊이 관여한 북인세력을 숙청하였다. 이후 북인은 이괄李适의 난이나 유호립의 옥사 등에 연좌되어 거듭 처벌을 받음으로써 붕당으로서의 존립 기반을 완전히 잃게 되었다.

인조와 반정 주체 세력은 이 같은 숙청작업과 함께 새로운 정권에 참여시킬 인물들을 선별하였다. 이때는 대북의 전횡에 반대하다가 축출당했거나 자진해 물러나고 있던 인사들이 대거 불러 들여와 관직을 제수받았다. 서인과 남인의 당색을 가리지 않고 당시 등용된 인물들은 윤방尹昉·이원익李元翼·이정구李廷龜·신흠申欽·정엽鄭曄·오윤 겸吳允謙·정경세鄭經世·이수광李睟光·서성徐渻·박동선朴東善 등을 들 수 있다. 관료 세력과 함께 산림에 해당하는 인물들은 더욱 높은 대우를 받았다. 김장생金長生·박지계朴知誡·장현광張顯光 등에 대한 추천이 거듭되어 바로 조정에 징소되었으며 인조 1년 5월에는 성균관에 정원 3인인 종4품의 사업司業을 새로 설치하고 이들을 임명하였다.9)

이와 같은 인물 등용은 물론 서인 반정공신의 주도로 이루어졌다. 서인들은 대북의 일당독재가 결과적으로 광해군 패망의 원인이 되었음을 보았기에, 반정 이후 그들의 정국운영에 큰 지장이 없을 정도의 남인과 소북의 일부를 등용하였다. 그리하여 인조반정 초기 남인계 원로인 이원익이 77세의 나이로 영의정에 제수되어 소수당의 영수로 활동하였다. 반정공신들의 집권 방편이자 민심수습책의 일원으로 추진된 남인 및 일부 소북에 대한 조용책은 철저하게 서인 공신들의 선택에 달려 있었다.

이러한 배경에서 서인 공신들은 이원익으로 대표되는 기호남인계와 정경세로 대표되는 영남남인계를 정치적 파트너로 받아들였다. 더욱이 서인들은 학통상 퇴계학파에 속하고 지역적으로는 안동(풍산)·영주·인동·성주·단성(진주) 등 서부 지역의 인사들을 주로 등용하였다. 이들 지역의 대표적 인물들인 정경세와 장현광은 인조조 영남남인의 양대 축을 이루게 되면서 그 문인들의 정치적 진출이 활발해지게 되었던 것이다.

이와 달리 퇴계학파의 적전嫡傳을 자부하던 안동·예안권 인물들의 정권 참여는 매우 드물었다. 예안은 광해군 대에 월천月川 조목趙穆 계열이 대북과 연계한 전력이 있어 이들을 수용하기 어렵기도 하였

9) 《仁祖實錄》卷2, 仁祖 1年 5月 丁巳.

지만, 예안사림들도 서인정권의 참여에 지극히 부정적이었다.[10] 이처럼 서인정권과 거리를 두었던 영남 일원의 인사들에 대해 서인들은 '영남호강론嶺南豪强論'을 펼침으로써 이들을 진압하려는 의도를 노골화하기도 하였다. 이 같은 서인정권의 남인 조용책은 영남 지역 남인계의 재편에도 영향을 미쳤다.[11]

당시 영남남인의 대표자로 등용되었던 정경세와 장현광에 대한 서인세력의 이해관계는 달랐다. 이 점은 반정 직후부터 나타나기 시작했던 서인 공신계와 비공신 사류들 사이의 대립에서 비롯되고 있었다. 반정공신들은 반정 공적을 구실로 권력을 잡았고 공신으로 기득권을 누리고 있었다는 점에서 반정에 직접 참여하지 않은 사류들과 정치적 기반을 달리하고 있었다. 이러한 차이점은 인조 전반의 정국이 공신 세력과 비공신 사류간의 정치권력을 둘러싼 대립을 가져오게 하였다.[12]

인조 초년 반정공신 측에서 영남남인 가운데 그들의 정치적 파트너로 선택한 인물은 여헌 장현광이었다. 재야의 사림[山林]이었던 장현광의 징소는 서인 공신계의 적극적인 인진引進 노력으로 성사되었다. 곧 반정 직후에 산림지사를 징소하라는 국왕의 하교에 대해 신흠·이귀李貴·김자점金自點 등 공신계 인사들은 영남의 제일가는 선비로 장현광을 천거하였던 것이다.[13] 이와 달리 정경세는 서인 산림계

10) 정만조, 〈仁祖 4年 陶山院長 李有道 致斃事 논란〉, 《韓國學論叢》 26, 국민대 한국학연구소, 2003.

11) 김학수, 〈1635년 퇴계변무소의 추진과 여헌학맥의 대응〉, 《여헌학의 전개와 수용》, 제8회 선주문화연구소 학술대회, 2007, 20~29쪽.

12) 오수창, 〈仁祖代 政治勢力의 動向〉, 《韓國史論》 13, 1985(《조선시대 정치사의 재조명》, 범우사 재수록).

13) 장현광 추천 연월과 추천인 명단: 인조 1년 3월 26일-申欽, 인조 1년 4월 11일-李貴, 인조 2년 1월 5일-金自點.

와 정치적인 교감을 가졌던 인물이었다. 김장생의 문인이자 뒷날 양송兩宋으로 불리게 되는 서인 산림의 1인으로 부상하는 동춘당同春堂 송준길宋浚吉이 인조 원년 정경세의 여식을 부인으로 맞이한 사실에서 서인 산림계와 일정한 연결성을 확인할 수 있다.[14)]

이와 같은 구도 속에서 인조 전반 서인과 남인은 몇 차례 중앙정국에서 붕당간의 대립양상도 표출하고 있었다. 그 첫 번째 사례가 인성군(선조의 7남)의 처벌 문제를 둘러싼 갈등이었고, 다른 하나는 이이李珥와 성혼成渾의 문묘종사를 둘러싼 대립이었다. 반정 이후 이괄의 난 등 거듭된 반란에서 추대된 인성군에 대한 처벌이 정국 현안으로 부상하였을 때, 전은론全恩論을 주장하는 남인계의 공세에 대해 서인 공신계는 대체로 온건하게 반응하며 중앙 정치세력에 큰 파장을 불러오지는 않았다. 또한 이이와 성혼의 문묘종사 시도는 중앙 정치세력 사이의 의견대립보다는 성균관과 지방사류들 사이의 상소 공방이 주류를 이루었다.[15)] 인조 전반 실질적인 권력을 서인계가 장악하고 있는 상황에서 남인계의 활동은 정국을 반전시킬 만한 힘을 지닐 수는 없었다. 이 같은 정국구도는 병자호란을 전후한 시기까지 이어졌던 것이다.

2) 척화론을 둘러싼 갈등과 정치활동

인조 대 전반 서인계가 주도한 정국은 두 차례에 걸친 청의 침입을 겪으면서 큰 변화를 맞이하였다. 이전부터 있어 왔던 정치세력의 갈등인 반정공신과 비공신계 사류 사이의 갈등, 그리고 주화론과 척

14) 宋浚吉, 《同春堂集》, 年譜.
15) 오수창, 앞의 글, 99~103쪽.

화론의 대립 구도는 치욕적인 패배 이후 큰 변화를 맞이하였다.

척화론을 둘러싼 갈등은 인조 5년 1월 후금의 침략으로 일어난 정묘호란 때부터 있어 왔다. 조정에서는 이귀李貴의 적극적인 화의론과 거기에 동조하는 최명길崔鳴吉·장유張維에 대항하여 윤황尹煌·유백증兪伯曾 등이 척화론을 내세움으로써 마찰을 빚고 있었다. 당시의 논쟁은 청과 화약조건으로 형제관계를 맺는 데 그쳤고, 명과의 기존관계가 안정되면서 더 이상 논란을 일으키지 않았다.

정묘호란 이후 청의 위협이 가시지 않은 상황에서도 조정에서는 척화론이 명분상 우위를 차지하였다. 조선의 이러한 분위기를 감지한 청에서는 중원 정복의 후환을 없애고자 군사를 일으켜 인조 14년 12월 9일 조선을 침략하였다.

조선에서는 청군의 침입이 있기 전이던 같은 해 11월, 방어태세를 제대로 갖추지 못했으니, 청을 구슬리자는 비변사의 건의를 받아들여 심양으로 사신을 보낼 것을 결정하였다. 하지만 사행이 척화를 주장하던 양사兩司의 반대에 밀려 가지 못하고 중도에 머무는 상황에서 청군의 침입을 받고 말았던 것이다. 대간이 중심이 된 척화파와 비변사가 중심이 된 주화파의 대립으로 조정의 논의가 갈팡질팡하고 있을 때 청군은 전격적으로 압록강을 건넜고, 그들이 이미 안주까지 진격한 뒤에야 청군의 침입 사실을 인지했던 것이다. 결국 인조는 강화도로 피신할 수 있는 시간적 여유를 잃고 백관을 거느리고 남한산성에 들어갔다가 다음 해 1월 30일 출성하여 항복하고 만다.16)

병자호란으로 남한산성에 웅거하던 때에, 명분적인 성격이 강했던

---

16) 한명기, 〈丙子胡亂 패전의 정치적 파장-淸의 朝鮮압박과 仁祖의 대응을 중심으로〉, 《東方學志》 119, 2003, 73~74쪽.

척화론의 허상은 당면한 국난을 헤쳐 나갈 어떠한 방책도 제시해 주지 못했다. 결국 위급한 상황에서 조정의 주장은 적병 침입 8일 만에 주화론을 대세로 결정짓게 하였던 것이다. 따라서 김류金瑬·홍서봉洪瑞鳳·최명길·장유·김신국金藎國·이성구李聖求 등의 화의론이 인조의 동의를 얻어 김상헌金尙憲·정온鄭蘊·윤황 부자·조경趙絅 등 소장관료들의 반대를 누르고, 끝내 군신관계의 수립을 내용으로 하는 화약을 맺고 말았다.17)

병자호란 당시 주서의 직책으로 인조를 호종했던 이도장은 국치의 현장을 생생히 목도하였다. 비록 기록을 맡은 사관이었지만 전시 상황 당시 지위를 가리지 아니하고 의견을 진달하는 분위기에서 이도장은 도성 안의 민심 위무와 남한산성 입성 이후 수성의 방책을 조리있게 진달하였다고 한다.

병자호란 이후에는 치욕적인 화약에 대한 책임 추궁이 뒤따랐다. 김류金瑬 등은 척화론자에게 선제 공격을 하여 나라를 그르쳤다는 죄목으로 윤황 등 4명을 정배하고 조경 등 3명을 문외출송시키는 데 성공하였다. 유백증은 난 중에 파직되었고 김상헌·정온은 지방으로 눌러갔으므로 여기서 제외되었다. 군권을 맡았던 쪽도 무사할 수 없었다. 종전 직후 도원수 김자점을 섬으로 유배 보내고 제도도원수인 심기원沈器遠 등이 먼 곳으로 귀양을 갔다. 이와 함께 영의정 김류와 이성구도 전쟁 패배의 책임을 지고 함께 파직되었으며 이듬해 2월 문외출송당하였다.18)

병자호란 이후 인조는 척화파를 노골적으로 혐오하고 배척하였다. 인조 14년 남한산성에서 인조는 "윤리와 기강[倫紀]이 사라졌을 때

17) 《仁祖實錄》 권33, 仁祖 14年 12月 丁亥.
18) 오수창, 앞의 글.

반정을 일으켜 14년이 되었는데 연소한 자들의 얕고 과격한 논의 때문에 끝내는 견양犬羊과 금수의 결과를 낳고 말았다"고 하여 척화파들을 원망하였다.[19] 반청론자들에 대한 인조의 노여움은 대단하였고, 그들은 그 뒤로도 끝내 인조의 신임을 얻지 못하였다. 예컨대 인조는 정묘호란 때부터 강하게 척화론을 펴던 윤황에 대해 "당파가 같은 자는 허여하고 다른 자는 공격하고〔黨同伐異〕, 오로지 허명만을 중히 여긴다"고 비난하였고,[20] 김상헌에 대해서도 '임금을 속였다〔欺君〕', '세상을 속이고 명예를 도둑질했다〔欺世盜名〕'고 극언하였다.[21]

또한 인조 17년(1639) 2월 우의정 심열沈悅이 척화파를 등용하여 인심을 위로하자고 했을 때 인조는 다음과 같이 말하였다.

> 임금이 말씀하기를, "이 어찌 척화한 것이겠는가. 곧 나라를 그르친 것이다. 표문을 올려 신하로 칭하는 경우에는 대간이 극력 간쟁하는 것이 참으로 마땅하다. 그러나 그때의 일은 사신을 보내어 화를 늦추려는 계획에 지나지 않았는데, 이 무리들이 그 사이에서 가로막아 국사가 마침내 이에 이르게 하였으니, 죄가 어찌 적겠는가. 이른바 '시의에 동요되지 않는다'는 것도 그렇지가 않다. 대신이, 대간의 논의가 한창 일어나고 있음을 듣고 곧바로 자기의 뜻대로 행하는 것은 형세상 그럴 수 없는 것이다. 마땅히 해야 할 일이더라도 대각이 논집하고 있으면 임금도 뜻대로 단행할 수 없는데, 대신이 어찌 동요하지 않을 수 있겠는가. 절절이 나라를 그르친 죄를 어찌 다 말할 수 있겠는가. 그때 말한 자가 상서롭지 못한 말을 많이 했었는데, 뒤에 모두 참언讖言과 같이 부합되었다. 오늘날에 와서 생각하니 (짐은) 대저 복없

19) 《仁祖實錄》 卷33, 仁祖 14年 12月 丁亥.
20) 《仁祖實錄》 卷35, 仁祖 15年 10月 7日 辛丑, 尹煌等狂恣誕妄, 黨同伐異, 惟意所欲. 君上之言, 則毋論愚智, 皆以不從爲快; 謀國之事, 則不計存亡, 專以虛名爲重, 故主勢日降乎上, 國論漸趨於僞.
21) 《仁祖實錄》 卷35, 仁祖 15年 9月 6日 辛未.

는 사람이다" 하고 성낸 빛을 띠니, 좌우 신하들이 묵묵히 있었다.[22]

위에서 인조는 호란 발생 직전 사신을 보내어 화를 늦추려는 것을 반대했던 대간들을 척화파가 아니라 나라를 그르친 자들이라고 매도하였다.

병자호란 이후 이 같은 분위기가 지속되는 상황에서 인조 16년 7월 진주사 홍보洪寶에 의해 청국이 청병을 요구한다는 소식이 전해지자, 조정은 다시 긴박한 상황을 맞이하였다. 인조는 당시 최명길을 비롯한 조정 신료들과 이 문제를 의논하며 과도한 청병의 부담을 줄이기 위한 방안을 모색하였다. 이처럼 청국의 요구가 다시금 조정에 파란을 불러일으킬 무렵, 잠시 소강상태였던 척화신에 대한 공격도 재개되었다. 이번에는 병자호란 직후 낙향하였기에 처벌받지 않았던 김상헌과 정온이 주요 공격의 대상으로 지목되었다.

김상헌은 반정 이후 소서少西의 영수로 활동하면서 남인과 북인의 조용을 반대한 인물로 남한산성에서 항복의 뜻을 적은 국서를 찢고 끝까지 수성의 방책을 주장했던 척화파의 대표인물이었다. 굴욕적인 항복이 결정되자 자결을 시도했으나 여의치 않아 향리에 내려가 은거하였다. 정온도 화의를 배격하고 뜻을 이루지 못하자 자결을 시도한 척화론자였다. 그도 마찬가지로 병자호란 이후 향리에 은거하고 있었다.

이들에 대한 공격의 선봉에 사헌부 장령 유석柳碩과 지평 이도장이 섰다. 인조 16년 7월 29일 사헌부 장령 유석과 박계영朴啓榮이 다음과 같은 계사를 올렸다.

---

22) 《仁祖實錄》 卷38, 仁祖 17年 2月 7日 乙未.

> 남한산성에서 굴복하던 날 임금은 헤아리지 못할 위험에 빠졌고 신민은 망극한 심정이 모두 같았으니, 자신을 우선하고 임금을 뒤로 하는 것은 의리상 하지 못하는 바입니다. (김)상헌이 이미 정온처럼 칼로 할복하지 못하였다면 화복을 처음부터 끝까지 전하와 함께 해야 하는데, 빠져나와 멀리 달아나 애당초 염려하지 않았고, 당시의 일이 대충 안정되었는데도 끝내 성상을 찾아와 뵙지 않았습니다. 편안한 곳에서 쉬며 왕실을 돌아보지 아니하고, 스스로 몸을 깨끗이 하고 절의를 지키며 더러운 임금을 섬기지 않는다〔不事汚君〕고 하면서 이론을 고취시켜 국가의 잘못을 드러내고 사람들의 뜻을 혼란시켰으니, 아, 신하의 의리가 이에 이르러 하나도 남은 것이 없습니다.……극변으로 위리안치하라 명하소서.[23]

유석 등은 호란 직후 김상헌의 행적을 들어 그가 혼자만 깨끗하다고 여기면서 인조를 '더러운 임금〔汚君〕'으로 여겨 섬기지 않았다고 비판하였다. 때문에 김상헌을 극변에 위리안치하라고 요청하였다.

유석과 박계영의 시각은 인조의 생각을 반영한 것이었다. 인조는 김상헌에 대해 같은 해 8월 주강에서 김상헌이 난리 이후 임금을 문안하지도 않았고, 강화도에서 자결한 친형인 김상용金尙容의 초상에도 곡하지 않았다는 일을 들어 인륜에 죄를 지은 사람이라고 비난하며 그 시비를 밝힌 유석 등의 주장을 옹호하였다.[24] 나아가 인조는 김상헌과 같이 출사를 꺼리는 신료들의 행태를 가리켜 "벼슬살이를 좋아하지 않는 것은 곧 중국을 잊지 않는 것이고 스스로 고상하게 행동한다고 여기는 것"이라고 폄하하였다.[25] 대간의 상소에서 지적

23) 《仁祖實錄》 卷37, 仁祖 16年 7月 29日 庚寅.
24) 《仁祖實錄》 卷37, 仁祖 16年 8月 19日 己酉.
25) 《仁祖實錄》 卷38, 仁祖 17年 2月 21日 己酉.

한 것처럼 사대부들 사이에 출사를 기피하는 풍조는 인조의 심기를 거슬리게 하는 것이었다.[26]

이 같은 분위기에서 인조 16년 10월, 사헌부 장령 이여익과 사간원 지평 이도장이 김상헌을 거듭 논죄하는 것을 시작으로 대간의 공격이 본격화하였다. 이도장 등은 계사에서 김상헌이 호종한 공로에 대한 상급을 보지도 않고 돌려보냈고, 빈객의 지위에 있으면서도 청에 볼모로 가는 세자를 배송하는 예의를 저버린 점을 들어 중도부처하기를 청하였다. 아울러 전 참판 정온은 난리 뒤에 문안하지 않은 잘못을 들어 파직불서에 처하기를 청하였다.[27]

당시의 사론은 이도장 등의 언론에 대해 2인의 척화신에 대한 처벌이 같지 않음을 들어 공론을 가탁해 김상헌을 공격하고, 나아가 김상헌을 지지하는 사류들을 축출하려는 정치적 목적으로 진행된 것이라 평하고 있다.

김상헌에 대한 잇따른 대간의 공격 과정에서 나타난 인조의 척화신에 대한 분노는 극명하였다. 전후에 걸쳐 김상헌을 옹호했던 서인계 부제학 이목李楘·응교 홍명일洪命一·수찬 이행우李行遇·대사헌 김반金槃·대사헌 이행원李行遠·지평 정태제鄭泰齊 등이 엄교를 받은 뒤 체차당하였다. 반면 인조는 김상헌에 대한 공격에 동참한 연소 신료들을 홍문록에 입록시키고 있었다.[28]

이러한 척화신에 대한 공격은 김상헌 등을 삭탈관작하는 것으로

26) 병란 이후 六卿 등 고위직의 경우 출사하게 되면 청에 質子를 보내야 했기 때문에 그것을 피하기 위해 출사하지 않거나 절의를 들어 출사를 회피하는 사례가 많았다(한명기, 앞의 글, 68~69쪽).

27) 《仁祖實錄》 卷37, 仁祖 16年 10月 9日 戊戌.

28) 당시 홍문록에 입록된 관원 명단은 다음과 같다. 申濡·申翊全·申冕·李道長·李烓·李禛·梁曼容·嚴鼎耈·柳慶昌·朴安悌·金始蕃·林전·金振·鄭知和·許積 등 15인이다. 이 가운데 이도장과 이계는 대간으로 척화신을 공격하였다(《仁祖實錄》 卷37, 仁祖 16年 8月 21日 辛亥).

마무리되었다.29) 이처럼 더 이상의 처벌이 이루어지지 않았던 데에는 병자호란 이후 정국을 주도하고 있던 좌의정 최명길의 중재 노력이 작용하고 있었다. 호란 초기에 적지에 들어가 인조가 남한산성으로 파천할 시간을 번 일 등으로 국왕의 신임을 받았던 최명길은, 출성한 지 약 두 달 만에 우의정이 되고 좌의정을 거쳐 이듬해 9월 영의정으로 승진하면서 명실상부하게 권력을 장악하였다. 이와 같은 상황에서 최명길은 척화신을 포용하는 자세로 인조 16년 4월 척화신에 대한 용서를 주장했고,30) 그해 8월 김상헌까지 두둔하며 공격을 중지시키는 데 영향력을 발휘했던 것이다.31)

결국 이도장 등 남인계 대간들의 척화신 공격은 그 뒤로 더 이상 진행되지 못하고 종결되었다. 이 시기에 전개되었던 이도장 등 남인계 언관들의 공세는 패전 이후 척화신에 대한 반감이 강했던 국왕의 뜻을 받들어 군신의리를 강조한 점을 특징으로 삼을 수 있다. 나아가 정치적으로 이를 통해 정국의 주요 세력으로 부상하려 했던 남인계의 의도도 반영되어 있었다고 할 수 있다.

4. 경세론의 내용

중앙정계에서 활동하던 이도장은 전란 이후 떨어진 국가의 원기를 되살리고 기강을 바로세워야 한다는 입론 아래 경세론을 제시하였다. 여기서는 인조 16년 이도장이 언관으로 재직하던 때부터 올린

29) 《仁祖實錄》 卷37, 仁祖 16年 11月 6日 甲子.
30) 《仁祖實錄》 卷36, 仁祖 16年 4月 16日 己酉.
31) 《仁祖實錄》 卷37, 仁祖 16年 8月 3日 癸巳.

몇 편의 상소를 중심으로 그의 경세론을 살펴보도록 하겠다. 더욱이 생애 마지막에 병환으로 향리에 은거하면서 상진했던 〈재사부응교잉진시폐소再辭副應敎仍陳時弊疏〉[32]에는 그의 주장이 집약되어 있다.

1) '건황극建皇極'과 내수사內需司 폐단의 개혁

이도장이 처음 자신의 시무책을 밝힌 것은 인조 19년 헌납을 사직하면서 올린 상소에서였다.[33] 당시 향리에 머무르고 있던 이도장은 이 상소에서 오늘날 당면한 여러 문제를 해결하려면 국왕의 분발과 개혁을 위한 의지가 절실함을 주장하였다.

이 상소를 올릴 무렵인 인조 19년(1641) 정월은 인조가 청에서 조선으로 도망쳐 나온 포로들을 쇄환하면서 자신의 허물을 탓하는 유시를 백성들에게 내렸던 때였다. 청국의 강한 압박으로 피로인의 쇄환이 추진되면서 민심은 동요하고 있었다. 이 같은 상황에서 인조는 백성들에게 내린 유시문에서 정묘호란과 병자호란을 초래하여 백성들에게 고통을 안겨준 책임을 인정하며 그 참담한 심정을 드러내고 있었다.[34]

이도장은 국왕인 인조의 정치 의욕 상실이 가장 큰 문제라고 보았다. 병자호란 때 신료들이 보는 앞에서 청 태조에게 삼배구고두三拜九叩頭(세 번 절하고 아홉 번 머리를 조아림)라는 치욕적인 항복의 예식을 치르며 국왕의 권위 실추를 경험했던 인조는 그 뒤 거듭된 청의 물력 지원 요구에 응해야 했고, 귀화한 자손의 압송과 청으로 끌려

32) 《洛村集》 卷1, 〈再辭副應敎仍陳時弊疏〉.
33) 《洛村集》 卷1, 〈辭獻納疏 辛巳〉(仁祖 19年 3月).
34) 《仁祖實錄》 卷42, 仁祖 19年 正月 戊寅.

갔다가 도망쳐 나온 피로인의 쇄환 등을 처결해야 했다.[35]

이도장은 이러한 상황에서 고식책으로만 일관하는 국왕의 정치행태를 비판하며 분발을 촉구하였다. 이는 군주의 일심을 바로잡는 것이 국가의 재건과 기강의 확립에 가장 급한 일이라고 보았기 때문이다.[36] 따라서 오늘날의 정세를 헤쳐 나가려면 위엄이 크게 손상되어 버린 군주의 위상을 새롭게 정립하고 국왕 스스로 정치 개혁을 위한 뜻을 다시 세우는 것이 필요하다고 진언하였다. 나아가 7년에 걸친 임진왜란을 겪은 뒤 보민保民에 힘써 국가 중흥의 기틀을 마련한 선조대왕의 치적을 본받아야 한다고 언명하였다.[37]

뿐만 아니라 동요하는 민심을 위무하려면 국가 재정의 절용과 왕실 스스로의 노력을 요구하였다. 특히 이 과정에서 이도장은 내수사와 궁가宮家가 빚어내는 폐단을 제거해야 한다고 주장하였다. 당시 내수사와 궁가 등은 시장·제언·해택·어전에 대한 '입안절수立案折受' 명목으로 주인이 있는 전지마저도 경쟁적으로 약탈하였다. 이들 전지에 대해 왜란 이후 개간 장려정책에 따라 면세 특권이 주어졌다. 따라서 이들의 대토지소유 확대는 국가 수입의 감소는 말할 것 없고 민전모점民田冒占 등 엄청난 폐단을 낳았다.[38]

요컨대 이도장의 '건황극建皇極' 주장에서 살필 수 있듯이, 당시 군주의 위상 저하와 정치에 대한 의욕 상실은 전란 이후 흔들리는 국가 지배질서를 재정립하는 데 가장 먼저 해결해야 할 문제였다. 병

35) 한명기, 앞의 글, 66~72쪽.

36) 《洛村集》 卷1, 〈辭獻納疏〉. "自丁丑以後, 困窮拂鬱, 志解神倦, 一擧措, 一謀猷, 惟思苟同於麗末諸君, 每以目前姑息爲務, 而未聞長慮遠圖之時事."

37) 《洛村集》 卷1, 〈辭獻納疏〉. "大所謂今日之得爲者, 其大綱, 不過口建皇極, 立大志而已……宣祖大王, 惟以保民爲主, 而不敢爲一毫文具, 故能建中興之基, 成不拔之勢, 此盛德大業, 民到于今受賜者也."

38) 이경식, 〈17세기 土地折受制와 職田復舊論〉, 《東方學志》 54·55·56, 1987.

자호란 이전 성군지치聖君之治를 실현하고자 노력했던 인조의 모습을 희구하는 이도장의 상소는 이러한 의식을 배경으로 하고 있었다.

2) 서원 통제와 향교 진흥책

서원은 16세기 중엽 도학강명道學講明과 존현尊賢을 목적으로 사림들에 의해 건립되었다. 서원의 운영은 향촌사림들의 자율에 맡겨져 있었고, 국가에서는 우문정치란 측면에서 사액을 내려 사림을 격려하고 약간의 물질적 지원을 하는 소극적 장려책 말고는 간여하지 않는 입장을 고수하고 있었다.[39]

그러나 이도장은 전국적으로 확산되어 가던 서원에 대해 국가의 통제가 필요함을 주장하였다. 그는 서원으로 말미암아 향촌에서 붕당이 나뉘어 분란을 일으키고 있고, 후손이나 문인들의 무분별한 서원 건립과 제향은 이를 가중시키고 있다고 보았다. 따라서 이를 엄히 금하기 위해 서원을 건립하여 특정인물을 제향할 때 반드시 감사에게 보고하고 조정의 지휘를 받도록 할 것을 건의하였다.[40]

이도장의 이 같은 견해는 그의 스승이었던 한강 정구와 여헌 장현광이 서원을 사림들의 자율적인 기구로 규정했던 인식과 달리, 국가적 통제의 필요성을 제기하였다는 점에서 차이가 있다.[41] 16세기 이황李滉에 의해 정립된 서원은 사림의 집권과 함께 전국적으로 확산되어 이미 17세기 중엽에 들어오면 강학보다는 존현을 주 기능으로 하였고, 문인과 후손들의 지나친 제향이 문제로 지적되고 있는 형편

39) 정만조, 〈朝鮮 書院의 成立過程〉, 《韓國史論》 8, 국사편찬위원회, 1980.
40) 《洛村集》 卷1, 〈再辭副應敎仍陳時弊疏〉, 一曰重書院條.
41) 정구와 장현광의 서원인식은 다음 논문을 참조. 정만조, 〈退溪學派의 書院(敎育)論〉, 《南溟學硏究》 9, 경상대 남명학연구소, 1999.

이었다. 서원이 처했던 당시의 상황에 대해 장현광이 찬한 〈서원기書院說〉[42]에서 서원 건립은 국가의 간섭을 받지 않은 채 사림의 공론에 따라 이루어져야 한다는 원칙을 강조하면서도 남향濫享의 성격을 지닌 건립을 경계한 데 그치고 있다면, 이도장은 여기에서 한 걸음 더 나아가 서원에 대한 국가의 적극적 관여가 필요함을 개진하고 있는 것이다.

이도장이 제시한 견해는 인조연간 제기된 서원 통제책의 선구적 형태라는 측면에서 주목할 만하다. 실제 서원에 대한 통제책은 인조 22년 경상감사 임담林墰의 서원폐書院弊 상소를 계기로 처음 공식적으로 제시되었다. 임담은 서원 제향자의 자격기준이 모호함에서 오는 남향의 경향을 지적하고 양정良丁의 모점으로 말미암은 양역폐의 유발 등의 폐단을 지적하고 서원 건립을 국가에서 파악해야 한다는 견해를 피력하였고,[43] 조정대신들의 찬동을 얻어 일단 서원 건립 때 조정에 알려야 한다[創建以聞]는 형태로 정책화하였던 것이다.

서원에 대한 국가적 통제책과 함께 이도장은 향교의 진흥방안을 모색하였다.[44] 조선 초기부터 각 군현에 세워졌던 향교는 창립 때부터 교관 인원의 선정과 재정 확보에서 문제를 드러내고 있었다. 조정에서는 교관 직책에 대한 유인책과 논공행상의 방책을 제시하였으나 별다른 실효를 거두지 못했고, 실질적인 교육에 드는 막대한 재원을 해당 군현에서 충당하도록 했기에 지속적인 관리도 이루어지지 못했다.[45] 따라서 17세기에 들어오면 향교의 교육적 기능은 차츰 유명무실해졌고 문묘에 향사하는 제향처로서 인식되고 있었다.

42) 《旅軒集》 卷7, 書院說.
43) 《仁祖實錄》 卷45, 仁祖 22年 8月 己未.
44) 《洛村集》 卷1, 〈再辭副應教仍陳時弊疏〉, 三曰擇教官條.
45) 이성무, 〈朝鮮初期의 鄉校〉, 《李相玉博士回甲紀念論文集》, 교문사, 1969.

이처럼 향교가 본래의 기능을 유지하지 못한 상황에 대해 이도장은 그 주요 원인을 교관을 잘 골라 뽑지 못한 데서 찾았다. 또한 향교의 재정 확보를 위해 군역軍役을 피하고자 하는 자들을 널리 교생校生으로 받아들이고, 민전民田을 사들여 위전位田으로 삼는 일도 지방사회의 기강 해이를 불러오는 일로 지적하였다. 이렇게 확보한 재원은 수령 자제들의 교유와 관부官府의 사사로운 비용으로 전용되는 사실을 개탄한 것이다. 이를 해결하고자 이도장은 교생을 가르치는 자리인 교수와 훈도에 문관을 임명시켜 향교의 운영을 총괄하게 하고, 더불어 고을의 과거록명도 일체 이들에게 위임하도록 건의하였다. 만약 재원이 부족하여 용관을 설치할 수 없다고 한다면 외방의 찰방을 문관으로 보내 관내 교화의 일을 맡아 다스리게 하는 것도 한 방안이라 하였다.

이도장의 주장은 교수관의 정선과 관료화를 통해 향교 교육을 진흥시키자는 것이었다. 이전 시기인 선조 19년(1586)에 논의되었던 향교의 교수·훈도를 대신해서 제독관提督官 또는 교양관教養官을 설치하여 지방 관학의 내실을 기하자는 방안과,[46] 이도장이 주장한 교수관에 문관을 파견하자는 주장 등은 그 맥락이 통한다고 할 수 있다.[47]

요컨대 이도장은 당시 향촌사회의 기강이 해이해지고 풍속이 각박해지는 세태를 바로잡으려면 사대부층의 각성과 함께 서원에 대

46) 한동일, 〈16세기 이후의 鄕校教育制度〉, 《大東文化研究》 17, 성균관대학교 동아시아학술원 대동문화연구원, 1983.

47) 이와 유사한 주장은 경상감사 李曼의 장계에서도 확인할 수 있다. 즉 경상도 6驛의 察訪을 文官으로 차임하여 提督教授란 명목으로 순찰하며 근만의 등급을 매기자고 하였다(《仁祖實錄》 卷50, 仁祖 27年 4月 1日 己丑). 이후 향교는 지방 사학으로 서원이 발전함에 따라 그 교육적 기능이 더욱 쇠퇴하였다. 이러한 추이에 따라 영조 대 편찬된 《續大典》에는 향교의 모든 교관이 철폐되어 관료 조직을 통한 교육책을 포기하고 있었다.

한 국가의 통제책이 필요함을 주장하였다. 이 같은 인식의 연장선에서 그는 지방 교화를 담당해야 할 향교 교육의 진흥 방안도 아울러 모색하였던 것이다.

3) 양역변통론과 속오군의 정비

조선 후기 전 기간에 걸쳐 민생을 위협하던 양역의 폐단에 대한 대책과 속오군束伍軍으로 대표되던 지방 군제의 정비도 당시에 시급한 현안이었다. 양역의 폐단은 조선 전기의 병농일치를 바탕으로 한 오위군제가 임진왜란을 거치며 무너지고, 17세기 이후 훈련도감을 필두로 중앙 5군영이 연이어 창설되는 등 군제상의 변화를 배경으로 하고 있었다. 양역 수요는 급증하고 있었지만 당시 향촌의 호강 품관들 및 부민들의 피역은 극심하여 사회 문제를 일으키고 있었다.[48)]

이에 따라 17세기 이래 양역의 폐단을 해결하고자 많은 대책들이 제시되었다. 이 시기 논의되던 양역변통론은 대변통론과 소변통론으로 나누어 볼 수 있다. 대변통론이란 양역제 자체의 철폐를 전제로 한 변통론으로, 호포론戶布論이나 구전론口錢論, 유포론遊布論, 결포結布 또는 결전론結錢論 등이 이에 해당된다. 이에 견주어 소변통론은 양역폐의 일차적인 원인이 양정 부족과 양역제의 불합리한 운영에 있다고 보고 그에 대한 대책을 제시한 것으로, 양정수괄良丁搜括, 교생校生·군관태정론軍官汰定論을 비롯해 감군액론減軍額論, 군문혁파론軍門革罷論 등 많은 논의들이 있었다.[49)]

48) 김성우, 〈조선후기 '閑遊者'層의 형성과 그 의의〉, 《史叢》 40·41, 고려대학교 역사연구소, 1992.
49) 조선 후기 양역변통론에 대해서는 정만조, 〈양역변통론의 추이〉, 《한국사》 32, 국사편찬위원회, 1997에 정리된 바를 참고하였다.

이와 같은 양역 폐단의 대책으로 이도장은 액외교생額外校生의 태정론汰定論을 주장하였다.[50] 이 주장은 앞서 언급한 향교 개혁과 지방사회 기강 확립의 연장선 위에서 제시되었다. 근래 들어 품관의 첩자들, 곧 서얼들이 교안校案에 이름을 올리고 한정閑丁들은 동몽록童蒙錄에 들어와 액외교생으로 행세하면서 향교의 크고 작은 향사를 주관하면서 그들의 활동 근거지로 삼고 있다는 사실을 개탄하였다.

따라서 이도장은 한유閑游하고 있는 액외교생을 가려내어 불필요한 관원은 모두 군역에 태정해야 한다고 하였다. 그는 합법적으로 역을 면하고 있는 교생·군관과 함께 이를 핑계삼아 피역을 목적으로 여기에 투속한 수백 명에서 때로는 수천 명에까지 이르는 정원 외의 교생·군관[額外校生]에게 모두 일정한 시험(經書考講과 試射)을 치르게 하여 불합격자인 낙강생落講生을 일체 군역에 속하게 함으로써 양정 부족 현상을 해소할 수 있다는 주장이었다.

이도장이 제시한 액외교생에 대한 대책은 이후의 양역변통론에서 다양하게 개진되었다. 낙강자를 태거하자는 주장과 함께 군역이라는 이름이 붙는 것을 싫어하여 교생·군관에 투속한 만큼 곧바로 군역에 태정하지 말고 그해의 낙강자에게 벌포罰布만 거두자는 현실론이 제기되었다. 이와 같은 주장들은 18세기 제정된 균역법均役法에서 선무군관選武軍官 항목의 성립을 이루는 선구로 파악할 수 있다.[51]

양역폐단의 개혁과 함께 이도장은 지방군제의 정비를 주장하였다.[52] 당시 지방군이었던 속오군은 임진왜란 때 임시 조치로 창설된 군제였다. 왜란을 거치면서 무력함이 드러난 5위제는 완전히 무너지

50) 《洛村集》 卷1, 〈冉辭副應敎仍陳時弊疏〉, 四曰汰額外條.

51) 정만조, 〈均役法의 選武軍官-閑遊者問題와 關聯하여〉, 《한국사연구》 18, 한국사연구회, 1977.

52) 《洛村集》 卷1, 〈再辭副應敎仍陳時弊疏〉, 五曰擇將官條.

고 그 대신 훈련도감이란 새로운 군영이 중앙군의 주력군으로 자리 잡았고 지방에는 속오군이 편성되었다. 전란기에 편성되었기에 속오군은 초기에는 일반 양인은 물론 양반과 공·사노비까지 포함하여 편성되었으나 전란이 끝나면서 예비군적인 성격으로 인식되었고 차츰 천역화되어 갔다.53)

인조 즉위 이후 청의 위협이 현실로 다가올 무렵, 속오군의 조련에 대한 논의가 활발히 이루어졌다. 광해군연간 전임 무신을 선정하여 속오군의 훈련에 실효를 거두려고 하는 시도가 나온 이래 인조대 들어와서도 전임 무신의 필요성이 다시 제기되었다. 더욱이 인조 5년 정묘호란에 패배한 뒤 그 문제는 현실화하여 그해 4월 〈영장절목營將節目〉을 반포하였다.54)

속오군에 대한 개혁과 함께 이도장은 속오군을 전담하는 장관을 엄선하여 폐단을 한꺼번에 제거하자고 하였다. 나아가 향촌의 유력자와 부민들이 한유하고 면역하는 상황도 장관이 정선되지 못한 데서 나온다고 보았다. 따라서 이도장은 속오군의 파총 이상의 장관은 가려서 차임하되 무사로 이를 담당할 인물이 없을 경우에는 향촌의 명망있는 인물에게 이를 책임지워 드러나는 성적이 있을 경우 관직에 제수하기를 청하고 있었다. 관과 사대부가 서로 도움으로써 속오군의 개혁을 통한 군비의 내실화 방안을 주장하였던 것이다.

53) 김우철, 〈조선후기 束伍軍의 搖役化 과정〉, 《한국사학보》 3·4합집, 고려사학회, 1998.
54) 차문섭, 〈朝鮮後期의 營將〉, 《朝鮮時代 軍制 硏究》, 단국대출판부, 1973, 236쪽.

5. 맺음말

이도장은 병자호란을 전후하여 국가가 위난에 처해 있을 때 남인계 언관으로 활동하였던 인물이다. 그의 가문은 조선 전기 거족으로 활동하던 광주이씨의 한 갈래가 16세기 초반 영남으로 낙향한 가계였다. 영남에 정착한 뒤 현달하기 시작한 광주이씨는 이윤우–이도장–이원정이 잇따라 중앙에 진출하였고, 학문적으로 퇴계학맥을 계승한 한강 정구와 여헌 장현광을 사사하며 남인으로서 입지를 다졌다.

인조반정 이후 서인계 공신들에 의해 남인 조용調用이 이루어질 때 이도장의 스승인 장현광은 산림으로 징소되었고, 이를 계기로 여헌계열의 출사가 이루어지자 이도장도 인조 8년 문과를 거쳐 사환의 길에 올랐다. 출사한 뒤 문재를 인정받아 주서 등 문한직을 거치며 이름을 날렸다.

이도장이 주로 관직생활을 했던 시기는 병자호란의 발발과 치욕적인 패배로 국가가 위태로운 지경에 처해 있을 때였다. 전란 이후 이도장은 남인계 언관으로 전쟁의 패배를 가져온 척화신에 대한 공격에 앞장섰다. 하지만 병환으로 활동이 여의치 못했던 이도장은 중앙정계를 뒤로한 채 향리인 성주에서 생애의 마지막을 보냈다. 그가 생전 마지막에 올렸던 시무 5조소는 자신이 실현하지 못했던 현실개혁의 염원을 담고 있었다.

전란 이후 위기에 처한 국가의 지배질서를 재확립하기 위해 이도장은 인조에게 황극皇極을 다시 세워 왕권을 강화하고 7년여의 임진왜란 이후 국가를 중흥한 선조대왕의 행적을 본받기를 청하였다. 또한 개혁의 구체적인 방법으로 향촌의 분열을 낳고 있는 서원에 대한 통제와 관학의 재정비, 액외교생의 태정을 통한 군역 폐단의 해결

등 지방 사대부의 자각과 적극적인 참여에 바탕을 둔 경세의 방략을 제시하였던 것이다. 비록 그의 주장은 혼란했던 전란 이후의 상황에서 실현될 수 없었지만, 이후 서원 통제책을 비롯한 양역변통론 등의 전개 과정에서 선구적인 형태를 제시하였다는 점에서 의미가 있다고 하겠다.

42세의 짧은 생을 살다간 이도장에 대해 허목은 다음과 같은 명銘으로 그를 애도하였다.

"강직한 충정과 내 몸을 돌보지 않은 절개로 끝내 크게 쓰이지 못하고 중도에 꺾였으니, 아! 운명이로다."

■ 참고문헌

《조선왕조실록》《승정원일기》
《記言》(許穆) 《龍洲遺稿》(趙絅) 《洛村集》(李道長)
《朝鮮儒賢淵源圖》《國祖人物考》

이수건, 《嶺南學派의 形成과 展開》, 일조각, 1995.
이태진, 《韓國軍制史-近代 朝鮮後期編》, 육군본부, 1977.

김건태, 〈17~18세기 양반지주층의 토지소유양상〉, 《성대사림》 12·13, 성균관대학교 사학과, 1997.
______, 〈갑술, 경자양전의 성격-칠곡 석전 광주이씨가 전답안을 중심으로〉, 《역사와 현실》 31, 한국역사연구회, 1999.
______, 〈조선후기 병작제의 양상-칠곡 석면 광주이씨가 사례〉, 《대동문화연구》 32, 대동문화연구원, 1997.

______, 〈조선후기 칠곡 석전石田 광주이씨가廣州李氏家의 농업경영문서〉, 《역사와 현실》 29, 한국역사연구회, 1997.

김성우, 〈조선후기 '閑遊者'層의 형성과 그 의의〉, 《史叢》 40·41, 고려대학교 역사연구소, 1992.

김우철, 〈조선후기 束伍軍의 徭役化 과정〉, 《한국사학보》 3·4합집, 고려사학회, 1998.

김학수, 〈1635년 퇴계변무소의 추진과 여헌학맥의 대응〉, 《여헌학의 전개와 수용》, 제8회 선주문화연구소 학술대회, 2007.

______, 〈寒岡(鄭逑)神道碑銘의 改定論議와 그 의미〉, 《조선시대사학보》 42, 조선시대사학회, 2007.

오수창, 〈仁祖代 政治勢力의 動向〉, 《韓國史論》 13, 서울대학교, 1985(《조선시대 정치사의 재조명》, 범우사 재수록).

이경식, 〈17세기 土地折受制와 職田復舊論〉, 《東方學志》 54·55·56, 연세대학교출판부, 1987.

이성무, 〈朝鮮初期의 鄕校〉, 《李相玉博士回甲紀念論文集》, 교문사, 1969.

정만조, 〈均役法의 選武軍官-閑遊者問題와 關聯하여〉, 《한국사연구》 18, 한국사연구회, 1977.

______, 〈양역변통론의 추이〉, 《한국사》 32, 국사편찬위원회, 1997.

______, 〈仁祖 4年 陶山院長 李有道 致斃事 논란〉, 《韓國學論叢》 26, 국민대 한국학연구소, 2003.

______, 〈朝鮮 書院의 成立過程〉, 《韓國史論》 8, 국사편찬위원회, 1980.

______, 〈朝鮮 中·後期 士族의 變遷과 集姓村의 發達-廣州李氏〉, 《조선시대 경기북부 지역의 집성촌과 사족》, 국민대출판부, 2004.

______, 〈退溪學派의 書院(敎育)論〉, 《南冥學研究》 9, 경상대 남명학연구소, 1999.

차문섭, 〈朝鮮後期의 營將〉, 《朝鮮時代 軍制 研究》, 단국대출판부, 1973.

한동일, 〈16세기 이후의 鄕校敎育制度〉, 《大東文化研究》 17, 성균관대학교 동아시아학술원 대동문화연구원, 1983.

한명기, 〈丙子胡亂 패전의 정치적 파장-淸의 朝鮮압박과 仁祖의 대응을 중심으로〉, 《東方學志》 119, 연세대학교 국학연구원, 2003.

숙종 대 이원정의 정치활동과 피화

김 문 택
서울역사박물관

1. 머리말

이원정李元禎(1622~1680)은 현종·숙종 대 영남남인을 대표하는 인물이었다. 그는 인조 대 이후의 서인집권기에 중앙무대에서 활동하면서 꾸준히 승진을 거듭하여 숙종 초반 남인의 집권기에는 요직인 이조판서에 올랐다.

그는 1652년(효종 9) 문과에 급제한 이후 현종 대에는 도승지, 병조참판 등을 지냈는데, 이 시기는 서인집권기였다. 그는 문과에 2등이라는 우수한 성적으로 합격하여 당시 급제자들과 함께 문묘文廟에 알현하려고 하였다. 그런데 그 가운데 적절치 못한 사람이 있다고 거절당하자, 스스로 소두疏頭가 되어 반대 상소를 함으로써 정치적인 과단성을 보여주기도 하였다. 그 뒤 이원정은 '통달하고 지혜가 있다'[1]는 평가에서도 나타나듯이 정치활동에 어려움이 있었던 남인이란 한계 속에서도 뛰어난 역량을 발휘하였다. 그는 이후 거의 30년에 이르는 관직생활 동안 일부 시기를 제외하고는 중앙에서 활동하면서 영남남인을 대표하였다. 그러다가 갑작스런 환국換局에 직면하여 서인들의 과도한 정치공세와 이 상황을 적절하게 조정하지 못한 국왕의 처신으로 억울한 죽음을 당하였다.

이원정이 살았던 숙종 대는 환국을 거듭하는 시기였다. 또한 이때에는 국왕의 힘을 정점으로 서인, 남인이라는 두 정치세력이 극단적으로 대립하고 있었다. 국왕은 이러한 두 세력 사이의 갈등을 빌미로 스스로 특단의 조치를 내려서 환국을 결행하는 과단성을 보이기도 하였다.

이 글에서는 먼저 이원정이라는 개인의 정치활동에 대한 사실적인 접근이라는 점에서 의미를 찾고자 한다. 그렇지만 이 연구는 기존 학계의 인물 연구에서 주로 시도되었던 것처럼 한 인물의 평가에 비중을 둔 것은 아니다. 오히려 이 연구는 이원정의 정치활동을 조망하면서, 그가 정치적 피해자라는 점에서 가해자였던 국왕이나 집권당의 정치적 성격을 조망할 수 있는 성과를 기대하고 있다. 더욱이 이원정이 당시 야당계의 주요 인사로서는 가장 마지막까지 살아남았기 때문에 반대당의 집요했던 정치적 공세의 실상이 잘 드러날 것이라 생각된다.

조선왕조의 당쟁을 들여다보면, 그것이 전근대사회라는 한계를 감안하더라도 그들이 자부하는 것과는 달리, 비이성적인 공세와 억측이 난무한 면이 있었다. 정국의 변동에 따라 충신과 역신이 하루아침에 바뀌기도 하고, 통치자인 국왕은 자신의 처지나 정국의 추이에 따라서 상반되는 말로써 왕권을 합리화하기도 하였다. 이처럼 합리

1) 허적이 부체찰사로 김석주, 윤휴와 함께 이원정을 추천하면서 한 말이다(《肅宗實錄》 卷8, 숙종 5년 11월 3일 甲午 참조).

성이 결여된 정국은 갈수록 역동성이 사라졌고, 사대부의 관직 진출은 붕당에 따라 제한되어 갔다. 따라서 집권당이 아니거나 지방 출신인 경우에는 정계로 진출하기가 더욱 어려워지기도 하였다.

필자는 박물관에서 고문서를 수집하면서 경북 칠곡의 문익공文翼公 종가에 소장하고 있던 사료들을 접하게 되었고, 이를 통해 당대 남인의 주요 인사였던 이원정에 대하여 더 구체적으로 접근할 수 있었다.[2] 기존에 이원정이라는 인물에 대해서는 당시의 정치적 비중에 비해서 연구 성과가 없었다. 그는 숙종 대 경신환국이라는 정변 속에서 인사권을 가진 이조판서였고, 서인 측에서 가장 마지막까지 제거하려던 대상이었다는 점에서 당쟁사적 의미가 더욱 커지는 인물이다. 그럼에도 이전의 연구에서 이원정은 다만 경신환국을 설명하는 과정에서 매우 짧게 언급되는 정도였다.[3]

이 글에서는 이원정의 정치활동에 대하여 첫 진출 시기부터 사후의 복관에 이르기까지 상세히 정리하면서, 당대의 정쟁을 통한 정치적 성향을 파악하고자 하였다. 그리하여 먼저 이원정이 관직에 처음 발을 들여놓던 현종 대를 시작으로 그의 관직 진출 과정과 이에 상응한 정치적 역경을 살펴보았다. 이어서 숙종 대 경신환국이라는 정치적 변환기에 처해서 드러나는 이원정의 정치적 피화被禍에 대해

2) 문익공 이원정의 종가(종손: 이필주)에 소장되었던 자료들 가운데서 이 글에 이용된 사료들은 이원정이 남긴 126장의 고신을 비롯하여 《畏壬錄》, 《庚申日錄》, 《天鑑錄》 등이다. 이들 자료를 통해서 이원정의 관직 진출과정, 이원정의 정치적 역경, 경신환국 때의 피화, 그리고 사후의 신원운동 등에 대하여 더욱 구체적으로 접근할 수 있었다. 이들 자료는 현재 모두 서울역사박물관에 소장되어 있다.

3) 기존에 이원정을 언급한 논저는 대체로 다음과 같다.
洪順敏, 〈肅宗初期의 政治構造와 換局〉, 《한국사론》 15, 1986.
李熙煥, 〈庚申換局과 金錫胄〉, 《전북사학》 10, 1986.
이성무, 《조선시대 당쟁사》, 동방미디어, 2000.
이근호, 《이야기 조선왕조사》, 청아출판사, 2005.

기술하고, 마지막으로는 사후에 나타난 복관과 신원 등까지 서술하였다.

2. 관직 진출과 정치적 역경

이원정은 1652년 31세의 나이에 문과에 급제하면서 관직생활을 시작하였으며 효종, 현종 대를 지나 숙종 대 초반에 이르기까지 대략 30년 동안 승진을 거듭하여 이조판서에[4] 이르렀다. 그런데 이원정의 관직 진출에서는 먼저 문과급제 이전부터 대가代加 제도를 통한 품계의 획득 과정도 개인적으로는 중요하였던 것 같다. 그리고 그는 현종 대 문과급제 이후에 꾸준히 관직생활을 유지하였는데, 이 시기에 상대 당으로부터 계속된 공세로 어려움을 겪기도 하였다. 그렇지만 이러한 역경 속에서도 자신의 정치적 이념의 하나인 대동법을 경상도에 시행하였던 것은 훌륭한 업적으로 평가할 수 있다.

1) 관직 진출 과정

이원정이 고위관직으로 진출할 수 있었던 것은 일차적으로는 문과급제와 같은 개인적인 능력에서 비롯되었다고 할 수 있는데, 그 밖에도 광주이씨 집안의 정치사회적 위상 등에 일정 부분 힘입은 바 있었다.

이원정의 집안에 대해서 살피면, 먼저 조부 이윤우李潤雨(1569~

4) 임진왜란 이후 경상도 출신으로 이조판서에 오른 인물은 이원정 외에 정경세鄭經世(1563~1633)와 이현일李玄逸(1627~1704)뿐이었다.

1634)는 한강寒岡 정구鄭逑의 고제이면서 문과에 급제하여 공조참의까지 지냈으며, 부친 이도장李道長(1603~1644) 또한 문과에 급제하고 홍문관 교리 등을 역임하였다. 아울러 장인인 이언영李彦英(1568~1639)은 성주 출신으로 1603년 문과에 장원하였고, 이후 사헌부 장령, 승정원 좌부승지, 청주목사, 선산부사 등을 지냈던 인물이다. 외할아버지인 김시양金時讓(1581~1643)은 괴산 출신의 남인계 인사로, 그 또한 문과에 급제하고 판중추부사에 이르렀다. 조부와 부친, 그리고 장인, 외조부가 모두 문과에 급제하고 주요 관직을 역임하였을 정도로 성세한 집안이었으며, 당대 영남을 대표하는 가문이었다.

이원정의 관직 진출에 대해서는 이 집안에 전해오던 고문서인 고신告身과 그 외 가장家狀 등을 참고로 품계나 관직의 획득 과정을 상세히 살필 수 있다.[5] 그의 관직 진출에서 보이는 특징은 처음에는 장인의 별가別加를 대가代加로 하여 일정 단계까지 품계를 획득하였다가, 문과에 합격함으로써 본격적인 진출을 이루어냈다는 것이다.

이원정의 품계 획득 과정은 다음과 같다. 그는 처음 21세이던 1642년 4월 장인 벽진이씨 이언영李彦英의 별가別加 2회분을 대가代加[6]로 받아서, 정9품 종사랑從仕郎에 올랐다. 이어서 같은 달에 다시 장인의 2회분 별가를 얻어서 정8품 통사랑通仕郎이 되었다. 이후 30

5) 이원정의 고신은 126장에 이르는 방대한 분량이 세전되어 있다(서울역사박물관 소장).

6) 조선조에는 양반들이 그들 계층의 신분을 후대에 지속하기 위해서 자신이 받은 품계를 아들이나 손자, 조카, 사위 등에게 이전할 수 있었다. 이때 이전이 가능한 것은 별가別加에 해당되었는데, 별가는 나라에 경사가 있거나 큰 행사를 치른 뒤에 관원들에게 내려지는 별도의 은전으로, 품계를 한 단계 올려주는 것이었다. 그런데 정3품 당하관 이상이 되면 별가로 받은 품계를 본인에게 더할 수 없었고, 대신 이를 아들, 손자, 동생, 사위 등에게 양도할 수 있었다. 그런데 대가로 품계를 얻는 것은 무한히 올라갈 수는 없었으니 통덕랑通德郎(정5품)까지 한정하였다. 이러한 별가는 뒤에 관직자에게 내려지는 특전으로 작용하면서 그 자손들에게 양반이란 특권을 유지하고 나아가서는 이를 통해 보다 빨리 승급할 수 있는 계기가 될 수 있었다(崔承熙, 〈朝鮮時代 兩班의 代加制〉, 《震檀學報》 60, 진단학회, 1985 참조).

세가 되던 1651년 5월에는 무공랑武功郎(정7품), 선교랑宣教郎(종6품)으로, 10월에는 승의랑承議郎(정6품), 봉직랑奉直郎(종6품)으로 올랐다. 그리고 마침내 12월에는 대가의 한계인 통덕랑通德郎(정5품)에 이르렀다. 그리하여 대가로 올라갈 수 있는 최고의 등급까지 오르게 되었다. 그는 21세이던 1642년과 30세이던 1651년 두 해에 걸쳐 몇 차례 품계가 올라가 통덕랑까지 이른 것이다. 1648년에는 생원시에 합격하여 관직 진출을 위한 기반을 마련해 두기도 하였다.

이어 31세이던 1652년(효종 3) 이원정은 문과에 급제하였다. 당시 33명의 합격자 가운데 갑과2인甲科二人, 곧 차석으로 합격하였다. 우수한 성적을 받은 그는 곧바로 상의원尙衣院 직장直長(종7품)에 임용되었는데, 품계는 봉정대부奉正大夫(정4품)를 받았다. 이전에 대가로 이미 통덕랑에 올랐기 때문에 초사자로는 매우 높은 품계에 오른 것이다.

그 뒤 지속적으로 승진을 거듭하여 1656년(효종 7) 세자시강원설서世子侍講院設書를 거쳐 예문관 대교待教, 봉교奉教로 이른바 한림翰林이 되었다. 이어 1657년에는 예조좌랑, 병조좌랑, 1660년(현종 1) 사헌부장령, 그리고 1664년에는 좌승지, 1666년에는 형조참의, 호조참의, 우승지에 이르렀다. 1669년에는 공조참판, 그리고 1673년(현종 14)에는 도승지가 되었다.

1674년(현종 15)에는 갑인예송甲寅禮訟으로 서인계가 대대적으로 물러날 때 예조의 담당 관원들이 모두 삭탈되었는데, 이때 그는 예조참판禮曹參判이 되었다. 당시 그에게는 판서 홍처량洪處亮과 함께 돌아가신 조대비의 장례를 맡는 임무가 주어졌다.[7] 또한 국왕은 충주로

7) 《顯宗實錄》 卷22, 현종 15년 2월 28일 癸亥.

내려가 있던 영의정 허적許積(1610~1680)을 불러 성복成服에 참여하도록 하였고, 이후 남인들이 대거 정계에 들어오게 되었다.

그 뒤 그는 1677년(숙종 3) 사간원 대사간, 1678년 성균관 대사성 등 요직을 거쳐서 1679년(숙종 5) 공조판서에 올랐다가 자헌대부資憲大夫 이조판서吏曹判書에 이르렀다. 이후 판서에 있으면서도 판의금부사判義禁府事, 지경연사知經筵事, 동지춘추관성균관사同知春秋館成均館事, 홍문관제학弘文館提學 등을 한꺼번에 겸직하기도 하는 등 1680년(숙종 6)까지 많은 권한이 부여되었다. 그러다 그해 3월 이조판서 겸판의금부사兼判義禁府事를 끝으로 관직생활이 마무리된다. 이 해 경신환국으로 남인이 대거 물러나고 서인이 집권하는데, 이후 그는 초산으로 유배 갔다가 뒤에 다시 불려와 장살당하였다.

2) 정치적 역경과 이념의 실천

이원정은 정치적으로는 남인계에 속하였다. 숙종 초기 남인들은 허목을 대표로 하는 청남과 허적을 우두머리로 하는 탁남으로 구분되었는데, 당시 그는 정치적인 행보만 볼 때는 특별히 어느 한쪽에 치우진 것 같지는 않다. 다만, 심정적으로는 허목과 윤휴가 있는 청남에 다소 가까웠던 것으로 보인다.[8)]

---

8) 《肅宗實錄》卷4, 숙종 1년 6월 4일 辛酉 기사에서는 남인들을 탁남과 청난으로 구분하고 이들을 심하게 비판하면서 이원정과 그의 아들 이담명에 대해서는 일단 어느 쪽에도 적극적으로 끼지 않은 것으로 평가하였다. 그런데 이원정에 대해서는 비록 밖에 있었지만 시의時議를 멀리서 주장하여 허목과 윤휴의 성원聲援이 되었다고 하면서 청남에 가까웠음을 언급하였다.

《燃藜室記述》第33卷 肅宗朝故事本末〈許穆攻許積〉기사에서는 청남으로는 권대운, 권씨들, 이봉징, 이식, 허목, 홍우원, 오정위 등을 언급하고, 탁남으로는 허적, 민희, 유씨들, 민씨들, 유하익, 오정창, 오시수, 오시복 등을 말하였으며, 이원정은 어느 쪽에도 언급하지 않았다.

서인정권 아래서 남인 측 인사였던 관계로 그의 행적은 역경의 연속이었다. 처음 과거에 급제하여 관직에 진출할 때를 시작으로 그가 요직에 오를 때에는 어김없이 상대편의 비난이 거셌다. 그리고 아들 이담명이 과거에 급제할 때에도 상대방의 공세가 이어졌다.

그는 이처럼 어려운 조건에서도 자신의 정치적 이념을 실천하고자 노력하였다. 그의 정치적 이념은 1677년(숙종 3) 대사간 응지소應旨疏에서 잘 나타난다. 여기서 그는 훈련원의 조직 개편, 체찰부體察府의 혁파, 영남의 대동법大同法 실시, 조적糶糴의 개편 등 10가지 계책을 주장하였다.[9] 특히 이 가운데서 중점적으로 추진하여 실현할 수 있었던 것은 대동법의 시행이었다.

(1) 정치적 역경

이원정이 중앙에서 활동하던 때는 현종 대의 예송논쟁이나 숙종 대의 환국과 같은 굵직굵직한 사건이 잇달아 일어났는데, 이때 남인계 인사로써 육조 가운데 으뜸인 이조의 수장이 되었다는 사실은 매우 눈여겨볼 만하다.

이원정은 1652년(효종 3) 문과급제로 정계에 발을 들여놓으면서부터 주목을 받기 시작했다. 문과에 급제한 모든 이들은 의례적인 행사의 하나로 문묘에 배알하기 위하여 성균관을 찾았다. 그런데 담당 재임齋任은 "소수疏首가 되어 선현을 무함한 사람은 알묘를 허락할 수 없다"고 하면서 배알을 거절하였다. 이는 합격자 가운데 이상진李象震이 이전 성균관 유생일 때 우계 성혼과 율곡 이이의 문묘종사를 반대한 적이 있었는데, 서인계인 재임은 이상진이 포함된 것을 문제

9) 《肅宗實錄》卷6, 숙종 3년 5월 19일 甲午.

삼은 것이다.

이에 대하여 이원정 등은 상소하여 "이상진이 문묘종사를 반대하다 정거의 처벌을 받았지만 뒤에 해제되어 과거에 응시하였으니 동방급제자들이 알묘謁廟를 못할 이유가 없다"고 주장하였다.[10] 그러자 성균관 재임은 다른 사람들은 알묘를 허락하면서도 이상진은 끝내 허락하지 않았다. 이에 대해 이원정은 다시 상소를 올렸지만 승정원에서는 받아들이지 않았다. 효종은 이원정 등의 상소를 기각한 승지에 대하여 언로를 막았다 하여 파직시켰고, 남인계 유생들의 알묘를 막지 못하도록 하였다.[11] 사건은 국왕이 이원정의 편을 듦으로써 마무리되었고, 그에게 이 사건은 정치적으로 성장하는 계기가 되었던 것으로 보인다.

과거급제 이후 이원정은 처음 상의원尙衣院 직장直長을 지냈으며, 이어 예문관 대교待敎, 봉교奉敎로 재직하는 등 한림翰林으로 활약하였다. 이후 전주, 장성, 동래 등의 외직을 지내다가 다시 중앙에 들어와 승지가 되고 이어 공조참판, 형조참판에 이르렀다.

이후 1670년(현종 11) 청나라에 사은부사로 다녀온 다음 그해 11월에 있었던 별시別試에서 시관試官이 되었다. 이 시험에서 아들인 이담명李聃命(1646~1701)이 합격하였는데 이 일로 곤경에 처하기도 하였다. 이때에 상대편으로부터 심한 공격을 받은 것이었다.

문제의 핵심은 이담명이 시험을 볼 때에 답안지를 잘못 작성하였는데, 아버지인 이원정이 이를 무마해주었다는 의혹이었다.[12] 당시

10) 《孝宗實錄》 卷9, 효종 3년 11월 1일 己巳.

11) 《孝宗實錄》 卷9, 효종 3년 11월 23일 辛卯.
許捲洙, 《朝鮮後期 南人과 西人의 學問的 對立》, 법인문화사, 1993, 143~144쪽 참조.

12) 조선조 과거시험에는 상피가 적용되기도 하였다. 본래 상피相避는 조선조에 같은 관아에 가까운 친인척이 함께 근무하는 것을 금하고, 또 송사에 임해서도 이를 적용

의 과거시험은 태조의 계비 신덕왕후神德王后가 종묘에 합사되고,[13] 왕세자가 관례를 올린 것[14]을 경축하고자 열린 것이었다. 이때에 합격한 인원은 10명뿐이었는데, 갑과 1인, 을과 2인, 병과 7인이었다. 이담명은 을과 2인 가운데 첫 번째였으니, 전체 차석으로 합격한 것이었다.

이담명의 합격에 문제를 제기한 이는 대사간 남이성南二星이었다. 그는 시험답안지에 '복독伏讀'이라는 글자[15]를 세 번에 걸쳐 쓰고 나서 자기의 견해를 밝혀야 하는데도 이를 쓰지 않았기 때문에 문제가 된다는 것이다. 그럼에도 아버지인 이원정의 비호로 합격되었으니, 응시자와 해당 시관을 처벌해야 한다는 것이었다.[16]

반면 함께 시관으로 참여하였던 우의정 홍중보洪重普를 비롯하여 부호군 김우형金宇亨, 교리 김석주金錫冑, 부사직 이단하李端夏 등은 '복독伏讀'이란 글자가 없더라도 '쌍경궤독雙擎跪讀'이라는 말이 있기 때문에 형식 자체에는 당락에 큰 문제가 없었다고 변론하였다.[17]

한다는 규정이다(《경국대전》 이전, 상피 참조). 반면, 과거시험의 경우에는 세종 23년에 응시자 가운데 재판관이나 시관을 피혐하도록 규정한 바 있었다고 하였고(《역주 경국대전》 상피, 한국정신문화연구원, 1986 참조), 영조 대의 《속대전》에서도 과거 응시자[擧子]는 시관과 상피한다는 규정을 만들기에 이르렀다. 그런데 정시와 알성시 같은 특별시험은 통상 시관과 거자가 서로 피혐하는 법은 없다고도 하였는데(《광해군일기》 卷169, 광해군 13년 9월 26일 甲子), 이는 기득권층 자제에 대한 특채의 형식이 있었기 때문이었던 것으로 보인다. 이와 관련하여 아마도 이때의 별시에서도 서인 측에서 이원정이 시관이었던 일 자체에 대해서는 문제 삼지 않았던 것으로 보아 관습적으로 피혐하지 않아도 되었던 것으로 보인다.

13) 신덕왕후는 태조가 사망한 뒤인 태종 9년(1409) 부묘祔廟가 폐지된 바 있다. 이후 선조 14년(1581)에 신덕왕후의 존호를 복귀하고 현종 10년(1669) 10월에 이르러 송시열 등의 주청에 따라 부묘하고 '순원현경順元顯敬'이란 휘호를 추상하였다.

14) 왕세자(뒤의 숙종)의 관례는 현종 11년(1670) 3월 9일에 거행된 바 있었다.

15) '徐命膺 《保晩齋集》(1838) 卷9, 〈科擧儀〉'에서는 "雖初會試 亦必以王若曰命題而盡罷三伏讀之法 皆令逐段伏讀 以己見對之"라고 하여 이전에 그러한 규정이 있었음을 언급하고 있다.

16) 《顯宗實錄》 卷18, 현종 11년 11월 13일 丙寅.

17) 《顯宗實錄》 卷18, 현종 11년 11월 14일 丁卯.

그런데 이후로도 일부 관료들의 계啓가 끊이지 않고 계속되었으니 이때에는 남이성뿐만 아니라 집의 이익상李翊相, 정언 조근趙根, 장령 조세환趙世煥, 부교리 윤경교尹敬教, 그리고 대사간 장선징張善瀓 등 서인계 인사들의 공격이 이어졌다. 그러다 1671년(현종 12) 4월 11일에는 사헌부가, 12일에는 사간원이 계문啓聞하기를 중단하면서 더 이상 논의는 일어나지 않았으니, 자그마치 6개월 동안 계속되다가 중지된 것이었다.[18] 이원정은 이 해 7월에 스스로 외직으로 나아가기를 청하여서 상대적으로 직위가 낮은 양주목사楊州牧使로[19] 가버렸다.

2년 뒤인 1673년(현종 14) 다시 돌아와 한성부 우윤이 되었다가 그 해 4월에는 도승지에 제수되었다.[20] 그런데 이에 대해 정언 정유악鄭維岳은 홀로 계를 올려 정원의 수장으로 이원정은 마땅하지 않다고 하였다. 그에 따르면 재상의 반열에 오른 뒤 청현淸顯(청환과 현직)의 직책을 거치지 못했는데도 뜻하지 않은 제수로 대개의 의견이 모두 놀랍기만 하니 체직해야 한다고 하였다. 즉 이원정이 당상관이 되고 나서 이조나 병조, 삼사 등의 요직을 거치지 않았는데 도승지가 되면 무리가 따른다는 것이다. 당시 이원정은 1661년 동래부사가 되면서 농시에 당상관의 품계인 통정대부에 올랐으며, 이후 형조참의, 호조참의, 충청도관찰사 등을 지낸 바 있었다.

이에 대해 국왕은 "이원정은 일찍이 대간의 직임을 거쳤고, 승정원에서부터 승자陞資되었으니 논핵할 만한 일이 아니다. 또 지금의 뭇 의론은 당론을 우선으로 삼고 공도公道를 다음으로 여기고 있다.

18) 《畏壬錄》 辛亥年 4月(서울역사박물관 소장).

19) 이 시기 이원정의 품계는 종2품인 가선대부로 형조참판을 맡고 있었는데, 스스로 자청하여 한 단계 낮추어서 정3품에 해당하는 목사로 가게 되었다(《顯宗實錄》 卷19, 현종 12년 7월 24일 癸酉).

20) 《顯宗實錄》 卷21, 현종 14년 4월 22일 辛酉.

만일 당론으로 말한다면 원정이 인망에 맞지 않은 지 오래되었지만 공도로 논한다면 원정은 여러 신하들에 견주어 미치지 못할 리가 없다”[21]고 하였다. 즉 정유악의 주장에 대해서는 당론을 따른 것으로 일축하고 개인적인 자격으로서는 문제가 없다는 것이었다.

이원정에 대한 체차遞差 논의는 5월이 되어서도 그치지 않았으니 헌납 윤형성尹衡聖,[22] 그리고 정언 서문상徐文尙에 의해서도 제기되었다.[23] 그러나 이때에도 국왕은 ‘불윤不允’으로 일관하면서 서인계의 요청을 물리치곤 하였다. 그런데 이러한 사안에 대해 저간에서는 “정유악 등의 주장은 본래 자신의 본뜻이 아니었으며, 당시 서인계의 주론자였던 이민적李敏迪, 민서敏敍의 지시에 따른 것이다”라는 말도 있었으니,[24] 이는 곧 서인의 당론이라는 국왕의 생각과 일치한다고 할 수 있다.

그 뒤에도 이원정은 현종 말기에 병조참판, 도승지, 예조참판 등을 오가며 관직생활을 하였다. 그러다 현종 15년(1674) 효종비 인선왕후仁宣王后의 죽음에 즈음하여 갑인예송이 일어나고 서인계 인사들이 물러나자 예조참판에 임용되어 왕후의 장례를 진행하게 되면서 그 구실이 더욱 커졌다.

숙종 대에 남인들이 정권을 잡게 되자 이원정은 승급을 거듭하여 1677년(숙종 3)에 대사간, 대사헌, 형조판서에 올랐고, 1678년 한성부 판윤, 호조판서를 거쳐, 1679년(숙종 5)에 공조판서, 이조판서에 이르

---

21) 《顯宗實錄》卷21, 현종 14년 4월 22일 辛酉. “上不從曰……元禎曾經臺侍 自銀臺陞資 考諸履歷 非所可論 方今物議 黨論爲先 公道次之 若以黨論 則元禎之未協人望久矣 若論以公道 則元禎比諸臣 無不及之理.”

22) 《承政院日記》第234冊, 현종 14년 5월 15일 甲申.
《畏壬錄》癸丑 5月 15日(서울역사박물관 소장).

23) 《承政院日記》第233冊, 현종 14년 5월 20일 己丑.

24) 《畏壬錄》癸丑 5월 17일.

렀다. 이즈음 잠시 상대 당의 일방적인 공세는 사라지는 듯하였다. 그렇지만 일시적인 남인정국은 오히려 숙종 6년의 경신환국으로 대대적인 숙청에 이르는 전조이기도 하였다.

(2) 영남 지방 대동법 시행

숙종 초에 들어와 이원정은 자신이 구상하였던 정치적 이념의 한 가지를 실천할 수 있었으니 그것은 경상도에 대한 대동법의 시행이었다.[25] 본래 대동법은 백성들에게 세금의 부담을 줄이고자 만들어진 제도였다. 이미 널리 알려져 있다시피 대동법은 이원익李元翼(1547~1634)에 의하여 발의되고 김육金堉(1580~1658)이 건의하여 1608년(광해군 즉위년)에 경기도를 대상으로 처음 시행되었으며, 이후 차츰 확대되어 17세기 후반에는 전국적으로 퍼져나갔다.

1608년 경기도에 시행된 대동법은 이후 1623년(인조 1) 강원도에, 1651년(효종 2) 충청도에, 1658년 전라도의 해읍海邑, 1662년(현종 3) 전라도의 산군山郡, 1666년 함경도로 시행되어 나갔다.

경상도에서는 다른 지역보다 상대적으로 늦은 숙종 초반에 시행되었는데,[26] 이는 이원정의 적극적인 건의로 이루어졌다.[27] 경상도의 대동법은 1677년 이원정의 건의로 그 논의가 본격화했으며, 이듬

25) 지금까지 학계에서는 대동법을 소개하면서 이원정을 언급하지 않았고, 더욱이 경상도에 대동법이 시행된 것이 이원정의 주장으로 이루어졌다는 사실도 거의 알려지지 않았다.

26) 경상도에서의 대동법 시행은 기존에 1678년에 이루어진 것으로 알려져 있는데(《민족문화대백과사전》, 〈대동법〉, 한국정신문화연구원 간행), 실상은 이보다 1년 뒤인 1679년에 시행된 것으로 보인다.

27) 《承政院日記》 영조 37년 1월 17일 丁巳 기사에서 홍봉한은 대동법의 대강을 이야기하였는데, 여기에는 이원익, 김육과 함께 이원정을 언급하였으니(鳳漢曰 大同 卽古相臣李元翼之發端 而古相臣金堉 繼而成之 其後李元貞諸人 亦皆遵守 故其事乃完矣), 대동법이 전국적으로 널리 시행된 데에는 이원정의 역할이 컸음을 인정한 것이다.

해인 1678년 대동사목大同事目이 만들어지고 1679년(숙종 5)에 시행된 것으로 정리할 수 있다.[28] 마침내 이원정은 다른 지역에 견주어 상대적으로 관심이 적었던 고향 경상도에 대한 대동법의 시행을 이끌어낸 것이다.

대동법에 대한 이원정의 인식은 먼저 그의 대사간 응지소應旨疏에 나타나 있다. 그는 1677년(숙종 3) 5월 당시 대사간에 재직하면서 군제와 세제稅制 등에 대하여 당면한 변통變通 10가지 계책을 논하였는데, 여기에서 영남 지역에도 양호兩湖(전라도와 충청도)처럼 대동법을 시행할 것을 주장하였다. 또한 같은 해 6월 도승지로 재직하면서, 대동법에 대하여 거듭 상주上奏하였으니, 그는 “영남 백성의 부역은 다른 도보다 배나 무거워 민정이 대동법의 시행을 원함이, 주린 자가 밥을 구하고 목마른 자가 물을 찾는 것 같을 뿐이 아닙니다” 하였다. 그의 주청에 따라 국왕은 경상도에 대동법의 시행을 명하여 1결에 수미收米를 13두로 정하고, 산군山郡은 쌀 7두에 면포 1필로 작정하기에 이르렀다.[29]

그리하여 1679년(숙종 5) 이전에 임금이 명한 것처럼 1결마다 13두를 부과하였는데, 1683년부터는 1결당 1두를 감하여 경기나 양호兩湖

---

28) 《嶺南廳事例》〈해제〉(규장각) 참조.
‘《만기요람》 財用編 3, 大同法’에서는 숙종 3년인 1677년에 도승지 이원정이 청하여 영남에 대동법이 시행된 것으로 나와 있는데, 여기서 1677년은 발의한 시기이며 실제로 시행한 때는 1679년으로 정리할 수 있다.

29) 《燃藜室記述》 別集 第11卷, 貢物大同.
‘《肅宗實錄》 卷6, 숙종 3년 6월 12일 丁巳’에도 대동법에 대한 이원정의 주청 내용이 나오는데, 여기에는 다음과 같이 기록되었다. “이원정이 아뢰기를 ‘영남 백성은 역사가 무거움이 다른 도보다 배나 되는데, 민정民情이 대동법이 시행되기를 목마른 사람이 마실 물 바라듯이 합니나. 이태연李泰淵이 감사가 되어 김좌명金佐明과 함께 의논해서 정해 놓은 사목事目이 반드시 감영에 있을 것이니, 본도本道로 하여금 등서해서 보내도록 하여 의논해서 결정하는 것이 좋을 듯합니다’ 하였다. 이에 대하여 임금이 그대로 따르며, 도내의 민정을 또한 수집하여 계문啓聞하도록 했다.”

와 같이 12두로 정하여 운영하게 되었다.[30]

3. 경신환국과 신원운동

1680년(숙종 6)에 발생한 경신환국은 잘 알려져 있다시피 남인정권이 서인정권으로 바뀐 정국의 변환이었다. 그러나 이때의 환국은 사전에 조금의 기미도 보이지 않았고 국왕 숙종의 갑작스런 조처로 이루어졌다. 그렇지만 이때의 환국은 단순한 정국의 교체로 그친 것이 아니라 수많은 남인계 인사들의 정치적 숙청과 이에 상응하는 피화被禍를 낳았다. 당시 남인계 인사의 주축이었던 허적, 윤휴, 이원정 등이 차례로 희생되었는데, 이원정은 세 인사 가운데 마지막으로, 그것도 뚜렷한 증거 없이 장하杖下에 목숨을 잃었다. 그리고 그의 죽음은 사후에도 복관과 삭탈을 반복하면서 질곡의 정치사에 희생양이 되었다. 이 장에서는 이에 대해 서술해보았다.

1) 경신환국과 정치적 고초

1680년(숙종 6) 3월 28일 밤에 국왕은 총융사 김만기金萬基, 훈련대장 유혁연柳赫然, 포도대장 신여철申汝哲에게 패牌를 보내 이들을 불러들였다. 그리고는 훈련대장에 김만기를, 총융사에는 신여철을 임명하였다. 숙종은 예고 없이 일선에서 병권을 가지고 있는 자들을 불러들인 다음 유혁연 등 남인을 물리치고 김만기 등 서인들을 중용한

30) 《嶺南廳事例》〈해제〉(규장각) 참조.

것이었다.[31]

이날 낮에는 바로 남인의 영수인 영의정 허적許積이 그의 조부 허잠許潛이 시호를 받은 것을 축하하는 연시연延諡宴을 베풀었다. 그리고 이를 축하하고자 남인계 위주로 조정 신하들이 그의 집에 모여들었다. 국왕인 숙종도 이를 배려하는 취지로 그날만은 특별히 궐내에서 쓰는 장막과 차일을 보내라는 명을 내릴 정도로 이날 남인들의 기세는 한껏 높았다.

그러나 지나친 권세는 오히려 갑작스런 화를 가져오는 빌미가 되기도 한 것이었다. 이날 잔치에는 수많은 조정의 권세가들이 모여들었는데 대개가 남인 중심이었고 서인계로는 김석주金錫胄와 김만기金萬基가 초청되었다.

그런데 "일의 기미를 예측할 수 없으니 장차 잔치에 오는 병조판서 김석주, 광성부원군 김만기와 같은 편의 사람들로써 자기에게 붙지 않는 사람들에 대해 허견許堅이 장막 뒤에 따로 무사를 모아 놓고 죽이려고 한다"는 소문이 돌았다. 이에 김석주는 "우리 두 사람이 모두 잔치에 가지 않으면 저 사람들이 반드시 의심할 것이오" 하고는 김만기에게 가도록 권하였다.[32]

이날 마침 비가 내렸다. 숙종은 잔치가 순조롭지 못할 것을 염려하여 특별히 내시에게 궐내에서 쓰는 막幕과 차일을 찾아 주라 하였다. 내시가 대답하기를 "허적이 그 물건을 찾아서 장막과 궁중 잔치에 쓰이는 판자, 새끼 등을 모두 가져갔습니다"라고 하였다. 숙종은 내심 놀라워서 내시를 시켜 잔치하는 곳에 가서 살피게 하였다. 그

---

31) 《肅宗實錄》卷9, 숙종 6년 3월 28일 丁巳.

32) 《燃藜室記述》卷34, 〈庚申大黜陟許堅之獄〉(3月 28日). "多言事機叵測 將欲鴆去兵判金錫胄·光城金萬基一邊 不附己者 而堅則別會武士於後帳 因欲撕殺云云 錫胄謂萬基曰 吾兩人俱不去 則彼必致疑 因勸進往."

랬더니 과연 내시의 말과 같았고 허견이 모아들인 무사가 매우 많았다고 하였다. 숙종은 매우 두려워하였는데, 김석주의 지시에 따른 군관軍官 남두북南斗北의 급서를 받고는 밤중에 병권을 가진 자들을 교체하는 명령을 내렸다고 한다.[33)]

이때의 사태는 결국, 허적 등 남인들의 지나친 득세를 막으려는 김석주 등의 치밀한 계획과 숙종의 결단으로 벌어진 특단의 조처였던 것이었다. 잘 드러나지는 않지만 이러한 사건은 김석주의 계략이 절대적으로 맞아떨어진 결과라고 할 수 있다.[34)]

그리고 다음 날인 3월 29일 인사의 총책이었던 이조판서 이원정의 관작을 삭탈하였다. 이때 전교에서는 "과인의 여러 신하들은 사사로운 원수를 앞세우고 나라를 뒤로 하니, 이는 도리어 전국 시대의 선비만 같지 못하다. 어찌 크게 한심할 만한 일이 아니겠는가? 근래 공도公道는 멸하여 없어지고 사의私意는 크게 행하여, 관원의 천거 임용 때에 이르러서는 오로지 한쪽 사람만 임용하게 된다. 그러므로 권세가 한쪽으로 기울어 자못 교만하고 방종한 습관이 있어서, 비록 과실이 있더라도 조금도 서로 바로잡는 도리가 없고 기탄하는 마음도 아수 없다.……내가 비록 어둡고 용렬하나, 결코 보검을 거꾸로 주어서 군주의 세력을 위에서 고립시키고 한편이 된 무리를 밑에서 더욱 성하게 하는 것은 불가하니 이조판서 이원정의 관작을 우선 삭탈하고 문 밖으로 쫓아 보내라"고 하였다.[35)]

그리곤 그 다음 날 이조판서에 정재숭鄭載嵩, 장령에 심유沈濡, 지평에 조지겸趙持謙, 판의금부사에 이상진李尙眞, 대사간에 유상운柳尙

33) 《燃藜室記述》 卷34, 〈庚申大黜陟許堅之獄〉(3月 28日).
《肅宗實錄》 卷10, 숙종 6년 윤8월 10일 丙申.

34) 李熙煥, 〈庚申換局과 金錫胄〉, 《전북사학》 10, 1986 참조.

35) 《肅宗實錄》 卷9, 숙종 6년 3월 29일 戊午.

運, 정언에 이언강李彦綱, 그리고 도승지에 이익상李翊相을 낙점하는 등 서인계 인사들을 대대적으로 등용하였다.[36] 또한 유배 가 있던 김수항金壽恒을 불러들여 영의정에 임명하고, 정지화鄭知和를 좌의정으로, 남구만南九萬을 도승지로 등용하였다.[37] 그리하여 일단 국왕의 의도대로 환국은 마무리되었다. 하지만 이때 이루어진 조처는 허견의 옥사, 정원로의 옥사로 이어지면서 남인계 인사들에 대한 대대적인 숙청이 뒤따랐다.

(1) 허견의 옥사

환국이 일어난 다음 달인 4월 5일 정원로鄭元老의 고변으로 '허견의 옥사'가 발생하였다. 이는 허적의 서자인 허견이 인평대군麟坪大君의 아들인 복선군福善君 남柟을 왕으로 삼으려는 생각을 품었다가 발각된 사건이었다. 즉 허견은 복선군 남에게 국왕인 숙종이 젊은데도 몸이 자주 편찮으시고 또 세자가 없으니 만일 불행한 일이 생기면 임금의 자리로 모시겠다고 말하였는데, 이런 내용이 밝혀진 것이었다.[38]

이제 사안은 정치적인 환국에서 역모로 확대되었다. 따라서 단순한 정권교체가 아닌 대대적인 옥사가 발생하기에 이르렀고, 많은 남인들이 죽거나 귀양 가게 되었다. 당시 남인정권을 대표하는 이들은 허적, 윤휴, 이원정 등이었는데, 이들이 죽음을 맞이하는 전조가 시작된 것이다.

먼저 허견 등에 대해 국청을 연 결과, 4월 12일 허견은 군기시 앞

36) 《肅宗實錄》 卷9, 숙종 6년 3월 30일 己未.
37) 《肅宗實錄》 卷9, 숙종 6년 4월 3일 壬戌.
《燃藜室記述》 卷34, 〈庚申大黜陟許堅之獄〉(4月 4日).
38) 《肅宗實錄》 卷9, 숙종 6년 4월 5일 甲子.

길에서 형이 집행되었고〔凌遲處死〕, 복선군은 당고개에서 교살형에 처해졌으며 가산이 몰수되었다.[39] 그리고 다음 날인 13일에는 허적 등에 대한 추고가 있었다. 이때 남인의 주류였던 허적, 윤휴, 이원정에 대해서는 직접적인 혐의가 드러나지 않자 위리안치圍籬安置 등의 처벌을 내리게 되었다.

먼저 허적에 대해서는 "형률로 논하면 아들이 16세 이상이면 마땅히 연좌되어야 하나, 고변자의 초사招辭나 아들 견堅의 원정原情에 따르면 아비가 아들이 도모한 일을 몰랐고, 허적이 세 임금을 모신 신하였기 때문에 다만 가산을 모두 몰수한 뒤 직책을 빼앗고 석방하여 시골로 돌아가게〔放歸田里〕 하라"고 하였다.

윤휴에 대해서는 도체찰사부에 대해서 힘써 주장할 뿐만 아니라 국왕 앞에서 부찰사副察使를 차출할 때 김석주가 맡도록 명을 내리자 기뻐하지 않는 얼굴빛을 드러내면서 군권에 대한 집착을 보여주었으니 그를 위리안치시키라고 하였다.[40]

이원정에 대해서는 당초 도체찰사부都體察使府의 설치에 대하여 긴요하지 않다고 했다가 그 뒤에 변방의 일로 보아서 복설해야 한다고 하였기에 혐의가 있다고 하였다. 또 허견의 일과 직접 연결되지 않더라도 국가의 중신으로써 그에게 속아서 이 같은 주장을 했다고 한다면 먼 곳으로 유배〔極邊遠竄〕되어야 한다고 하였다.[41] 국청의 결과에 따라 이원정은 초산으로 유배 길을 떠나게 되었다. 이때 아들 이

39) 《燃藜室記述》 卷34, 〈庚申大黜陟許堅之獄〉(4月 12日).

40) 경신환국 이전에 남인들은 체찰부를 복설하는 등 군권을 잡으려고 노력했던 바 있었는데, 이는 결국 뒤에 역모의 일환으로 간주되었고 주요 인사들을 죽음에 이르게 하는 원인이 되었다.

41) 《庚申日錄》 4월 13일(서울역사박물관 소장) 기사에서는 허목, 윤휴, 이원정 등의 국청 내용에 대해 자세히 소개되어 있다.

담명은 부친을 모시기 위하여 관직을 그만두고 유배지로 따라갔다.[42]

당시 윤휴와 이원정에 대한 사건의 주안점은 군권의 사령부 격인 도체찰사부였다. 상대 당에서는 이 두 사람이 도체찰사부를 복설하여 스스로 운영함으로써 군권을 장악하려 했다는 것이다. 도체찰사부는 이전에 효종 대까지는 상설되었다가 현종 대에 폐지되었다. 숙종 대에 들어와서는 원년 11월에 복설되었다가[43] 3년 5월에 혁파되었으며,[44] 4년 12월에 다시 설치되었다.[45] 이원정은 숙종 3년 5월 19일 대사간 응지소應旨疏에서 도체찰사부 폐지를 주장하여 혁파에 일조하였는데,[46] 이후 복설될 즈음에는 다시 입장을 바꾸어서 복설을 도왔다는 것이었다. 그는 대사헌으로 재직하던 숙종 4년 9월 상소를 하여 체부의 회복을 언급한 바 있었는데 이러한 사실은 곧 역모와도 관련이 있다는 것이었다.[47]

서인들의 공격은 계속되어서 사간원, 사헌부, 홍문관에서 잇따라 허적을 법에 따라 처리할 것을 주장하였으며, 또 예조참판 유창兪瑒은 상소하여 허적이 아들의 역모를 막지 못한 죄를 다스려야 한다고 하였다. 그러던 중 5월 5일 포도청에서 이전에 허견이 역관 서효남徐孝男의 며느리 차옥次玉을 겁탈했던 사건을 국왕에게 보고하였다. 이에 국왕은 허적이 자식을 무리하게 비호했다고 하면서 이를 문제 삼아 사사賜死하라는 명을 내리게 되었다.[48]

---

42) 《靜齋先生文集》 卷8, 〈行狀〉. "庚申夏 解官從議政公于理山謫居."
43) 《肅宗實錄》 卷4, 숙종 1년 11월 8일 壬辰.
44) 《肅宗實錄》 卷5, 숙종 3년 5월 28일 癸卯.
45) 《肅宗實錄》 卷7, 숙종 4년 12월 23일 己丑.
46) 《肅宗實錄》 卷6, 숙종 3년 5월 19일 甲午.
47) 《肅宗實錄》 卷7, 숙종 4년 9월 15일 己巳.
48) 《肅宗實錄》 卷9, 숙종 6년 5월 5일 癸巳.

잇따른 옥사는 윤휴에게도 이어졌다. 허견을 추문한 내용 가운데서 "(허견이) 이태서李台瑞로 하여금 윤휴, 이원정을 격동시켜서 체부體府를 다시 설치할 꾀를 도모하였다"[49]는 내용이 문제가 된 것이다. 체부의 설치에 대해서 서인들은 병권을 취득하려는 것으로 해석하였고, 나아가 이는 반역의 의도라고 몰아세웠다. 또한 서인들은 이전에 '홍수紅袖의 변'[50]이 일어났을 때 윤휴가 이에 관여하는 대비를 단속해야 한다고 주장하면서 죄인인 복선군 형제를 두둔한 사실을 거론하였고,[51] 나아가 복선군 등과 깊이 결탁한 죄가 분명하니 처벌할 것을 주장하였다.

또 윤휴는 기미년(숙종 5)에 당시 남교가두南橋街頭에 걸린 익명의 방서榜書를 계기로 국왕에게 비밀 차자를 올렸는데, 여기서 당시 병권을 가진 자들(서인)에게서 반란의 조짐이 있으니 체직시켜야 한다고 주장하였다는 것이다. 서인들은 이러한 사실들을 거론하면서 그 의도가 바로 친신親臣들을 어육魚肉으로 만들려는 계략이라고 몰아붙였다.[52] 마침내 5월 15일에 이르러 국왕은 윤휴를 사사하도록 명하였다.[53]

허적에 대한 사사賜死는 5월 11일에 이루어졌다[《연려실기술》 卷34, 〈庚申大黜陟許堅之獄〉(5월 2일)].

49) 《肅宗實錄》 卷9, 숙종 6년 4월 16일 乙亥. "使李台瑞 激動尹鑴·李元禎 以圖復設體府之計."

50) 복창군 정楨과 복선군 남柟이 현종이 사망한 뒤 상을 치르기 위해 궁궐에 들어갔다가 궁녀(紅袖)를 간음奸淫한 일이 있었는데, 이 일로 이들을 비호하려는 남인과 치벌하려는 서인들 사이에 논쟁이 벌어졌다. 이때 대비인 명성왕후가 복선군의 처벌을 강력하게 주장한 바 있었다.

51) 《肅宗實錄》 卷9, 숙종 6년 4월 25일 甲申.

52) 《肅宗實錄》 卷9, 숙종 6년 5월 14일 壬寅.
《燃藜室記述》 卷34, 〈庚申大黜陟許堅之獄〉(5월 15일).

53) 《肅宗實錄》 卷9, 숙종 6년 5월 15일 癸卯.
윤휴에 대한 사사는 5월 20일에 이루어졌다[《燃藜室記述》 卷34, 〈庚申大黜陟許堅之獄〉(5月 2日)].

이즈음 이원정에 대해서도 4월 17일 유배지에서 다시 잡아와 국문하라는 명이 내려졌다. 그에 대해서 다시 공사供辭를 받은 결과, 체부를 설치하자고 주장한 것 등은 허견의 옥사와 직접 관련이 없고, 허견의 꾐에 넘어간 증거도 없으니 죄를 단정할 수 없다고 하였다. 이에 이원정은 다시 유배지로 돌아갔다.[54]

(2) '정원로의 옥사'[55]와 이원정의 죽음

허견의 옥사에 대한 파장은 5월이 지나면서 잠잠해지는 듯하였으나 가을이 되면서 다시 그 여파가 일어났으니, 바로 정원로의 옥사였다. 이 옥사는 8월 10일 출신出身 이원성李元成이 정원로 등을 고변함으로써 시작되었다.[56] 정원로는 앞에서 언급했듯이 허견의 역모를 고변하여 공신이 된 인물이다. 그런데 당시 그 자신도 오정창吳挺昌과 모의했다는 사실이 밝혀졌다. 오정창은 허견이 국왕으로 추대하려 하였던 복선군의 외숙이기에 이는 커다란 파장을 몰고 왔다.

정원로를 잡아와서 추문한 결과, 오정창이 허견과 모의하여 역모를 계획한 바 있고, 또 오정창의 딸을 국왕의 후궁으로 들이고 그가 아들을 낳으면 임금과 왕비를 이간시켜서 현재의 왕비를 폐위하는 일을 도모하려 했다고 결론지었다. 결국 이러한 사실로 며칠 뒤 정원로는 처형되었다.[57]

오정창을 추문하니 그는 복선군 남이 이원정과 매우 친하게 지냈

54) 《肅宗實錄》 卷9, 숙종 6년 4월 19일 己巳.
55) 정원로의 옥사에 대해서는 기존의 논문 등에서 소개된 바가 없는데, 이 사건은 '《燃藜室記述》 卷34, 〈李元成上變鄭元老之獄〉'에 자세히 기술되어 있다.
56) 《肅宗實錄》 卷9, 숙종 6년 8월 10일 丙寅.
57) 《肅宗實錄》 卷10, 숙종 6년 윤8월 3일 己丑.
《燃藜室記述》 卷34, 〈李元成上變鄭元老之獄〉(윤8月 10日).

다고 하였으며,[58] 정원로의 입에서도 허견과 함께 체부의 복설을 모의할 때에 이태서로 하여금 이원정과 윤휴를 부추겨서 설치하게 되었다는 말이 나오게 되었다.[59] 오정창은 이 일로 유배되었다가 뒤에 처형되었다.

이러한 일로 윤8월 16일 유배지에 있는 이원정을 다시 잡아와서 형문刑問하기에 이르렀다.[60] 그런데 이원정이 역모에 가담하였다는 결정적인 증거가 없었다. 그러함에도 다른 이들의 공초에서 그의 이름이 여러 차례 나왔다는 사실만으로 계속된 형문이 이어졌다. 국왕은 그가 체부의 설치를 갑작스럽게 강조하였고, 복선군과 친밀하였다는 이유로 엄한 형벌을 명하였다. 이원정은 장신杖訊 일곱 차례, 압슬壓膝 한 차례에도 자복하지 않다가 목숨을 잃었다.[61]

이원정을 죽음에 이르게 한 것은 겉으로는 체부의 설치에 동의했다는 것이 빌미가 되고, 이것이 역모에 동참하였다는 의심을 샀기 때문이었다. 그런데 여기서 체부의 복설을 언급하였던 것은 결국 뒤에 그의 손자 세원이 공사供辭에서 밝힌 것처럼 정치인으로서 당시의 공론에 따랐던 입장의 결과라고 이해할 수 있다. 그렇기에 사실상 그를 죽음에 이르게 한 진정한 원인은 지나친 정쟁 때문이며, 상대편 핵심 세력에 대한 무차별적인 공세와 지나친 고문으로 말미암은 것이었다.

---

58) 《肅宗實錄》 卷10, 숙종 6년 윤8월 3일 己丑.
《肅宗實錄》 卷10, 숙종 6년 윤8월 21일 丁未.
이원정의 친소관계에 대해서 뒷날 아들 이담명의 언급에 따르면, 이원정은 오정일과는 매우 친한 사이였지만 정楨과 남柟은 이전에 비난하고 배척하는 말이 있기도 하여 친밀하지는 않았다고 하였다(《肅宗實錄》 卷20, 숙종 15년 2월 28일 丙寅).

59) 《肅宗實錄》 卷10, 숙종 6년 윤8월 10일 丙申.

60) 《歸巖先生文集》 卷12, 〈家狀〉.

61) 《肅宗實錄》 卷10, 숙종 6년 윤8월 21일 丁未.

이원정이 죽고 나서야 경신환국으로 촉발된 길고 긴 정치적 옥사는 끝났다. 처음 허적을 비롯한 남인들의 극대화된 권력 때문에 경신환국이 일어났는데 이 환국은 단순히 정치적인 국면 전환에 그치지 않고, 옥사로 발전하였으며 나아가 서인들을 비롯하여 외척 김석주[62] 등이 벌인 남인들의 대대적인 숙청 작업으로 이어졌다. 당시의 정치적 투쟁은 불확실한 단서로도 기존의 중신들을 역적으로 몰아 희생시켰고, 사실을 확인하기 어려웠음에도 고변자나 진술자의 한마디로 죽음에 이르게 하는 극단적인 모습을 보여주었다.

2) 복관의 반복과 신원운동

석연치 않게 죽음에 이른 이원정은, 사후에도 관작이 여러 차례 번복되었다. 그가 조정에서 보여준 행동은 일관되었지만 사후에 그에 대한 처우는 당쟁의 변화에 따라 복관과 삭탈이 반복되곤 하였다. 이는 한 개인의 사후 명예와도 관련되지만 자손에게도 대대로 관련되는 것이었다.

(1) 정국에 따른 신원의 반복

명백한 혐의도 없이 장하에 목숨을 잃은 이원정에 대한 후손들의 원통함은 말로 표현할 수 없었다.[63] 이후 10여 년의 세월이 흘러 숙종 15년이 되었고, 당시 서인은 다시 노론과 소론으로 갈려 다투는

62) 이 시기의 김석주의 입장과 역할에 대해서는 李熙煥, 〈庚申換局과 金錫胄〉, 《전북사학》 10, 1986에 자세히 소개되어 있다.

63) 광주이씨족보에서 이담명을 소개한 부분에서 "경신년 화변 이래 피 묻은 옷을 10년 동안 입고 설원하기를 기도하다가 기사년에 이르러 경신무옥의 주모자들에 대해 복수 설원하였다"고 기술하였다(《廣州李氏漆谷派世譜》 1980년대 간행).

상황이었다. 숙종은 이러한 서인들을 좋지 않게 생각하였다. 당시 숙종은 남인과 가까운 장희빈을 총애하고 있었다. 이때 희빈에게서 아들이 태어났고, 숙종은 낳은 지 석 달도 안 된 아이에게 원자元子의 명호名號를 내리기에 이르렀다. 이에 노론의 영수인 송시열宋時烈(1607~1689)은 원자 정호를 반대하는 상소를 올렸다. 그러자 숙종은 송시열에게 불충의 죄를 물어서 관직을 삭탈하고 성 밖으로 내치도록 하였으며,[64] 곧바로 환국을 단행하였다.

환국으로 서인들이 물러나자 이들이 비운 자리를 남인들이 차지하였다. 이어 2월 10일에 이르러 국왕은 비망기를 내려서 이원정의 관작을 회복하도록 하였다. 송시열의 삭탈관직을 명한 지 고작 9일 뒤의 일이었다. 당시 비망기에서는 "죄가 드러나지 않았는데도 장하에서 죽었으니, 더욱 불쌍히 생각함이 마땅하다"고 기록하여 잘못된 조치를 인정하면서 우선적으로 내려진 조치였다.[65]

환국으로 이원정의 아들 이담명도 형조참의로 정계에 복귀하였다. 이담명은 즉각 부친 이원정에 대한 원통함을 상소하니 임금은 비답을 내려 매우 두텁게 위유하였다고 한다.[66] 이어 이원정에 대해 치제문이 내려졌으며, 11월에는 우의정 김덕원金德遠의 차자箚子에 따라 영의정으로 추증되었다.[67] 그런데 이러한 회복도 오래 가지 못했다. 숙종 20년 갑술환국으로 남인이 다시 실권하게 되면서 이원정의 관

64) 《肅宗實錄》 卷20, 숙종 15년 2월 1일 己亥.

65) 《肅宗實錄》 卷20, 숙종 15년 2월 10일 戊申.
윤휴에 대해서 3월 5일 비망기를 내려서 복관을 허락하고, 유혁연 등 다른 억울한 이들에게도 복관을 허락하였다. 허적에 대해서도 7월 18일에 이르러 관작을 회복하라는 명이 내려졌다.

66) 《肅宗實錄》 卷20, 숙종 15년 2월 28일 丙寅.

67) 《肅宗實錄》 卷20, 숙종 15년 11월 3일 丙申.
《歸巖先生文集》 卷12, 〈家狀〉.

직은 다시 추탈되었다.[68] 정국의 변화에 따라 저승에 있는 사람들의 지위조차 급변하였으며, 조정의 선과 악, 충신과 역신은 시시각각으로 변하였던 것이다.

(2) 손자 이세원의 격쟁

1694년(숙종 20) 갑술환국 이후 20년 가까이 지난 1712년(숙종 38)에 이르러 손자 이세원李世瑗의[69] 노력으로 이원정의 관작이 회복되었다. 이것은 이세원이 단독으로 격쟁擊錚이라는 극단적인 방법을 취하여 이루어낸 성과였다.

이때 이세원이 격쟁을 결심하게 된 것은 그해 5월에 내려졌던 국왕의 비망기에 힘입은 것이었다. 이즈음 가뭄이 너무 심하였던 까닭에 국왕은 비망기를 내려서 대민 통치에 대해 스스로 반성하고, 정국을 무리 없이 이끌고자 하였다. 비망기에서는 "예전에 삼년 가뭄은 효부를 죽인 고을 원의 처사에서 비롯되었으며, 5월 서리는 충성스런 연나라 신하를 국왕이 옥에 가둔 일 때문에 발생했다고[70] 하였으니 대개 원통함이 쌓이고 맺혀서 위로 하늘에 이르면 그 감응은 화평한 기운을 상하게 하여 재앙에 이르는 것이 또한 자연의 이치이다.……이에 경향京鄕의 관원으로 하여금 만일 지극히 억울함을 품고

68) 《肅宗實錄》 卷27, 숙종 20년 8월 19일 甲寅.

69) 이원정은 슬하에 장자 이담명, 한명漢命(문과, 홍문관교리), 구명龜命을 두었고, 담명의 아들로는 세침世琛(1683生), 한명의 아들로는 세원世瑗(1667生), 세보世寶, 세황世璜이 있었다. 세원은 손자들 가운데서 가장 연장자였다.

70) 삼년 가뭄에 대한 이야기는 옛날 제나라의 효부에게 억울한 죄를 뒤집어 씌워 죽인 고을 원의 그릇된 처사에 대해 하늘이 노하여 3년 동안 비를 내리지 않았다는 고사에서 연유한 것이며, 5월 서리가 내린 데에 대한 이야기는 연나라 추연鄒衍이란 사람이 정성을 다해 혜왕惠王을 섬겼는데도 왕이 참소하는 말을 듣고 옥에 가두자 원통함을 못 이겨 하늘을 보고 통곡하였더니 5월에 서리가 내렸다는 고사에서 연유한 것이다.

도 신원되지 못한 자가 있으면 자세히 살펴서 계문啓聞하도록 하라"71)고 하였다.

이러한 비망기를 기회로 삼아 이세원은 5월 17일 무단으로 대궐로 잠입하여 격금擊金, 즉 징을 치고 자신의 억울함을 궐 안에 알렸다. 이에 병조에서는 해당 사실을 승정원에 알렸고, 승지 황일하黃一夏는 이 사실을 국왕께 계문하였다. 그 내용을 살피면 "이세원이라는 자가 대궐 단봉문丹鳳門으로 들어온 다음 차비문差備門 밖에서 격쟁을 하였으니 지극히 해괴합니다. 해당 관아로 하여금 구금하여 죄를 다스리도록 할 것인데, 단봉문 수장 등은 잡인의 난입을 금지하지 못하였으니 책임을 면하기는 어렵습니다. 추고할 것입니다"72) 하였다. 그리고 다음 날인 18일 이세원은 공사를 바쳤다. 주요 내용은 다음과 같다.73)

> 저의 조부 신臣 ○○는 경신옥사에 잘못 빠져서, 일신一身이 예측하지 못하는 지경에 이르렀고 원통함이 저승에까지 맺힌 것이 여러 해 되었습니

71) 《肅宗實錄》卷51, 숙종 38년 5월 5일 丁亥, "三年枯旱 實緣孝婦 五月飛霜 良由燕臣 蓋冤氣鬱結 上徹蒼穹 感傷和氣 致有災沴 亦自然之理也……玆令中外之官 若有抱至寃 而未伸者 另加詳察以聞."

72) 《承政院日記》第468冊, 숙종 38년 5월 17일 己亥. "黃一夏 以兵曹言啓曰 十餘字缺世瑗稱名人 自丹鳳門入來 匠人姜弘實稱名人 自宣仁門入來 差備門外擊錚 極爲駭愕 竝令攸司 囚禁治罪 丹鳳門守門將韓斗成 宣仁門守門將金汝器 常時不能禁斷雜人 以致闌入 俱難免其責 推考 何如 傳曰 允."

73) 《天鑑錄》〈世瑗擊錚供辭〉. "矣祖父臣○○ 枉羅庚申之獄 身陷不測之地 寃結泉壤 積有年所是白如可……矣祖父 丁巳夏間 待罪諫職之日 其時物議 皆以體府爲不緊 故疏陳宜罷之意矣 其後 中州多事之報 出於先來狀啓中 騷屑大行 而朝廷方有加說禁旅之事 矣祖 以禁軍 不必加設爲言 九日節製時 主兵臣金錫胄 與矣祖同詣泮宮 深以邊警爲慮 欲講衣袽之責 而謂矣祖曰 加設禁軍 令以爲不可者 何也 邊鄙有虞 體府將復 故今欲加設禁旅 以爲體府復設之根本耳 矣祖答曰 前罷體府時 吾已陳其宜罷之意 然卽今事勢有異前日 而台以主兵之人 以爲宜可復設 則直請復設 亦自無妨 而欲爲復設之根本 先請加設禁軍 未知其可矣 其時在座大臣 亦以體府之復設爲重難 而錫胄則以陳達復設 謂終不可已 故矣祖不復三思 後日次對 果爲仰陳 盖復設體府之議 實先發其端 而矣祖不過公議於朝 而入告於筵前 此亦出於爲國過慮是白如可."

다.……저의 조부는 정사년(숙종 3, 1677) 여름에 대사간의 직책을 받았는데 그때의 공론은 모두 도체찰사부都體察使府를 긴요하지 않다고 하여서 마땅히 혁파되어야 한다는 뜻을 상소로 아뢰었습니다. 그 뒤에 중국에서 많은 사건 보고가 도착한 장계에서 나오니 소요가 크게 일어났습니다. 조정에서는 바야흐로 금군禁軍을 더 늘려야 한다고 하였는데, 저의 조부께서는 금군을 더 설치하는 것은 불필요하다고 하였습니다. 그런데 (숙종 4, 1678) 9월 9일의 과거시험에서 병사兵事를 주관하는 신하인 김석주가 저의 조부와 함께 성균관에 나아가 변방의 경보에 대해 긴급한 책무를 강조하면서 저의 조부에게 이르기를, "금군을 더 설치하는 일에 대해 영감께서 지금 불가하다고 한다면 어떻게 합니까? 변방에 우려됨이 있으면 도체찰사부를 복설해야 하기에 지금 금군을 더 늘리어 체부를 복설하는 근본으로 삼으려 할 뿐입니다"라고 하였습니다. 조부가 답하기를 "전에 도체찰사부를 혁파할 때에 내가 이미 그 뜻을 진달하였는데, 지금은 일의 형세가 전날과 다름이 있으니 대감께서 병사를 주관하는 분으로써 마땅히 복설이 옳다고 생각하신다면 복설을 곧바로 청하시는 것도 무방할 것입니다. 그러나 도체찰사부를 복설하는 근본으로 삼으려 하면서 먼저 금군을 더 설치하기를 청하는 것이 옳은 일인지 모르겠습니다" 하였습니다. 그때에 여러 대신들은 또한 체부를 복설하는 일이 매우 곤란하다고 생각하였는데, 김석주는 복설을 진달하는 것을 끝내 그칠 수 없다고 하였습니다. 저의 조부께서 재삼 생각을 거듭하지는 않고 뒷날에 차대次對하여 과연 진달하였습니다. 대개 도체찰사부를 복설하자는 논의는 실로 먼저 그 단서가 발동했으며, 저의 조부는 조정에서 공적으로 논의한 것을 경연에 들어가 고한 것에 지나지 않았으니, 이는 또한 나라를 위한 지나친 우려 때문인 것이었습니다.

이세원이 제출한 공사의 내용은 조부인 이원정의 무죄를 호소한 것이었다. 이세원은 당시 이원정을 죽음으로 몰고 갔던 병사와 도체찰사부의 일에 대해서 자세하게 진술하였다. 그에 따르면 도체찰사부를 복설하는 시점에 변방에서 경보가 있었고, 이와 관련하여 복설을 제기한 인물은 김석주이며 이원정은 이에 대해 미온적이었기 때문에 죄가 성립되기 어렵다는 것이었다.

공사를 낸 다음 날인 19일, 국왕은 사안의 성격을 감안하였는지 죄인을 풀어주고 의논하여 처분하라는 분부를 내렸다. 20일 해당 관청인 형조에서 계를 올려서 "격쟁의 사연을 보니, 이는 그 조부 이원정을 위하여 소원訴冤한 것인데, 그 당시의 문안文案은 모두 의금부에 있으니 그곳에서 처리하는 것이 마땅할 것이다"라고 하였고, 이에 따라 사안은 의금부로 옮겨졌다.[74]

이원정에 대한 복관 논의는 이후 7월에 들어서 본격화했고, 이때 그의 무죄가 인정되었다. 이는 손자인 이세원이 격쟁의 공사에서 밝힌 것처럼 당시 김석주의 입장과 구실 때문이었다. 이원정의 복관을 주장한 영중추부사領中樞府事 윤지완尹趾完은 김석주의 말을 인용하여 이원정의 무고를 주장하였다. 그는 "김석주는 '이원정이 귀양 갈 때 글을 지어 위문하고 또 물건도 보내주었다. 재차 국청에 들어갔을 때에는 본인이 국왕을 뵙고 실상을 밝히고자 하였으나 미처 주선周旋하지 못하였다'고 하였다"는 것이다. 결국 이 말은 당시 이원정을 죽음으로 몰았던 체부體府의 복설 논의가 역모와 관련된 것이 아니라 김석주 등 당시 조성 대신들과 협의한 결과 이끌어낸 결론이라는 의미였다. 이에 국왕은 관작을 회복하라는 교지를 내렸다.[75]

---

74) 《天鑑錄》 壬辰 5월 20일(서울역사박물관 소장).
이때에는 이원정 이외에도 경신환국 직전 훈련도감을 지낸 무관 유혁연柳赫然에 대해서도 그의 아들 유성명柳星明의 격쟁이 있었다. 그리하여 이 시기 조정에서는 이원정에 대한 신원문제가 유혁연과 함께 진행되었다.

그 뒤에도 여러 차례 사헌부와 사간원 등에서 이원정에 대한 복관을 환수해야 한다는 계啓가 이어졌으나, 국왕은 불가하다는 입장을 고수하였다. 신하들의 계는 이듬해인 계사년을 지나 갑오년 5월까지 계속되었으니 자그마치 2년 가까이 지속된 것이었다. 그래도 국왕은 늘 '윤허하지 않는다[不允]', '번거롭게 하지 말라[勿煩]'라는 말로 물리치면서 본인의 확고한 의지를 보여주었다.[76] 이는 이원정에게 죄가 없다는 점을 명백하게 확인할 수 있는 대목이다.[77]

이원정은 1871년 고종 8년에 이르러 시호를 얻기에 이른다.[78] 이해 봄 3월 제반 절차에 따라 시호에 대한 망기가 국왕에게 올라가고, 낙점을 거친 다음 서경의 절차를 거쳐서 확정되었다. 그리고 10월에 이르러서는 시호교지가 내려졌다. 시호명은 문익文翼이었으며, 시호문자는 "학문에 힘쓰고 묻기를 좋아하니 문이요[勤學好問曰文], 신중하게 생각하며 깊고 멀어서 익이다[思慮深遠曰翼]"였다. 늦게나마 시호가 내려짐으로써 이원정의 지위나 행적에 대한 평가가 매듭지어졌다고 할 수 있다.

4. 맺음말

지금까지 이원정이라는 인물에 대하여 정치적 진출 과정과 이념,

75) 《肅宗實錄》 卷52, 숙종 38년 7월 8일 己丑.

76) 《天鑑錄》 壬辰 7月~甲午 5月.
《歸巖先生文集》 卷12, 〈家狀〉.

77) 이원정과 함께 복관과 삭탈의 과정을 거친 행적은 1795년(정조 19) 5대손인 복濵의 요청으로 신원되기에 이르렀다. 반면 윤휴는 1694년(숙종 20) 추탈되었다가 이때까지도 복관되지 못한 것으로 보인다.

78) 《高宗實錄》 卷8, 고종 8년 3월 16일 丙午.

그리고 역경 등에 대해서 살펴보았다. 이원정은 경상도 유력 가문의 사람으로서 대가代加를 통해서 품계를 얻고, 이어 문과에서 우수한 성적으로 합격하여 요직을 거치다가 이조판서에 오른 인물이다.

처음 그는 장인이었던 이언영의 대가로 품계가 정5품 통덕랑까지 이르렀다. 그러다 31세이던 1652년 문과에 올랐고 이후 예문관 대교, 봉교 등 한림직을 거쳐서 예조와 병조의 좌랑, 사헌부 장령, 그리고 1670년(현종 11) 형조참판이 되었다. 이때에 그의 아들 이담명이 별시에 합격하게 되었는데, 당시 아버지인 그가 시관이었던 관계로 서인들은 합격자와 시관을 모두 처벌하자는 계啓를 올려 곤경에 처하기도 하였다. 또한 1673년(현종 14)에는 도승지가 되었는데, 당시 서인계에서는 그가 적합하지 않다는 이유로 여러 차례 반대하는 계를 올려서 어려움을 겪기도 하였다.

숙종 대에 들어서는 남인계가 정권을 장악하면서 그는 대사간, 대사헌, 도승지, 그리고 형조판서, 한성부 판윤, 호조판서를 거쳐 1679년(숙종 5)에는 이조판서에 이르렀다. 그리고 이 무렵에는 고향인 경상도에 대동법을 시행하게 되는 성과를 이끌어내기도 하였다. 대동법은 처음 이원익이 발의하고 김육이 건의하여 1608년(광해군 즉위)에 경기도를 대상으로 처음 실시되었는데, 경상도에서는 1677년(숙종 3)에 이원정이 발의하여 2년 뒤인 1679년(숙종 5)에 시행되기에 이르렀다.

1680년(숙종 6)에는 경신환국이 발생하였다. 이 환국은 남인정권이 서인정권으로 바뀐 정국의 변환이었는데, 이때의 환국은 사전에 조금의 기미도 보이지 않았으며 국왕 숙종의 갑작스런 조처의 결과였다. 그렇지만 경신환국은 단순한 정국의 변환에 그치는 것이 아니라 수많은 남인계 인사들의 정치적 숙청과 이에 상응하는 피화를 낳았다. 이원정의 희생은 허견의 옥사, 정원로의 옥사로 이어지는 지루한 옥사와 피화의 결과였던 것이다. 그 과정에서 남인계 인사 가운데 허목과 윤휴가 먼저 희생되었고, 이원정은 가장 나중에 죽게 되었다. 또한 허목과 윤휴는 모두 국왕이 사사하라는 명을 내려서 죽음을 맞이하였지만, 이원정은 뚜렷한 증거도 없이 고문을 받다가 목숨을 잃었다.

이원정 사후에도 그의 지위는 1689년(숙종 15) 복관, 1694년(숙종 20) 추탈로 이어지다가, 다시 20년 가까이 지난 1712년 손자인 이세원의 격쟁을 통해서 신원되기에 이르렀다. 이때의 신원은 사전에 국왕의 비망기가 내려진 것을 계기로, 이세원이 과감하게 격쟁을 이행하여 얻어낸 성과였다. 그리고 다시 오랜 기간이 지난 뒤 1871년(고종 8)에 이르러 시호가 내려짐으로써 그에 대한 평가가 일단락되었다. 이원정 사후 2백 년 가까이 지난 시기였다.

지금까지 이원정의 사례에서 나타난 것처럼 숙종 대 정권 아래서 한 인물에 대한 숙청 과정은 매우 지루하고 오래도록 진행되었다. 또한 그 과정에서 합리를 빙자한 권모술수가 난무하였고, 그들의 집권기가 계속되는 한 포기하지 않고 끝내 완수해내는 철저함을 보여주었다. 결국 숙종 전반기 한 인물을 통해서 경신환국이 가져온 파장이 매우 심각하였음을 알 수 있었다.

또한 기존에는 숙종 초기의 이조판서 이원정에 대해서는 단순히 경신환국과 허견의 옥사로 사망한 것으로 쉽게 인식한 면이 없지 않았다고 본다. 그러나 사태를 더 면밀히 살펴보면, 이원정의 죽음은 결국 경신환국을 시작으로 두 차례의 옥사로 이어지는 정치적 피화 과정에서 나온 결과라는 사실을 알 수 있다. 나아가 이로써 남인 집권기에 이조판서라는 중책을 담당한 이상 집요한 정치적 공격에서는 벗어날 수 없었다는, 조선조 정치의 극단적인 모습을 볼 수 있는 계기가 되기도 하였다.

아울러 그의 사후에도 30여 년 동안 이어지는 관작의 추탈과 복관이라는 극단적인 변화, 그리고 뒤늦은 시기에 시호가 내려진 사실을 통해서 조선조에 당쟁으로 비롯된 옥사나 피화는 당대뿐만 아니라 후손들에게까지도 끊임없이 이어지는 연속성을 확인할 수 있다.

■ 참고문헌

《廣州李氏漆谷派世譜》(1980년대 간행).
《광해군일기》《孝宗實錄》《顯宗實錄》《肅宗實錄》《高宗實錄》《承政院日記》
《역주 경국대전》
《庚申日錄》《歸巖先生文集》《萬機要覽》《燃藜室記述》《嶺南廳事例》《畏壬錄》
《靜齋先生文集》《天鑑錄》《保晩齋集》

이근호, 《이야기 조선왕조사》, 청아출판사, 2005.
이성무, 《조선시대 당쟁사》, 동방미디어, 2000.
許捲洙, 《朝鮮後期 南人과 西人의 學問的 對立》, 법인문화사, 1993.

李熙煥, 〈庚申換局과 金錫胄〉, 《전북사학》 10, 1986.
崔承熙, 〈朝鮮時代 兩班의 代加制〉, 《震檀學報》 60, 진단학회, 1985.
洪順敏, 〈肅宗初期의 政治構造와 換局〉, 《한국사론》 15, 1986.

부록. 이원정李元禎 연보

나이	연도	주요 내용
01세	1622년(광해군 14)	8월 11일 칠곡 사양촌泗陽村에서 태어남
27세	1648년(인조 26)	생원시 입격
31세	1652년(효종 3)	증광문과에 갑과 2등으로 급제하고 상의원직장尙衣院直長에 임명
35세	1656년(효종 7)	세자시강원 설서設書, 예문관 대교待敎, 봉교奉敎
36세	1657년(효종 8)	성균관 전적典籍, 병조좌랑, 정랑, 훈련원정언, 사헌부지평, 시강원문학, 직강, 전주판관
37세	1658년(효종 9)	장성부사
39세	1660년(현종 1)	사은사의 서장관으로 청나라에 다녀옴, 사헌부장령, 강릉부사
40세	1661년(현종 2)	동래부사(통정대부)
42세	1663년(현종 4)	의주부윤 제수, 부임하지 않음
43세	1664년(현종 5)	형조참의, 좌부승지, 호조참의, 전주부윤
45세	1666년(현종 7)	우부승지右副承旨, 좌부승지, 형조참의, 호조참의, 충청도관찰사 제수, 부임하지 않음, 좌부승지
46세	1667년(현종 8)	우승지, 광주부윤
47세	1668년(현종 9)	오위도총부 총관摠管
48세	1669년(현종 10)	우윤, 공조참판
49세	1670년(현종 11)	형조참판, 청나라에 사은부사謝恩副使로 다녀옴(11월 이담명 문과급제)
50세	1671년(현종 12)	양주목사
52세	1673년(현종 14)	한성부우윤, 도승지, 형조참판, 도승지, 병조참판
53세	1674년(현종 15)	예조참판, 도승지, 호조참판, 산릉도감 제조, 병조참판
54세	1675년(숙종 1)	모친상
56세	1677년(숙종 3)	상을 마치고 형조참판, 대사간(應旨疏 올림), 대사헌, 도승지, 병조참판, 대사간, 예조참판, 대사성, 형조판서
57세	1678년(숙종 4)	한성부 판윤(영남에 대동법 시행 주장), 대사헌, 호조판서
58세	1679년(숙종 5)	지의금부사, 공조판서, 우참찬, 대사헌, 이조판서, 겸판의금부사
59세	1680년(숙종 6)	3월 경신환국, 초산에 유배, 윤8월 21일 유배지에서 불려와 장살됨
	1689년(숙종 15)	신원되고, 영의정에 추증
	1694년(숙종 20)	다시 삭탈〔奪職〕됨
	1712년(숙종 28)	손자 세원의 격쟁으로 관작이 회복됨
	1871년(고종 8)	문익공文翼公으로 시호가 내려짐

17세기 후반 이담명·이한명의 정치활동과 경세론

이 근 호

한국학중앙연구원 전임연구원

1. 머리말

17세기 후반 조선사회는, 정치적으로 사림정치 아래 정국운영방식이 사회적 변화에 능동적으로 대처하지 못하고 당쟁이 격화되던 시기였다. 서인과 남인의 당쟁을 비롯해 서인에서 분화된 노론과 소론의 극심한 당쟁이 그 예라 하겠다. 이런 가운데 숙종은 왕권을 강화하려고 비상한 정국운영방식인 환국換局을 여러 차례 단행하였고, 재위 중반 이후에는 그를 바탕으로 노론과 소론이 중심이 된 탕평정국을 모색하였다.

이 같은 정치적 혼란 가운데 남인으로 당쟁의 중심에서 활동했던 여러 인물들이 있었다. 이 글은 숙종 대 전반 남인계 주론자主論者의 위치에서 활동하였던 광주이씨 이담명李聃命과 그의 동생인 이한명李漢命의 정치활동과 경세론을 추적하고자 작성되었다. 다만 이한명의 경우 일찍 사망하였기 때문인지 자료에 제약이 있어, 이하 서술은 이담명을 중심으로 하면서 필요한 경우 이한명을 언급하겠다. 이들을 포함한 광주이씨 석전파石田派의 동향에 대해서는 영남사림계 가문의 하나로 분석한 연구[1] 이후에 이들 가문의 농업경영방식이나 지주제와 관련된 사회경제사적인 검토가 있었다.[2] 또한 이담명이 주서로 재직하면서 남겨 놓은 승정원일기 초책草冊의 탈초 및 영인이 이루어졌으며, 이 과정에서 가계를 비롯해 초책 등에 대한 본격적인 검토가 이루어진 바 있다.[3] 이 글에서는 이 같은 선행연구를 바탕으로, 주로 이담명과 이한명의 정치활동을 정리해보고자 한다. 이 연구는 개인적 차원에서는 이담명과 이한명의 생애를 복원한다는 의미가 있으며, 아울러 17세기 후반 남인계의 동향을 파악할 수 있는 기초가 될 수 있을 것이다.

2. 가계와 학문적 배경

이담명과 이한명의 본관은 광주로, 선대는 본래 서울과 근기 지역을 기반으로 활동하였다. 이후 16세기 중반 이담명의 7세조인 이지李

1) 李樹健, 《嶺南學派의 形成과 展開》, 일조각, 1995.

2) 이와 관련해서는 김건태의 일련의 연구가 주목된다.
김건태, 〈17~18세기 양반지주층의 토지소유양상〉, 《성대사림》 12·13, 성균관대학교 사학과, 1997.
김건태, 〈조선후기 병작제의 양상-칠곡 석면 광주이씨가 사례-〉, 《대동문화연구》 32, 대동문화연구원, 1997.
김건태, 〈조선후기 칠곡 석전石田 광주이씨가廣州李氏家의 농업경영문서〉, 《역사와 현실》 29, 한국역사연구회, 1997.
김건태, 〈갑술, 경자양전의 성격-칠곡 석전 광주이씨가 진답안을 중심으로-〉, 《역사와 현실》 31, 한국역사연구회, 1999.

3) 김경수, 〈조선후기 이담명의 '주서일기'에 대한 연구〉, 《한국사학사학보》 12, 한국사학사학회, 2005.

摯가 성산星山이씨 가문에서 부인을 맞이한 것을 계기로 성주에 거주하기 시작하였으며, 성주에서 칠곡이 나뉘면서 칠곡에 거주하기 시작하였다. 이들의 정치활동이나 학문적 배경이 되었을 가계를 정리해보면 〈그림 9-1〉과 같다.

이 가계도에 따르면, 이담명과 이한명은 부친 이원정과 모친 벽진이씨 이언영李彦英의 딸 사이에서 태어났다. 이원정은 효종 대에 출사하여 남인계의 중심인물로 활동하였는데, 1680년(숙종 6) 경신환국 때 남인정권이 몰락하면서 초산으로 유배가던 길에 사망하였다. 외조인 이언영은 이담명의 종증조인 이윤우와 같은 지역에 살면서 한강寒岡 정구鄭逑 문하의 동문이요 동지로 활동하던 인물이었다.[4] 이언영은 특히 광해조 때 인목대비를 폐위시키려는 폐모론에 반대하는 상소를 올렸던 정온鄭蘊을 구하려다가 삭탈관직되어 10여 년 동안 관직 진출이 차단되었다.[5]

이 가계도를 보면, 이들 가문과 당대 남인의 대표적인 가문과의 혼맥이 확인된다. 이담명의 처가는 전주이씨 이석규李碩揆 가문이다. 이석규는 잘 알려진 지봉 이수광의 손자로, 부친은 인조 대 영의정을 지낸 이성구李聖求이다. 이성구는 서인이 주도한 인조반정 이후 남인으로서는 처음으로 발탁되어 고위직을 지내기도 하였다. 효종대 영의정을 역임한 이시백李時白은 이성구를 평하기를, "인조가 중흥한 뒤로 임금이 발탁하여 삼공이 된 사람 가운데서 인물을 논하자면 공을 첫째로 쳐야 한다"고 하였다.[6] 이성구의 아들로, 이담명에

4) 李聃命, 《靜齋先生文集》 卷8, 附錄 行狀. 이하 이담명의 생애는 이 자료를 중심으로 정리하였다. 특별히 수를 밝혀주어야 하는 경우를 제외하고는 별도의 주를 달지 않음을 미리 말해둔다.

5) 李敏求, 《東州先生文集》 卷8, 誌銘, 〈承政院左副承旨李公墓誌銘〉.

6) 許穆, 《記言別集》 권23, 丘墓文, 〈李相國墓誌銘〉.

그림 9-1. 광주이씨 이담명·이한명 가계도 초략

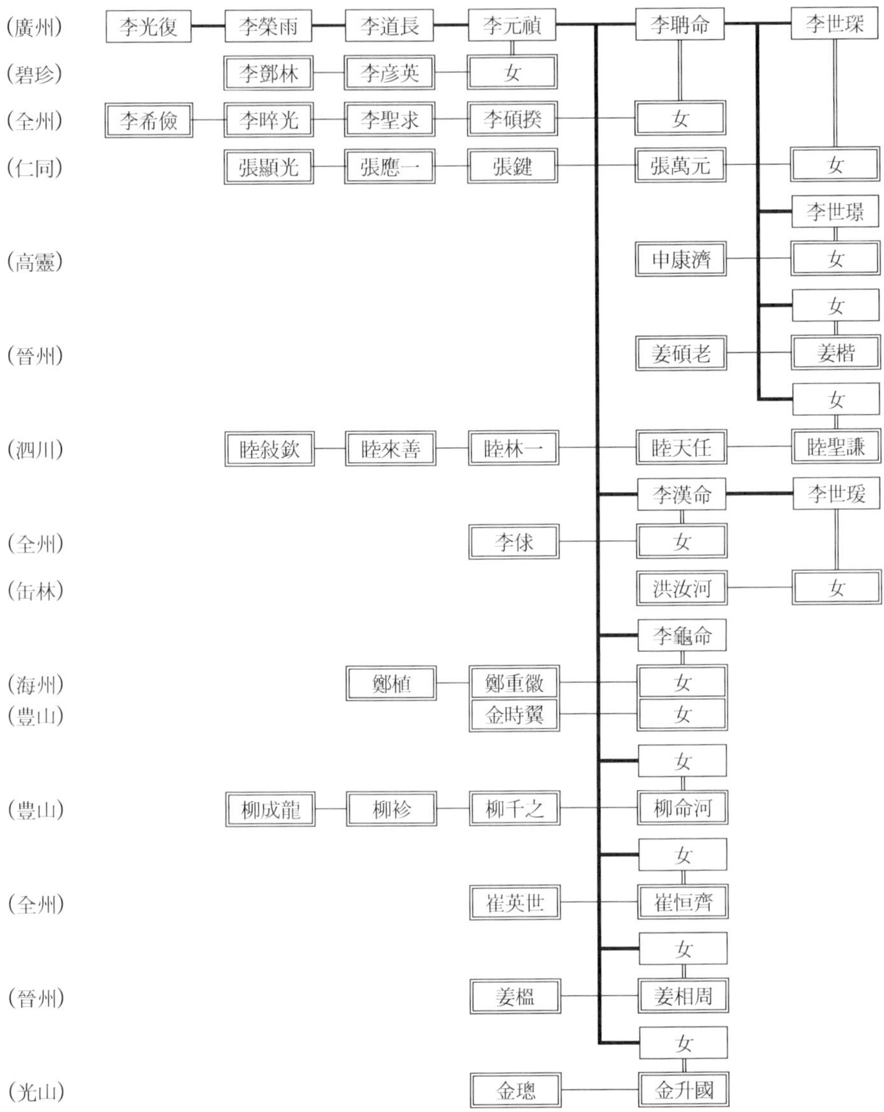

— 직계 계통 □ 인척 및 혼인 계보

* 이 가계도는 《廣州李氏大同譜》(1988)과 《韓國系行譜》를 중심으로 정리한 것임.

게 처백숙부가 되는 인물로는 이상규李尙揆·이동규李同揆·이당규李堂揆·이석규李碩揆·이태규李台揆 등이 있었다. 이들 가운데 이동규나 이당규 등은 숙종 전반 남인이 집권할 당시 중추적인 구실을 하였고, 이담명과 매제가 되는 이현기·이현석·이현령 등이 이 무렵 조정에서 활동하였다. 다만 숙종 초 남인이 청남과 탁남으로 분화될 때 이동규는 청남계열에, 이당규는 탁남계열에서 활동했던 사실이 주목된다.[7] 이들의 영향 때문이라고 명확하게 말할 수는 없지만, 숙종 초 남인이 청남과 탁남으로 나누어질 때 이담명은 청남계열로 활동하면서 탁남과도 일정한 관련을 맺었다. 한편 이담명은 전주이씨를 매개로 해서 무안박씨 박정朴涏, 창녕성씨 성준成儁, 여산송씨 송정규宋廷奎, 남원윤씨 윤의제尹義濟와 연결되었는데, 윤의제의 부친은 윤휴이다. 위의 가계도에서 제시하지는 못했으나, 윤휴는 이담명의 숙부인 이원록李元祿의 손자 이세용李世鎔의 장인이며, 이원록의 아들인 이신명李申命의 처가는 동복오씨 오시수 가문이었다.

다음으로 눈여겨볼 가계는 이담명과 사돈으로 이세침의 처가인 인동장씨 장만원張萬元 가문이다. 인동장씨 장만원은 장건張鍵의 아들이며, 장흥일張興一의 손자이고, 장현광張顯光의 증손자이다. 잘 알듯이 장현광은 인조조에 산림으로 출사하여 남인의 영수로 활동하였으며, 17세기 중반에는 한강 정구와 함께 영남학맥의 한 부분을 차지하였다. 이담명과 장현광 가문의 혼맥은, 이담명의 조부인 이도장이 장현광의 문인이었고, 부친 이원정은 여문旅門 10철哲의 일원인 이주를 사사하는 등의 관계가 작용한 것이었다.[8] 장건은 이원정과

---

7) 《肅宗實錄》 卷4, 숙종 1년 6월 4일 신유.

8) 金鶴洙, 〈17세기 嶺南學派의 정치적 분화-유성룡·정경세학맥과 정구·장현광학맥을 중심으로-〉, 《朝鮮時代史學報》 40, 2007, 241쪽.

1652년(효종 3) 증광시의 동방同榜으로, 급제한 뒤 이원정·김익창金益昌·정창도丁昌燾·조성趙磪 등과 함께 문묘에 배알하고자 갔다가, 당시 재임 이흥직李興稷이 이를 방해하여 참배하지 못하고 돌아온 적이 있었다. 이때 이흥직이 배알을 방해한 까닭은 이들 가운데 이이와 성혼의 종사 논의를 비난한 인물이 포함되어 있었기 때문이었다.[9] 장건의 부친 장응일은 1646년 헌납으로 있을 때, 민회빈愍懷嬪 강씨의 구명소救命疏를 올린 바 있으며, 1673년(현종 14) 공조참의로 있으면서 영림부령靈林副令 익수翼秀가 제출한 상소에서 효종릉인 영릉寧陵의 진상이 언급되자 서인의 정치화를 공격하는 상소를 올리기도 하였다. 숙종 초 남인 집권이 이루어진 뒤 남인이 청남과 탁남으로 나뉠 때 청남의 핵심인물로 활동하면서 부제학과 대사성 등을 역임하였다.

이상과 같은 전주이씨와 인동장씨 이외에도 이담명과 이한명 때 광주이씨의 인척을 살펴보면, 이담명의 사위인 사천목씨 목성겸 가문, 이한명의 아들 이세원의 처가인 부림홍씨 홍여하 가문, 이구명의 처가인 해주정씨 정중휘 가문을 비롯해 이담명의 매제인 풍산유씨 유명하 등이 눈여겨볼 만하다. 이담명의 사위인 사천목씨 목성겸은 목천임의 아들이며, 숙종 대 남인의 대표적인 인물인 목내선의 증손자이다. 목내선은 허목의 문인이면서도 그와 정치적 노선을 달리하여, 허적과 권대운 등이 영수였던 탁남계의 핵심인물로 활동하였다. 이한명과 사돈 사이인 홍여하는 1654년(효종 5) 진사와 문과에 급제한 뒤 검열·대교·봉교 등을 역임하는 가운데 봉교의 후임으로 이원정 등을 추천하였다가 서인 송시열이 거부하여 파직되었고,[10] 1659

9)《孝宗實錄》卷4, 효종 1년 5월 20일 임신.
10)《孝宗實錄》卷16, 효종 7년 1월 3일 임오.

년 경성판관 재직시 제출한 응지상소應旨上疏가 이후원을 비롯해 송시열 등 서인계 대신들을 공격하였다고 하여 충청도 황간으로 유배되었다. 홍여하의 부친은 홍호洪鎬로 정경세의 문인이며, 홍여하 또한 어린 시절 정경세를 만나기도 하였다.[11] 이 밖에도 매제인 풍산유씨 유명하는 서애 유성룡의 증손자이다. 부친은 유천지이며, 조부는 수암 유진이다.

이상에서 볼 때 이담명과 이한명 대를 전후해 광주이씨 가계는 당대 남인의 대표 가문인 전주이씨 이수광 가문이나 사천목씨 목내선 가문을 비롯해 인동장씨 장현광 가문, 풍산유씨 서애 유성룡 가문 등과 혼맥으로 연결되며, 남인내 대표적 가문의 하나로 자리매김했

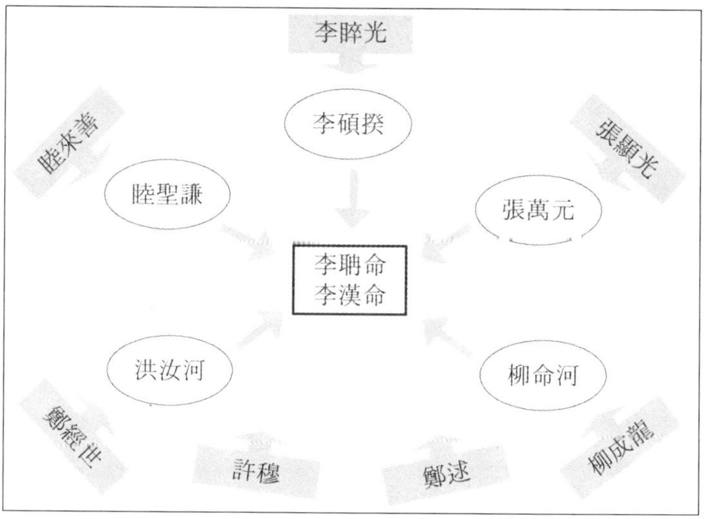

그림 9-2. 이담명·이한명 대를 전후한 남인 학맥 및 인맥 분포

11) 洪汝河에 대해서는 韓永愚, 〈17세기 중엽 嶺南南人의 歷史敍述-洪汝河의 《彙纂麗史》와 《東國通鑑提綱》-〉, 《邊太燮博士華甲紀念史學論叢》, 1985(《朝鮮後期史學史研究》, 일지사, 1989에 재수록)을 참고하였다.

다. 이러한 인척관계를 통해 17세기 영남학맥의 연원인 유성룡의 학맥을 비롯해 여헌 장현광의 학맥과도 밀접한 관련을 가지고 있었음을 알 수 있다.

〈그림 9-2〉에서 보듯이 이들의 학맥은 여기서 그치는 것은 아니었다. 이담명과 이한명의 종증조인 이윤우의 경우 한강 정구의 고제로 알려져 있을 뿐 아니라, 율곡 이이李珥에게도 사사하였다고 한다.[12] 결국 광주이씨는 이담명과 이한명의 이전 시기 혼맥 및 학맥을 통해 17세기 중반 영남학맥의 연원인 여헌 장현광과 한강 정구의 학맥과 연결되었음을 알 수 있다. 이러한 계승관계는 이후 이담명 때에 이르러 영남학맥에 그치지 않고 경남京南의 학맥과도 연결되었다. 즉 이담명은 어려서 연천에 거처하던 미수 허목을 찾아가 학문을 배웠다.[13] 허목의 한강 정구 고제설에 대해서는 논란의 여지가 있지만, 대체로 정구-허목으로 이어지는 경남의 학맥 계승은 이담명과 이한명, 나아가 광주이씨 가문이 가지고 있는 17세기 남인 안의 위세나 그 역량을 입증하기에 충분하다고 하겠다. 아울러 혼맥으로서애 유성룡, 그리고 유성룡의 학맥을 잇는 정경세와도 연결되고 있다. 요컨대 이담명은 지역적으로 근기남인과 영남남인이, 그리고 정치적으로는 탁남 및 청남과 일정한 연결이 이루어지고 있으며, 이러한 인맥은 숙종 대 전반 그의 정치적 활동을 보장하는 정치사회적 장치가 되었다.

12) 金鶴洙, 〈"寒岡 鄭逑 神道碑銘"의 改定論議와 그 의미〉, 《조선시대사학보》 42, 조선시대사학회, 2007.

13) 이런 연고로 숙종 초 허목이 연전에 은거할 때 국왕에게 동문들과 함께 그를 초치하라는 건의를 올리기도 하였다(《肅宗實錄》 卷7, 숙종 4년 윤3월 5일 을사). 당시 이담명과 동문으로 조야에서 활동하던 인물은 대사간 權瑎, 정언 嚴緝, 교리 南益熏, 수찬 閔就道 등을 비롯해 유생인 趙九輅, 李瀣, 李允修 등이 있었다.

3. 숙종 대 전반의 정국과 이담명·이한명

1) 숙종 초 남인의 집권·분열과 정치적 입장

이담명이 조정에 이름을 알리기 시작한 것은 현종 대 후반부터로, 입사入仕 과정이 순탄치만은 않았다. 1670년(현종 11) 서인 측에서 이담명의 급제를 문제삼았기 때문이었다. 즉 1670년 11월 13일 대사간 남이성은 사직상소에서 아래와 같이 문제를 제기하였다.

> 이번 전시 합격자 이담명은 대책문 가운데 중두中頭와 당금當今, 편종篇終의 세 곳의 성책聖策 위에 모두 '복독伏讀' 두 자를 빠뜨렸습니다. 여러 시관이 그 문장을 취하려 하다가 규격에 어긋나서 망설이던 차에 시관 이원정李元禎이 자기가 과거를 볼 때의 일로 증명하자 여러 의논이 비로소 결정되어 이담명이 마침내 합격하였습니다. 설령 이담명이 격식을 어긴 것이 실로 우연한 실수에서 나왔고 이원정이 증거하여 도운 것 또한 별 사심이 없는 것이라 하더라도 자신의 아들이 합격하느냐 못하느냐 하는 때에 아버지가 간여한 일이 있으면 인정과 물의가 놀라고 분하게 여기는 것이 당연합니다. 신이 듣기로, 선대의 조정에서는 '죄가 응시자에게 있으면 응시자를 벌하고 죄가 시관에게 있으면 시관을 벌하라'는 전교가 있었습니다. 지금 이담명 부자는 국법에 따르면 모두 유죄임이 마땅하여 결코 합격자 명단에 둘 수 없는데, 여러 날을 귀를 기울이고 들어도 아직까지 말을 하는 자가 없으니 신은 의아하게 여기고 있습니다.[14)]

14) 《顯宗實錄》 卷18, 현종 11년 11월 13일 병인.

남이성의 주장은, 이담명의 시권에 문제가 있었는데도 부친 이원정의 도움으로 급제하였다는 것이었다. 이담명 시권이 부적합하다는 남이성의 지적은 사실 여부를 떠나 조정에 논란을 불러일으켰다. 당시 서인들은 이담명 외에도 글자를 고의로 고친 권규權珪의 시권과, 글자의 반쪽을 붉은 먹으로 고친 박천영의 시권을 문제 삼았다.

이담명 등을 둘러싼 과거 문제를 바로 당시의 정국구도와 연결시키는 것이 무리일 수도 있겠으나, 정국에 대한 이해는 이 사건의 본질에 접근할 수 있는 배경이 될 수도 있겠다. 이미 알려져 있듯이, 이담명의 시권을 둘러싼 시비가 있던 현종 대 후반은 서인 안의 산당山黨 세력과 한당漢黨 세력이 정국의 주도권을 놓고 경쟁하는 가운데, 남인의 허적 등 일부가 한당과 결탁하는 형세였다. 산당 세력이라 함은 송시열·송준길 등을 중심으로 한 세력을 말하며, 한당 세력은 김육과 그의 자손인 김좌명–김석주 등을 중심으로 서울과 근기 지역을 기반으로 하는 현실관료적 성향의 세력이 결합된 정치세력을 말한다. 한당계열은 그밖에도 척신그룹인 동복오씨 인물들을 비롯해 실무관료인 정태화, 이경석 등과 남인의 허적이나 조사기 등이 이에 해당되었다. 산당과 한당은 대부분이 같은 서인계열이지만, 저마다 다른 정치기반이나 정치성향으로 현종 대 후반 갈등을 보였다.[15] 산당과 한당은 민신閔愼의 대복사代服事[16]나 갑인예송을 거치

15) 산당·한당을 비롯해 현종 대 후반의 정국에 대해서는 아래의 논고를 참고하였다.
정만조, 〈17세기 중엽 山林勢力(山黨)의 국정운영론〉, 《擇窩許善道先生停年紀念韓國史學論叢》, 일조각, 1992.
鄭萬祚, 〈17세기 중반 漢黨의 정치활동과 國政運營論〉, 《韓國文化》 23, 서울대 한국문화연구소, 1999.
이기남, 〈현종대의 정국과 民間服制 논쟁〉, 《조선시대의 정치와 제도》, 집문당, 2003.

16) 민신의 대복사란, 현종 14년 한성부의 교관으로 있던 민업閔業이 사망하였는데, 그 아들인 세익이 미친 병이 있다고 하여 세익이 복을 입지 못하고 세익의 아들이자 민업의 손자인 민신이 아버지를 대신하여 할아버지의 상복을 참최복으로 입었다. 그

면서 심각한 갈등양상을 보였는데, 이담명 등의 시권사試券事는 아마도 이런 정국 구도 속에서 파생된 일이 아닌가 한다.

1670년 11월 서인 남이성의 문제 제기로 촉발된 이담명의 시권을 둘러싼 문제는 오랜 시간을 두고 논란되었다. 먼저 당시 시관으로 참여하였던 우의정 홍중보洪重普를 비롯해 부호군 김우형金宇亨·이단하李端夏, 교리 김석주金錫胄는 격식에 어긋나다는 지적에 대해서 변명하기를 성책成冊 밑에 "쌍경궤독雙擎跪讀"이라는 표기가 있어 복독을 쓰게 되면 중복되고 이전에도 이런 예가 있었다고 하여 자신들과 이담명을 옹호하는 발언을 하였다.

이담명의 시권을 둘러싸고 제기된 문제는 표기 이외에도 부친 이원정과의 관련설이다. 남이성의 문제 제기가 있은 지 약 10여 일이 지난 뒤 사간 이하와 정언 조근 등은, 시관들이 당락을 결정하지 못하고 있을 때 이원정이 그 자리에 나아가 자신이 과거에서 등제한 글을 보여주며 아들의 글도 문제가 없음을 입증하여 급제할 수 있었으니 이원정을 파직해야 한다고 주장하였다.[17] 이에 대해 서인 한당계 김석주는 이에 대해 일일이 따지며 자신의 결백을 주장하는 동시에 이원정과 이담명에게 아무런 잘못이 없다고 하였다.

그 뒤에도 남이성, 이민적, 김세행, 송광연, 이정기 등이 계속 이원정의 파직과 이담명의 낙방을 주장했으며, 이에 대해 홍중보나 김석주, 이후, 김덕원 등은 이를 근거없는 주장이라고 일축하였다. 이러한 흐름은 앞서 언급한 현종 대 후반 정치세력의 갈등 구조를 그대로 보여준다. 즉 한당계인 김석주나 홍중보 등이 이원정과 이담명을

런데 이 과정에서 방제旁題를 누구로 하며 체천遞遷은 어떻게 할 것인가의 절차를 놓고 발생한 논쟁을 말한다. 이와 관련되어서는 이기남, 위의 글, 2003이 참고된다.

17) 《顯宗實錄》 卷18, 현종 11년 11월 23일 병자.

옹호하는 한편 남이성, 이민적 등 산당계 인사들은 이원정의 파직이나 이담명의 파방을 주장하였던 것이었다. 정치적으로 크나큰 파장을 불러온 논란은 아니었으나, 이 사건으로만 보아도 이담명은 자의든 타의든 당쟁의 중심에서 자유로울 수 없었음을 알 수 있다.

과거 문제가 국왕에 의해 근거없는 것으로 판정된 뒤 이담명은 성균관 학유와 학록, 학정을 거쳐 성균관 박사에 제수되었고, 1675년(숙종 1)에는 승정원 주서에 제수되었다. 이어 같은 해 8월에는 홍문록에 피선되었고 9월에는 전적으로 승진하였다가 병조좌랑으로 천전된 뒤 곧이어 부수찬과 부교리로 승진하였다. 얼마 뒤 다시 북평사에 제수되었으나 출사하지 않다가 정언에 제수되었으나 부모의 병으로 사직하고 귀향하였다.

현종 대 후반 서인 산당계와 남인 일부가 연결된 한당계를 중심으로 한 정국 구도는 현종 말 갑인예송을 거치며 한당계와 연결된 남인의 승리로 귀결되었다. 인조반정 이후 소수 세력으로 정권에 참여하였던 남인계가 처음으로 정권을 장악한 것이었다. 정권을 잡은 남인은 서인 세력의 축출에 힘을 기울였다. 그 시작이 숙종 즉위년에 곽세건郭世楗이 제출한 상소였다. 상소에서 곽세건은 기해예송에서 효종을 가리켜 서자라고 하는 설은 송시열宋時烈에게서 나온 것으로, 이 때문에 송시열은 효종의 죄인이요, 현종의 죄인인데 그에게 현종의 지문을 찬술하게 하는 것은 부당하다며 그 명령을 거둘 것을 주장하였다.[18] 곽세건에 대해서는 민시중과 이수언 등이 국문을 청하기도 하였으나 결국 상소와 관련된 일은 유벌儒罰로 마무리되었다.

그러나 현종의 지문은 송시열을 대신해서 김석주가 대신 찬술하

18) 《肅宗實錄》卷1, 숙종 즉위년 9월 25일 병술.

였다. 그리고 이 과정에서 허목이 대사헌에, 윤휴가 장령에 제수되었으며, 그동안 관직 진출이 막혔던 남인계 인사 홍여하·이무·조사기·오정창 등을 서용하라는 명이 내려졌다. 본격적인 남인 주도 정국이 조성되어 가는 상황이었다.

그 뒤 국왕은 현종의 행장을 찬술한 이단하에게 송시열이 예를 그르쳤음을 명시하도록 하였고, 이단하는 어쩔 수 없이 스승의 그릇된 예와 관련된 기록을 남길 수밖에 없었다. 송시열이 예를 그르친 데 대한 책임 명시는 결국 그의 유배로 이어졌는데, 송시열을 향한 남인들의 공격은 여기서 그치지 않고 사사 논의까지 이어졌다. 다만, 사사가 여의치 않자 그 전 단계로 1675년(숙종 1) 5월 황창黃錩·설거일薛居一 등의 상소를 시작으로 고묘론告廟論이 제기되었다. 고묘론이란 죄를 종묘에 고하여야 한다는 것으로, 이는 국가의 역적이나 반란에 준하는 범죄에 대한 사후조치였다. 실록에 따르면 황창 등은 "남인들의 사주를 받은 자"였다.[19]

송시열의 고묘론에 대해서 허목이나 윤휴 등은 이를 적극적으로 지지한 것과 달리, 허적은 "송시열의 죄는 죽을 죄는 아니다"라고 하며 고묘까지 이어지는 것을 반대하였다. 허적은 남인세력의 확장을 우려한 김석주와 비슷한 입장이었다. 당시 조정에서 허목이나 윤휴 등과 함께 송시열의 고묘론에 대해 가장 강경한 태도를 보인 인물이 이원정이었다. 이원정은 "고묘는 송시열에게 죄를 더하자는 것이 아닙니다"라고 하면서 숙종이 고묘에 반대하며 제시한 가율加律 논란과 상관없음을 언급하였다. 그러면서 명종조 윤원형에 대해서도 고묘 조치가 있었다고 하여 숙종의 뜻을 돌리려고 하였다. 이담명도

19) 이상의 내용은 《肅宗實錄》을 비롯해 《연려실기술》과 《당의통략》을 이용해서 정리하였다.

부친의 뜻과 같이 송시열고묘론을 지지하며 이 때문에 체차된 동료들을 구원하기도 하였다.

이담명은 이 밖에도 1678년에는 서인 김수항의 방귀전리放歸田里를 제기한 최석정을 비판하였다. 1678년 3월 26일 국왕은 김수항의 서용을 명하였는데, 이에 대해 남인 측 대간들의 환수를 요청하는 대계가 빗발쳤다. 이 같은 남인의 움직임으로 결국 환수하라는 명이 내려지자, 서인 측 교리 최석정은 상소하여 당시의 시론을 언급하면서, 선왕의 고명대신인 김수항을 서용하라는 명령을 내렸다가 대간의 요청으로 환수하는 처사를, "전하가 덕을 지키심이 굳지 못"한 처사라며 국왕을 비판하고 남인을 공격하였다.[20] 이에 대해 이담명은 오정위와 함께 연명으로 차자를 제출하여 최석정을 공격하였다.

서인에 대한 공격은 이담명의 동생인 이한명의 경우도 예외는 아니었다.[21] 이한명은 1675년 증광문과에 급제한 뒤 교서관에 분관되어 관직생활을 시작하였다. 숙종 초에는 가주서를 비롯해 검열 등을 거쳐 전라좌도 경시관에 제수되었으나 당시 집의로 재직하던 형 이담명과의 상피로 개차되기도 하였다. 그 뒤 이한명은 정언과 지평, 부교리 등을 역임하였다. 검열로 재직하던 1677년(숙종 3) 1월에는 야대에 참석하여 군주는 부지런히 공부할 것을 강조하고 당시의 현안으로 민폐 제거와 외적의 침입에 대한 대비 등을 지적한 바 있다.[22]

이한명은 또한 정언으로 재직하던 1678년(숙종 4) 2월, 병조판서 김석주의 추고를 청하였다.[23] 당시 김석주는 병조판서로 내의원제

20) 《肅宗實錄》 卷7, 숙종 4년 윤3월 8일 무신.

21) 이하 이한명에 대해서는 李聃命, 《靜齋先生文集》 卷6, 〈仲弟校理墓誌銘〉 및 조선왕조실록과 《承政院日記》 등을 중심으로 재구성하였다.

22) 《承政院日記》 제258책, 숙종 3년 1월 9일 병술.

조를 겸하고 있었는데, 마침 국왕의 건강이 좋지 않아 입진入診하였다. 그런데 이때 승지의 품주를 거치지 않았을 뿐 아니라 사관도 배석하지 않고 독대하였다는 것이다. 이한명의 지적에 대해, 물론 국왕은 자신의 지시에 따른 것이라고 하여 이 문제를 무마하였으나, 의심되는 부분이 없지 않았다. 게다가 그로부터 2년 뒤에 이루어진 경신환국 과정에서 김석주의 구실이 지대했다는 점을 고려한다면, 이 시기 이미 숙종과 김석주의 동향은 당시 남인들로서는 예의 주시할 일이었다. 이때 이한명의 지적은 이를 우려한 것일 수도 있겠다. 또한 이한명은 1679년에는 송시열의 처단을 주장[24]하기도 하는 등 숙종 초반 남인정권에서 형 이담명과 함께 서인세력의 축출에 주력하였던 것으로 보인다.

한편 이 시기 남인들의 분열 현상이 나타났다. 바로 청남과 탁남의 분열이 그것이다.[25] 사실 남인들의 분열상은 앞서 언급한 송시열 고묘론의 진행 과정에서 이미 나타났거니와, 1675년 6월 4일 부응교 오정창은 상소하여,

> 이제 삼사三司가 서로 큰 소리로 부르면서 재상의 문에 함께 출입하고 젊은 사람들의 논의가 간혹 정승의 자리에 관계된다면, 이는 곧 나라의 체통과 조정의 기강을 엄숙하게 하는 것이 못 됩니다.

라며 허적을 중심으로 한 세력의 행태를 비난하는 등 그 갈등이 심해졌다. 같은 해 7월 허목의 문인인 이수경도 정승이 합당한 인물이

23) 《承政院日記》 제263책, 숙종 4년 2월 12일 계축.
24) 《承政院日記》 제270책, 숙종 5년 5월 19일 임자.
25) 《肅宗實錄》 卷4, 숙종 1년 6월 4일 신유.

아니라고 하며 허적 등을 비난하였다.

청남淸南이란 허목과 윤휴를 영수로 한 세력으로, 오정창吳挺昌·오정위吳挺緯·오시수吳始壽 등의 동복오씨와 이무李袤·조사기趙嗣基·이수경李壽慶·장응일張應一·정지호鄭之虎·남천한南天漢·이서우李瑞雨·이태서李台瑞·남천택南天澤·이동규李同揆 등이 이에 해당된다. 탁남濁南이란 허적과 권대운權大運을 영수로 한 세력으로, 민희閔熙·김휘金徽·민점閔點·목내선睦來善·심재沈梓·권대재權大載·이관징李觀徵·민종도閔宗道·이당규李堂揆·이우정李宇鼎·최문식崔文湜 등을 비롯해 유명천柳命天·유명현柳命賢·권유權愈·목창명睦昌明·민암閔黯 등이 이에 해당된다.

이렇게 남인이 청남과 탁남으로 분화되는 무렵, 이담명은 청남계의 입장에서 활동하였다. 당시 남인계의 동향을 전하는 기사에서는 이담명을 이하진李夏鎭·이옥李沃·조위명趙威明 등과 함께 "두 쪽 사이에 양다리를 걸쳤다"고 기록하고 있다. 그러나 앞서 언급하였듯이 이담명은 어려서 허목의 문하에 출입하였으며, 조정에 출사하여 허목의 문인으로 지목되어 활동하던 인물이었으니, 스승과 같은 정치적 입장을 가졌을 것이다. 실록의 기사에서도 뒤이어 "허목과 윤휴"를 섬긴 인물들로 규정하고 있어 청남계였음을 알 수 있다. 다만, 앞서 지적한 바와 같이, 목내선 등 탁남계열과도 일정한 유대관계가 있지 않았을까 생각된다.

이담명도 당시 남인의 청남·탁남 분열에서 자유로울 수는 없었다. 이담명은 1679년에는 장례원 판결사를 거쳐 대사간에 제수되었는데, 이때 심단과 허적 등은 그 부당함을 지적하기도 하였다. 즉 1679년(숙종 5) 2월 국왕이 대신과 비국당상을 만나는 자리에 참석하였던 교리 심단이, 이원정과 그 아들 이담명이 역마를 사사로이 탔다는 사실을 들어 청직淸職에 제수될 수 없음을 주장하였으며, 이에 대해 허적은 마땅히 추고하여야 한다고 하며 이를 거들었다.[26] 심단은 윤선도의 외손이고, 오정창의 외조카인데, 처음에는 오정창을 "아비처럼 섬기며" 청남으로 활동하다가 뒤에 유명천이 속한 탁남계로 활동하였다.[27] 아마도 심단 등이 이렇게 이담명의 대사간 제수를 방해하고 나선 것은 당시 청남에서 차지하는 이담명의 정치적 위상 때문이 아닐까 한다. 추측컨대 이 당시 이담명의 정치적 위치가 차츰 높아지는 것을 경계한 탁남 측의 움직임이 아니었을까 한다.

청남과 탁남의 갈등은 시간이 갈수록 심해졌다. 그리하여 1679년(숙종 5) 허목은 잠시 서울에 올라왔을 때 상소하여 "수상 허적의 권위가 성하고 그 서얼아들 견堅이 하는 바가 무상하다"고 비판한 바 있었다. 이에 대해 국왕은 허목이 누군가의 사주로 상소를 올린 것이라 판단하였으며, 이어서 청남계 권대재·권해·이봉징·이옥 등을 유배보냈다. 이들은 모두 허목의 문인들이었다. 청남계의 허적에 대한 공격은 계속되었다. 같은 해 7월에도 유생 이후평이 상소하여 영상 허적을 공격하였으나, 국왕이 크게 진노하여 "대신을 능멸하는 것"이라 하여 국문을 명하였다. 그러자 이담명은 국왕의 명령이 부당하다며 따르지 않았다.

또한 같은 해 7월 18일에는 홍우원이 장문의 상소를 올려 허목 등에 대한 숙종의 대우를 비판하면서 동시에 허적에 대해서, "수상이 된 지 6년이 되도록 치적은 드러나지 않고 조정의 기강은 날로 문란해져 가니, 허적이 세상을 구제할 정승이 되지 못한다는 것을 알 수 있습니다"라고 비난하였다.[28]

---

26) 《肅宗實錄》 卷8, 숙종 5년 2월 3일 무진.
27) 沈檀에 대해서는 《肅宗實錄》 卷4, 숙종 1년 10월 21일 을해.
28) 《肅宗實錄》 卷8, 숙종 5년 7월 18일 경술.

이에 대해 국왕은 장문의 비망기를 내리기를,

> 홍우원이 백수白首의 나이로서 나라의 후한 은총을 받았으니, 만에 하나라도 보답하지 못할까를 생각할 것이다. 그런데 이런 일은 하지 않고 처음에 간사한 이옥李沃·이발李浡의 일로 해서 두 당을 나누고 국사를 돌보지 않더니, 이내 일시의 하찮은 감정으로써 시비를 현란시켜 오로지 권대재 등이 보복할 바탕만 만드니 현사賢邪의 나뉨이 과연 어느 사람에게 있겠는가?

라며 삭탈관직을 명하였고, 이를 구원한 승지 이담명도 결국 파직되었다. 홍우원의 상소가 문제되던 당시 숙종은 당폐黨弊를 자주 언급하였다. 상소가 올라왔을 때 숙종은 홍우원을 "청명직절淸名直節"함이 있지만 어린 자들의 "편당지습偏黨之習"을 보이고 있다고 아쉬워하였다. 또한 당시 청남과 탁남의 당쟁을 서인과 남인의 당쟁보다 더 심하다고 하여 세태를 자주 개탄하였다.29) 이 부분은 어찌 보면 다가올 경신환국을 예고하는 발언이었는지도 모르겠다.

한편 숙종이 즉위한 뒤부터 중앙에 출사하여 관직생활을 하던 이담명은 1678년(숙종 4) 안동 태사묘太師廟의 위차와 관련된 입장을 표명하기도 하였다. 태사묘란 고려 태조 왕건을 도와 개국공신에 책훈되고 태사에 봉해진 김선평·권행·장정필(장길)의 위패를 봉안한 사당으로, 1613년(광해군 5) 공식적인 액호로 '태사묘太師廟'가 사용되기 시작하였다. 그런데 이와 관련하여 1621년 김상헌을 중심으로 위차와 작헌의 선후 등에 대한 문제 제기가 있었으며, 1678년 남인집권 아래서 다시 한 번 본격적인 논란이 있었다. 이때 이담명도 이 논란

29) 《承政院日記》 제271책, 숙종 5년 7월 8일 未時 上御時敏堂條.

에 참여하게 되는데, 논란은 지방 권문權門과 협조체제를 구축한 재경동종인 권대운이 주도하는 가운데 이루어졌다.[30] 권대운을 중심으로 한 서울 지역 권문 세력들은 남인정권의 핵심관료인 허적이나 목내선 등 약 48명에게 통문을 돌려 의사를 타진하였는데, 이때 이담명도 여기에 응하여 〈안동삼태사묘위차변安東三太師廟位次辨〉이라는 글을 작성하였다.

이 글에서 이담명은 앞서 1624년(인조 2) 김문金門의 자손들이 위차 개정을 요구하는 상소에서, 김선평이 수위首位인데 불법佛法을 닦은 권행이 가운데 있으면서 수위를 차지한 것은 고려시대 숭불 풍조에서 비롯되었다는 이야기는 사실이 아니라며, 김문의 입장에 반대하였다. 이담명이 보기에 김선평은 좌, 권행은 중, 장정필(장길)이 우가 된 것은 불법 때문이 아니었다. 삼태사 가운데 권행의 위패를 중앙에 모심으로써 수위가 된다고 판단하였다. 이담명은 이 점을 명나라에서 1536년에 이루어진 갱정 태조묘협제신위太祖廟祫祭神位의 예를 들어 타당성을 지적하였다. 즉 이때 제정된 신위의 차서에 따르면 덕조德祖를 중앙에, 그리고 동쪽에 의조懿祖와 인조仁祖를, 서쪽에 희조熙祖와 태조太祖를 모두 정남향으로 배치하였다고 하면서 이들 다섯 명의 신위를 모두 남향하면서도 덕조를 중앙에 배치한 것은 그가 수위이기 때문이라고 하였다. 그러면서 당초에 정해진 체제를 가볍게 바꿀 수 없다고 하였다.[31] 앞선 연구에 따르면 이담명을 포함한 처음부터 통문에 연명한 중앙의 남인계 관료들은 대개 권문의 입장을 지지하는 것이었다. 이담명도 예외는 아니며, 이는 김문을 주장하

30) 太師廟의 位次·酌獻 논쟁과 관련해서는 金鶴洙, 〈太師廟 位次·酌獻論爭의 정치·사회적 성격-인조~영조연간의 논쟁을 중심으로-〉, 《仁荷史學》 10, 2003을 참고하였다.

31) 李聃命, 《靜齋先生文集》 卷5, 〈安東三太師廟位次辨〉.

는 측이 대개 서인과 연결된 안동김문安東金門이라는 사실과도 관련되었다.[32)]

2) 기사환국 뒤 재입조와 정치적 위상

1680년(숙종 6) 이른바 경신환국이 일어났다. 이로써 남인정권에서 서인정권으로 변화가 이루어졌다. 경신환국이 진행되면서 이담명은 같은 해 여름 관직에서 물러나 부친 이원정이 유배생활하던 함경도 이산에서 거주하였다. 얼마 뒤 허견의 옥사가 일어났는데, 이때 이원정은 체부體府 설치 문제로 붙잡혔으며, 아들 이담명도 8월에 "사수死囚의 난언亂言"으로 붙잡혔다가 10월에 성주 선영에 도착하였다. 1681년 7월 당시 왕실에서는 숙종과 계비 인현왕후의 가례가 있었는데, 이에 앞서 국왕은 별세초別歲抄로 이담명을 다시 등용하라고 지시하였다. 그러나 이를 승정원에서 악역의 아들이므로 부당하다고 따르지 않음으로써 성사되지 못하였다.[33)] 이때 이담명은 제천으로 잠시 옮겼다가 1682년에 영천의 금강리로 이주하였다.

영천으로 이주한 뒤 이담명은 영농방법의 개선과 상행위로 경제력을 축적하는 데 주력하였다. 이담명은 영천에 거주하면서 노농老農들로부터 새 농법을 전해듣고는 이를 노비들에게 교습시켜 생산력 증대를 꾀하는 한편, 전답에서 생산된 각종 곡물과 소금으로 상행위를 시켜 많은 이득을 얻었다. 또한 소금을 배에 싣고는 낙동강을 오르내리면서 매매하거나 교환함으로써 막대한 이득을 올리기도 하였

32) 태사묘 위차 등의 시비가 중앙정치세력과 관련된다는 지적은, 김학수, 앞의 글, 2003을 참고하였다.

33) 《肅宗實錄》卷11, 숙종 7년 5월 21일 계유.

다. 이 과정에서 이담명은 매염식買鹽式·무청어식貿靑魚式·무명태식貿明太式 등 시장 정보에 대한 기록도 남겨놓았다.[34)]

그 뒤 이담명은 1683년 겨울, 자세한 내용은 알 수 없으나, 지방관을 역임한 홍주의 일로 의금부에서 심리를 받았다. 그리고 같은 해 특명으로 서용되었다. 특별 서용에 대해 이담명은 국왕이 부친이 잘못한 것이 아님을 깨달았기 때문이라고 하였다. 이어 석전의 구택으로 돌아와 생활하던 이담명은 1689년(숙종 15) 기사환국으로 재입조의 기회를 맞이하였다. 이때 부친 이원정에게는 복관 조치와 함께 사제賜祭의 명이 내려졌다.

기사환국 뒤 이담명은 형조참의에 제수되었다. 재입조한 뒤 이담명은 부친의 억울함을 펴는 일부터 시작하였다. 즉 1689년 2월 28일 이담명은 다음과 같이 상소하였다.

> 체찰부를 다시 설치하자는 것이 신의 아비의 평생의 죄안이 되었는데, 이 논의로 말하자면 실로 김석주에게서 비롯된 것입니다. 신의 아비는 김석주에게서 듣고 성상께 아뢴 이유로 붙잡혔던 것입니다. 신의 아비가 체포되려던 즈음에 김석주가 이르러 자신이 증거하려 한다고 하면서 신의 아비가 귀양갔을 때에 보낸 편지가 아직도 있습니다. 그러나 다시 국문을 당하게 되자, 김석주는 말하지 않았을 뿐만 아니라, 도리어 돌까지 던지며 이남과 친밀하였음도 신의 아비의 죄가 된다고 하였습니다. 그리고 신의 아비와 오정일吳挺一은 매우 친하였습니다만 이정李楨과 이남은 곧 오정일의 생질인 까닭으로 신의 아비가 혹 서로 알았다고 하더라도 또한 일찍이 비난하고 배척하는 말이 있기도 하였으니, 어찌 친밀하다고 할 수가 있겠습니까? 오정창

34) 李樹健, 《嶺南學派의 形成과 展開》, 일조각, 1995, 202~207쪽.

이 오히려 말한 것은 단지 신의 아비가 영남 사람으로서 시의時議에 거슬림이 가장 심하였던 까닭으로 그 즐겨 듣기를 바라고서 그랬던 것일 뿐입니다.[35]

위에서 이담명은 부친의 죄목으로 지적된 내용에 대해서 하나하나 변파하였다. 먼저 체찰부 설치와 관련해서는 모든 것이 김석주의 농간으로 비롯되었다는 점을 지적하였다. 다음으로 이남 등과 친하다는 지적인데, 이남 등은 오정일과 인척간으로, 이원정이 오정일과 친해서 서로 알고 있는 정도이지 친밀하지는 않아 일을 꾸밀 수 없었다고 하였다.

이어 이담명은 3월에는 좌부승지에 제수되었으나, 인정상 차마 국문하는 자리에 참석하지 못하겠다고 하여 다른 업무를 맡기도 하였다. 이담명은 같은 해 윤3월에는 전라감사에 제수되기도 하였으나,[36] 심발이 상소에서 "문한지임文翰之任"을 외직으로 내보내는 것은 부당하다고 주장하였고, 이것이 받아들여져 대사간을 시작으로 부제학과 예조참판, 도승지 등을 역임하였다.

당시 이담명이 남인계에서 차지하는 위상은 적지 않았으며, 주로 주론자로서 활동하였다고 판단된다. 그 예가 1689년 윤3월 28일에 전례 없는 판서 등의 연명상소이다. 1689년 윤3월 28일 예조판서 민암을 비롯해 이조판서 심재, 호조판서 권대재, 병조판서 윤심 등 당시 조정의 남인 가운데 재상급 관료들 20명 이상이 연명상소를 올렸다.[37] 숙종에게 "오늘 처분 내리신 것은 경중에 적당함을 잃었음"을

35) 《肅宗實錄》 卷20, 숙종 15년 2월 28일 병인.
36) 《肅宗實錄》 卷20, 숙종 15년 윤3월 5일 임인.
37) 《肅宗實錄》 卷20, 숙종 15년 윤3월 28일 을축.

고하여 남인들의 서운함을 전하는 것으로 시작한 상소는, 주로 김수항과 송시열의 처벌에 대한 내용을 담고 있었다. 이 상소에서 민암 등은 김수항이 김익훈 등과 모의하여 화를 꾸민 것, 대신을 모함하여 죽인 것, 임금의 동정을 엿본 것 등의 죄가 있으므로 반드시 죽여야 한다고 주장하였다. 송시열이 전후에 죄를 범한 것은 장심將心, 곧 반역하는 마음이라고 하고, 송시열을 "악하기가 김안로와 같고, 죄가 정인홍과 같다"며 죽여야 한다고 하였다. 이어 "'나라 사람들이 모두 죽여야 한다고 말하면 임금이라고 또한 굳이 이 말을 거부하지 못하는 것"이라며 다시 한 번 국왕을 핍박하였고, 결국 김수항이 사사되었다. 이에 대해 사관史官은 재상들의 연명상소는 조선조 이래 처음 있었던 일이라고 하면서, 이 상소를 주도한 인물이 이담명이라고 하였다. 즉 이담명이 아버지의 원수를 갚고자 민암 등을 움직여 이 같은 상소를 올리게 하였다는 것이다.

이 밖에도 같은 해 9월 1일에는 경상도 진사 이원백이 상소하여 민정중의 죄를 물었다.[38] 이 상소에서 이원백은 당시 조정을 "겁이 많고 나약하여 차라리 임금을 배반할지언정 나라를 그르치는 간얼奸孽은 배반하지 않으려고 하고, 차라리 공론을 저버릴지언정 선비를 죽인 흉적은 저버리고자 아니한다"고 비판하였다. 또한 나라 사람들이 민정중이 있는 것만 알고 국가 있음을 알지 못하여, 오랫동안 민정중이 상벌과 생살의 권한을 가지고 농단하였다고 하면서 그를 진나라 양후穰侯와 한나라 양기梁冀에 빗대어 사사를 주장하였다. 그런데 이원백은 이담명의 "사주를 받은 자"였다.

민정중의 처벌에 대해 당시 남인 안에서도 이견이 있었다.[39] 우참

38) 《肅宗實錄》卷21, 숙종 15년 9월 1일 갑오.
39) 《肅宗實錄》卷21, 숙종 15년 10월 22일 을유.

찬 민종도閔宗道와 교리 유세명柳世鳴은 처벌에 대해 강경한 입장을 보인 것과 달리, 민암과 판윤 이우정李宇鼎, 예조판서 유명천, 이조참판 권유를 비롯해 목내선 등은 저절로 목숨이 끊어지게 기다리자는 입장이었다. 그리고 오시복吳始復, 대사성 이봉징李鳳徵, 정유악鄭維岳 등은 자신의 견해를 분명히 드러내 보이지 않은 상황이었다. 이담명은 민종도 등과 함께 민정중의 처벌에 대해 강경한 태도를 보였다.

> 민정중은 나라의 큰 악인이니 어찌 홀로 신의 사사로운 원수뿐이겠습니까? 김석주·김수항의 화도 오히려 더욱 심함에 이르지 아니하였는데, 민정중이 오게 되면서는 한층 더하였고, 허적과 윤휴를 죽일 적에 김수항이 민정중의 말과 표정에 따라 하였으니, 민정중의 죄는 김수항보다 더 합니다.[40]

이담명은 김수항의 죄보다 민정중의 죄가 더 크므로 당연히 사사하여야 한다는 입장을 보였다. 이처럼 재상의 연명상소나 이원백의 상소 등을 통해서 보듯이 당시 이담명은 남인의 공론을 주도하고 있었다. 굳이 말한다면 주론자의 위치에서 남인의 당론을 주도하였다는 것이다.[41]

같은 해 11월 이원정에게 영의정이 추증되었으며, 그 뒤 이담명은 부제학과 도승지 등에 제수되었다가 1690년 7월 경상도관찰사에 제수되었다. 이담명이 관찰사로 재직할 당시 영남은 최악의 흉년을 맞이하였다.[42] 이로 말미암아 당시 영남 백성의 약 70퍼센트 이상이

40) 《肅宗實錄》 卷21, 숙종 15년 10월 22일 을유.
41) 李聃命, 《靜齋先生文集》 卷8, 附錄 行狀, 이와 관련해서 갑술환국 이후 남인을 처벌하는 과정에서 이담명에 대해 지난 시기 "주장논의主張論議"하였다고 비난한 바 있다.
42) 李聃命, 《靜齋先生文集》 卷5, 〈記嶺伯時賑恤事〉. "庚午嶺南凶歉 甚於辛亥."

피해를 입어 진휼이 급한 상황이었다.[43] 이담명의 계산에 따르면, 피해 백성들을 진휼하려면 미곡 약 36만 석이 필요하였으나, 당장 조달할 수 있는 것을 제외하고 대략 20만 석 이상이 부족한 상황이었다. 이에 이담명은 조정에 몇 가지 대책을 건의하였다. 그는 ① 강도곡 6만 석과 진휼청곡 4만 석, 총 10만 석을 영남으로 보내줄 것, ② 충주의 여러 창고에 보관된 세곡과 양진창에 저장된 진휼청곡 등 수만 석을 영남으로 보내줄 것, ③ 단양이나 청풍, 괴산 등지의 비축 곡식을 해당 지역 인근 영남 지역에 이송할 것, ④ 영남에 있는 각 궁방이나 각 아문의 염분·어전 및 영덕의 채은採銀 과정에서 생기는 세금 등을 진휼 비용에 충당하도록 해줄 것 등을 요청하였다.[44] 물론 이담명의 요구대로 모두 실현되지 못하였으나, 이때 이담명은 경기·충청 등에서 확보한 수십만 석과, 군관 이원희 등에게 은 5천 냥을 주어 황해도에서 구해온 수천여 석의 곡식을 가지고 진정賑政을 수행하였다. 이때 그는 각 군을 재상災傷 등급에 따라 4등급으로 나누고, 각 방坊을 다시 3등으로 나누었으며, 기민饑民을 남녀·정장丁壯·노약을 기준으로 3등급으로 나누어 모은 곡식을 나누어주었다.[45] 유사 이래 영남 지역에서 이루어진 최대의 진휼이었다고 한다.[46] 아울러 이때 이담명은 불가피하게 조정의 허가를 받지 않고 각 읍의 신역과 전세, 대동세 등을 피해 정도에 따라 임의로 감면해주었다.[47] 그런데 이것이 문제가 되었다. 즉 조정에 품주하지 않고 임의

43) 《靜齋先生文集》 卷2, 〈論賑事疏〉, "七十州災實 雖未詳知 以臣所聞槩之 僅免大侵者 可居七分之二 其餘則無非赤地."
44) 이상의 내용은 《靜齋先生文集》에 따름.
45) 李聃命, 《靜齋先生文集》 卷8, 附錄 行狀.
46) 《廣州李氏大同譜》(1988), 李聃命條.
47) 李聃命, 《靜齋先生文集》 卷5, 〈記嶺伯時賑恤事〉.

로 신역身役을 감면하였다고 하여 결국 추고를 받았던 것이다.[48] 그러자 당시 영남의 산림이었던 이현일은 상소하여 이담명을 옹호하였다.

> 영남의 기근이 참혹한 것은 눈물을 흘릴 만하므로, 도신 이담명이 곡식을 옮겨서 진구할 것을 여러 번 청하고, 또 조치하는 데 급하여 편의대로 거둔 일이 있는데, 묘당에서는 품의를 거치지 않았다 하여 문비問備하기를 두 번 청하였습니다. 지금 의논하는 자는 경용이 모자라는 것을 염려하되, '백성이 풍족하면 임금이 누구와 더불어 부족하겠는가?'라고 한 뜻을 전혀 생각하지 않으니, 이렇게 하는 것이 옳다면 유약有若이 '왜 철법徹法을 행하지 않느냐'고 한 말이 과연 사리에 맞지 않고, 반드시 왕홍王鉷·진경陳京·양신긍楊愼矜의 무리와 같아야 나라에 충성한다고 말할 수 있을 것입니다. 대신이 '대동수미를 원래대로 받아 두지 않고 뜻대로 대여하거나 받기를 바라는 사람에게 주게 한 것 따위는 가을이 되기를 기다려 독촉하여 받는다'는 뜻으로 탑전에서 아뢰어 윤허받았습니다. 신의 생각으로는, 당초에 수령이 곧 거두어들이지 않은 폐단은 혹 죄줄 수 있다 하나, 이처럼 굶주려 죽고 매우 곤궁한 때에 갑자기 이런 청을 내는 것은 주자의 그 때에 맞게 한다는 뜻에 어긋나는 듯합니다. 또 북방의 수령은 흔히 노쇠한 서생을 차임하여 보내는데, 굳세고 용맹하며 위세와 명망이 있고 병사와 백성의 일을 잘 아는 무신을 가려서 노쇠하고 게을러서 직무를 감당하지 못하는 문신과 바꾸기를 바랍니다.[49]

이 밖에도 이담명은 경상감사로 재직하던 때 진휼곡 조달에 온 힘

48) 《肅宗實錄》卷22, 숙종 16년 12월 23일 기묘.
49) 《肅宗實錄》卷23, 숙종 17년 2월 10일 병인.

을 다하여, 1691년 2월에는 도 안에서 여러 궁가와 사대부 집에 보낼 곡물을 모두 머물러 두어 진휼에 쓰고, 대신 상평청에서 옮겨온 곡물로 곡주에게 바꾸어줄 것을 조정에 요청하였다.[50]

1691년 6월 부제학에 제수되었고, 8월에 대사헌, 10월에 대사성 등에 제수되었고, 1692년에 대사헌에 제수되었다. 대사헌으로 재직하던 1692년 3월 9일, 이담명은 상소하여 다시 민정중의 문제를 거론하였다.[51] 즉 이담명은 민정중의 죄가 송시열보다도 더하고 김수항·김석주보다도 심하다고 전제하고는, 이들 세 사람이 이미 복주되거나 죽은 뒤에 벌을 받았으나 민정중만은 어떤 처벌도 받지 않았다고 하며, 이런 처사는 김수항 등도 원통해할 것이라고 민정중의 처벌을 주장하였다. 이담명은 앞에서도 이원백을 동원해 민정중의 처벌을 주장한 바 있으며, 이 무렵 다시 그러한 주장을 한 것이다. 이담명이 이렇게 민정중을 집요하게 공격한 까닭은 그가 경신환국 당시 이원정을 국문할 때 위관이었기 때문이었다. 그 뒤 이담명은 대사간을 비롯해 이조참판, 예조참판 등 조정의 주요 관직을 두루 거쳤다. 그러나 1694년 4월 갑술환국이 일어나면서 창성으로 유배되었다. 그리고 국문 과정에서 이담명은 김원섭을 비롯해 당시 군영의 3대장과 함께 대사를 모의하였다는 발언까지 나오기도 하였다. 이후 이담명은 창성에서 남포 등으로 이배되었다가, 1699년(숙종 25) 봄 세자의 두진 회복을 기념하여 방환되었으나 1701년 56세를 일기로 생을 마쳤다.

50) 《肅宗實錄》 卷23, 숙종 17년 2월 22일 무인.
51) 《肅宗實錄》 卷24, 숙종 18년 4월 16일 을미.

4. 정치제도 및 경제 변통론

중앙에서 활동할 당시 이담명은 여러 방면에 걸친 경세론을 제시하였다. 아래에서는 그 내용을 몇 가지 주제로 나누어 살펴보도록 하겠다.

1) 문관 진출로의 확충

정치제도와 관련하여, 이담명은 여러 가지 제도의 개정 등을 주장하였다. 그 가운데 하나가 소각사小各司에 문관을 배치하자는 것이었다. 소각사란 3품 이하의 관원을 장관으로 하는 중앙관서로,[52] 원院·감監·시寺 등의 명칭이 붙은 관서를 말한다. 1677년(숙종 3) 9월 이조정랑 이담명은 윤대에 참석하여 국왕과 이조의 현안에 대해서 논의하였다. 이 자리에서 이담명은 관안을 살펴보면 상을 당해 파직된 자를 제외하더라도 작산자作散者가 많음을 지적하였다. 작산자란 실제 직임은 없이 품계만 있는 인원을 가리킨다. 이어서 이담명은 이들 작산자들이 어려서부터 독서에 고생하여 과명科名을 구한 이유는 군민君民에 뜻이 있어서라기보다는 집안의 생계를 위해서인데, 승륙陞六한 뒤 관직을 그만두게 되면 결국 원망을 품고 살게 된다고 하였다. 이담명은 이렇게 된 이유를 모두 음사로 충당하기 때문이라고 보았다. 즉 음관에게 소각사의 관직마저도 제수하다 보니 문관이 배치될 자리가 부족하게 되었다는 것이었다.

이담명의 말에 따르면, 예전에는 소각사의 관직은 먼저 문관을 배

52) 《韓國漢字語辭典》 권2, 단국대 동양학연구소, 112쪽.

치하고 여유가 있으면 음관을 제수하였다. 그러나 당대에는 항상 음관만을 조용調用함으로써, 문관으로 먼 지방에 있거나 세력이 없으면 조용되지 못하니 소각사가 마치 음관이 제수되는 관서처럼 되었다고 개탄하였다. 이어 그는 대책으로 이들을 수령이나 대관臺官에 제수할 수는 없을지 몰라도 각사 관원에 제수한다면 잡기雜技가 자리를 옮기는 것과 같지 않을 것이니, 앞으로는 소각사에 문관을 충당하자고 하였다. 다만, 모든 관서에 문관을 충당하지 못할 것이니 일단은 인원이 많은 6~7개 관서를 정해서 매 관서 가운데 1과窠라도 문관으로 차출하자고 하였다. 53)

이담명의 이 같은 주장에 대해 3일 뒤인 9월 4일 이조판서 민희가 입시하여 그 가부를 논의하였다. 민희의 발언에 따르면, 문신 작산자는 147인으로, 이 가운데 병이나 혹은 상을 당하였거나 혹은 서파庶派인 경우를 제외하면 49인이었다. 그러면서 민희는 이들 49인 가운데 실제로 직무에 적당한 자는 많지 않아 이들을 음관에게 배정된 관직에 제수하여도 안 될 것이 없을 것이라고 하였다. 그리고는 소각사에 설과設窠하는 것은 대신들과 논의하자고 하였다. 민희는 부정적이었다. 그리고 같은 자리에 참석하였던 좌의정 권대운 또한 반드시 문관을 제수할 필요는 없으며 문관과 음관을 함께 배치하는 것이 좋겠다고 하였다. 이담명이 제기한 이 논의에 대해 당시에는 대체로 부정적인 의견이 많았다고 보이는데, 이 때문인지 결국 국왕에 의해 문관과 무관, 그리고 음관을 참작해서 배치하는 것으로 결론이 났다.54)

이담명이 주장한 이상의 논의는 문신의 적체 현상을 해소해보자

53) 이상은 《承政院日記》 제261책, 숙종 3년 9월 1일 을해조에 따름.
54) 《承政院日記》 제261책, 숙종 3년 9월 4일 무인.

는 의도로 파악된다. 사실 이 시기에 이르면 음직이 더욱 확대되어 이 때문에 문신들의 진출이 적체되는 경향이 있었다. 이에 이담명은 이러한 대책을 강구하게 되었거니와, 여기에 정치적 고려가 전혀 없다고는 볼 수 없겠다. 곧 문신들의 적체를 해소한다는 명분 아래 그동안 관직 진출에 적체되었던 자파 세력을 염두에 둔 움직이었던 것이었다. 더욱 남인집권 초기라는 점을 고려한다면 이러한 지적은 타당성을 갖는다. 다만, 이러한 주장에 대해 기존 관료 세력 중심으로 구성된 탁남계는 자칫 생겨날 수 있는 불만이 우려됨으로써 조심스러운 반응을 보였다고 이해된다.

같은 차원에서 이담명은 호조와 형조의 관제 개정에도 주목하여, 호조와 형조의 낭관에 대간이나 시신직侍臣職을 역임한 자를 배치할 것을 주장하기도 하였다. 즉 1677년 9월 윤대에서 이담명은, 국가의 재정을 담당하는 호조와 형옥이나 생살生殺을 관장하는 형조의 경우는 업무의 중요성이나 전문성 때문에 관문關文은 반드시 낭청을 거쳐 당상의 결재를 받으므로 낭청의 구실이 다른 부서보다 중요하다고 역설하였다. 호조에서 각종 전곡이 출입하는 상황이나 형조에서 송사를 심의할 때 간사하게 속이는 근심이 쉽게 있을 수 있으므로, 이들 부서의 낭청은 지위와 인망이 있는 사람을 얻어야 동료들이 두려워하고 서리들을 다스릴 수 있다고 하였다. 이에 이담명은 차후 형조나 호조의 낭청 가운데 한두 명은 반드시 대간이나 시신을 역임한 자를 차출하자고 하였다.

이담명의 이 같은 주장은 국왕의 윤허로 해당 부서에 하달되었는데, 논의가 있은 지 약 10여 일이 지나 호조판서 오시수는 이 문제에 난색을 표하는 견해를 개진하였다. 오시수에 따르면, 호조에서 드나드는 전곡 문서는 매우 많으므로 새로 차출된 자가 한두 달 안에 그

업무를 파악하기 쉽지 않아 호조는 대체로 자벽自辟, 곧 관청에서 주관하여 인원을 차출해서 오랫동안 근무하게 해 정책의 효율성을 기한다고 하였다. 그런데 이담명의 의견처럼 대간이나 시신직으로 임명한다고 해서 기존의 방식보다 더 효과가 있을까 하는 데도 의문이며, 아침에 임명했다가 저녁에 갈게 되므로 그 효과가 없을 것이라고 하였다. 한편 권대운은 오시수의 의견에 대해서 형조나 호조에 겸춘추 1과가 배정된 예에 따라 대간이나 시신직을 배정하는 것이 타당하다는 의견을 제시하였다. 그리고 결국 권대운의 의견처럼 형조나 호조는 겸춘추의 예에 따라 대간과 시신직 역임자를 배치하도록 하였다.[55] 이 밖에도 이담명은 물력아문物力衙門에 체아직遞兒職으로 부정副正 2자리를 두어 이를 정3품에 올라가는 계제階梯로 삼자고 주장하기도 하였다.

한편 이담명은 이름만 남은 교양관을 양성화하여 지방 교육을 활성화하자고 주장하였다. 즉 숙종 4년 4월 20일 경연에 참석하였던 그는, 조종조의 법이 성균관에서는 대사성이, 사학에서는 겸교수가, 그리고 지방에서는 교양관이 재능 있는 자를 교육하였다고 하였다. 그런데 지방의 경우 교양관에게 대가를 지급하기가 곤란하여 그 대신 도사가 교육을 주관함으로써 교육의 성과가 없어지게 되었다고 당시 현실을 지적하였다. 그리고는 그 대안으로 해당 업무에 적당한 자를 선발하여 교육을 착실하게 하자고 하였다. 다만 현실적으로 당장 이 정책을 추진할 수 없으니 일단은 각 도의 찰방 가운데 "문망자文望者"를 선택하여 그들에게 선비 교육을 맡기자고 하였다.[56]

55) 《承政院日記》 제261책, 숙종 3년 9월 13일 정해.
56) 《承政院日記》 제264책, 숙종 4년 4월 20일 기축.

2) 호포론의 반대와 소변통론小變通論

이담명이 벼슬하고 있을 때 가장 커다란 민폐는 양역이었다. 이담명도 양역 문제를 당시에 가장 심각한 민폐로 거론한 바 있다. 이담명은 양역 문제의 심각성에 대해, 양반층을 비롯해 서얼층이 양역 부담에서 제외된 상태에서 각 군문이 양역을 책정하다 보니 한 집의 응역자가 4~5인에 이르게 되었다고 하였다.57) 이는 이담명만이 파악한 독특한 것은 아니며, 당시 양역 문제를 거론한 대부분의 논자들이 지적한 점이었다.

이 같은 양역 문제와 관련해서 많은 논자들이 대책을 내놓고 있었다. 이 시기 논의되던 양역변통론은 대변통론과 소변통론으로 나누어 볼 수 있다. '대변통론'이란 양역제 자체의 철폐를 전제로 한 변통론으로, 호포론이나 구전론口錢論, 유포론遊布論, 결포結布 또는 결전론結錢論 등이 이에 해당된다. 이와 달리 '소변통론'은 양역폐의 일차적인 원인이 양정 부족과 양역제의 불합리한 운영에 있다고 보고 그에 대한 대책을 제시한 것으로, 양정수괄良丁收括을 비롯해 감군액론減軍額論, 군문혁파론軍門革罷論 등 다양한 논의들이 있었다.58)

이렇게 다양한 변통론이 논의되던 소용돌이에서 이담명의 스승인 허목은 대변통론의 하나로 제시된 호포론에 대해서 반대 의견을 내세웠다. 호포론이란 인정人丁을 단위로 부과하던 양역을, 인정과 관련 없는 호戶에 부과하여 일정량의 포를 징수하자는 논의였다. 이러한 호포론은 숙종 대 전반 허목과 함께 청남의 일원이었던 윤휴에

57) 《承政院日記》 제340책, 숙종 16년 3월 21일 임자.
58) 조선 후기 양역변통론에 대해서는 정만조, 〈양역변통론의 추이〉, 《한국사》 32, 국사편찬위원회, 1997에 정리된 바를 참고하였다.

의해서 "균부평요均賦平徭"의 원칙 아래 적극 주창되었다. 그러나 허목은 호포론을 시행하게 되면 예의와 구법전장舊法典章이 문란해진다는 점과, 반대 여론이 너무 크고 거세다는 이유를 들어 반대하였다. 전자의 경우는 조정의 백관으로부터 일반 백성들에 이르기까지 호로 편성하여 포를 내게 하면 위계상의 문란이 생기게 되며, 이는 결국 주자학에서 말하는 명분과 강상의 문란으로 이어지게 된다는 이유에서였다. 후자의 경우는 관인이나 유자를 비롯해 서얼에서 상승하여 양반 대열에 끼려고 하는 만인과 출신자들, 업유나 업무의 사족자손과 제학의 생도나 교생 등 실로 지배계층 전체가 반대하는 호포론을 시행하기란 쉽지 않다는 것이었다.[59]

이담명도 스승 허목과 마찬가지로 호포론에 대해서 반대하였다. 그가 군자감정으로 재직할 때 호포론이 제기되자, 조선에는 전세·대동·신역을 들어 조租·용庸·조調가 있다고 하고는 지금 만약 신역에 대신해 호포를 납부하도록 하면 용庸은 없어지게 되고 양조兩調만 있게 된다며 반대의견을 피력하였다. 이담명의 견해는 호포를 시행하게 되면 조선조 조세체계 근간인 조용조 체계가 붕괴되면서 양조兩調가 된다는 것이었다.[60] 호포론을 반대하는 이담명은 양역변통론으로 두 가지를 제시하였다. 첫째는 수포론이었다. 그는 정병正兵으로 중앙에 상번하는 군인도 실제로는 보인에게 받은 포를 관할하는 곳에 납부하는 것에 지나지 않아 실질적으로 훈련하거나 전투를 연습하는 일이 없으므로 이는 전혀 양병의 뜻이 아니라고 하면서, 차라리 원호元戶의 이름을 아예 혁파하고 보인과 함께 일체로 수포한다

59) 許穆의 戶布論 반대 입장에 대해서는 金駿錫, 〈許穆의 禮樂觀과 尊君卑臣論〉, 《東方學志》 54·55·56합, 연세대 국학연구원, 1987(《朝鮮後期 政治思想史 硏究》, 지식산업사, 2003 88~92쪽 재수록)을 참고하였다.

60) 李聃命, 《靜齋先生文集》 卷8, 附錄 行狀, 戊午 2월조.

면 양역 문제도 해결될 것이고 국가 재정에도 도움이 될 것이라고 하였다.[61] 다음으로는 군액감축을 하자는 주장이었다. 즉 군병은 정예한 것에 힘써야지 많은 것을 힘써서는 곤란하다고 하며 각 군문의 액수를 조사해서 조정하여 양역 문제를 해결하자고 하였다.[62]

3) 궁방 절수 및 화전 금지론

이담명은 정치나 군사 부분 이외에도 토지 문제와 관련하여 궁방전의 절수折受 금지와 화전 금지 등을 제시하였다. 궁방전과 관련해서는 17세기 이래로 절수의 금지가 주장되었으며, 이담명의 주장도 그 일환으로 파악된다. 1676년(숙종 2) 충주성 밖의 관둔전을 명안공주방에 절수하도록 결정된 바 있었다. 당시 충주성은 성 밖에 관둔전을 설치해 백성들이 이것을 바탕으로 생계를 이어나가며, 여유가 있으면 관가의 토지로 활용하여 중앙에서 파견된 관리 등의 접대 비용 등으로 활용하였다. 그런데 이때 명안공주방에서는 이 둔전 이외에도 다른 곳의 5결을 추가로 절수하였다. 이 때문에 관가와 백성 모두가 어려운 형세가 되었으며, 관에서는 이를 충당하고자 백성들을 침학하고 있었다. 이에 이담명은 명안공주방에 절수된 토지를 도로 본관에 돌려주어 관청 재원과 백성들의 생계에 충당하게 하자고 하였다.[63]

이담명이 궁방전 절수를 반대한 것은 1693년 7월 건지산의 예도 있었다. 건지산은 조선조 목조穆祖의 능이 있는 산으로, 17세기 후반

---

61) 《靜齋先生文集》 卷1, 論收布試才疏.
62) 《承政院日記》 제340책, 숙종 16년 3월 21일 임자.
63) 《承政院日記》 제253책, 숙종 2년 4월 18일 경오.

민간에 의해 상당 부분 개간이 이루어져 경작이 진행되고 있었다. 이 때문에 관에서 민간 경작을 금지하지 못하다가 궁가에서 절수하는 것을 계기로 이를 금지하려고 하였다. 이러한 조치는 민간의 경작을 막으려는 것이었지만, 실제로는 궁방의 절수로 이어져 궁방전의 확대와 다름이 없었다. 앞서 관둔전을 궁방전으로 절수하는 것을 반대하였던 이담명은 이에 대해서도 반대하였다. 즉 건지산의 경우 목조의 능이 있는 산으로 애초부터 경작이 금지되었으므로 민간에서 경작하는 것은 불법이며, 이를 궁방에서 절수해서도 안 된다는 것이었다. 즉 이담명은 원칙론을 강조한 것으로, 건지산은 원래 경작이나 절수가 금지된 상태이니 민간이든 궁방이든 이를 점유하는 것은 옳지 못하다는 지적이었다. 이에 국왕은 궁방에게 다른 곳으로 절수하도록 지시하였다.[64]

궁방전 절수를 반대하는 입장은 당시 대부분의 관인이나 유자들의 공통된 의견으로, 이들은 내수사 소유의 장토를 비롯해 궁방전의 면세와 면역의 특권을 폐지할 것을 주장하였다. 궁방전에 대한 이 같은 반대 입장은 왕실의 경제 기반 삭감을 노리는 정치적 의도가 내포된 것으로,[65] 이는 이 시기 사림들의 공통적인 견해였다. 이담명도 예외는 아니라 생각된다.

이담명은 궁방전 절수의 금지 이외에도 화전 경작을 금하자고 주장하였다. 즉 1678년 4월 경연에 참여했던 이담명은 경연이 끝난 뒤 제언堤堰 부족 현상을 언급하며 예전에는 수목이 번창하였으나 이담명 당대에는 그렇지 못하다고 하였는데,[66] 얼마 뒤 허적은 이담명의

64) 《承政院日記》 제353책, 숙종 19년 7월 13일 을묘.

65) 李景植, 〈17世紀 土地折受制와 職田復舊論〉, 《동방학지》 54·55·56합, 연세대 국학연구원, 1987 및 金駿錫, 위의 글(앞의 책, 77~78쪽).

66) 《承政院日記》 제264책, 숙종 4년 4월 18일 정해.

발언을 바탕으로 화전을 금지하고 지방관들은 화재를 경계하도록 하자고 하였다. 다만 이미 경작하는 화전을 진폐할 수 없으니 가을을 기다려 거행하자고 제안하였다.67) 물론 당시에는 이미 화전 경작을 금지하고 있었다. 그러나 화경火耕으로 이익을 보려는 백성들의 욕구와 수세를 하여 이익을 얻고자 하는 수령의 이해가 일치함으로써 쉽게 사라지지 않았다.68)

이에 대해 국왕은 대체로 공감하며 이대로 추진하도록 하였다. 이하진 같은 이는 장송 도구를 만들 때 재료가 부족해질 수도 있다며 화전 금지를 주장하였다.69) 눈길을 끄는 것은 이담명의 이 같은 주장에 대해 동생 이한명도 같은 입장이었다는 것이다. 즉 1678년 평안도 암행어사로 암행활동을 마치고 조정에 복명한 내용에 따르면, 평안도의 경우도 산에 나무가 없어서 송사의 도구를 만들 때 어려움이 있을 수 있으니 화전을 금지하자고 하였고, 별도로 사목을 만들어 이를 어긴 자는 엄히 다스리자고 하였다.70) 이담명은 이 밖에도 민생 문제와 직결된 여러 시책을 건의하였다. 납포한 정포의 규격을 정하자는 주장을 비롯해 영남에서 진상되는 고니[天鵝]의 문제 해결 등을 거론하기도 하였다.71)

---

67) 《承政院日記》 제265책, 숙종 4년 5월 25일 갑자.
68) 《承政院日記》 제267책, 숙종 4년 11월 5일 병인.
69) 《承政院日記》 제266책, 숙종 4년 10월 12일 기묘.
70) 《承政院日記》 제256책, 숙종 4년 10월 24일 신묘.
71) 《承政院日記》 제259책, 숙종 3년 4월 13일 기미.

5. 맺음말

이담명과 이한명이 활동하던 당시는 사림정치로 정국 운영방식이 바뀌면서 당쟁이 극심하던 시기였다. 서인과 남인의 당쟁, 노론과 소론의 당쟁이 그 예이다. 이담명과 이한명도 이러한 시대 상황에서 예외일 수 없었다. 더욱이 이담명은 출사 단계에서부터 이러한 상황이 영향을 미치기도 하였다. 이담명 등이 출사한 직후인 숙종 초는 기존의 서인정권이 몰락하고 남인이 붕당 성립 이후 최초로 정권을 장악한 시기였다. 이 무렵 이담명 등은 기존 세력, 즉 서인 세력의 청산에 적극적으로 참여하여, 송시열고묘론 등에 동참하였다. 아울러 남인이 청남과 탁남으로 분화되었을 때 주로 청남계의 일원으로 활동하였다.

그러나 경신환국으로 남인정권이 종식을 고하게 되면서, 이담명 또한 중앙 정치에서 소외되었다. 정치 일선에서 물러나 있던 이담명은 영천으로 이거, 그곳에서 새로운 농법을 접하거나 소금배 등을 이용해 재산을 축적하였다. 기사환국 이후 다시 입조하게 된 이담명은 출사 직후 부친 이원정의 억울한 죽음에 대한 신원을 주도하는 한편, 남인 측 주론자로서 서인계 인사들을 치죄하는 데 중심적인 몫을 하기도 하였다. 또한 경상도관찰사로 재직할 때에는 중앙의 치열한 당쟁은 잠시 잊고 민생안정에 힘을 다하여, 유사 이래 영남의 최대 진정賑政이라는 평가를 받을 정도로 막대한 진휼곡을 조성해 기민을 구제하였다.

이처럼 이담명과 이한명은, 그들이 비록 남인세력의 중추적인 인물로 활동하였다고 하겠으나, 이는 시대적 상황에 따른 것이었다. 즉 사림정치 시기 마지막 세대로써 사림정치의 정치적 이상을 실현하는 모습이 아닐까 한다. 이러한 점은 그가 제시한 경세론에 반영되었다. 호포론 반대, 궁방전의 절수 반대 등이 그 예라 하겠다. 이 밖에도 그동안 위축된 문신 세력의 출사로를 확대하려는 고민을 했던 사실 등이 확인된다.

■ 참고문헌

《孝宗實錄》《顯宗實錄》《肅宗實錄》《承政院日記》

《廣州李氏大同譜》(1988)
《韓國系行譜》
李聃命, 《靜齋先生文集》
李敏求, 《東州先生文集》
許穆, 《記言別集》
《燃藜室記述》
《黨議通略》
단국대학교 동양학연구소, 《韓國漢字語辭典》

李樹健, 《嶺南學派의 形成과 展開》, 일조각, 1995.

金駿錫, 〈許穆의 禮樂觀과 尊君卑臣論〉, 《東方學志》 54·55·56합, 연세대 국학연구원, 1987(《朝鮮後期 政治思想史 硏究》, 지식산업사, 2003 재수록).
金鶴洙, 〈"寒岡 鄭逑 神道碑銘"의 改定論議와 그 의미〉, 《조선시대사학보》 42, 2007.
______, 〈17세기 嶺南學派의 정치적 분화-유성룡·정경세학맥과 정구·장현광 학맥을 중심으로-〉, 《朝鮮時代史學報》 40, 2007.

______, 〈太師廟 位次·酌獻論爭의 정치·사회적 성격-인조~영조연간의 논쟁을 중심으로-〉, 《仁荷史學》 10, 2003.

李景植, 〈17世紀 土地折受制와 職田復舊論〉, 《동방학지》 54·55·56합, 연세대 국학연구원, 1987.

이기남, 〈현종대의 정국과 民間服制 논쟁〉, 《조선시대의 정치와 제도》, 집문당, 2003.

鄭萬祚, 〈17세기 중반 漢黨의 정치활동과 國政運營論〉, 《韓國文化》 23, 서울대 한국문화연구소, 1999.

______, 〈17세기 중엽 山林勢力(山黨)의 국정운영론〉, 《擇窩許善道先生停年紀念韓國史學論叢》, 일조각, 1992.

______, 〈양역변통론의 추이〉, 《한국사》 32, 국사편찬위원회, 1997.

韓永愚, 〈17세기 중엽 嶺南南人의 歷史敍述-洪汝河의 《彙纂麗史》와 《東國通鑑提綱》-〉, 《邊太燮博士華甲紀念史學論叢》, 1985(《朝鮮後期史學史研究》, 일지사, 1989 재수록).

숙종조 총융사 이우항의 정치활동과 도성수비론

심 승 구
한국체대 교양학부 교수

1. 머리말

17세기 후반~18세기 초반에 이르는 조선의 정국은 붕당의 상호 비판과 견제가 무너지고 당쟁이 가장 격화된 시기라는 특성을 갖는다. 숙종 대 환국정치換局政治로부터 경종 대 신임옥사辛壬獄事, 영조 대 초반 무신난戊申亂에 이르는 일련의 정치적 사건들은 붕당 사이 정쟁과 왕위계승 쟁탈을 넘어 정권의 타도까지 이어질 정도로 그 갈등이 최고조에 달했다.

조선왕조 518년 기간 가운데 유독 이 시기에 당쟁이 극심했던 데는 크게 두 가지의 요인이 깔려 있었다. 첫 번째는 무엇보다 서인과 남인, 노론과 소론 등 붕당의 분화와 첨예한 대립 속에서 국왕이 환국을 통해 왕권강화를 추구한 점을 들 수 있다. 사실 숙종 대 이전까지는 붕당으로 대표되는 신권에 의해 왕권이 다분히 압도되는 경향이었다. 그런데 숙종 대 제반 사회체제의 정비와 함께 전개된 환국

정치는 왕권의 절대 우위를 지향하는 국왕권의 의도가 짙게 깔려 있었다. 거듭되는 환국 속에서 추진된 탕평은 당쟁을 일시 진정시키는 효과도 있었지만, 환국에 따른 붕당의 분열과 부침은 오히려 자파自派의 존립을 위한 상대 정파의 제거라는 악순환을 가져왔다.

두 번째는 종통宗統의 문제가 있는 경종과 영조의 왕위계승권을 놓고 붕당 사이에 정치적 분쟁과 갈등이 가열되었기 때문이다. 인조반정 뒤 집권 세력이던 서인이 내세운 '산림山林을 중용하고, 국혼國婚을 잃지 말아야 한다'는 정치 운영원리는 이제 왕세자의 지지여부가 곧 권력 유지에 결정적인 요인이 되었다. 희빈 장씨의 죽음 이후에 노·소론의 정쟁은 자파의 정권 유지를 위해 왕세자 지지와 왕위계승 문제에 총력을 기울일 수밖에 없었다. 실제로 숙종의 두 아들인 경종과 영조를 둘러싼 왕위계승 문제는 노·소론의 피할 수 없는 정치적 대결을 넘어 충역忠逆의리를 놓고 벌이는 목숨을 내건 사투死鬪였다. 더구나 경종의 죽음에 대한 의문은 정계에서 축출된 정치세력이 여러 사회 세력과 연계한 정권타도의 움직임을 전면적으로 일으키는 결정적인 계기가 되었다.[1)]

---

1) 지금까지 이 시기의 정치사를 다룬 대표적인 논저를 간략히 소개하면 다음과 같다.
석정수부, 〈후기이조당쟁사에 관한 일고찰〉, 《사회경제사학》 10, 1940.
성낙훈, 〈한국당쟁사〉, 《한국문화사대계》 Ⅱ, 1955.
강상운, 〈노소분당연구〉, 《지양신기석박사화갑기념학술논문집》, 1968.
정만조, 〈영조대 초반 탕평책과 탕평파의 활동〉, 《진단학보》 56, 1983.
이종범, 〈1728년 무신란의 성격〉, 《조선시대 정치사의 재조명》, 태학사, 2003.
이태진, 《조선시대 정치와 군영제변천》, 한국연구원, 1985.
이태진 편, 《조선시대 정치사의 재조명》, 범조사, 1985.
홍순민, 〈숙종초기의 정치구조와 환국〉, 《한국사론》 15, 1986.
이은순, 《조선후기 당쟁사 연구》, 일조각, 1988.
정만조, 〈숙종조 양역변통론의 전개와 양역대책〉, 《국사관논총》 17, 1990.
이성무·정만조 외, 《조선시대 당쟁의 종합적 성격》, 한국정신문화연구원, 1992.
정경희, 〈숙종대 탕평론과 탕평의 시도〉, 《한국사론》 30, 1992.
정만조, 〈조선시대의 사림정치〉, 《한국사상의 정치형태》, 일조각, 1993.

인조반정 이후 중앙군영은 특정한 정파의 연계 아래서 발전하면서, 각 붕당이 정권을 유지하는 물리적 기반으로 작용하였다. 그 가운데 총융청, 수어청의 경우는 서인세력이 거의 전담하다시피 하였다. 더욱이 이우항이 총융사로 활동했던 숙종 대에서 경종 대에 이르는 시기는 17세기 이래 진행된 사회적 변화에 대응하고자 군제(양역)변통론과 함께 도성 수축 내지 북한산성 축성 등 중요한 군사정책이 취해졌던 시기였다. 그렇다면 이 무렵 5군영 대장들의 정치활동과 국방론, 도성수비론은 구체적으로 어떠했는지 궁금하다.

지금까지 중앙군영과 관련해서는 조선 후기의 정치와 군영제 변천을 다룬 연구,[2] 조선 후기 무반벌족 가문을 천착한 연구,[3] 숙종조 탕평론자의 국방론 연구[4] 등이 참고가 된다. 하지만, 17세기 후반~18세기 초반 군영대장을 비롯해 고위 무관을 다룬 연구는 아직 보이지 않는다.[5] 그 까닭은 아마도 이 시기 정치사의 규명이 주로 산림이나 문신들의 활동과 사상에 집중된 탓과 무관해 보이지 않는다.

본고는 바로 이러한 문제의식을 바탕으로 숙종 대~경종 대에 고위 무관을 지낸 이우항李宇恒의 정치활동과 도성수비론에 대하여 살펴보고자 한다. 더욱이 이우항은 총융청 대장을 지낸 만큼, 그에 대한 연구는 이 시기 군영대장의 생애와 활동을 추적하는 데 일정한

우인수, 〈조선 숙종대 정국과 산림의 기능〉, 《국사관논총》 43, 1993.
이희환, 《조선후기 당쟁연구》, 국학자료원, 1995.
정경희, 〈17세기 후반 전향노론 학자의 사상〉, 《역사와 현실》 13, 1994.
정경희, 〈숙종 후반기 탕평정국의 변화〉, 《한국학보》 79, 1995.
이영춘, 《조선후기 왕위계승 연구》, 집문당, 1998.

2) 이태진, 《조선후기 정치와 군영제변천》, 한국연구원, 1985.
3) 장필기, 《조선후기 무반벌족 가문연구》, 집문당, 2004.
4) 이근호, 〈숙종대 신완의 국정운영론〉, 《조선시대사학보》 8, 1999.
5) 배우성, 〈정조연간 무반 군영대장과 군영정책〉, 《한국사론》 24, 1991.
심승구, 〈미이라를 통해 본 조선시대 무관의 삶과 행적-17세기 무관의 지위와 역할을 중심으로-〉, 《학예집》 13집, 육군사관학교 박물관, 2006.

도움을 얻을 수 있으리라 생각한다. 하지만 이우항이 평생 무관으로 살았던 까닭에 문집이나 다른 자료는 확인되지 않는다. 족보와 관찬 사료에 의존하여 그의 생애와 활동을 살피는 만큼, 한계가 클 수밖에 없다. 그나마 당쟁의 격랑 속에서 살다간 총융사 이우항의 정치 활동과 도성수비론을 이해하는 데 작은 도움이 되기를 바랄 뿐이다.

2. 명문가 출신의 무관

이우항은 본관이 광주廣州이고 자는 여구汝久이다. 1648년(인조 26)에 태어나 1722년(경종 2)에 75세의 나이로 서거했으며, 경무공景武公이라는 시호가 내려졌다.[6] '경무景武'라는 시호에서 알 수 있듯이, 이우항은 17세기 중반에서 18세기 초반까지 활동하던 대표적인 고위 무관으로서, 서인西人 안에서 노론의 정치적 입장을 뒷받침하던 총융청 대장 가운데 한 사람이다.

이우항의 정치적 성장과 활동의 배경이 되었던 선대 계보를 간략하게 정리해 보면 〈그림 10-1〉과 같다.

그의 선대는 조선 전기에 명문거족으로 손꼽히던 광주이씨 가문이다. 광주의 토성土姓에서 출발한 광주이씨는 고려 말 둔촌遁村 이집李集(1314~1387)을 중시조로 삼아 조선 세조 대에 현달하여 대표적인 명문거족으로 성장하였다.[7] 실제로 광주이씨는 이집의 아들 대에

6) "李宇恒首慶玄孫統使道彬子　孝宗壬辰生字汝久……壬寅卒于杖下年七十一　英祖乙巳復官贈左贊成謚景武"(朴義成, 《紀年便攷》 제51권, 장서각 청구기호 k2-37). 위의 기록에 따르면, 그의 생년은 임진년(효종 3, 1648)로 확인된다. 그런데 《승정원일기》에 따르면 그의 나이가 경종 즉위년(1720) 73세로 확인된다(《승정원일기》 524책, 경종 즉위년 7월 16일 신사). 따라서 여기에서는 《승정원일기》의 나이에 따르기로 한다.

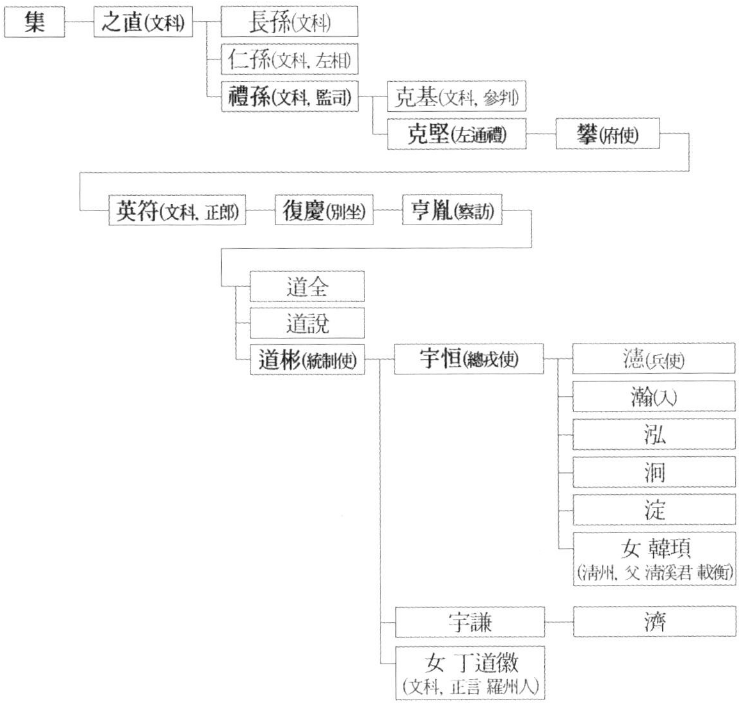

그림 10-1. 경무공 이우항 가계도

이르러 가세가 급격하게 신장됐다. 지직之直은 태종 대에 청백리로 선정됐고 벼슬은 형조참의에 이르렀다. 이지직의 아들은 장손·인손·예손으로 모두 문과에 합격하였다. 그 가운데 이우항의 직계는 셋째 아들 예손禮孫이다.

이우항의 8대손 예손은 세종 때 생원에 이어 문과에 합격한 뒤 대사성을 거쳐, 세조 대에는 황해도관찰사·형조참의에 올랐다.[8] 그러

7) 이태진, 〈15世紀 後半期의 「巨族」과 名族意識-《東國輿地勝覽》 人物條의 分析을 통하여-〉, 《한국사론》 3, 1976.

8) 15세기 훈구의 대표학자인 서거정徐居正이 이우항의 8대조 예손의 형 인손仁孫의 문

나 이예손은 1459년(세조 5) 중국에 사신으로 다녀오던 길에 갑자기 사망하였다.

> 관압사管押使 이예손이 봉산鳳山에서 죽으니, 부의로 쌀·콩 각각 20석, 종이 1백 권과 곽槨·송진·석회 등의 물건을 내려 주었다. 이예손은 광주 사람인데 성품이 강개하고 방직하여 구차하게 남의 마음에 들려고 하지 않았으므로, 그때에 염개廉介라고 불렀다. 그가 죽자, 사람들이 모두 애도하였다.[9]

예손은 '염개廉介'라고 불릴 정도로 청렴하고 강직한 인물로서, 세조의 큰 신뢰를 받은 것으로 보인다. 광주이씨 가문의 번성은 장손·인손·예손의 다음 대에서 이루어진다. '극克'자 돌림을 쓰는 광주이씨의 팔종형제(극규, 극배, 극감, 극증, 극돈, 극균, 극기, 극견) 가운데 극견을 제외한 7명이 모두 문과에 합격하여 고위 관직에 진출한 것이다. 당시 그들의 번성을 '광이팔극조정廣李八克朝廷'이라고 불렀을 정도다.

그 가운데 이우항의 7대조인 극견克堅은 팔종형제 가운데 제일 마지막 집안으로, 좌통례공파左通禮公派의 파조派祖다. 문음으로 관직에 진출한 극견은 군기시 판관, 사헌부 지평, 개성부 경력, 군자시 부정을 거쳐 연산군 대에는 통례원 좌통례에 올랐다.[10] 그러다가 1504년(연산군 10) 갑자사화가 일어나자 폐비윤씨의 죽음과 관련된 인물들이 처벌되면서 연좌되어 파직되고 서울 집을 몰수당하였다.[11] 이 일

하라는 사실이 확인된다(《廣州李氏大同譜》 卷1, 仁孫 참조).

9) "管押使李禮孫死于鳳山, 賜賻米豆各二十石, 紙一百卷, 槨, 松脂, 石灰等物. 禮孫, 廣州人, 性慷慨方直不苟容, 時稱廉介, 及其亡也, 人皆悼之."(《세조실록》 권15, 세조 5년 3월 계사).

10) 《연산군일기》 권34, 연산군 5년 7월 경오.

11) 《연산군일기》 권54, 연산군 10년 6월 신사.

로 극견은 처가인 전라도 임피(지금의 군산시 임피면)로 급히 몸을 피했다가 그곳에서 사망하였다. 임피는 이극견의 두 번째 부인 창녕성씨의 전장田莊이 있던 곳이었다.[12] 원래 광주이씨는 고려 말 이래 대대로 서울과 경기도 광주에 근거지를 두었다. 이우항의 8대조 예손의 묘도 경기도 광주 세촌면 대원리(지금의 성남시 하대원동)에 있다.[13] 그러다가 이극견이 전라도 임피 오성산 유촌으로 피신하면서 근거지를 옮긴 것으로 보인다.

1505년(연산군 11) 중종반정이 일어난 뒤에 극견의 자손들은 서울로 올라왔다. 극견의 손자 영부英符가 1510년(중종 5) 진사시에 합격할 때 거주지가 서울로 기록된 사실에서 뒷받침된다.[14] 《사마방목》에 따르면, 영부의 부친 이반李攀도 동반 4품 봉렬대부 한성부 참군參軍으로 나타난다.[15] 중종 5년 당시 이반이 한성부에 근무했음을 말해주는 것이다. 이 사실은 중종반정 직후 이극견의 아들인 이반과 손자 이영부가 적어도 중종 5년 이전에 서울로 올라왔음을 시사한다. 이우항의 6대조인 이반은 음직으로 진출하여 장단도호부사에 올랐다. 1534년(중종 29)에 사망하는데,[16] 전라도 임피에 묻힌다.[17]

12) 극견의 부인은 두 명으로 확인된다. 첫 부인은 세조의 즉위를 도와 원종공신에 오르고 목사가 된 남양홍씨 남성군 석錫의 딸이며(《세조실록》 권2, 세조 1년 12월 무진). 둘째 부인은 창녕성씨 예조참판 수번秀蕃의 딸이다. 임피는 후부인의 전장이 있던 곳이다(《廣州李氏大同譜》 卷1, 참조). 전라도 임피는 한동안 그의 자손들이 묘지를 쓴 것으로 확인된다. 현재 전라북도 군산시 임피면 축산리 155-1에는 그의 묘소와 석물이 남아 있는데, '이극균가계석물'이란 명칭으로 시지방문화재로 지정되어 있다

13) 예손의 묘는 둔촌 이집의 묘 서쪽에 있다(《廣州李氏大同譜》 卷之首 참조).

14) 《庚午式年司馬榜目》에 따르면, 이영부는 중종 5년(1510) 진사시에서 3등 26번째로 입격하는데, "前歷 幼學, 字 應瑞, 本貫 廣州, 居住地 京, 父 奉列大夫 行漢城府參軍 李攀"으로 확인된다.

15) 위와 같음.

16) 《廣州李氏大同譜》 卷1 참조.

17) 그의 첫 부인은 원주이씨 일남一南의 딸이고 후부인은 훈주 여산송씨 희열希烈의 딸로서, 2남 1녀를 두었다. 영부는 그의 맏아들이다(《廣州李氏大同譜》 卷1 참조).

이우항의 선대는 5대조 영부 때부터 훈구적 성향에서 벗어나 사림파로 전향하기 시작했다. 1499년(연산군 5)에 태어난 이영부는 1510년(중종 5) 진사시에 이어 1516년(중종 11)에는 문과에 급제한 뒤 종부시 직장·형조좌랑에 올랐다. 1519년(중중 14)에는 형조정랑, 사헌부 지평, 사간원 헌납, 사헌부 장령, 세자시강원 문학에 올랐다. 그는 사헌부 지평으로서 현량과의 폐지 불가를 거론하다가 파직되기도 하였다. 1523년(중종 18)에 25세의 나이로 사망한 뒤 기묘명현己卯名賢이 되었다.[18] 영부가 죽자 세자는 국왕에게 알려 부의를 내렸는데, 서연관에게 부의를 내린 것은 그가 처음이었다.[19] 부인은 첨정 이효원李孝完(본 용인)의 딸로서 5남 1녀를 두었는데, 그 가운데 셋째 아들 복경復慶이 이우항의 4대조다.

고조부 복경은 음직으로 진출하여 별좌에 올랐다.[20] 부인은 고령신씨 도사 신여량申汝樑의 딸인데 자식이 없어 복경의 맏형인 수경首慶의 넷째 아들 징徵으로 대를 이었다. 고조부 복경이 죽자 묘지를 경기도 양주 별비곡 줄동으로 옮겼다.[21] 이로부터 복경의 후손들은 대대로 양주에 묻힌다.

증조부 징은 1556년(명종 11)에 태어나 21세가 되는 1576년(선조 9) 진사시에 합격하였다. 《진사방목》에는 거주지 서울, 부친 학생, 생부生父 지제교 수경으로 확인된다.[22] 징의 부인은 풍산유씨 대사헌 경

18) 광주이씨 가문에서 9賢 가운데 한 인물로 평가받는다(《廣州李氏大同譜》 卷1 참조).
19) 《중종실록》 권48, 중종 18년 6월 무오.
20) 《廣州李氏大同譜》 卷1 참조.
21) 다만, 복경의 처가인 고령신씨 도사 신여량 집안과 관련이 있는 것으로 추정된다.
22) 《丙子司馬榜目》 참조. 한편 징의 생부인 수경은 문과 급제후 한림을 거쳐 홍문관 교리에, 1546년(명종 1) 을사사화 때 온성으로 귀양간다(《명종실록》 권4, 명종 1년 8월 계축). 그 후 1551년(명종 6) 죽산에 옮겼다가 1553년(명종 8)에 풀려난 뒤, 1556년(명종 11)에 사망한다. 묘는 전라도 임피에 썼는데, 이때까지 임피가 극견 후손들의 선산 역할을 했던 것 같다.

심景深의 여섯째 딸이다.[23] 하지만 1577년(선조 10) 22세의 나이로 사망하였는데, 자식이 없는 탓에 6대조 반의 동생 지摯의 고손 형윤亨胤으로 대를 이었다.

조부 형윤은 1573년(명종 23)에 태어나 찰방을 지내다가, 1624년(인조 2) 이괄李适의 난 때에 인조를 호종하여 진무원종공신으로 봉해지고 부호군에 올랐다.[24] 여기서 이우항의 집안이 조부 때부터 서인西人의 당색을 띠게 된 사실을 알 수 있다. 첫 부인은 남양홍씨 직제학 홍연洪椽의 딸로 자식이 없고, 둘째 부인은 전주이씨 교관 원주元胄의 딸로서 아들 5명에 딸 4명을 두었다. 그 가운데 셋째 아들 도빈道彬이 이우항의 부친이다.

도빈은 병자호란이 일어난 해인 1627년(인조 5) 11월 26일 태어났다. 그는 1648년(인조 28) 무과에 급제한 뒤, 효종조에 이완李浣, 구인기具仁墍와 함께 세칭 삼무신三武臣으로 평가받는다. 1664년(현종 5) 전라좌도 수군절도사에 부임했다가[25] 영변부사를 거쳐 1666년(현종 7) 평안도 병마절도사에 올랐다.[26]

> 삭 노 암행어사의 서계에,……전라좌수사 이도빈은 마음을 다하여 직무를 수행하고 군사들을 사랑한다고 했는데, 왕이 아름답게 여기고 모두에게 가자하라고 명하였다.……또 이도빈은 영변 부사로서 평안절도사에 발탁·제수되었는데 이에 또 가자하라고 명하자, 승정원에서 성은으로 발탁된 지 얼마 되지 않았는데 또 논상한 것은 너무 지나치니 환수하기를 청하였다. 왕이 따르되, 숙마 1필을 지급하였다.[27]

23) 내사헌 유경심의 족실이 유성룡이다.
24) 《廣州李氏大同譜》 卷1 참조.
25) 《현종실록》 권7, 현종 5년 1월 임진.
26) 《현종실록》 권12, 현종 7년 10월 계유.

위의 기록은 이도빈이 전라좌수사에서 영변부사를 거쳐 평안도 병마절도사에 오른 후 또다시 가자를 더했다가 숙마 1필로 대신했다는 내용이다. 당시 도빈이 빠르게 승진할 수 있었던 데에는 현종의 신뢰가 뒷받침되었을 것이다. 병마절도사 재임 당시에 대간의 교체 요구를 현종이 받아들이지 않은 사실은 그 같은 추정을 뒷받침한다.[28] 1668년(현종 9)에 삼도수군통제사에 올랐다가,[29] 생을 마감했다. 이도빈의 부인은 전주이씨 덕양군파 종친 봉창수 이형엄李炯儼(1610~1637)의 딸이다. 형엄의 부친 귀천군 수睟는 광해군 때 북인의 영수 이이첨을 논박해 귀양갔다가, 인조반정 이후 복직되어 오위도총관에 올랐다. 이우항의 외가 또한 서인의 당색임을 말해준다. 도빈은 처가의 전장이 있는 경기도 장단에 묻혔다.[30]

이상에서 살핀 바와 같이, 이우항의 선대는 조선 전기 이래 명문가문으로 꾸준히 성장하면서 훈구적 성향을 보이다가, 5대조 영부 때부터 훈구적 성향에서 벗어나 중종 대에는 기묘사림으로 활동하였다. 그러한 사림적 성향은 수경·중경·복경 대로 이어져 나갔다. 그러다가 조부인 형윤 대부터 병자호란 때 인조를 호송하여 원종공신이 되면서 서인의 당색을 띠게 되었다. 무관가문의 명성은 부친인 이도전이 무과에 급제하여 삼무신三武臣으로 평가되고, 삼도수군통제사로 활동하면서부터 알려진다.

이러한 가문적 분위기는 이우항이 무반의 길을 걷는 중요한 배경

27) "以各道暗行御史書啓,……全羅左水使李道彬, 盡心職事, 惠愛軍兵, 上嘉之, 竝命加資……道彬以寧邊府使, 擢拜平安節度使, 仍又命加資, 故政院啓以恩擢屬耳, 復此論賞, 似涉太過, 請還收. 從之, 命給熟馬一匹."(《현종실록》 권13, 현종 7년 11월 병오)

28) 《현종실록》 권16, 현종 10년 1월 을사.

29) 《현종실록》 권15, 현종 9년 11월 계묘.
《현종실록》 권15, 현종 10년 3월 병오.

30) 《廣州李氏大同譜》 卷1 참조.

이 되었다. 즉 인조반정 이후 중외의 군사권은 임금이 믿을 수 있는 외척이나 공신세력 가운데서 구하는 것이 관례였다. 더욱이 국왕의 호위와 도성방위를 책임지는 군영대장은 외척과 공신들의 수중에 맡기되, 병사·수사·통제사 등의 지방군사권은 그들의 성장 과정에서 돌리는 방식이었다. 이러한 관례는 조선 후기 무반벌족 가문을 정착시키는 중요한 배경이 되었다. 그러한 사실은 광주이씨 이우항 가계를 통해서도 비슷하게 확인된다.

3. 환국정치와 노론 무관의 삶

이우항은 1652년(효종 3)에 서울에서 아버지 이도빈과 어머니인 이형엄의 딸 사이에 2남 1녀 중 장남으로 태어났다.[31] 그가 23세가 되던 해에 통제사에 재임하던 선친이 사망하였다.[32] 부친의 영향 아래 그는 평생 무관의 길을 걸었다. 다만, 이우항의 생애 전반부는 조부 때부터 내려온 서인의 당색을 띠다가, 갑술환국 이후 노·소론이 분립하면서 노론의 입장에 서서 활동하다 생을 마감한다.

그는 29세의 나이로 1676년(숙종 2) 3월 정시무과에 급제하였다.[33]

---

31) "李宇恒首慶玄孫統使道彬子 孝宗壬辰生字汝久 善騎射世謂之神亏 肅宗丙辰登武科歷业兵平兵統使 戊寅登壇拜捴使 歷左尹官止知中樞 景宗辛丑臺啓 賦性奸譎締結 凶孼屛翳夜行情跡 陰秘昨夏即祚之 請稱賀之班偃 然往歸終不入参無君蔑倫不可無懲 請遠配或勸歸卧楊墅如古 李廣之為宇恒喟然曰受國厚恩何可見危而求退乎 壬寅卒于杖下年七十一 英祖乙巳復官贈左贊成謚景武 六世孫元會亞将基碩子 登武科官止判尹 甲午東學為巡邊使."(朴羲成, 《紀年便攷》 제51권, 장서각 청구기호 k2-37)

32) 《顯宗改修實錄》 권21, 현종 10년 7월 갑인. 한편 통제사 이도빈은 1669년 풍토병이 걸려 위독하다가, 이듬해인 1670년(현종 10) 8월 15일에 44세의 나이로 사망한다(《廣州李氏大同譜》 卷1 참조).

33) 위와 같음.

이 무과는 1만 8천여 명이나 뽑은 이른바 만과萬科로서, 조선시대에 가장 많은 무사를 뽑은 과거다.[34] 당시 만과를 시행한 까닭은 중국 오삼계의 난을 계기로 북벌론을 내세워 도체찰사부 복설復設과 그에 따른 대규모 무사 충원을 위해서였다. 하지만 실제로는 훈련도감·어영청을 장악한 남인이 도체찰사부 복설을 통해 총융청·수어청의 군권을 장악한 서인보다 자파自派의 군권 확대의 계기로 삼으려는 목적이 깔려 있었다.[35]

만과가 실시되자, "당시 온 나라 사람들이 소매를 걷어버리고 옷자락을 날리며 광풍처럼 일어나 구름같이 모여서 활 쏘는 장소에 달려가지 않는 이가 없을 정도"였다.[36] 많은 인원을 선발하다 보니 하층민까지 합격하는 폐단이 뒤따랐으나, 양반이나 사족도 다수 포함되었다.[37] 어떻든 이우항은 만과에 비교적 쉽게 합격한 것으로 보인다. 그렇다고 그가 능력이 전혀 없어 만과로 진출한 것은 아니었다. '기사騎射에 뛰어나 신기神技에 가깝다'[38]는 평가는 그의 무예 실력이 탁월했음을 잘 말해준다.

그는 무과에 급제한 뒤 종6품 군직인 사과司果를 받고, 2년 뒤인 1678년(숙종 4)에는 31세의 나이로 선전관에 임명되었다.[39] 왕명을 출납하는 선전관은 부장, 수문장과 함께 '무반의 삼사三司'로 불리며, 고위 무관으로 오를 수 있는 최고의 청요직이었다. 그가 선전관에

34) 심승구, 〈조선후기 무과의 운영 실태와 기능-만과를 중심으로-〉, 《조선시대사학보》 23집, 2002, 179~182쪽.
35) 이태진, 《朝鮮後期 政治와 軍營制變遷》, 한국연구원, 1985, 189~194쪽.
36) 《숙종실록》 권7, 숙종 4년 5월 경술.
37) 심승구, 앞의 글, 180~182쪽.
38) "李宇恒首慶玄孫統使道彬子 孝宗壬辰生字汝久 善騎射世謂之神兮."(朴羲成, 《紀年便攷》 제51권, 장서각 청구기호 k2-37)
39) 《承政院日記》 267책, 숙종 4년 11월 9일 병오.

발탁된 배경에는 통제사를 지낸 선친 이도빈의 영향이 작용한 것으로 보인다. 이듬해에는 도총부 도사에 임명된 뒤, 무과 전시의 참고관을 맡았다.[40]

1680년(숙종 6)에는 경신환국으로 남인이 대거 실각하고 서인이 재집권에 성공하였다. 이때 이우항은 33세의 나이로 도총부 경력에 올랐다가,[41] 외직인 평안도 희천군수로 나갔다.[42] 37세인 1684년(숙종 10)에는 경상도 칠곡 도호부사,[43] 겸사복장兼司僕將,[44] 전라도 나주 영장[45] 등을 거쳐 40세인 1687년(숙종 13)에는 전라좌도 수군절도사에 임명되었다.[46]

1689년(숙종 15)에는 기사환국으로 남인이 다시 중용되고 서인의 영수인 송시열과 김수항 등이 사사賜死되었다. 숙종은 재위 6년에 왕비 김씨(김만기의 여식)를 잃고, 이듬해 계비 민씨(민유중의 여식)를 맞았으나 왕자가 없었다. 그런데 1688년(숙종 14) 10월에 소의 장씨(장희빈)에게서 왕자 균이 태어나 세자로 삼으려 했으나, 서인이 반대하자 남인을 등용하여 이를 타개해 나간 것이다. 희빈 장씨에 대한 총애는 서인의 실각을 가져왔을 뿐 아니라 민비를 폐위시키고 장

40) 《承政院日記》 271책, 숙종 5년 7월 6일 무술.

41) 《承政院日記》 275책, 숙종 6년 1월 13일 계묘.

42) 《承政院日記》 277책, 숙종 6년 6월 21일 무인.

43) 《承政院日記》 304책, 숙종 10년 5월 22일 정해. 한편, 2005년에는 《漆谷府先生案》이 발견되었다. 이 책은 1640년 칠곡이 도호부로 승격한 이후에 최근까지 칠곡도호부에 부임한 부사에 대한 기록이 상세하다. 부사의 이름과 본관, 호, 제수除授 받은 날자, 전임지, 부임기간, 사조辭朝, 경체經遞, 체귀遞歸 등 부사의 인사이동에 대한 내용이 들어 있다(중부인터넷뉴스, 2005.07.09. 04:57:19 참조). 다만, 필자가 아직 확인해 보지는 못했으나, 1684~1685년 사이의 이우항에 대한 정보도 기록되어 있을 것으로 보인다.

44) 《承政院日記》 319책, 숙종 12년 12월 21일 신미.

45) 《承政院日記》 320책, 숙종 13년 2월 11일 기미.

46) 《承政院日記》 326책, 숙종 13년 12월 25일 기사.

씨를 왕비에 책봉하는 데까지 이르렀다.

이우항은 기사환국이 일어나기 바로 직전에 제주목사로 파견되었다.[47] 그는 부임하자마자 제주목 관아 안에 영주관瀛洲館을 고쳐 짓고, 자전고紫電庫와 장춘원藏春院 등을 세웠다. 이듬해인 1690년(숙종 16)에는 관덕정觀德亭(현재 보물 제322호)을 중수하였다.[48] 이는 1448년(세종 30)에 관덕정을 처음 짓고 1480년(성종 11)과 1599년(명종 14)에 두 차례 중수한 이래 141년 만에 일이었다. 하지만 제주의 부실한 세공마歲貢馬를 운송했다는 이유로 탄핵을 받아 물러났다.[49] 그는 다시 상경한 뒤 1692년(숙종 18)에 호군을 제수받았다.[50]

1694년(숙종 20)에는 갑술환국으로 남인을 몰아내고 서인을 다시 크게 중용한다. 처음에는 남인이 서인의 민비복위 운동을 미리 알고 일망타진하고자 했으나, 숙종이 의외로 남인을 몰아내고 서인, 그 가운데서도 소론을 중용하였다. 그동안 민비에게 가한 가혹한 박대에 대한 참회를 명분으로 삼은 것이다. 숙종은 인현왕후를 복위하고 장씨를 다시 희빈(후궁)으로 강등시켰다. 남인은 이때 크게 실각당하여 거의 재기가 어려웠고, 이후 정국은 노·소론의 대립으로 일관하게 된다. 소론이 왕세자를 지지한 반면, 노론은 이를 인정하지 않는 입

---

47) 《承政院日記》 334책, 숙종 15년 3월 25일 임진.

48) 원래 관덕정은 1448년(세종 30)에 신숙정 목사가 훈련청으로 창건하여, 정자 이름을 '관덕觀德'이라고 붙였다.(《제주목관아지》, 제주시, 제주대학교박물관, 1998. 63쪽).

49) 《承政院日記》 336책, 숙종 15년 7월 15일 기유.
《承政院日記》 342책, 숙종 16년 7월 29일 무오.
《承政院日記》 342책, 숙종 16년 8월 3일 신유.

50) 이우항이 제주목사에 임명된 것은 1689년(숙종 15) 3월이고(《承政院日記》 334책, 숙종 15년 3월 25일 임진), 마지막 탄핵을 받은 시기는 1690년(숙종 16) 8월 3일로 확인된다(《承政院日記》 342책, 숙종 16년 8월 3일 신유). 이어서 그가 호군에 임명된 시기는 이듬해인 1691년(숙종 18) 6월 3일이다(《承政院日記》 348책, 숙종 18년 6월 3일 신사). 따라서 그가 제주목사에서 해임된 시기는 숙종 16년 8월에서 숙종 18년 3월 이전까지로써, 1년 6개월간 관직의 공백 기간이었던 것으로 추정된다.

장이었다.

갑술환국 이후에 이우항의 관직진출은 더 활발해졌다. 환국이 일어난 그해에 그는 평안도 강계부사를 제수받았으나, 풍토병이 걸려 바로 교체되었다.[51] 《비변사등록》에는 당시의 상황을 아래와 같이 전한다.

> 비변사에서 아뢰기를 "새로이 제수된 강계부사 이우항이 수토水土에 의한 질병으로 반신불수가 되었고, 말이 통하지 못하기까지 한다고 합니다. 병세가 이러하다면 부임하기 어려운 형편이니, 강계부사 이우항을 교체하고 해조로 하여금 가려 차출하게 하여 서둘러 내려 보내는 것이 어떻겠습니까?" 하니, 윤허한다고 답하였다.[52]

병이 회복되자, 그는 곧바로 경기도 통진부사로 발령이 났다.[53] 마침 문수산성이 완성되어 통진현이 도호부로 승격됨에 따라 초대 부사로 임명된 것이다. 1696년(숙종 22)에는 평안도 영변부사로 발령받았으나, 백성 침탈의 이유로 탄핵을 받고 물러났다.[54]

1697년(숙종 23)에는 50세의 나이로 민진장閔鎭長(1649~1700)에 의해 고위 무관으로 추천되었다.[55] 당시 장상將相과 재상들이 문관, 무

51) 《承政院日記》 358책, 숙종 20년 윤5월 3일 기사.
《承政院日記》 358책, 숙종 20년 윤5월 29일 을미.
52) 《備邊司謄錄》 숙종 20년(1694) 윤5월 29일
53) 《承政院日記》 362책, 숙종 20년 11월 28일 임진.
54) 《承政院日記》 365책, 숙종 22년 4월 16일 신축.
《承政院日記》 365책, 숙종 22년 4월 19일 갑진.
《承政院日記》 365책, 숙종 22년 4월 20일 을사.
《承政院日記》 365책, 숙종 22년 4월 21일 병오.
《承政院日記》 365책, 숙종 22년 5월 4일 기미.
55) 《肅宗實錄》 권31, 숙종 23년 5월 기축.

관, 음관 등 18명을 추천한 인물 가운데 한 사람으로 발탁된 것이다. 그를 추천한 민진장은 인현왕후의 사촌오빠로서, 좌의정인 민정중閔鼎重의 아들이자 우암 송시열宋時烈의 문인으로 병조판서를 거쳐 우의정에 오른 노론계 척신이다. 민진장의 추천은 이우항이 노론 척신계와 일정한 관계에 있었음을 암시한다.

그래서인지 이듬해인 1698년(숙종 24)에는 함경도 경성에 병영을 둔 북도병마절도사(북병사)로 파견되었다.[56] 이어 도총부 부총관[57]·부호군[58]·파주목사[59]를 거쳐 어영청 장관인 중군中軍 등을 역임하였다.[60] 48세가 되는 1699년(숙종 25)에는 통제사의 후보자로 천거되었다. 그를 추천한 사람은 의정부 우참찬 김진구金鎭龜(1651~1704), 병조판서 이유李濡(1645~1721), 이조판서 신완申琓(1646~1707) 등이다.[61]

김진구는 광성부원군 만기萬基의 아들이자 숙종의 원비 인경왕후仁敬王后의 오빠로서, 기사환국 때 남인의 탄핵을 받고 쫓겨났다가 갑술환국 이후에 다시 기용된 노론 척신계 인물이다. 이유는 처음에는 노론이었으나, 갑술환국 이후에 다시 기용된 뒤 신완에 이어 숙종을 보필하며 노론과 소론 사이에서 중도적인 입장을 띤 탕평론자로 활동하였다. 신완은 숙종 대에 처음으로 탕평蕩平을 주장한 박세채의 문인이자 소론으로서, 갑술환국 이후 다시 기용된 후 이유와 함께 탕평론자로 활동하였다.[62]

56) 《承政院日記》 382책, 숙종 24년 12월 1일 신축.
57) 《承政院日記》 384책, 숙종 25년 4월 16일 을묘.
58) 《承政院日記》 384책, 숙종 25년 5월 11일 기묘.
59) 《承政院日記》 385책, 숙종 25년 6월 6일 계묘.
60) 《承政院日記》 385책, 숙종 25년 6월 7일 갑진.
61) 《備邊司謄錄》 숙종 25년(1699) 4월 3일.
62) 이유와 신완의 당색에 대해서는 의견이 나뉜다. 정경희는 이유와 신완을 모두 노

그럼에도 이우항이 통제사에 제수되지는 않았다. 하지만 그를 추천한 인물들로 볼 때, 갑술환국 이후 그는 서인 안에서 노론과 소론, 탕평론자들의 지지를 받고 있음을 알 수 있다. 숙종 재위 20년대 중반까지만 해도 이우항이 노론으로 완전히 자리 잡지 않았음을 짐작케 하는 대목이다. 그는 1700년(숙종 26)에 53세의 나이로 우변 포도대장에 임명된 뒤에,[63] 좌변 포도대장의 임무까지 겸했다.[64] 이어 함경도 북청에 병영을 둔 남도병마절도사(남병사)로 파견되었다.[65]

1701년(숙종 27) 11월에는 54세의 나이로 총융청 대장인 총융사에 올랐다.[66] 총융청은 북한산성의 수비를 책임지는 자리로서, 도성과 경기도 인근의 수도방위를 맡는 훈련도감, 어영청, 금위영, 수어청과 함께 5군영으로 불리는 중앙군영의 하나다. 군문 대장직은 국왕의 신변은 물론 정권의 안위와도 직결되는 자리였다. 이 무렵 군제변통軍制變通에 이어 북한산성과 도성 축성론이 제기되는 상황에서 총융사에 오른 것은 그의 정치적 비중이 컸음을 시사한다.[67]

실제로 조선 후기 5군영 대장의 후임을 선정할 때는 임금이 믿을 수 있는 외척세력에서 구하였다. 이들은 거의 훈척가문이면서 왕실 또는 종친과 일정한 인척관계를 맺고 있었다.[68] 노론계 척신인 민정

론 탕평파로 분류하고 있다(정경희, 〈숙종후반기 탕평정국의 변화〉, 《한국학보》 79, 1995, 164~173쪽). 이와 달리 이근호는 이유를 노론계 탕평파로, 신완을 소론계 탕평파로 파악한다(이근호, 앞의 글, 95~101쪽). 이 글에서는 신완이 소론인 박세채의 문인이자 사돈관계가 분명한 만큼, 이근호의 견해가 더 타당하다고 판단하였다.

63) 《承政院日記》 389책, 숙종 26년 2월 15일 기묘.

64) 《承政院日記》 390책, 숙종 26년 3월 6일 기해.
《承政院日記》 390책, 숙종 26년 3월 14일 정미.

65) 《承政院日記》 393책, 숙종 26년 9월 25일 갑인

66) 《숙종실록》 권35, 숙종 27년 11월 임인.

67) 1694년(숙종 20) 갑술환국 때 총융사가 환국을 도모한다는 고변告變이 나올 정도로 정권의 안정을 위해 그 비중과 역할이 중요해지고 있었다(정석종, 〈숙종대 갑술환국과 정변참여 계층분석〉, 《조선시대 정치사의 재조명》, 1985, 147~161쪽).

중과 김진구 등이 그를 추천한 데서 알 수 있듯이, 이우항은 당시 인현왕후 민씨(여흥)와 인경왕후 김씨(광산)의 척족들과 일정한 관계를 유지하고 있던 것으로 짐작된다.

또한 이우항이 총융사에 제수된 까닭은 중외의 군무軍務를 거친 경력과 함께 노론이 활발히 정계에 진출한 것과 관련이 있다. 즉 숙종 27년 8월에 인현왕후가 죽고 희빈 장씨가 인현왕후를 저주한 사실이 드러나자, 같은 해 11월에 장씨에게 사약을 내렸다. 이때 왕세자를 지지하는 소론은 세자에게 끼칠 영향을 고려하여 처벌의 완화를 요청했으나, 도리어 숙종의 미움을 사서 소론이 약화되고 노론이 조정에 크게 진출하였다. 이우항의 총융사 등단은 그 같은 정국 변화 속에서 이루어진 일이었다. 그가 이미 노론의 편에 분명히 서 있었음을 시사하는 대목이다.

그리하여 1701년(숙종 27) 12월에 그는 총융사 겸 훈련도정으로서 인현왕후 국상 때 여사대장輿士大將과 배왕대장陪往大將을 맡았다.[69] 여사대장은 여사꾼을 관장하고 배왕대장은 발인을 담당하는데, 장수의 직임을 거친 자로 임명하는 관례에 따른 것이다.[70] 또한 1704년(숙종 30)에는 숙종의 능행 때 총융사로서 유도대장留都大將에 임명되고, 좌포도대장·도총관을 맡는 등 한동안 국왕의 깊은 신뢰를 받았다.[71] 1705년(숙종 31)에는 판부사 서문중徐文重, 평천군平川君 신완, 좌의정 이여李畬, 우의정 이유, 호조판서 조태채趙泰采, 형조판서 강현姜鋧, 사직 민진후閔鎭厚, 우참찬 송창宋昌, 예조판서 윤세기尹世紀, 병

68) 장필기, 《조선후기 무반벌열가문 연구》, 집문당, 2004, 280쪽.
69) 《承政院日記》 401책, 숙종 27년 12월 7일 기미.
70) 《정조실록》 권28, 정조 13년 9월 경술.
71) 《承政院日記》 414책, 숙종 30년 8월 17일 갑신.
《承政院日記》 424책, 숙종 31년 4월 7일 경오.

조판서 유득일兪得一, 좌윤 김석연金錫衍, 한성군韓城君 이기하李基夏, 동지중추 이우항, 공조판서 이광적李光迪, 예조참판 유집일兪集一이 빈청에 다 모여 중묘中廟·선묘宣廟 양조가 즉위 30년을 축하한 예전에 따라 칭경稱慶과 진하陳賀를 행할 것을 청하였다.[72]

그러다가 59세가 된 1706년(숙종 32) 1월에는 이우항이 약 5년간 머물렀던 총융청 군영대장 자리에서 물러났다.[73] 이때 이우항을 대신한 총융사는 소론의 당색을 띤 무관 김중기金重器(본관 안동)였다. 오랜 재임 기간 탓이기도 했지만, 이우항이 교체된 데에는 더 근본적인 이유가 있었다.

우선, 1706년(숙종 32)에 노론이 동궁(뒤의 경종) 모해謀害의 혐의를 받아 다시 조정에서 밀려난 정국 흐름과 관련이 있었다.[74] 이 사건으로 5년 전 장희빈의 죽음을 저지하다가 축출당한 소론세력이 다시 진출하고 노소의 연립정권이 들어섰다. 그러자 대사헌 조상우趙相愚를 비롯한 소론세력들은 총융사 이우항을 능력도 없이 권세에 아부하고 군영의 재정을 유용한 혐의로 탄핵하여 몰아냈다.[75] 총융사 이우항의 교체가 단순한 체직이 아닌 소론 위주의 정국 변화의 결과였던 것이다.

이와 함께 이우항이 북한산성 축성을 원하던 숙종의 의도와 달리 도성 축성에 동조한 사실은 그를 교체하는 결정적인 배경이 되었다. 17세기 이래 대내외의 사회불안에 이은 재정 부족, 중앙군사력의 약화 속에서 추진한 국방정책은 도성 및 북한산성의 축성을 통한 최소

72) 《국조보감》 권53, 숙종조 13, 32년 2월.
73) 《숙종실록》 권43, 숙종 32년 1월 경진.
74) 《숙종실록》 권43, 숙종 32년 5월 병술.
75) 《숙종실록》 권43, 숙종 32년 1월 을해.
《備邊司謄錄》 18집, 숙종 32년(1706) 1월 19일.

한의 방어체제를 확보하는 것이었다. 이때 총융사 이우항은 도성 수축을 주장하였다. 더구나 북한산성 축성보다 도성 수축을 주장하는 의견이 더 우세하였다. 그 결과 도성부터 성을 쌓아 나갔다. 이는 총융사의 교체 요인이 되었다. 숙종은 이우항이 총융사로 있는 한 북한산성 축조에 소극적이라고 판단한 것이다. 실제로 북한산성 축성은 이우항 대신 교체된 총융사 김중기에 의해 본격적으로 추진되었다.

1706년(숙종 32)에 총융사에서 물러난 그는 호군·부호군을 거쳐, 그해 11월 전라도 병마절도사로 제수되었다.[76] 하지만 연이은 발령이 있었지만, 이우항은 총융사 재임시절에 받은 소론의 탄핵에 반발하여 피혐避嫌하고 부임하지 않다가 추고推考를 당하였다. 원래 무신재상은 문신 재상과 달리 사직하는 규정이 없어, 국왕이 관직을 제수하면 곧바로 출사하는 것이 원칙이었다. 그러나 추고된 지 수개월이 지나도 부임하지 않자, 결국 의금부에 하옥되었다.[77] 이듬해 신원된 그는 1708년(숙종 34)에 교동부사에 이어 평안도 병마절도사에 제수했으나, 여전히 신병身病을 이유로 부임하지 않았다.[78] 계속된 추고와 재촉 끝에 그는 다시 평안병사로 부임하였다.[79]

1710년(숙종 36)에는 63세의 나이로 부호군, 동지중추부사, 경기도 수군절도사, 우변 포도대장과 훈련도정을 겸하였다.[80] 이 무렵 북한산성을 축조하자는 주장이 다시 제기되면서 찬반 논란이 일어났다. 그러자 그해 12월에는 전 총용사 이우항은 총융사 김중기와 함께 축

76) 《承政院日記》 433책, 숙종 32년 11월 27일 신사.
77) 《承政院日記》 434책, 숙종 32년 2월 16일 기해.
78) 《承政院日記》 439책, 숙종 34년 1월 20일 무진.
《承政院日記》 441책, 숙종 34년 윤3월 13일 경인.
《承政院日記》 441책, 숙종 34년 4월 10일 병진.
79) 《承政院日記》 443책, 숙종 34년 6월 29일 갑술.
80) 《承政院日記》 457책, 숙종 36년 12월 14일 갑술.

성을 위한 마지막 조사에 참가하였다.[81] 그로부터 3개월 뒤인 이듬해 2월에 그는 김중기와 함께 축성에 찬성하는 의견을 개진하였다. 이에 숙종은 옛 성터에 산성 쌓을 곳을 최종 결정하였다.[82] 그런데 이미 언급한 바와 같이 이우항이 숙종 29년 북한산성 축성을 반대하다가 숙종 36년에는 찬성으로 돌아선 것은, 후술하겠지만 조정의 의론이 이미 축성을 기정사실화한 상황에서 굳이 홀로 반대할 이유가 없었던 것이다.

1713년(숙종 39)에는 66세의 나이로 부총관, 수원부사에 부임하자마자 곧바로 삼도수군통제사에 임명되었다.[83] 이때 좌의정 이이명이 찬撰하고 삼도수군통제사로서 경상우도 수군절도사를 겸한 이우항이 쓴 관왕묘비關王廟碑가 세워졌다.[84] 1년 2개월의 통제사직을 마친 그는 이듬해인 1714년(숙종 40) 5월에 다시 서울로 올라와 총융사에 임명되었다.[85] 소론의 당색으로 파직된 총융사 윤취상의 후임으로 8년 만에 총융사로 복귀한 것이다. 총융사는 1년 6개월만인 이듬해 11월까지 맡았다.[86] 이우항은 총융사로 제수받아 올라오는 동안에 남한산성의 수어사를 겸찰兼察하고, 부총관과 우변 포도대장을 겸하였다.

81) 《肅宗實錄》 권49, 숙종 36년 12월 무자.
82) 《肅宗實錄》 권50, 숙종 37년 2월 갑자.
83) 《承政院日記》 477책, 숙종 39년 4월 18일 을축.
《輿地圖書》 補遺篇(京兆, 松都, 水原), 水原府邑誌. 府使先生案.
84) 1713년(숙종 39) 12월에는 전라남도 완도군 고금도(고금면 충무리)에 관왕묘비關王廟碑를 중수한다. 이때 좌의정 이이명이 찬하고, 가선대부 삼도통제사 겸 경상우도 수군절도사 이우항이 글씨를 썼다. 현재 이 관왕묘비는 경기도박물관에 보관되어 있다(국립문화재연구소, 한국금석문 종합영상정보시스템 참조).
85) 《承政院日記》 483책, 숙종 40년 5월 29일 기사.
《備邊司謄錄》 22집, 숙종 40년(1714) 5월 29일.
86) 《備邊司謄錄》 22집, 숙종 41년(1715) 11월 13일.

1716년(숙종 42)에는 병신처분丙申處分으로 소론이 대거 축출되고, 노론의 전제정치가 본격화하기 시작하였다. 당시 69세였던 노론 이우항은 부총관과 함께 한성부 좌윤에 오른 뒤 훈련도정, 지중추부사 등을 맡았다. 하지만 여러 관직의 제수에도 사직서를 올려 나오지 않았다. 국왕이 사직하지 말 것을 당부하는 비답을 내렸으나, 병 때문에 나오지 않은 것으로 보인다. 이듬해인 1719년(숙종 43) 7월에 숙종과 노론 이이명의 정유독대丁酉獨對가 이루어지고, 그 결과 같은 해 8월부터는 왕세자의 대리청정이 시작되었다. 여기에는 숙종이 왕세자 교체에 뜻을 두고, 대리청정으로 세자의 허물이 드러날 경우 그를 퇴진시킬 명분을 찾기 위함이었다고 한다.[87] 왕세자의 대리청정은 숙종이 죽을 때까지 3년 동안 계속되었다.

이우항은 71세가 되는 1718년(숙종 44)에는 한성좌윤에 제수되었고, 문무과의 시관에 임명되었다. 하지만 병으로 말미암아 모두 곧바로 교체되었다. 이어서 세자빈 단의빈端懿嬪 심씨가 죽자, 그는 여사대장과 배왕대장에 임명되는데 마지못해 나갔다.[88] 그 공로로 이우항은 훈련도정에 제수되고,[89] 민진원과 함께 부총관에 임명되었다.[90] 하지만 그해 말 그는 세 번의 상소를 올려 부총관에서 물러났다.[91] 그의 나이가 연로한 탓도 있었겠지만, 무엇보다도 왕세자의 대리청정 아래서 관직에 나가지 않으려는 의도가 깔려 있었던 것으로 보인다.[92] 뒷날 이우항은 바로 이 점 때문에 소론에게 경종에 대

87) 이성무, 《조선시대 당쟁사》 2, 2000, 동방미디어, 119~124쪽.
88) 《承政院日記》 507책, 숙종 44년 4월 4일 무신.
《承政院日記》 507책, 숙종 44년 4월 5일 계미.
《承政院日記》 507책, 숙송 44년 4월 5일 세묘.
89) 《承政院日記》 507책, 숙종 44년 5월 15일 계해.
90) 《承政院日記》 507책, 숙종 44년 8월 24일 경자.
91) 《承政院日記》 507책, 숙종 44년 12월 25일 무진.

한 불충죄로 몰리게 된다.[93]

왕세자의 대리청정 이후 거의 3년 동안 조정에 나타나지 않던 이우항은 1719년(숙종 45) 탕춘대 축성에 대한 논의에 참여하였다. 숙종 43년 8월부터 착수되기 시작한 탕춘대 축성이 신료들의 반대에 부딪히자, 축성의 여부에 대한 신료들의 의견을 물은 것이다.[94] 이때 훈련도정 이우항은 탕춘대 축성보다는 도성 수비를 강화하자는 입장을 표명하였다. 신료들 사이에서도 찬성보다는 반대의견이 더 우세하자, 결국 탕춘대 축성은 최종 완성을 보지 못한 채 중단되고 말았다.

한편, 기유독대 뒤에 이우항은 숙종으로부터 밀명密命을 받았다. 이 사실은 후대의 기록을 통해 확인된다. 즉 1740년(영조 16)에는 인현왕후 민씨의 조카 민형수閔亨洙가 조현명에게 "정유독대 후에 숙종께서 두 왕자(연잉군·연령군)의 보전을 생각하셔서 안으로는 동조東朝(인원왕후 김씨)에게 부탁하고, 밖으로는 대장 이우항에게 부탁했다"고 전한다.[95] 위와 같이 이우항은 숙종으로부터 연잉군과 연령군延齡君의 안위를 책임지라는 중책을 맡았다. 숙종이 두 왕자의 보전을 부탁한 것으로 보아 이우항이 밀명을 받은 시점은 1717년(숙종 43) 7월부터 연령군이 사망한 1719년(숙종 45) 10월 이전이다.[96]

1720년(숙종 46)에는 숙종이 돌아가자, 경종이 즉위하였다. 이에 종2품 가의대부嘉義大夫 훈련도정 이우항은 73세의 나이로 정2품 자

92) 《숙종실록》 권61, 숙종 44년 3월 갑술.
93) 《경종실록》 권5, 경종 1년 12월 병인.
94) 《숙종실록》 권62, 숙종 44년 8월 기해.
95) 《歸鹿集》 卷20, 自著紀年 庚申 十月二十一日.
《영조실록》 권52, 영조 16년 10월 임술.
96) 《숙종실록》 권64, 숙종 45년 10월 신축.

헌대부資憲大夫로 승진하고, 부호군에 임명되었다.[97] 이때 그의 아들 전 병사兵使 이헌李瀗도 부호군에 제수되었다. 이어서 그는 숙종의 국상에 배왕대장으로 임명되고,[98] 지충추원사에 제수받았다.[99]

경종이 즉위한 지 겨우 1년 만인 1721년(경종 1) 8월, 노론은 연잉군을 세제世弟로 책봉하자는 논의를 시작하였다.[100] 여기에는 당시 경종비를 중심으로 소현세자의 후손을 입양하려는 움직임을 차단하려는 노론의 의도가 깔려 있었다. 그리하여 1721년(경종 1) 8월에 소론 측의 반대에도, 연잉군은 노론과 숙종의 제2계비인 인원왕후仁元王后 김씨의 후원 아래 왕세제로 책봉되었다.[101] 이는 신하가 임금을 선택하는 이른바 '신택군臣擇君'이었다. 노론에 의한 연령군의 왕세제 책봉 주청은 뒷날 소론이 탄핵을 하는 빌미가 된다.[102] 국왕으로서 경종이 건재함에도 노론들이 벌인 이러한 정치적 공세는 경종과 소론의 반발을 촉발시켰다.[103]

그러나 노론은 세제책봉이 된 지 두 달 만인 1721년(경종 1) 10월에는 왕세제에게도 대리청정代理聽政하게 할 것을 주장하였다.[104] 경종이 병이 많고, 1717년(숙종 43) 숙종이 경종에게 대리청정하게 한 예를 들어 주장하자, 소론의 최석항·조태구 등은 취소를 강력히 요구하였다. 그러자 조정과 지방의 수령, 중외의 유생들까지도 취소를 간청하였고, 왕세제도 4번이나 회수를 청하였다. 이런 소용돌이에

97) 《承政院日記》 524책, 경종 즉위년 7월 16일 신사.
98) 《承政院日記》 528책, 경종 즉위년 12월 1일 계사.
99) 《承政院日記》 525책, 경종 즉위년 8월 16일 경술.
100) 《경종실록》 권4, 경종 1년 8월 무인.
101) 《경종실록》 권4, 경종 1년 8월 기묘.
102) 《영조실록》 권40, 영조 11년 2월 신해.
103) 《경종실록》 권4, 경종 1년 8월 신사.
104) 《경종실록》 권5, 경종 1년 10월 정묘.

경종은 명분을 세운다는 입장에서 "나의 병이 언제 나을지 모르니 세제에게 대리청정을 시키겠다"는 하교를 내렸다.[105)]

노론은 왕명을 따른다는 명분으로 왕세제의 대리청정을 청하는 의례적인 소를 급히 올렸다. 그러자 소론의 조태구는 "정유청정(1717년)은 숙종이 춘추가 높은 데다가 병이 중하여 부득이 그런 것이나 왕세제의 대리청정 주장은 전하의 보령이 겨우 34세이고, 지금 전하의 병환과는 형세가 판연히 다르므로 청정 명령은 부당하다"고 극간하였다.[106)] 조태구의 주장에 노론 대신들도 더 이상 다른 명분을 내세울 수 없게 되었다.

때마침 기회를 잡은 급소急少 김일경을 비롯한 소론들은 1721년(경종 1) 11월 대리청정에 앞장섰던 노론 4대신(김창집, 조태채, 이이명, 이건명)을 비롯한 노론일파를 정계에서 축출하는 신축옥사辛丑獄事를 단행하였다.[107)] 이때 부사직 이우항은 새 국왕 경종의 즉위를 청하는 요구와 축하연인 진하進賀 때 제대로 참석하지 않은 죄로 절도에 정배定配되었다.[108)] 결국 노론의 정치적 입장에 서 있던 이우항은 세제책봉에 이은 대리청정이라는 왕위계승 문제를 둘러싸고 소론의 탄핵을 받아 전라도 강진현 신지도에 유배되었다.[109)]

하지만 신축환국으로 정국의 주도권이 소론에게 넘어왔다고 해도 노론의 대신급 인사들과 왕세제가 건재하는 한 언젠가는 다시 노론

105) 《경종실록》 권5, 경종 1년 10월 정묘.
106) 《경종실록》 권5, 경종 1년 10월 갑술.
107) 《경종실록》 권5, 경종 1년 12월 무진.
108) 《承政院日記》 535책, 경종 즉위년 12월 10일 병인.
《承政院日記》 535책, 경종 즉위년 12월 11일 정묘.
109) 《承政院日記》 535책, 경종 즉위년 12월 10일 병인. 《경종실록》과 《경종수정실록》에는 이우항이 고금도로 유배간 것으로 되어 있으나, 《승정원일기》에는 신지도로 유배한 것으로 확인된다. 따라서 《승정원일기》의 기록이 더 정확한 것으로 보아 신지도가 타당한 것으로 보인다.

에 의해 정국이 반전될 수 있는 상황이었다. 따라서 급진 소론은 자신들의 정치적 안정을 위해서라도 이러한 정국주도권을 확고히 할 필요를 강하게 느끼고 있었다. 하지만 경종의 입장에서는 노소의 정치적 균형을 이루면 되는 것이지 굳이 급진 소론의 요청대로 노론의 숙청을 계속할 필요는 없었다. 이러한 배경이 소론에게 새로운 비상수단인 목호룡 고변사건을 일으키게 하는 원인이 되었다.

1722년(경종 2) 3월 노론 일파가 경종을 제거하려 한다는 내용을 골자로 하는 역모를 제보한 목호룡 고변사건이 발생하였다. 이를 빌미로 소론의 영수 김일경金一鏡은 다시 임인옥사壬寅獄事를 일으켜 노론 4대신을 비롯한 60여 명을 처형시키고 관련자 170여 명도 유배 또는 치죄를 하는 대대적인 노론 축출을 단행하였다. 그 결과 노론 4대신을 비롯한 수많은 인물들이 사형에 처해지거나 화를 입었다. 그동안 노론의 군권을 책임졌던 이우항도 이 화에서 벗어날 수 없었다. 그는 그해 5월 감옥에 투옥되어 75세의 나이로 곤장을 맞아 죽었다.[110] 이어서 난언범상亂言犯狀의 죄를 얻어 그의 가산을 적몰하고, 같은 해 8월에는 아들 헌憲도 복주伏誅되었다.[111]

그러나 1724년(경종 4)에 경종이 갑자기 사망하면서 결국 왕세제인 영조가 즉위하였다. 그러자 1725년(영조 1) 을사환국이 일어나 소론이 무너지고 민진원을 핵심으로 하는 노론이 다시 정국을 주도하게 되었다. 이 과정에서 이우항과 장세상張世相의 관작을 복구시키고 연좌죄도 풀어주며 적몰한 재산도 돌려주었다.[112] 그는 복관된 뒤 좌찬성에 증직되었다. 이어 이우항을 비롯한 문무관 10인을 노론 4

110) 이우항의 묘는 현재 남양주 별내면 광전리에 있다.

111) 《承政院日記》 540책, 경종 2년 5월 21일 을사.
《承政院日記》 540책, 경종 2년 5월 25일 기유.

112) 《영조실록》 권5, 영조 1년 4월 갑술.

대신의 서원에 배향하라는 요구도 있었으나 받아들이지 않았다.113) 1727년(영조 3) 10월에는 다시 이우항의 관직 삭탈이 이루어졌다.114) 1741년(영조 17)에는 신유대훈辛酉大訓을 통하여 좌윤 이우항의 작위를 최종적으로 다시 복관시키고, 통제사 이우항에 주었던 증직을 회복시켰다.115) 이와 같이 이우항은 영조 대에 들어와 몇 차례의 신원과 삭탈의 교체가 이루어지다가 경무景武라는 시호를 하사받았다.116)

1784년(정조 8)에는 창덕궁 인정문에서 조참의례朝參儀禮를 거행하면서 신축년과 임인년의 절개를 포상하는 가운데 경무공 이우항의 집에 예조의 관리를 보내 치제하게 하였다.117) 1808년(순조 8)에는 신임옥사 때의 죽은 경무공 이우항을 비롯한 인물들을 위해 사충사四忠祠 곁에 사우祠宇를 세울 것을 요구했으나, 받아들여지지 않았다.118) 1865년(고종 2)에 이우항의 사당에서 불조지전不祧之典의 명이 내려졌다.119) 불조지전은 나라에 큰 공훈이 있는 사람의 신주를 영구히 사당에서 제사를 지내게 하던 특전을 말한다. 그 뒤 1890년(고종 27)과 1901년(고종 38)에도 4대신과 함께 이우항에게도 국가의 치제致祭가 두 차례나 더 내려졌다.120)

통제사를 지낸 부친으로부터 내려온 무관가문의 전통은 총융사

113) 《영조실록》 권11, 영조 3년 2월 경신.
114) 《영조실록》 권13, 영조 3년 10월 무자.
115) 《영조실록》 권54, 영조 17년 10월 신유.
116) 경무공의 시호가 언제 내려졌는지 상세하지 않다. 다만, 실록에 따르면, 정조 8년에 이미 경무공 시호를 사용하고 있다(《정조실록》 권18, 정조 8년 8월 임자). 이 내용으로 보아 경무공 시호는 분명 정조 8년 이전에 내려진 것이 분명하다.
117) 《정조실록》 권18, 정조 8년 8월 임자.
118) 《순조실록》 권11, 순조 8년 7월 임신.
119) 《국역승정원일기》, 고종 2년 9월 25일(정해).
120) 《국역승정원일기》, 고종 27년 1월 27일(무진).
《국역승정원일기》, 고종 38년 8월 20일(계축).

이우항을 거쳐 굳건히 뿌리를 내려 후대로 이어진다. 《신임제요辛壬提要》에 따르면, 이우항의 아들 이헌은 부사 양익표梁益標, 군수 우홍채禹洪采와 함께 삼무신三武臣으로 불렸다. 증손曾孫 춘영春英이 경상병사, 한성부 우윤, 고손 동응東膺도 경상병사, 현손 기석基碩도 경상병사에 오르는 등 무반가문의 전통을 이어간다.

4. 이우항의 도성수비론

숙종 대에서 경종 대에 걸쳐 활약한 이우항은 무과에 합격한 뒤 중외의 고위 무관직을 두루 거쳤다. 특히 두 차례나 총융청 대장인 총융사를 지내는가 하면, 삼도통제사, 병마절도사, 수군절도사 등을 역임한다. 총융사의 경우는 숙종 29년에서 숙종 32년까지 한 차례, 숙종 40년에서 숙종 41년까지 또 한 차례를 지냈다.

이미 통제사를 지낸 선친으로부터 무관 가문에서 성장하고, 본인 스스로 중외의 주요 관직을 두루 거치고 총융청 대장을 거쳤다는 점에서 이우항은 국방에 대한 남다른 식견을 가졌을 것으로 짐작된다. 하지만 무관이던 그는 별도의 문집이나 기록을 남기지 않아 국방론을 살피기가 어렵다. 따라서 여기서는 그가 총융사를 지낸 장임將任으로서 도성 수축, 북한산성 축성, 탕춘대 축성과 관련한 자료를 토대로 그의 도성수비론을 간략히 살피고자 한다.

1) 도성 수축론(숙종 28~숙종 36)

17세기 이래 대외적으로는 해구의 출현에 따른 대비책, 대내적으로는 소빙기로 말미암은 대흉년, 전염병의 만연, 벽서壁書사건, 장길산 같은 도적들이 창궐하는 것과 달리 도성의 군사력과 방어력은 급속히 약화되는 등 사회불안이 가중되고 있었다. 더구나 종전까지 보장처로 의존하던 남한산성과 강화도가 지나치게 고립되고 강을 건너야 하는 불편 때문에 도성이나 북한산성 중심으로 군비체제가 전환되고 있었다.121)

이때 북한산성 축성은 병자호란 때 경험한 강화도나 남한산성 대신 도성에서 가장 가까운 산성을 쌓아 새로운 보장처로 삼고, 유사시 이를 중심으로 방어한다는 전략이었다. 이는 각 붕당에 속하던 군영제의 정비와 재배치를 통하여 국왕 중심의 군권을 확보하고, 이를 바탕으로 북한산성 중심의 방어체제를 새로이 구축함으로써 대내외의 사회불안으로부터 왕실과 체제의 안정을 도모하려는 의도가 깔린 것이었다.

북한산성 축조론이 처음 발의된 것은 1702년(숙종 28)에 탕평론자인 우의정 신완에 의해서였다.122) 그는 당시 도성은 넓고 커서 수비하기가 어렵고, 남한산성은 나루를 건너기가 어려우며, 강화도는 해구海寇와 얼음이 녹아버리면 믿을 만한 것이 못 된다고 인식하였다. 그러나 오직 북한산만은 지극히 가까운 까닭으로 백성과 들어가 수비하기 좋고, 군량의 수송과 저장이 다른 지역과 달리 어렵지 않다는 판단이었다. 이러한 인식은 숙종에게 그대로 이어졌다.123)

숙종은 신료들의 반대에도 아랑곳하지 않고 도성 수축보다는 북한산성의 축성을 바라고 있었다. 그 같은 사실은 1703년(숙종 29) 1월

121) 이태진, 앞의 글, 232~233쪽.
122) 이근호, 앞의 글, 113~119쪽.
123) 《숙종실록》 권50, 숙종 37년 2월 갑자.

에 탕평론자 신완이 북한산성 축조를 주장한 사안에 특별한 지지를 보낸 데서 잘 확인된다.[124] 그러나 북한산성 축조론은 노론 김진구, 김창집, 민진후, 이세백, 이기하 등과 소론 이인엽, 서문중 등의 도성 사수론(도성 수축론)의 반대에 부딪히고 말았다. 그리하여 북한산성은 1703년(숙종 29) 3월 5군문軍門의 물력을 동원하여 북한산성을 시축하기에 이르는데, 신료들의 반대론이 팽배함으로써 한 달도 못 되어 중단되고 말았다.[125] 오히려 이듬해인 1704년(숙종 30) 4월 도성 수축이 먼저 시작되었다.

당시 탕평론자 우의정 신완, 병조판서 이유, 이조판서 김구 등이 북한산성 축성을 찬성한 것과 달리, 노·소론은 북한산성 축성을 반대하였다. 그 까닭은 도성민의 힘을 빌리지 않고 조정이 북한산성에 들어가 봐야 오래 버틸 수 없다는 논리였다. 좁은 북한산성에 도성민이 다 들어가 지킬 수 없는 한, 도성을 보수함으로써 조정이 도성을 버리지 않는다는 뜻을 보이면 도성민도 도성 사수에 나설 것이라는 판단이었다.[126]

1701년(숙종 27) 11월에 등단한 총융사 이우항은 그 이듬해부터 제기되기 시작한 북한산성 축성보다는 도성을 지켜야 한다는 입장을 보이고 있었다. 그러한 사실은 후일 탕춘대성을 축조할 때, 도성을 보장처로 삼는 것이 더 낫다는 견해를 밝힌 데서 어느 정도 짐작된다. 그는 북한산성 안의 지세가 험하고 말과 군사를 수용할 수 없다는 사실이 보장처로서 큰 약점이라고 판단하였다. 북한산성이 현실적으로 군사적 기능을 수행하기 어렵다는 점을 분명히 지적한 것이

124) 《숙종실록》 권38, 숙종 29년 정월 병인.
125) 《숙종실록》 권39, 숙종 29년 4월 경진.
126) 《숙종실록》 권38, 숙종 29년 3월 을해.

었다. 이는 북한산성 축성론보다 오히려 도성 수축이 더 바람직하다는 그의 인식을 잘 말해준다.

이우항의 이러한 견해는 노론은 물론 소론이 주장하는 도성 수축론(도성 사수론)과 입장을 같이하는 것이었다. 당시 북한산성 축성에 반대하는 노소론의 입장은 17세기 이래 서인西人의 민생회복 내지 양민養民 우선 원칙의 연장선에서 제기된 것으로, 궁극적으로 왕권에 대한 제약·견제를 의미한다고 할 수 있다.[127] 군사전문가로서 이우항의 주장은 기본적으로 도성 수축론을 확고히 하는 데 이바지했을 것으로 짐작된다. 하지만 총융사로서 자신의 뜻을 분명히 제시하기 어려웠던 것으로 보인다. 이 시기에 그가 총융사로서 북한산성 축성의 반대를 표명한 기록이 보이지 않는 것은 이와 무관하지 않아 보인다.

원래 숙종이 추진한 북한산성의 축조는 단순히 군사시설로써만이 아니었다. 무엇보다도 당시 추진한 군제변통론을 통해 중앙군영의 군사력을 재배치하고, 기존 정치세력이 장악하고 있던 도성과 별도로 군사적 거점을 마련함으로써 왕권의 군사 기반을 새로이 구축하려는 의도가 깔려 있었다.

그러나 총융사 이우항의 미온적인 태도는 북한산성의 축조를 원하던 숙종에게 총융사를 교체하는 직접적인 계기가 된 것으로 이해된다. 이우항이 총융사로 있는 한 북한산성 축조에 소극적이라고 판단한 것이다. 북한산성 축성은 이우항 대신에 임명된 총융사 김중기에 의해 후일 추진된 사실은 그와 같은 추론을 뒷받침한다.

결국 도성 수축론을 주장한 이우항은 1706년(숙종 32) 1월에 4년

127) 북한산성 축성에 반대하는 노론과 소론의 정치적 견해 차이에 대해서는 다음의 글이 참고된다(이근호, 앞의 글, 118~119쪽).

10개월 동안 재직했던 총융사의 자리에서 물러났다. 도성 수축은 1704년(숙종 30) 4월에 시작되어 그해 11월까지 공사가 일단 마무리되었다. 그 후 1706년(숙종 32)부터 다시 재개되어 1710년(숙종 36)까지 계속된 것으로 확인된다.[128)]

2) 북한산성 축성론(숙종 36~숙종 37)

1710년(숙종 36) 10월 도성 수축이 완공되자, 북한산성을 축조하자는 주장이 다시 제기되었다. 이미 앞에서 살펴봤지만, 북한산성 축성론의 제기는 1702년(숙종 28)으로 거슬러 올라간다. 1704년(숙종 30) 3월에 북한산성 축성이 시작되었다가 한 달 만에 중지되고 말았다. 그러다가 요동지방의 이양선 출현은 산성 축조의 직접적인 발단이 되었다.

이 무렵 북한산성의 축조 주장은 탕평론자 신완이 죽은 후 탕평론자 이유李濡에 의해 계승되고 있었다.[129)] 해구海寇 소식이 전해지자 도체찰사부 설치의 주장이 대두하고, 총기와 용차用車를 시험하는 등 상당한 긴장감이 돌았다. 몇 달간의 논의 끝에 해구 출현에 축성을 서두르는 것은 지나치다는 비판으로 논의는 다소 수그러들었다.[130)]

그러나 당시 해구海寇를 대비하기 위해 축성하는 일이 지나치다는 비판에도 불구하고, 숙종은 산성 축조를 적극적으로 관철시켜 나갔

128) 현재 확인된 도성 가운데 동대문 성벽에는 '강희 45년 4월 개축'(숙종 32년(1706) 4월)과 장춘단 성벽에는 '경인년 3월 시축'(숙종 36년 3월) 등의 글자가 새겨져 있다(민병하, 《서울육백년사》 권2, 1978, 197~210쪽). 이러한 사실로 미루어 숙종 36년까지 도성의 개축과 수축이 계속되었던 것으로 짐작된다.

129) 《숙종실록》 권49, 숙종 36년 10월 정해.

130) 《숙종실록》 권49, 숙종 36년 11월 경자.

다. 이에 같은 해 12월 좌의정 서종태徐宗泰, 우의정 김창집, 판부사 이유가 훈련대장, 어영청장, 금위영장과 함께 북한산을 가서 살펴보고 돌아왔다. 그런데 축성 여부에 대한 논의가 분분하자, 다시 장신將臣 가운데 일찍이 보지 못한 자로 하여금 산성의 형세와 우물의 근원根源을 살펴보게 한 후에 쌓는 것을 재론하기로 결정하기로 하였다.[131] 이때 서종태는 총융사 김중기를 추천한 데에 비해, 도제조 이이명李頤命은 사직司直 이우항을 추천하여 두 사람으로 하여금 이 일을 추진하게 하였다.

그리하여 이듬해 1711년(숙종 37) 2월에 이우항은 전 총융사 자격으로 총융사 김중기와 함께 산성 터를 최종 살피고 돌아왔다.

> 대신과 비국 제신備局諸臣을 인견引見하였다. 이때 총융사 김중기·사직 이우항이 새로 북한산의 성터를 살펴보고 왔다. 임금이 소견을 진달하도록 하니, 김중기가 그 형편이 축성하기에 합당하다고 매우 강조해 말하기를, "처음에 동중洞中에 들어가니 좌우로 깎은 듯한 절벽이 우뚝 서 있어 용접容接할 수 없을 것 같았으나, 중반 이후는 점점 활짝 열리어서 허다한 사람을 용접할 만하였고, 또 정천井泉이 매우 많은 데다 계곡의 시냇물 또한 10여 곳이나 되었는데, 둘레가 30리나 되어 그 가운데의 험준한 곳을 제외하여도 족히 도성의 절반은 되었습니다. 수구水口가 비록 낮고 평탄한 것 같았으나 중간의 한가닥 길목을 만약 군병이 지키기만 한다면 단지 돌덩어리만을 굴려 떨어뜨려도 또한 족히 적구賊寇의 침략을 막을 만하였으며, 한미산漢尾山이 비록 대봉對峯이 되긴 하나 서로 거리가 5리 정도 되어 대포가 비록 넘어온다 하더라도 포력砲力이 반드시 완만해질 것이니, 군이 염려할 것이 없습

131) 《숙종실록》 권49, 숙종 36년 12월 무자

니다. 설혹 불행한 일이 있더라도 주필駐蹕할 곳이 이보다 나은 곳이 없습니다" 하고, 이우항의 말도 대략 김중기와 같았다.[132]

위의 내용처럼 이우항은 총융사 김중기와 함께 북한산 안에서 홍복처洪福處와 옛 성지(속전俗傳의 온조성 터) 가운데 옛 성터에 축조하는 것이 좋겠다는 보고를 올렸다. 결국 숙종의 의지에 따라 북한산성 축조가 결정되었다. 당시 일각의 주장처럼, 숙종은 북한산성을 축조하여 도성을 함께 지킨다면 남한산성과 더불어 족히 기각掎角의 형세를 이룰 것으로 파악하였다.

그런데 흥미로운 점은 이우항이 북한산성 축성을 찬동하고 나선 사실이다. 이미 언급한 바와 같이 숙종 29년, 첫 북한산성 축성에 부정적 입장이던 이우항이 숙종 36년 논의에서는 축성으로 기운 것이다. 하지만 이우항의 견해는 개인의 소신이라기보다는 숙종이 축성을 이미 결심한 상태에서 밝힌 부득이한 의사표시로 보인다. 왜냐하면 뒷날 탕춘대 축성에 대한 신하들의 중지를 모을 때, 이우항은 여전히 북한산성 축조에 대한 부정적인 태도를 보였기 때문이다.

더구나 숙종과 탕평론자 이유가 다시 추진한 북한산성 축조는 당시 노론의 동의에 따라 이루어진 사업이었다. 축성에 드는 엄청난 인적 물적 비용을 감당하려면 노론이 관장하던 삼군문의 재력이 필요했기 때문이다. 훈련대장 이기하, 어영대장 김석연, 총융사 김중기 등의 군문대장들과 병판 민진후, 김창집 등의 노론도 도성이 이미 완성된 데다가 현실적으로 도성이 넓어 수비에 대한 확신이 없자, 산성 축조를 받아들이지 않을 수 없었다.[133] 이처럼 노론의 의견이

132) 《숙종실록》 권50, 숙종 37년 2월 갑자.
133) 이태진, 〈북한산성의 축조와 그 의의〉, 《북한산성 지표조사 보고서》, 서울대 박물

북한산성 축성 쪽으로 이미 기울어진 마당에 이우항이 굳이 개인적인 반대를 표명할 필요가 없었던 셈이다.

북한산성은 1711년(숙종 37) 3월 총융사 김중기로 하여금 축성의 감독을 전담하게 하였다.[134] 이어 4월에 삼군문의 재력이 동원되어 시작된 축성은 7개월 만인 그해 10월에 일단 완결되었다.[135] 산성의 관리도 삼군문에서 각각 쌓은 곳을 직접 맡도록 하였다. 북한산성에 대한 숙종의 관심은 매우 컸다. 그리하여 1712년(숙종 38) 4월에는 직접 북한산성을 등성하여 완성을 서두르게 하는 한편, 산성 관리를 위한 새로운 기구의 설치를 논의케 하였다.[136] 그리하여 1712년(숙종 38)에는 북한산성의 관리를 담당할 경리청經理廳을 설치하는 것으로 일단락되었다.[137]

3) 탕춘대 축성론(숙종 37~숙종 45)

1711년(숙종 37) 북한산성이 완공되자 산성의 관리와 운영에 대한 문제점이 드러났다. 그 가운데서도 산성에 비축할 군량 수송의 어려움과 함께 군량을 썩지 않게 새로운 곡식으로 자주 교체해야 하는 문제가 난제였다. 이에 산성 아래 탕춘대에 외창外倉을 설치하기로 하였다. 그러나 이를 보호할 별도의 성이 필요하였다.

그러자 산성의 외성으로 외창 일대에 토성을 쌓자는 주장이 나왔

관, 1991.
《북한지》, 사실조. 17쪽.
134) 《숙종실록》 권50, 숙종 37년 3월 경술.
135) 《숙종실록》 권50, 숙종 37년 10월 갑술.
136) 이태진, 《조선시대 정치와 군영제변천》, 239쪽.
137) 《숙종실록》 권52, 숙종 38년 9월 경자.

다. 이곳은 도성 밖 서북로에서 도성에 이르는 인후咽喉이며 도성과 산성을 잇는 중간지점이므로, 지키지 못하면 산성에 이르는 통로가 막혀 산성의 고수가 어렵다는 점이 지적되었다. 산성은 본래대로 삼군문三軍門이 국왕을 호위하여 지키고, 탕춘대에 토성을 쌓을 곳은 삼청동의 총융청을 옮겨와 방어선을 삼자는 구체안이 제시되었다.[138]

이와 같은 탕춘대 축성 문제는 1715년(숙종 41) 10월부터 당시 북한산성의 관리부서인 경리청 도제조로서 산성 축조에 깊이 관여했던 탕평론자 이유가 계속 주장하였다. 그러나 여전히 많은 신료들은 계속되는 역사役事를 감당하기 어려울뿐더러 도성·산성을 방어할 병력조차 모자라는 형편에 토성을 신축한다면 병력이 더 모자랄 것이라는 이유를 들어 반대하였다. 그럼에도 탕춘대 축성은 발의된 지 3년 뒤인 1718년(숙종 44) 8월, 이유의 끈덕진 주장으로 착수되었다.[139]

하지만 같은 해 12월에 거의 완공을 앞둔 상태에서 반대가 계속되자 마침내 역사는 중지되었다.[140] 그러자 1719년(숙종 45) 2월에는 그 가부의 논의가 다시 조정의 의론에 부쳐졌다. 이때 훈련도정 이우항은 다음과 같은 입장을 표명하였다.

> 북한산성은 안의 지세地勢가 바깥보다 도리어 험하므로 이것이 이미 지리

138) 《숙종실록》 권50, 숙종 40년 9월 계해,
《숙종실록》 권50, 숙종 41년 10월 임진.

139) 《숙종실록》 권62, 숙종 44년 8월 기해.

140) 당시 탕춘대 일대의 축성은 사실상 거의 완성되었고, 미완성된 부분은 창의문과 인왕산을 거쳐 도성에 연결하는 부분이었다(《숙종실록》 권62, 숙종 44년 8월 무진).
《숙종실록》 권62, 숙종 44년 10월 정사.
《숙종실록》 권62, 숙종 44년 12월 임술, 신미.

> 적으로 마땅함을 잃은 것이고, 한 성의 안에 말과 군사를 수용해 둘 곳이 없으니 이것이 또 장점과 단점의 기능을 갖추지 못한 것입니다. 탕춘대는 두 성(도성과 북한산성)의 사이에 있는 데다가 지세가 낮아 쉽사리 적의 공격을 받게 되고, 강도江都는 바다를 건너야 하는 근심이 있으며, 남한산성은 외따로 떨어져 있는 근심이 있으므로, 모두 도성으로 보장保障을 삼는 것만 못합니다.141)

그는 여전히 북한산성, 탕춘대성, 강화도, 남한산성 모두가 현실적인 문제가 있어 보장처로 적합하지 않으니, 도성을 견고히 하는 데 전념해야 한다는 견해를 밝혔다. 특히 탕춘대가 도성과 북한산성의 사이에 있어 중복되는 데다가, 지세가 낮아 쉽사리 적의 공격을 받는다는 것이 보장처로서 큰 약점이라고 판단하였다.

이와 같이 이우항의 도성을 중심으로 한 수비론은 이미 숙종 29년에 북한산성 축성론이 제기되었을 때부터 한결같이 내세운 주장이었다. 당시 노론과 소론세력들이 숙종과 탕평론자들과 타협하며 의견을 조율하는 과정에서도, 그는 군사전문가로서 도성수비론의 전략적인 입장을 끝까지 굽히지 않았다. 결국 1719년(숙종 45) 4월 최종적으로 대신회의에서 백성의 곤궁을 내세운 반대론이 우세하여 이 문제는 기근과 전염병이 풀린 뒤로 미루어졌다. 그러나 이듬해 1720년(숙종 46) 1월 숙종이 홍거薨去함으로써 탕춘대 축성 사업은 중단되고 말았다.

당시 탕춘대는 지리적으로 도성과 이어져 있어 북한산성의 외성으로서 구실보다 오히려 도성수비의 한 요충으로서 더 중요하였다.

141) 《숙종실록》 권63, 숙종 45년 2월 을사.
《承政院日記》 513책, 숙종 45년 2월 10일 무신.

또한 탕춘대성만 쌓으면 북한산성도 쉽게 지킬 수 있었다. 그런데 실제로는 북한산성이 수축된 뒤 그 외성으로 쌓여, 도성 고수론자들로부터 선후가 바뀌어 경비만 더 들었다는 비판을 들어야 했다.[142] 그런데 당시에 북한산성을 쌓은 실책을 구명하지 않고, 모두 탕춘대의 결점만 들어 비난하면서 오로지 큰 역사가 중단된 것을 다행으로 여기고, 나은 곳을 방어하는 방도를 살피지 못한 것을 탄식하는 목소리가 컸다.[143] 결국 미완으로 끝난 탕춘대에는 도성 안에 있던 총융청이 옮겨 오지 못하였다. 그 계획은 영조 22년 도성수비체제의 대강이 확립되면서 이루어지게 된다.

결국 총융사 이우항의 도성 방위론은 한마디로 도성 수축론·도성 사수론으로 정리할 수 있다. 그러한 주장은 숙종이나 탕평론자들에 의해 강력히 제기된 북한산성 수축론이나 탕춘대 축성론을 반대하는 배경이 되었다. 이 점은 노론의 도성 수축론의 입장과 기본적으로 일치하는 것이었다. 하지만 이우항이 도성 방위론에 주목한 까닭은 무엇보다도 북한산성이 당시 보장처로서 군사적 기능을 제대로 수행할 수 없다는 판단 때문이었다. 이 같은 이우항의 견해는 당시 노론이라는 당파적 입장에 따른 결정이라기보다는 군사적 식견을 가진 그의 국방관國防觀이 우선 반영된 결과로 이해된다. 그러나 당시 탕춘대성이 도성과 함께 중요한 보장처였음에도, 이우항이 탕춘대 축성을 반대하고 도성 축성만을 강조한 것은 그의 국방관에 일정한 한계가 있었음을 시사한다.

142) 이태진, 《조선시대 정치와 군영제변천》, 241~242쪽.
143) 《숙종실록》 권63, 숙종 45년 2월 을사.

5. 맺음말

이상에서 숙종조에서 경종 대에 걸쳐 총융사를 비롯해 노론의 당색을 띠고 고위 무관으로 활동하던 이우항(1652~1722)의 정치활동과 도성수비론을 살펴보았다.

먼저, 이우항의 가계는 조선 전기 명문가 광주이씨 가문으로, 둔촌 이집의 10대손이다. 조선 건국 이후 훈구가문으로 번성한 그의 선대는 5대조가 기묘사림으로 명성을 떨치면서 사림적 성향을 띠다가, 조부가 인조의 원종공신으로 책봉되면서 서인의 당색을 갖는다. 이우항이 무관의 길을 걷게 된 것은 부친인 통제사 이도빈의 영향 때문이었다.

25세의 나이로 무과에 합격한 이우항은 선전관을 비롯해 부사, 목사, 병사兵使, 수사水使, 삼군통제사, 포도대장, 도총관, 겸수어사兼守禦使, 한성좌윤 등 다양한 관직을 두루 거쳐 총융사에 두 차례나 오른다. 그는 기본적으로 무관으로서 관직활동을 하였던 만큼, 당시 격렬한 정치 현장에 직접 개입하지는 않았다. 그 결과 그는 거듭되는 환국정국 속에서도 비교적 꾸준하게 중외의 관직을 두루 거치며 고위직에 오를 수 있었다.

17세기 후반에서 18세기 초기까지 살았던 이우항의 생애는 서인과 남인이 대립하고 서인이 노·소론으로 분화되는 가운데, 환국 속에 탕평이 모색되던 시기와 깊이 맞물려 있었다. 그는 서인과 남인이 대립할 때는 서인의 당색을, 노·소론의 분화될 때에는 노론의 당색에 서서 정치활동을 하였다. 실제로 그는 척신이자 노론계 인물들과 밀접한 관계를 맺으며 당인黨人으로서의 정치적 입장을 분명히 했다. 그의 정치활동이란 한편으로는 무관으로서 도성수비론과 같은 군사적 식견을 펼치는 일이고, 다른 한편으로는 그가 속한 노론의 입장에 서서 연잉군(영조)의 왕위계승을 지지하고 왕세제를 국왕으로 옹립하는 일이었다.

17세기 이래 대내외적 사회불안에 이은 재정 부족, 중앙군사력의 약화 속에서 최소한의 방어체제 확보를 위한 노력은 군제(양역)변통론과 도성 중심의 수비론으로 모아졌다. 특히 숙종 대 30년을 전후로 숙종과 탕평론자 신완, 이유, 김구 등에 의해 제기된 북한산성 축성은 병자호란 때 경험처럼 강화도나 남한산성 대신 도성 가장 가까운 산성을 쌓아 보장처로 삼고, 유사시 이를 중심으로 방어한다는 전략이다.

이때 총융사 이우항은 북한산성 축성보다는 도성 수축론의 입장을 보인다. 그는 북한산성 안에 지세가 험하고 말과 군사를 수용할 수 없어 도성으로 보장처를 삼는 것이 훨씬 낫다고 판단하였다. 그의 주장은 실제로 북한산성이 실전에서 군사적 기능을 하기 어려움을 분명히 지적한 것이었다. 군사전문가로서 그의 주장은 노론들의 도성 수축론을 확고히 하는 데 기여했을 것으로 짐작된다. 이 같은 주장은 숙종이 주장한 북한산성보다도 더 먼저 도성을 수축하는 배경이 되었다. 그리하여 1704년(숙종 30)부터 시작하여 1710년(숙종 36)까지 도성 수축이 이루어졌다.

1710년(숙종 36)에 도성 수축이 완공되자, 북한산성 축성론이 다시 등장하였다. 산성 축조의 직접적인 발단은 요동 지방의 이양선 출현에 따른 대외적 불안 때문이었다. 이때 이우항은 전 총융사 자격으로 총융사 김중기와 함께 산성 터를 최종 조사한 다음 산성 축조를 건의하였다. 이처럼 이우항은 종전과 달리 북한산성 축조에 동조하였다. 하지만 그의 이러한 견해는 개인의 소신이라기보다는 조정의 축성 의견에 따른 것으로 보인다. 이미 축성이 굳어진 상태에서 반대의사를 표명할 이유가 없었던 것이다. 그 같은 사실은 그가 뒷날 탕춘대 축성 논의에서, 북한산성 축조에 대한 부정적인 태도를 보인 것에서 분명히 확인된다.

1711년(숙종 37)에 북한산성이 완공되자 산성의 관리와 운영에 대한 문제점이 드러났다. 더욱이 비축할 군량과 곡식의 교체를 위한 수송이 문제였다. 이에 산성 아래의 탕춘대에 외창外倉을 설치하고 그 보호를 위해 1718년(숙종 44) 탕춘대성을 축성하였다. 탕춘대는 도성으로 통하는 요충이며 도성과 산성을 잇는 길목으로서 지키지 못하면 산성의 고수가 어렵다는 판단에 따른 것이다. 그러나 계속되는 공사 비용과 방어 병력의 부족을 이유로 공사가 중단되었다. 그러자 1719년(숙종 45)에는 축성의 여부를 묻는 자리에서, 훈련도정 이우항은 탕춘대가 도성과 북한산성 사이에 있어 중복되는 데다가, 지세가 낮아 쉽사리 적의 공격을 받을 수 있으니 보장처로서 큰 약점이라고 반대 의견을 제시하였다. 그는 북한산성, 탕춘대성, 강화도, 남한산성 모두가 현실적인 문제가 있어 도성을 보장처로 삼는 것이 가장 바람직하다고 한결같이 주장하였다.

이와 같이 이우항의 도성수비론은 숙종 29년에 북한산성 축성론이 처음 제기되었을 때부터 줄곧 주장해 온 내용이었다. 그의 견해는 기본적으로 도성수비론, 특히 노론과 뜻을 같이하는 동시에 숙종이나 탕평론자들에 의해 강력히 제기된 북한산성 수축론이나 탕춘대 축성론을 반대하는 이론적 근거가 되었다. 이우항이 도성수비론에 주목했던 까닭은 무엇보다도 북한산성과 탕춘대가 당시 보장처로서 군사적 기능을 제대로 수행할 수 없다는 판단 때문이었다.

하지만 이우항의 견해는 노론의 정치적 입장에 전적으로 따른 판단이라기보다는 군사적 식견을 가진 그의 국방관國防觀이 우선 반영된 결과다. 그러나 당시 식자들이 북한산성과는 달리 탕춘대성과 도성이 방어의 표리를 이룰 수 있다는 견해를 감안할 때, 이우항의 탕춘대 축성의 반대는 전략적인 측면에서 일정한 한계를 갖는다. 그럼에도 이우항이 주장했던 도성수비론은 영조 대 삼군문을 중심으로 하는 도성수비체제의 골격을 이루는 배경이 되었다는 점에서 의미를 갖는다.

인조반정 이후 중앙군영의 장임將任은 몇몇 무벌가문이 독점하다시피 하였다. 이들은 대부분 훈척가문이면서, 왕실 또는 종친과 일정한 인척관계를 맺고 있었다. 이 점은 숙종 대에 활약하던 총융사 이우항도 예외가 아니었다. 그는 조부가 인조의 원종공신이었고, 부친이 효종 대 삼무신에 들고 현종 대 삼군통제사로 활약할 정도로 무관가문의 자제로서 높은 신뢰를 받고 있었다. 또한 숙종 대 무과를 통해 관계로 나간 이우항은 서인 내 노론계의 민진중, 민진원, 민진후, 김진구, 이유, 이이명 등 당시 척신이자 핵심 인물과 밀접한 교유를 갖는 동시에 정치적 입장을 같이하였다. 이를 배경으로 그는 노론의 정치적 의견을 충실하게 뒷받침하는 무장 노릇을 담당하였다.

숙종 30년대 초반과 숙종 40년대 초반에 두 차례 총융사 대장을 맡았던 그는 특히 정유독대 이후에 숙종으로부터 두 왕자 연잉군과 연령군을 보존하라는 밀지를 받았다. 이 점은 이우항이 장임으로서 숙종의 상당한 신뢰를 받고 있다는 분명한 증거다. 그리하여 그는 숙종 말부터 경종 대에 걸쳐 연잉군의 왕세제 책봉과 대리청정을 돕다가 아들과 함께 신임옥사로 사망하였다. 그 공로로 그는 신임사화의 노론 삼장신三將臣으로 평가받을 뿐 아니라 경무공이라는 시호를 받았다. 그 결과는 광주이씨 좌통례공파는 이우항 대에 이르러 확실한 무반가문으로서 위상을 분명히 확보하였다. 그의 후손들이 연이어 3대가 병마절도사에 오른 것은 무반가문의 맥을 잇고 있음을 잘 보여주는 사례다.

■ 참고문헌

《廣州李氏大同譜》
《조선왕조실록》《국조보감》《承政院日記》《備邊司謄錄》《庚午式年司馬榜目》《丙子司馬榜目》《북한지》《紀年便攷》《歸鹿集》
《제주목관아지》, 제주시, 제주대학교박물관, 1998.
민병하, 《서울육백년사》 권2, 1978.

이성무, 《조선시대 당쟁사》 2, 동방미디어, 2000.
이영춘, 《조선후기 왕위계승 연구》, 집문당, 1998.
이은순, 《조선후기 당쟁사 연구》, 일조각, 1988.
이태진, 《조선시대 정치와 군영제 변천》, 한국연구원, 1985.
_____ 편, 《조선시대 정치사의 재조명》, 범조사, 1985.
이희환, 《조선후기 당쟁연구》, 국학자료원, 1995.
장필기, 《조선후기 무반벌족 가문연구》, 집문당, 2004.

강상운, 〈노소분당연구〉, 《지양신기석박사화갑기념학술논문집》, 1968.
배우성, 〈정조연간 무반 군영대장과 군영정책〉, 《한국사론》 24, 1991.
석정수부, 〈후기이조당쟁사에 관한 일고찰〉, 《사회경제사학》 10, 1940.
성낙훈, 〈한국당쟁사〉, 《한국문화사대계》 Ⅱ, 1955.
심승구, 〈미이라를 통해 본 조선시대 무관의 삶과 행적-17세기 무관의 지위와 역할을 중심으로-〉, 《학예집》 13집, 육군사관학교 박물관, 2006.
_____, 〈조선후기 무과의 운영 실태와 기능-만과를 중심으로-〉, 《조선시

대사학보》 23집, 2002.

우인수, 〈조선 숙종대 정국과 산림의 기능〉, 《국사관논총》 43, 1993.

이근호, 〈숙종대 신완의 국정운영론〉, 《조선시대사학보》 8, 1999.

이성무·정만조 외, 《조선시대 당쟁의 종합적 성격》, 한국정신문화연구원, 1992.

이종범, 〈1728년 무신란의 성격〉, 《조선시대 정치사의 재조명》, 태학사, 2003.

이태진, 〈15世紀 後半期의 「巨族」과 名族意識-《東國輿地勝覽》 人物條의 分析을 통하여-〉, 《한국사론》 3, 1976.

______, 〈북한산성의 축조와 그 의의〉, 《북한산성 지표조사 보고서》, 서울대 박물관, 1991.

정경희, 〈17세기 후반 전향노론 학자의 사상〉, 《역사와 현실》 13, 1994.

______, 〈숙종 후반기 탕평정국의 변화〉, 《한국학보》 79, 1995.

______, 〈숙종대 탕평론과 탕평의 시도〉, 《한국사론》 30, 1992.

정만조, 〈숙종조 양역변통론의 전개와 양역대책〉, 《국사관논총》 17, 1990.

______, 〈영조대 초반 탕평책과 탕평파의 활동〉, 《진단학보》 56, 1983.

______, 〈조선시대의 사림정치〉, 《한국사상의 정치형태》, 일조각, 1993.

정석종, 〈숙종대 갑술환국과 정변참여 계층분석〉, 《조선시대 정치사의 재조명》, 1985.

홍순민, 〈숙종초기의 정치구조와 환국〉, 《한국사론》 15, 1986.

묵헌 이만운의 학문 세계

박 인 호
금오공과대학교 교수

1. 머리말

경북 칠곡에는 지역의 명문가로 광주이씨 집안이 있다. 광주이씨 집안은 지역적으로 가까운 성주를 대표하는 한강寒岡의 학문과 인동을 대표하는 여헌旅軒의 학문을 모두 받아들이면서 안동의 범 퇴계학을 바탕으로 하는 독자적인 학문 세계를 구축해나갔다. 그 가운데서도 이만운李萬運은 유림의 공의로 불천위不遷位에 모셔진 인물로, 광주이씨가의 대표적인 성리학자였다.

이만운은 가학으로는 7대조인 석담石潭 이윤우李潤雨로부터 이어지는 학맥을 이었다. 석담 이윤우는 한강 정구鄭逑의 제자로서 한강의 학문이 광주이씨 집안의 후손들에게 이어지도록 하는 데 큰 몫을 하였다. 또한 광주이씨는 인동의 여헌 집안과 혼인 관계를 맺고 있으며, 이만운이 장주張鑄의 부탁으로 청천당聽天堂 장응일張應一의 묘갈명을 적고 있듯이 여헌학맥과도 관련을 맺고 있다.

그러나 당시는 영남 내륙 일대가 퇴계학맥으로 일원화되고 있었으므로 이만운은 이러한 영향을 입어 이현일–김성탁 혹은 이현일–이상정으로 이어지는 퇴계학의 정맥을 계승하였다. 이만운은 김성탁의 외손자였으며, 이상정의 아들인 이완李埦과는 사돈 관계를 맺고 있었다.

이만운은 주경主敬 존양存養을 근본으로 하고 실천궁행實踐躬行을 추구하면서 일생의 대부분을 성리학 연구에 바친 유학자였다. 상수학象數學에 많은 관심을 가지고 있었으며, 고증적인 검증을 통해 이에 대한 연구를 심화시켜 나갔다. 사회적인 문제에는 당시 영남 지역의 유학자들과 마찬가지로 보수적 현실관을 지니고 있었다.

이와 같은 위상에서 볼 때 이만운의 학문 세계에 대한 검토는 당시 칠곡 지역을 중심으로 한 유학계의 사상적 동향을 살필 수 있는 좋은 자료가 될 것이다.

2. 이만운의 가계와 생애

이만운(1736~1820)의 본관은 광주이다. 자는 희원希元, 덕이德而, 호는 묵헌默軒이다. 아명은 종길宗吉이었다.[1] 교리 이한명李漢命의 현손이다. 증조부는 이세원李世瑗, 조부는 이윤중李允中, 아버지는 이동영李東英이다. 외조부는 김성탁金聖鐸이다. 묵헌 집안은 경북 칠곡 석전石田에 뿌리를 내리고 살았다.

이만운의 선대는 대대로 본관지인 경기도 광주에서 거주하였다.

1) 《霽山文集》, 書, 〈答外孫宗吉李萬運幼名〉.

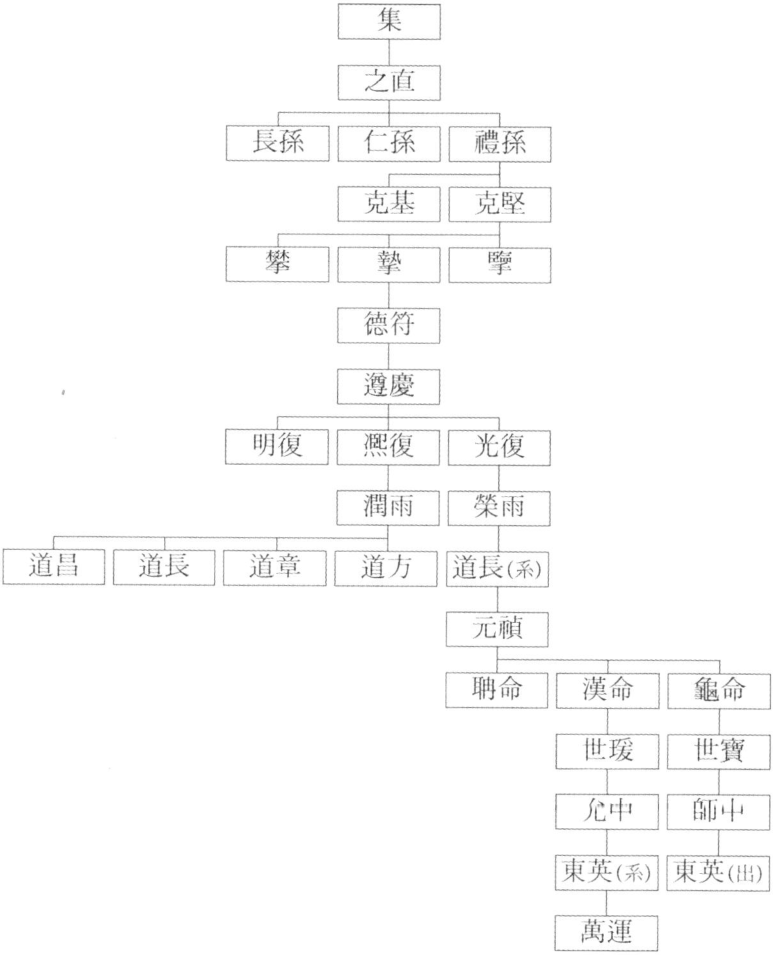

그림 11-1. 광주이씨 가계도

광주이씨의 시조인 이집李集(1314~1387)의 호는 둔촌遁村으로, 판전교시사를 지냈으며 문학과 절의로 명성이 높았다. 이지직李之直은 형조우참의를 지냈다. 이예손李禮孫은 예조참판을 지냈고, 이극견李克堅은 좌통례를 지냈다. 이극견이 성주목사로 부임해 오면서 광주이씨가 이 지역에 자리 잡을 터전이 마련되었다.

이극견의 2자였던 이지李摯(?~1535)가 영천최씨 최하崔河의 딸과 혼인하면서 팔거의 웃갓[上枝]에 자리 잡게 되었다.[2] 장자인 이덕부李德符(1491~1538)는 상지리에서 태어나 1512년 진사에 합격하였다.[3] 이준경李遵慶(1516~1550)은 선산에 기반을 두었던 진낙당眞樂堂 김취성金就成의 딸인 선산김씨와 결혼하였다.[4] 이희복李熙復(1538~1600)은 아들인 이윤우가 정사공신이 되면서 승정원 좌승지에 추증되었다.[5]

칠곡에 기반을 두었던 광주이씨 집안은 한강寒岡 정구鄭逑와 깊은 관련을 맺고 있었다. 더욱이 정구는 1612년 팔거八莒 노곡蘆谷으로 이거하였으며, 2년 뒤 화재가 난 후에는 칠곡의 사빈泗濱으로 이주해서 강학활동을 이어갔으므로 말년에는 칠곡 지역에서 영향이 더욱 커지는 양상이었다. 정구는 송암松巖 이원경李遠慶(1525~1571), 이봉경李逢慶 형제의 제문을 지었으며,[6] 이덕부의 손자이자 이우경李遇慶의 아들인 고촌孤村 이심홍李心弘(1569~1657), 이희복의 아들인 석담石潭 이윤우李潤雨(1569~1634), 이윤우의 아들인 한죽정寒竹亭 이도창李道昌과 낙촌洛村 이도장李道長(1603~1644) 등은 한강 정구를 사사하였다.[7]

그런데 이 당시만 하더라도 광주이씨 집안은 여러 다양한 학문을 받아들이려는 태도를 가지고 있었다. 한강의 고제高弟 가운데 한 사람이었던 이윤우만 하더라도 율곡 이이李珥에게서 수학하였으며,[8]

---

2) 《石潭文集》, 雜著, 〈高祖考承仕郎府君墓碣〉.
3) 《石潭文集》, 雜著, 〈曾祖考進士府君墓碣〉.
4) 《石潭文集》, 雜著, 〈祖考處士府君墓誌〉.
5) 《石潭文集》, 雜著, 〈先考贈通政大夫承政院左承旨兼經筵參贊官府君墓誌銘〉.
6) 《寒岡全書》, 祭文, 〈祭李松巖遠慶文〉, 〈祭李原善逢慶文〉.
7) 《寒岡全書》, 及門錄, 言行錄.
8) 김학수, 〈한강정구신도비명의 개정논의와 그 의미〉, 《조선시대사학보》 42, 2007, 57~61쪽.

이윤우의 아들인 한죽정 이도창과 낙촌 이도장은 여헌旅軒 장현광에게도 수학하였다. 또한 감호당鑑湖堂 이도장李道章(1607~1677)은 여헌 장현광의 제자였으며, 장현광의 손자인 장영張鍈을 사위로 맞아들여 인동장씨와 혼척 관계를 맺고 있다.[9)]

그러나 사관이었던 이윤우가 1610년(광해군 2) 정인홍의 잘못을 직서하였다가 정인홍의 사주를 받은 대간의 탄핵으로 수성찰방과 경성판관의 한직으로 떠돌게 되면서[10)] 한강 문하 남명계와 결별하게 되었다. 그 뒤 이원정李元禎(1622~1680)-이담명李聃命(1646~1701) 등을 거치면서 광주이씨 집안은 차츰 칠곡 지역의 대표적인 남인 집안으로 성장하게 되었다. 1650년(효종 1) 유직柳稷 등 경상도 유생들이 율곡 이익과 우계 성혼의 문묘 종사에 반대하는 유소를 올리면서[11)] 남인과 서인의 공방전이 펼쳐졌는데, 유직이 유벌을 당하자 성균관 상사생이었던 이원정 등은 권당捲堂을 행함으로써 유직을 지지하고 나섰다. 이러한 전력 때문에 이원정은 1667년(현종 8) 황연이 올린 송시열과 송준길에 대한 비난 상소의 배후 조종자로 지목될 정도였다.[12)] 전 해에 있었던 갑인예송의 책임을 물어 1675년(숙종 1) 송시열을 정배보낸 것에 대해서도 이원정-이담명 부자는 종묘에 고할 것을 주장하는 등 남인 강경파의 입장을 견지하였다.[13)] 1680년 경신환국으로 이조판서에서 쫓겨난 이원정이 장살[14)]된 뒤 송시열, 김수항, 민정중의 처벌 상소 뒤에는 항상 이담명이 있었던 것으로 전하

9) 《鑑湖堂集》, 《旅軒全書》, 《仁同張氏大同譜》.
10) 《석담선생실기》 및 《광해군일기》 권36, 광해군 2년 12월 정해; 《광해군일기》 권70, 광해군 5년 9월 갑자.
11) 《효종실록》 권3, 효종 원년 2월 을사.
12) 《현종개수실록》 권16, 현종 8년 2월 갑술.
13) 《숙종실록》 권6, 숙종 3년 6월 고묘 관련 기사.
14) 《숙종실록》 권10, 숙종 6년 윤8월 정미.

고 있다.15)

그러나 이러한 이원정–이담명 부자의 대서인對西人 강경의 입장은 1694년(숙종 20) 갑술환국으로 서인들이 정권을 잡고 난 뒤로 광주이씨가 정권에서 멀어지는 결정적 계기가 되었다. 이만운의 벼슬길이 막힌 것도 여기에 원인이 있었다. 1790년(정조 14) 차대 후 문·무과에 새로 합격한 자들을 소견하였는데 이 자리에서 좌의정 채제공蔡濟恭은 다음과 같이 말하였다.16)

> 이만운은 과거에 합격한 지 벌써 14년이나 되지만 아직도 당후에 의망되지 못하고 있습니다. 이 사람은 숙종조의 대사헌 이원록李元祿의 후손입니다. 이원록은 판서 이원정과 형제 사이인데 이원정은 경신옥사에 관련되었고, 신축·임인년에는 이원정의 아들 이담명李聃命이 아비를 위하여 원수를 갚겠다는 말을 하였기 때문에, 연좌의 법이 이원록의 손자에까지 미쳐 과거에 합격한 뒤 지금까지도 벼슬길이 막혔던 것입니다. 그러나 이만운의 인품과 문예를 보면 참으로 아깝습니다.

여기서 이만운을 박곡朴谷 이원록(1629~1688)의 후손이라고 한 것은 채제공의 오해로 보인다. 그런데 이 기사는 경종 대 신임옥사 때 이담명이 1680년의 경신환국으로 희생된 아버지 이원정의 원수를 갚으려 하였다는 죄목으로 벌을 받았으며 이 때문에 이후 자손들이 연좌되어 벼슬길이 막혀 있음을 지적한 것이다. 이담명 이후 광주이씨 인물 가운데 관직에서 크게 현달한 인물이 나오지 못한 까닭은 여기

---

15) 《숙종실록》 권20, 숙종 15년 윤3월 을축; 《숙종실록》 권21, 숙종 15년 9월 갑오; 《숙종실록》 권24, 숙종 18년 4월 을미.
16) 《정조실록》 권29, 정조 14년 2월 정축.

에 있었다.

이만운은 1736년(영조 12) 11월 30일 함창의 율리에서 태어났다. 고조 이한명李漢命(1651~1688)은 생원과 문과를 거쳐 홍문관 교리를 역임하였으며 응교에 증직되었다. 증조 이세원李世瑗(1667~1741)은 생원시에 합격하였으며 이조참의에 증직되었다. 할아버지 이윤중李允中(1686~1766)은 이조참판에 증직되었다. 할아버지는 어릴 때 사망하여 이사중李師中(1692~1757)의 아들이었던 이동영이 대를 이었다. 아버지 이동영李東英(1710~1797)은 대질大耋로 동지중추부사를 받았다. 어머니는 제산霽山 김성탁金聖鐸의 딸이었다. 평산신씨 진사 신사준申思儁의 딸과 결혼하였다. 장석영은 선생의 의모가 빼어나고 특이하며, 맑기가 얼음이나 옥과 같다고 평하였다.[17]

이만운은 어릴 때부터 총명하여 모든 문자를 한 번 보면 모두 외울 정도였다. 1745년(영조 21)에는 《상서尙書》를 수학하기 시작하였으며, 향시에도 참여하여 여러 번 합격하였다. 1777년(정조 1) 생원을 거쳐 문과에 합격하여 괴원槐院(승문원)에 분관되었으나, 이원정과 이담명의 후손이니 괴원의 회권을 파하라는 수찬 임시철林蓍喆의 상소로 말미암아 괴원에 들어가지 못하고 향리에서 학문에만 몰두하였다.

채제공의 천거로 1790년(정조 14) 4월 사옹원 주부, 7월 예조 좌랑, 9월 함경도사가 되었으나 부임하지 않았다. 1795년(정조 19) 다시 특교로 군직이 주어졌으나 감당하기 어렵다는 이유로 상경하지 않았다. 이듬해인 1796년(정조 20) 임금이 지평을 제수하고 올라오도록 명하였으며, 정조는 이만운을 만난 자리에서 "그대의 이름을 들은

17) "謹按先生儀貌秀異 瑩如氷玉."(《國譯 默軒 李萬運先生 文集》, 〈默軒公諱萬運墓碑銘〉)

지 오래다. 지금 비로소 스승이 될 만한 인물을 얻었다"고 칭송하면서 시종신으로 있을 것을 명하였다. 그러나 부친이 연로하다는 이유로 사양하자 향리에서 가까운 안의현감에 제수되었다.

안의현감으로 재직할 때에는 백성의 실정을 극진히 살피고 명분을 바르게 하고 신의를 세우는 한편 교활한 아전을 물리쳤다. 그리고 진상의 폐해를 개혁하고 환적을 정리하였다. 한번은 어린 아이가 조상의 산소와 관련하여 산송을 호소한 일이 있었는데 현감이 사안에 대해 처결도 하기 전에 권세를 부리던 아전이 스스로 묘를 파가기도 하였다. 이만운이 안의현감으로 있은 지 반 년도 못 되어 원통한 백성이 없고 관아에 소송이 없어져 서영보徐榮輔가 안찰하면서 청백하고 강명함이 예전의 잘 다스렸던 관리에 부끄러움이 없다고 하였다. 그러나 이만운은 8월 부친 봉양을 이유로 안의현감도 사직하였다.

이만운은 1800년(정조 24) 3월 정언에 제수되었다가 체차되었다. 정조가 승하한 뒤에는 더욱 두문불출하여 공부에만 마음을 쏟았다. 1815년(순조 15) 품계가 통정에 올랐으며, 중추부의 직함이 부여되었다. 그는 1820년(순조 20) 6월 25일 초종상례를 검약하게 할 것을 유언으로 남기고 사망하였다.[18] 1923년 5세손이었던 이수학李壽鶴이 아버지 이진환李晉煥(1845~1920)의 상복을 벗고 길제吉祭를 지낼 때 이만운이 조천祧遷하게 되자 도내 사림들이 의논하여 유론으로 불천위로 모시었다.[19] 사당은 왜관 석전 묵헌공 종택 안에 있다. 묘소는 종택 앞에 모셔져 있다.

18) 이상의 생애는 사위였던 李秉遠의 《所庵集》 권20, 行狀, 〈通訓大夫司諫院正言默軒先生李公行狀〉을 정리하였다.

19) 《緘齋文集》, 〈默軒李先生不祧通文〉.

이만운이 편찬한 책으로는 이윤우의 글을 모은 문집인 《석담집石潭集》과 행적을 정리한 《석담선생연보石潭先生年譜》와 《석담선생실기石潭先生實記》[20]가 있다. 이만운의 글을 모은 문집으로는 《묵헌선생문집默軒先生文集》이 있다. 문집의 편찬에는 아들들과 평소 아꼈던 사위 이병원李秉遠과 외손인 이수덕李秀德 등이 관여하였다. 《묵헌집》은 1938년 후손인 이위진李緯鎭 등이 칠곡 경암재景巖齋에서 12권 6책의 목판으로 간행하였다.[21] 1670년 이한명이 건립한 왜관 석전의 묵헌공 종택은 1991년 5월 14일 지방문화재 245호로 지정되었다.

그런데 지금도 칠곡에서는 묵헌 이만운이 《증정문헌비고》를 편찬한 것으로 알려져 있으나 이는 잘못된 것으로, 《증정문헌비고》를 편찬한 함평 이만운과는 다른 사람이다. 이렇게 된 것은 중추원에서 발행한 《조선인명사전朝鮮人名辭典》에서 《문헌비고》를 편찬한 이로 묵헌 이만운을 거론한 데서 비롯된다.[22] 그 뒤 신구문화사에서 발행

20) 이만운은 석담의 유지에 따라 문집과 연보를 간행하지 못하였음과 이제 遺事와 家乘을 가지고 周敦溪 사실기와 程伊川 연보의 예에 따라 실기를 편찬하였다고 밝히고 있다("石潭府君 平日常存謙挹 禁戒鋪張侈夸之事 故謹遵遺意 至如文集年譜 亦不刊行矣 今於年代侵久之後 深切傳聞 益遠之感 玆敢裒集遺事家乘 略倣濂溪事實記及伊川年譜例 次輯實記 幷編附錄以爲後孫覽觀著存 而寓其羹牆之慕云 七代孫萬運敬書." 《石潭先生實記》).

21) 민족문화추진회에서는 2001년 한국문집총간 251로 《묵헌문집》을 영인 간행하였다. 1938년 간행된 초간본 《默軒先生文集》 가운데 고려대학교 중앙도서관 소장본을 영인한 것이다. 경인문화사에서 한국역대문집총서 1016-1017로 《묵헌선생문집》을 1994년 영인하였다. 국역본으로는 《國譯 默軒 李萬運先生 文集》, 묵헌문집간행위원회, 동화서관, 2000이 있다.

22) 《朝鮮人名辭典》, 朝鮮總督府 中樞院, 1937의 내용은 다음과 같다.
"이만운. 자는 元春. 호는 默軒. 본관은 광주. 歸巖 元禎의 5세손으로, 영조 병진에 태어나 정종 정유년 문과에 급제하여 관이 지평에 이르렀다. 박학한 통유로 널리 알려졌으며, 천문, 역산, 지리, 명물에 밝았다. 當路에 기휘되어 현달하지 못하여 임하에서 죽었다. 유집으로 수십 권이 있다. 정종조에 명을 받아 문헌비고에 7고를 증보한 이만운은 바로 이 사람이다. 만운의 자는 다른 책에는 希元이라고 하고 방목에는 德汝라고 하였다. 또 도서해제에는 《萬機要覽》을 편진하였다고 한다. 본관이 咸平으로 이만운이라고 하며 자가 仲心인 자가 있는데 별개의 사람인지 동일한 사람인지 아직 상세하지 않다."

한 《한국인명대사전韓國人名大事典》 등의 사전류에서 묵헌 이만운을 《문헌비고》의 편찬자로 확정하면서 집안과 지역 자료를 중심으로 널리 이를 받아들이게 되었다.[23] 최근 학술 논문에서도 이에 대해 구체적으로 검토하지 않고 오류를 답습하고 있다.

그러나 신석호가 이의 잘못을 이미 《증보문헌비고》의 해제[24]에서 지적하였으며, 《기년아람紀年兒覽》을 분석한 고석규는 저자인 이만운이 묵헌 이만운과는 다른 사람임을 밝혔다.[25] 한편 박인호는 같은 시기 학자였던 황윤석의 일기 《이재난고》를 바탕으로 《증정문헌비고》를 작성하였던 후암 이만운의 생애와 문헌비고 편찬 과정에 대한 연구를 통해, 본관이 함평인 이만운은 본관이 광주인 이만운과 다른 사람임을 더욱 자세히 밝혔다.[26]

현재 이만운의 이름으로 남아 있는 저술 가운데 《풍천음風泉吟》, 《국조진신안國朝搢紳案》, 《기년아람》, 《조두록俎豆錄》, 《증정문헌비고》 등은 모두 함평 이만운의 저술이다.[27] 《증정문헌비고》는 함평 이만운이 1783년 7월부터 본격적으로 《동국문헌비고》에 대한 증정 작업에 착수하여 1790년 일단 작업을 끝냈으며, 교정 작업이 진행되

---

23) 《국역 이만운선생 문집》(하)에 수록된 묵헌공의 행장에도 《증보동국문헌비고》를 편찬하였다고 적고 있다.

24) 신석호, 〈해제〉, 《국역 증보문헌비고》, 세종대왕기념사업회, 1980.

25) 고석규, 〈기년아람에 나타난 이만운의 역사인식〉, 《한국문화》 8, 1987, 78쪽 주 8.

26) 박인호, 〈이만운의 증정문헌비고 여지고〉, 《조선후기 역사지리학 연구》, 이회문화사, 1996, 180~186쪽.
박인호, 〈한국의 역사가 이만운〉, 《한국사시민강좌》 36, 일조각, 2005.

27) 박인호, 〈한국의 역사가 이만운〉, 《한국사시민강좌》 36, 일조각, 2005, '이만운의 저술' 참조. 이들 책에는 모두 함평 혹은 仲心이라는 표시가 있다(《風泉吟》, 咸平李萬運仲心題; 《國朝搢紳案》, 咸平李萬運書; 《紀年兒覽》, 咸平李萬運仲心題; 《俎豆錄》, 咸平李萬運原本). 《문헌비고》의 경우 아들이 이유준으로 나와 묵헌 이만운과는 관련이 없다. 이유준은 함평 이만운의 아들이다. 게다가 사위였던 소암 이병원이 지은 묵헌 이만운의 행장에도 《문헌비고》 편찬에 관한 구절이 없다.

고 있을 때 사망하자 아들인 이유준李儒準(1760~1815)이 1809년 완성하였다.[28)]

3. 학문적 연원

정치적으로 관로가 막힌 광주이씨 집안에서는 성리학에 힘쓰면서 영남의 퇴계학의 정맥을 잇게 되었다. 이만운의 학문은 크게 두 계열을 전수받은 것으로 평가되고 있다. 한강 정구–석담 이윤우–한죽정 이도창·낙촌 이도장–귀암 이원정–정재 이담명으로 이어지는 가학의 흐름과, 퇴계 이황–학봉 김성일–경당 장흥효–갈암 이현일–제산 김성탁–구사당 김낙행으로 이어지는 퇴계학의 맥을 계승하였다.

가학은 한강 정구의 학문을 잇고 있다. 한강 정구의 학문이 기호 지역의 미수 허목과 성호 이익으로 계승되면서 영남 지역에서는 한강의 학문이 크게 번성하지 못하였다. 다만 한강의 2대나 3대 제자들에 대한 봉안문이 이만운의 문집에 남아 있어 그 자취를 볼 수 있다.[29)] 이만운은 한강 문집의 간행 경위를 설명하면서 오직 재빨리 제작하는 데만 노력하여 교정에 미진한 점이 있음을 지적한 글[30)]과

28) 박인호, 〈문헌비고의 편찬〉, 《조선후기 역사지리학 연구》, 이회문화사, 1996, 38~44쪽. 함평 이만운의 자는 仲心, 호는 厚菴이다. 그는 咸平李氏 咸城君派에 속하며, 아버지는 陽口縣監을 지낸 李慶甲(1701~1797)이다. 이경갑은 渼湖 金元行(1702~1772)의 아들 金履直의 장인이었다. 어머니는 咸陽 呂氏로 慶周의 딸이었다. 후암 이만운은 1782년(정조 6) 敦寧府 참봉, 1783년(정조 7) 이후 尙瑞直長과 平市署 主簿 등을 지냈으며, 1785년(정조 9)에서 1787(정조 11)까지는 金化縣監을 지냈다. 이만운의 당색은 노론에 속하였으며, 노론 북학파와 밀접한 관계를 유지하였다. 그는 서울의 館洞, 蓮池洞, 集巨洞, 梨峴, 三淸洞 등지에 옮겨 다니면서 살았다.

29) 이만운은 한강의 제자인 東湖 李竲의 〈檜淵別祀李東湖追享奉安文〉, 養拙齋 鄭錘의 〈梧陽祠鄭養拙齋奉安文〉을 남기고 있다.

30) 《默軒先生文集》 권6, 雜著, 〈寒岡先生文集開刊事實〉.

정구가 도를 강설하였던 무흘정사武屹精舍 장서각을 1810년(순조 10) 이건하면서 지은 기문[31]에서 나오듯이, 한강의 학문에 대한 관심은 여전하였다. 그러나 이원정–이담명을 거치면서 정치적으로 진출이 막히자 한강의 학문을 퇴계학과 적극적으로 연결시켜 퇴계학에 자정하였던 것으로 보인다.[32]

가학에 영향을 미친 이로는 외조부인 제산 김성탁을 들 수 있다.[33] 이만운은 1795년(정조 19) 김성탁이 복관되자 신주를 고쳐 쓰면서 운을 써서 시를 지었다.[34] 그리고 외삼촌이었던 구사당 김낙행의 영향도 있었던 것으로 보인다.[35] 외가에서 구사당의 책상 위에 새로 인쇄한 성리서 십여 권이 있는 것을 보고 좋아하여 놓지 않았으므로 구사당이 외우기를 시험해보고서 참으로 천재라고 감탄했다는 내용[36]으로 보아, 구사당의 칭찬이 학문에 정진하는 데 크게 도움이 되었을 것이다.[37] 그러나 이만운은 구사당에 대한 제문에서 "소자가 뒤늦게 태어나고 식견이 없어 외삼촌의 한창 나이에 덕을

---

31) 《默軒先生文集》 권7, 記, 〈武屹精舍藏書閣移建記〉.

32) 정구의 학문을 주자–퇴계–한강으로 정리한 이만운의 글에서도 퇴계학으로 자정하려는 모습을 볼 수 있다("惟我文穆公鄭先生 得聞朱子之道於陶山 而傳其全體大用之學 一是服膺 終身師法 于羹于墻 則立則輿 精神心術之運 動作威儀之著 皆其準繩幅尺也." 《默軒先生文集》 권7, 記, 〈社倉書堂記〉).

33) 尹榮善, 《朝鮮儒賢淵源圖》, 東文堂, 1941, 60쪽. 이만운은 김성탁을 계승한 것으로 적고 있다.

34) 이만운은 시에서 "소손이 도산과 소호와 같은 감정이 간절하지만 붓으로 쓰려 하나 상념이 나오지 않아 몹시 부끄럽네[小孫偏切陶蘇感 濡筆慚無萬斛泉]"라고 하면서 자신은 퇴계와 대산의 학문을 계승하였음을 언급하고 있다(《默軒先生文集》 권1, 詩, 〈外王考霽山先生復官改題步韻以抒頌祝悲感之思〉).

35) 한국국학진흥원에서 간행한 《퇴계학맥도》에서는 이만운의 학맥을 李玄逸–李栽–金樂行–李萬運으로 정리하였다.

36) "嘗往內舅金九思所 遇新刊書十餘冊 對案繙過不移晷 而盡帙後 試以提問 無不歷歷識認 九思先生大驚歎曰 眞天才也."(《所庵先生文集》 20, 行狀, 〈通訓大夫司諫院正言默軒先生李公行狀〉)

37) 《默軒先生文集》 권8, 祭文, 〈祭伯舅九思堂金先生文〉.

닦으시던 날은 보지 못하였으니 만년의 덕업에 대해서야 어찌 기술할 수 있겠습니까. 다만 다른 사람들이 외삼촌의 효도를 칭송하는 말을 들은 적이 있는데, 어버이를 섬기는 데는 모某와 같이만 하면 좋다고 하였습니다"[38]라고 적고 있는 데서 볼 수 있듯이 실제 김낙행에게 얼마나 깊은 훈육을 받았는지는 의문이 있다.

한편 학문적으로는 대산大山 이상정李象靖(1711~1781), 소산小山 이광정李光靖, 남야南野 박손경朴孫慶, 백불암百弗菴 최흥원崔興遠과 관련을 맺고 있었다. 특히 이상정은 외조부였던 이재를 사사하면서 갈암葛菴 이현일李玄逸-밀암密菴 이재李栽-대산 이상정-손재損齋 남한조南漢朝로 이어지는 퇴계학의 또 다른 맥과 연계되어 있다. 이만운은 이상정의 부음을 듣고서 "아직도 장석丈席 앞에서 종용하던 일이 생각납니다. 바람 치는 처마 끝엔 진종일 빗소리가 달렸습니다. 그릇된 긍지를 모두 변화시켜 공부의 성숙함을 알게 되었으며, 마음속을 남김없이 열어 보여 도의 온전함에 감탄하였습니다"라는 만사[39]를 적고 있어 이상정으로부터 학문을 배웠음을 말하고 있다. 이상정을 애도하는 제문에서는 "어리석은 저로서는 감히 도야해 주신 은혜를 어찌 잊을 수 있겠습니까. 모시는 기회마저 드물었기에 사모하는 마음이 더욱 간절합니다"[40]라고 추모하였다. 그는 이상정의 아들인 이완李埦(1740~1789)과는 사돈을 맺었을 뿐만 아니라[41] 사위인 이병원을 직접 가르쳤다.[42]

38) "嗚呼 小子生後而識蔑 不及我舅氏盛年進修之日 概乎晚德 尤何述焉 嘗聞人之稱舅氏之孝曰 事親若某者可也."(《默軒先生文集》 권8, 祭文, 〈祭伯舅九思堂金先生文〉)

39) "尙憶從容丈席前 風簷盡日雨聲懸 矜持盡化知功熟 開示無餘歎道全."(《默軒先生文集》 권1, 詩, 〈聞人山李先生訃〉; 《大山文集》, 詩, 〈輓〉)

40) "空空無狀 敢忘鑪錘 叨陪則稀 仰止自深."(《默軒先生文集》 권8, 祭文, 〈祭大山李先生文〉)

41) 《默軒先生文集》 권9, 墓碣銘, 〈弘文館校理主一齋李公墓碣銘〉; 《艮巖遺稿》 권9, 附錄.

42) 《艮巖遺稿》 권3, 書, 〈答李希元〉.

한편 손재 남한조와는 제사를 지내면 마귀가 와서 먹는다고 주장하면서 제사를 거부하는 서학을 비판한 천학에 관한 편지와, 남한조의 계몽의의啓蒙疑義에 대해 답하는 편지를 남기고 있다. 이상정 계열과 밀접하게 연계되어 있음은 이상정의 가르침에 따라 김종경金宗敬·김종덕金宗德 등이 정리하여 1795년(정조 19) 간행한 《심경강록간보心經講錄刊補》 서문에서도 볼 수 있다.[43] 더욱이 김종덕과는 《심경강록간보》의 몇 가지 의문점에 대해 서로 상의하고 편지를 나누었다.

그리고 수곡파 전주유씨인 유범휴柳範休, 유휘문柳徽文 등과도 친분 관계를 가지고 있다. 이만운은 호곡壺谷 유범휴(1744~1823)와의 친분으로 호곡의 부친이자 이상정의 제자인 유도원柳道源(1721~1791)이 쓴 《퇴계선생문집고증》[44]의 서문을 남겼다. 유범휴와는 《황극경세서》의 의문점에 대해 편지를 교환하고 있다.

그런데 김성탁과 이상정이 후대 제자들에 의해 분립되는 관계에 있었던 점을 염두에 둔다면 이만운은 이 두 계열이 분립되기 전에 모두 관련을 맺고 있었다.

그 밖에도 이만운은 구사당 김낙행, 대산 이상정, 백불암 최흥원, 소산 이광정, 남촌南村 송이석宋履錫, 주일재主一齋 이완, 천사川沙 김종덕, 입재立齋 정종로鄭宗魯, 남야南野 박손경朴孫慶 등 18세기 영남 지역의 퇴계학을 대표하던 인물들의 제문을 남기고 있어 이들의 후손과 일정하게 관련을 맺고 있음을 볼 수 있다.

---

43) 이만운의 서문에서 이함형·이덕홍 등이 《심경강록》을 만들었으나 퇴계가 교정을 하지 못하였는데 자신의 친구인 구재 김종경이 이상정의 가르침에 따라 《朱書講錄》의 예에 따라 간보를 만들었으며, 金宗敬이 사망한 뒤 그의 형 김종덕과 여러 동문들이 함께 수정·윤색하여 간행하게 되었다고 전하고 있다. 국역본에는 천산재 이함형, 구재 김종경 등의 인명에 오류가 있어 주의를 요한다.

44) 《退溪先生文集攷證》은 廬厓 柳道源이 《퇴계선생문집》에 대해 註釋을 단 책이다. 《전주유씨수곡파 문헌총간》 2, 1983에 《溪集攷證》으로 영인되어 있다. 8권 4책, 목판본.

그리고 이만운은 어릴 때 기헌寄軒 강해姜楷로부터 보고 느낀 점이 매우 많았다고 스스로 밝히고 있다.[45] 이만운은 기헌 강해에 대해 세상을 피해 살면서 두문불출하였는데 분수를 편히 여기고 명리나 분화에는 관심과 욕심이 없었다고 평하였으며, 성리의 오묘한 뜻에 침잠하여 깊이 터득함이 있었고, 백수에 이르도록 부지런히 경서를 연구하는 데 힘쓰다가 생을 마쳤다고 적고 있다.[46]

또 이만운은 산수유기 6편을 남겼는데, 유기에는 같이 여행을 하였던 친우들의 이름이 있어 이를 통해 이만운의 교우관계를 파악할 수 있다. 이만운은 1758년(영조 34) 인동의 천생산을 박계여朴啓汝, 엄익치嚴益稚와 유람하고 〈유천생산기遊天生山記〉를 남겼다.[47] 1783년(정조 7) 11월에는 박수현朴受絢, 윤동형尹東亨, 최광벽崔光璧, 조휘진趙輝晉, 이익중李益中, 권필보權必輔, 이택중李擇中, 이동연李東淵, 곽선郭璿, 곽진郭璡, 이동황李東晃, 박지응朴旨鷹과 함께 촉석루 일대를 유람하고 〈촉석동유기矗石同遊記〉를 지었다.[48] 이어 윤동형, 최광벽, 조휘진, 이익중, 권필보, 이동연, 이동황, 권대호權大戶, 허찬許鄼, 최도민崔道敏과 함께 덕산 일대를 돌아보았다.[49] 그리고 윤동형을 제외하고 모두 단속사를 구경한 뒤 문산재에서 유숙하였다.[50] 1786년(정조 10)에는 이경진李景珍, 이경안李景顔, 권양중權襄仲, 이성재李聖哉, 이심여李心如, 도성세都聖世, 장제백張躋伯, 정휘국鄭輝國, 이성민李聖民, 정휘조鄭輝祖 등과

---

45) "萬運自幼少叨陪 所觀感多矣 入門見方塘擢香蓮 囱外暎寒梅 入室見先生靜坐儀容 至今依然在心目 門下小子李萬運謹述."(《默軒先生文集》 권12, 行狀, 〈寄軒姜先生遺事〉)

46) "遯居大嶺之南 杜門郤掃 素位安分 視名利紛華泊如 沈潛性理之奥 深有自得 白首窮經 俛焉孜孜以終其年壽."(《默軒先生文集》 권12, 行狀, 〈寄軒姜先生遺事〉)

47) 《默軒先生文集》 권7, 記, 〈遊天生山記〉.

48) 《默軒先生文集》 권7, 記, 〈矗石同遊記〉.

49) 《默軒先生文集》 권7, 記, 〈德山同遊記〉.

50) 《默軒先生文集》 권7, 記, 〈文山齋同遊記〉.

가야산 일원을 유람하였고,[51] 노량을 거쳐 금산을 유람하였다.[52] 1792년(정조 16) 4월에는 홍청중洪淸仲, 정일지鄭日之, 강문거姜文擧, 정경첨鄭景瞻, 정경유鄭景由, 정맹양鄭孟陽, 정숙윤鄭叔潤 등과 배를 타고 관어대에 올랐다.[53]

시문에는 이세익李世翊, 김종경金宗敬, 김동옥金東玉, 신홍교申弘敎, 남용만南龍萬, 권순權淳, 박천우朴天祐, 권경權褧, 이정운李鼎運, 박형천朴馨天, 조석철趙錫喆, 김무숙金茂叔, 채제공蔡濟恭, 김경진金慶進, 이완李埦, 김종필金宗泌, 이헌경李獻慶, 최광벽崔光璧, 조석목趙錫穆, 김몽화金夢華, 이경오李敬五, 정학동鄭學東, 조석리趙錫履, 황건중黃建重, 조거선趙居善, 강석구姜碩龜, 이우李堣 등 친우들에 대한 만시가 있어 대략적인 친우관계를 볼 수 있다. 제문에도 정휘국鄭輝國을 비롯한 일부 친우에 대한 제문과 애사가 있다. 그 밖에도 노국빈盧國賓,[54] 조성복趙星復,[55] 허준許晙,[56] 최익대崔益大,[57] 최상우崔祥羽[58] 등과의 교분을 확인할 수 있다.

이만운의 학문적 계승은 서간의 문목으로 확인할 수 있다. 서간 가운데 정복鄭墣, 정돈鄭墩, 정백휴鄭伯休, 정유곤鄭裕昆, 이병원李秉遠, 이하상李厦祥, 송심목宋心牧, 이종상李鍾祥, 박광보朴光輔, 권만헌權萬憲, 장숙張琡, 정약鄭爚, 이재형李在衡, 윤동야尹東野, 이리李穲, 안택규安宅揆, 신영제申永蹐, 여무성呂武聖, 도진덕都鎭德, 곽민녕郭民寧 등과는 문답을

51) 《默軒先生文集》 권7, 記, 〈伽倻同遊錄〉.
52) 《默軒先生文集》 권7, 記, 〈遊錦山記〉.
53) 《默軒先生文集》 권7, 記, 〈遊觀魚臺記〉.
54) 《晩軒集》, 詩, 〈輓李默軒萬運〉.
55) 《鶴坡集》, 詩, 〈挽石田李持平文〉.
56) 《遊軒先生文集》, 行狀, 〈成均生員菊隱許公行狀〉.
57) 《晴溪續集》, 〈山圃先生事狀〉.
58) 《響山文集》, 墓碣銘, 〈恥菴崔公墓碣銘〉.

통해 학문적 전승관계를 형성하였다.

4. 학문적 지향

1) 역학과 상수학에 대한 관심

이만운은 당대 영남의 유종儒宗이라고 일컬어질 정도였으며, 성리학뿐만 아니라 역학, 상수학, 예학 등에 통달하였다. 그 가운데서도 상수학과 역학에 대한 관심이 컸다. 문집 중 잡저에 실린 논설 가운데 상당 부분은 역학의 괘에 대한 설명이다.[59] 괘효의 조합에 따라 자연과 세상사의 변화를 설명하면서 이만운은 소옹邵雍의 수리적 해석을 비판하고 인간관계를 상수 논리에 적용하고 있다. 이는 주자와 퇴계의 의리적 역학을 받아들인 것이라고 할 수 있다.[60]

잡저의 〈차필箚筆〉도 이만운이 경서를 읽으면서 의문을 느꼈던 부분을 정리해 놓은 것이다. 편지의 별지는 대부분 경서의 뜻과 예제의 실행에 관한 사안이 대부분이다.

2) 예학적 학문에 대한 관심

이만운이 예학에 많은 관심을 가졌던 것은 친우들에게 보내는 편지 별지의 문목에서 주로 예제에 대한 문답을 싣고 있는 점에서 엿

59) 《默軒先生文集》 권6, 雜著, 〈經世四象體用之數圖〉, 〈祝氏以聲起數以取掛一之二百五十六卦解〉, 〈皇極內篇揲蓍法解〉, 〈啓蒙考疑〉, 〈郭子和六年再閏〉, 〈口占〉, 〈啓蒙傳疑五運六氣解〉, 〈六氣圖〉, 〈五音〉, 〈納音圖〉.

60) 《默軒先生文集》 권6, 雜著, 〈書一元消長圖後〉, 〈觀物篇後〉.

볼 수 있다. 예에 대한 고증적 변설로는 "부졸즉위모父卒則爲母"라는 구절에 대한 변설과 《상례비요喪禮備要》에 있는 소렴小斂 때 효건孝巾을 써야 하는 문제에 대한 변설이 있다.

아버지가 돌아가셨으면 어머니를 위해 상복을 입을 때 "부졸위모父卒爲母"라고 하면 될 것인데 "즉則"을 넣은 것은 아버지가 돌아가시고 3년 안에 어머니가 돌아가시면 바로 기년복을 입는다는 것을 보인 것이라는 주소의 해석에 대해 이만운은 다음과 같이 비판하였다. 즉, 상복의 재최삼년조에서 "부졸즉위모父卒則爲母"라고 한 것은 기년복이 아니라 반드시 삼년복을 입어야 한다는 뜻을 드러낸 것인데, 지금은 오히려 경의 정문을 따르지 않고 후세 선비들의 설을 따르면서 상의 기간을 짧게 하려고 한다면 옳지 않다고 하면서 우복 정경세의 "예는 두터운 쪽을 따른다"는 말을 인용하고 있다.[61]

그는 염습한 뒤나 소렴할 때 상제가 효건을 쓰는 것은 사계 김장생의 설을 따른 것으로 파악하고 여러 자료를 들어서 상주가 건을 쓸 수 없다는 점을 밝히고 있다. 사계가 잡기의 주소와 구준의 설에 따라 백포건을 쓴다는 말을 하였지만, 고례와 《가례》의 뜻에는 어긋난다고 하여 사계 김장생의 예설을 반박하고 있다.[62]

도신징都愼徵에 대한 행장에는 1673년(현종 14) 갑인예송 당시 남인 예설을 주창하였던 도신징의 설을 자세히 소개하고, 효종비 인선황후에 대한 인조의 계비인 장열왕후의 복제가 기년복으로 정해지면

61) "疏曰 直云父卒爲母足矣 而云則者 欲見父卒三年之內而母卒仍服朞 要父服除而母死 乃得伸三年 故云 則以差其義也……喪服齊衰三年條 首言父卒則爲母者 所以著必行三年之義也 今乃不遵禮經正文 而只以後儒之說 傍照短喪 千萬不可 愚伏禮疑從厚之訓 恐合禮意也."(《默軒先生文集》 권4, 雜著, 〈'喪服父卒則爲母辨'〉)

62) "世俗襲後或小斂之時 喪人着孝巾 似從沙溪說……衆主人猶以免代冠 則喪人豈可戴巾乎 沙溪從雜記疏及丘氏之說 而有白布巾之云 恐非古禮及家禮之意也."(《默軒先生文集》 권4, 雜著, 〈喪禮備要小斂時孝巾辨〉)

서 남인이 승리하게 되자 나라의 전례가 비로소 바르게 되었다고 적고 있으며, 비록 경신환국으로 서인이 재집권하였으나 숙종이 방례를 고쳐 바르게 한 것을 자세히 알도록 하라고 함으로써 국가의 금석지전金石之典이 되었다고 하였다.[63]

이만운은 예설에 대해 정경세의 설을 따르고 김장생의 설을 비판하고 있다. 예제에 대한 서간의 문목에서도 정경세, 이상정 등의 설을 주로 따르고 있다. 예송에서도 남인 예설을 지지하는 모습을 보이고 있다. 예설과 예학은 남인의 논리와 주장에 바탕을 두고 전개하고 있다.

3) 고증적 학문에 대한 관심

이만운의 학문의 특징 가운데 하나로 고증적 연구에 대한 관심을 들 수 있다. 많은 수는 아니지만 잡저의 일부 글에서 특정 사안에 대한 자세한 고증을 남기고 있다.

경전의 해석과 관련하여 박손경이 논한 "애지지리愛之之理"의 조목에 대해 이만운은 "사랑하게 하는 이치는 바로 인이다[愛之之理 便是仁]"라는 구절은 남헌의 학설이 아님을 변증하였다.[64] 《소학》의 한격扞格의 구절에서 '格'을 '핵'으로 읽도록 한 것을 율곡 이이는 '격'이라고 보았으나 굳고 단단하여 들어갈 수 없다는 뜻으로 해석하여 '핵'이 바르다고 보았다.[65] 그 밖에 태극도설에서 태극이 하늘 위의

63) 《默軒先生文集》 권11, 行狀, 〈竹軒都公行狀〉.
64) 《默軒先生文集》 권5, 雜著, 〈辨朴南野論愛之之理一條〉.
65) "小學書題扞格不勝 禮記大學或問 格皆作核音讀 而栗谷讀如民莫敢格之格 按語類根格音戶各뿌 則栗谷之改作격音 恐未爲的也 盖從核則堅不可入之意 本註正誤扞格牴牾不相入 正得本意矣."(《默軒先生文集》 권5, 雜著, 〈辨扞格〉)

또 다른 층계라는 주장에 대한 비판, 〈감흥시感興詩〉에 나오는 근본이 하나라는 일원一原에 대해 체용 관계로 해석한 것에 대한 비판, 주자의 유평보劉平甫 묘지명에 나오는 "일손일익日損日益" 해석, 《주자대전》〈색존건각시索尊犍刻詩〉에 나오는 "도구盜丘"는 도척이 공자를 욕한 말이라는 주장에 대한 비판, 도겸道謙은 주자가 스승으로 삼았던 이라는 주장에 대한 비판, 이황의 존양함양동정설存養涵養動靜說이 주자의 주장에 합치한 것에 대한 변증, 구경산丘瓊山의 《대학연의보大學衍義補》에서 《장자》는 예를 언급하지 않았다는 데에 대한 비판 등에서는 선학들의 해석에 대해 논리적인 설명과 다른 자료를 제시함으로써 허점을 지적하였다.[66] 장현광의 《역학도설》이나 소옹의 《황극경세서》의 경우 수치를 계산하여 잘못을 지적하기도 하였다.[67]

〈거제車制〉에서는 수레의 각 부분에 대한 명칭을 낱낱이 기술하고 있다.[68] 구두점에 대해서도 구는 문장과 뜻이 끊어진 곳으로 오른쪽 가에 원권을 치는 것이 옳으며, 두는 문장의 뜻이 아직 끊어지지 않아 아래의 문장까지 연이어 읽어야 할 경우 끊어진 것과 같은 곳의 한 가운데 원권을 치는 것이 옳다고 정의하였다.[69]

또한 '조선朝鮮'과 '제잠鯷岑'이라는 용어는 모두 '어숙魚宿'과 '분야分野'에 상응한 것이라는 해석[70]을 내놓고 있으며, 겨울과 여름, 낮과

66) 《默軒先生文集》 권5, 雜著, 〈辨太極圖說〉, 〈辨一原〉, 〈辨日損日益〉, 〈辨盜丘〉, 〈辨道謙〉, 〈存養涵養動靜說〉, 〈丘瓊山衍義補莊子不言禮辨〉.

67) 《默軒先生文集》 권5, 雜著, 〈月行會日圖〉, 〈易學圖說月與日會〉, 〈則河圖畫卦說〉, 〈則洛書爲後天卦說〉, 〈元會運世數解〉, 〈體數用數〉.

68) 《默軒先生文集》 권5, 雜著, 〈車制〉.

69) "……讀者 文似斷而意未斷 連讀下文者 於文似斷處 正當其中直點圓圈者是也 句者 於文義幷絶斷處 橫圓圈於右邊者是也 今人不分直中橫邊 渾謂之句者 非是."(《默軒先生文集》 권5, 雜著, 〈分句讀法〉)

70) "天文志 箕尾爲幽燕分野 幽燕之東方有朝鮮 尾宿之東畔有魚子一星 故朝鮮或稱鰈域 或稱鯷岑 鮮

밤의 길고 짧음은 해의 출몰 때문이 아니라 땅덩이가 사방으로 움직여 이루어진 것이라고 주장하였다.[71] 이러한 설명은 전통적인 사유설에서 크게 벗어나지는 못하였으나 나름대로 천문 현상을 설명한 것이다.

4) 실천적·실용적인 학문에 대한 관심

이만운이 '묵默'이라는 당호를 사용한 것은 세상 사람들이 입으로는 성명性命의 이치를 논할 뿐 그 실상이 없는 것을 근심하여 지었다고 한다.

> 그리고 말로만 하는 것은 가장 일에 해로운 것이니 말을 아니하고 직접 행하는 것이 가장 좋은 것이다. 공자가 말씀하시기를 "하늘이 무슨 말을 하더냐? 말을 하지 않아도 사철이 바뀌고 만물은 생성된다"고 하였으니 이것으로 성인의 동용하고 주선하는 것을 가히 볼 수 있다.[72]

이만운은 예제적 실천궁행을 강조하였다. 장석영張錫英은 이러한 이만운의 학문에 대해 "선생의 학문은 주경主敬과 존양存養을 근본으로 삼아서 미래를 알고 격물치지를 위하여 몸소 행하고 실지 체험하여 묵묵히 알고 마음으로 깨달아 사람이 보지 못한 바를 스스로 혼자서 앎이 많았다"[73]고 하였다.

也鰈也鯷也 皆以上 應魚宿也……."(《默軒先生文集》 권5, 雜著, 〈鯷岑說〉)

71) "按語類 地之四遊升降 不過三萬里 然則冬夏晝夜之長短 非日晷出沒之所爲 乃地之遊轉四方而然耳."(《默軒先生文集》 권5, 雜著, 〈論曆法〉)

72) "言語最害事 不言而躬行 此理最好 孔子云天下何言哉 四時行焉 萬物生焉 其可見聖人動容周旋處."(《國譯 默軒 李萬運先生 文集》, 附錄, 〈默軒公諱萬運墓碑銘〉)

이러한 실천궁행의 정신은 예제에서도 마찬가지로 적용된다. 〈서시아배書示兒輩〉에는 임종을 앞두고 자식들에게 제반 절차를 모두 검약하게 할 것을 명한 내용을 담고 있다. 이 글에서 장사를 지낼 때 우제, 졸곡, 소·대상, 담제에서는 두 가지의 탕과 여섯 가지의 과일을 넘지 말 것이며, 삭망 때도 두 가지 과일만 쓰고 상식에는 평소 먹던 음식보다 지나침이 없도록 할 것이며, 그 밖에 시제, 다사, 장례 등에서 간략하게 지내도록 거듭 당부하고 있다.74)

이러한 실천궁행 정신은 학문에서는 실용성으로 나타나고 있다. 문자를 지을 때 선현의 이름자를 기휘하여 적지 않는 풍토에 대해, 지금 세상에서 선현들의 이름을 직접 적으면 존경하는 마음이 부족하다고 의심하는 것은 견문이 얕고 좁은 탓이라고 비판하였다.75) 오늘날에도 선현의 호를 적거나 선생을 붙이면서, 이름자를 글에 쓰는 것을 선현에 대한 존경을 보이지 않는 것이라고 생각하는 현실에서 보면 이러한 주장은 파격이라고 할 수 있다.

이러한 실용적인 관점은 두자미杜子美의 〈팔진도시八陣圖詩〉에 있는 "유한실탄오遺恨失呑吳"라는 구절의 해석에서 잘 나타난다. 세상에서는 이 구절에 대해 촉나라가 오나라를 삼킬 수 없었음을 두자미가 한탄한 것이라고 해석하지만, 그는 오히려 촉나라가 계획을 잘못 세

---

73) 《國譯 默軒 李萬運先生 文集》, 附錄, 〈默軒公諱萬運墓碑銘〉.

74) "吾平生不喜盛饌 將來送終凡節 皆當以儉約爲主 至於虞卒祥禫 無過二湯六果 朔望只用二果 朝夕上食 無過於生時所食 家禮 時祭三獻 炙各用一串 則喪祭亦各只一串可也 盖進炙只爲下酒 豈可爲觀美而多品乎 生日茶祀 不見於禮 略設數器足矣 吾性不好油蜜果 切勿用之 塗棺紬甚不緊 勿用 吾之不樂奢麗 汝輩所知 此等諸節 若或不從遺命 則魂魄有知 亦不來享 孝子不死其親 事亡如事存 是所謂孝也."(《默軒先生文集》 권4, 雜著, 〈書示兒輩〉)

75) "朱子作黃州州學二程先生祠記 直書周濂溪之名曰周公惇頤 退溪先生作洪僉知德演墓誌 直書趙靜庵之名曰靜庵趙先生光祖 盖臨文不諱之義也 今世或以直書先賢名諱 嫌其尊敬之有所未盡者 實由於見聞之淺狹也 韓文公諱辨曰 諱親之名則務勝於周公孔子曾參 今人諱賢之名 眞是務勝於朱夫子退溪先生者也."(《默軒先生文集》 권5, 雜著, 〈凡著文字不避先賢名諱〉)

워 오나라를 삼키려는 잘못을 저질렀다는 소동파의 해석을 지지하였다. 이만운은 관우와 장비가 오나라를 압도하려고 했기 때문에 한나라 왕실의 부흥이 실패하였다고 지적하면서 손권과 맹약을 맺어 배후를 안정시켜야 하였음을 강조하고 있다.[76]

그리고 선비들이 제자의 예로 뵙고자 하면 '내가 실함이 없으니 어찌 사람을 가르칠 것인가' 하고 받아들이지 않았으며, 비문과 행장을 받으러 오면 잘 응하지 않았다. 그리하여 사위인 이병원이 지은 행장에 따르면 평소에 논설을 중요하게 여기지 않고 저술에 힘쓰지 않았으며, 편지나 묘도문자에 대해서도 상당히 신중을 기했다고 한다. 현재 남아 있는 문집을 보면 외부인보다 집안 사람들의 행장을 정리하고 있는 것도 그러한 데서 비롯된 것으로 보인다.

5. 현실 문제에 대한 지향

현실 문제에 대한 이만운의 글을 보면, 사창의 시행에 대해 회의적인 시각을 보여주고 있음을 알 수 있다. 먼저 이만운은 주자가 사창법을 시행하였으나 출납에 대한 기찰을 소홀히 하였기 때문에 황자후黃子厚가 죽음에 이르게 되었다고 전제하였다. 그리고 최근 이경일李敬一이 사창법의 시행을 건의하였으나, 사창을 민간에 설치한다고 하더라도 단속권이 관부에 있으므로 조절하고 검독할 때 온갖 트집을 잡아 해칠 것이기 때문에, 오늘과 같은 인심과 세도에서는 시행할 수 없다고 하였다.[77]

76)《默軒先生文集》권6, 雜著,〈遺恨失呑吳辨〉.

77)"朱夫子剏社倉法於崇安 飢歲救荒之利大矣 因請於朝 頒行郡邑 條制甚悉 可謂博施衆濟 而當時黃

진상의 폐해에 대해서는 매우 비판적으로 언급하고 있다. 이만운은 안의에 신임현감으로 온 박정규에게 고을 관아에서 진상을 위해 이식을 취하는 것은 애초 열읍에서는 없던 것이라고 말하였다. 그리고 막중한 진공을 하면서 이자놀이를 해서 거두어 올리는 것은 민원을 쫓아 혁파할 것을 권유하고 있다. 보인도 일부를 들어내어 진상보에 이속시킬 것을 권하였다.[78] 이서배吏胥輩의 중간 협잡에 대해서도 비판적인 인식을 보이고 있다. 환정에 해당하는 제도에서 이서배들이 농간을 부려 그 폐단이 극에 달하였으며 백성이 납부하려고 하여도 세금 징수를 어렵게 만들어 포탈을 일삼고 있다는 것이다.[79]

이만운은 사회적인 문제에 대해서는 그다지 발언하지 않았으며, 유일한 사회적 문제에 대한 논설인 사창 문제에 대해서는 관부의 검속권 때문에 제대로 시행되지 못할 것으로 보았다. 후임 현감에서 전하는 말에서는 사회의 구조적 측면에 대한 지적보다 서리들의 사특한 욕심으로 백성들이 어려운 처지에 놓여 있다는 인식을 가지고 있어, 이를 통해 그는 기존의 양상을 그대로 유지하려는 보수적 입장에 서 있다고 평가할 수 있다. 이 점은 황극 경문에 대한 해석에서

子厚以社倉出納 譏察不謹 狼狽憂鬱 以至於死 則社倉之弊 朱子目見之矣 近歲糶糴爲生民難堪之患 相臣李敬一建白請行社倉法 聞者莫不歡喜 爭欲設行其法……社倉雖設置民間 管束旣在官府 操切檢督之際 百端搆害 則雖以黃子厚之淸雅 猶不免出納不謹之謗毁 況以今日人心世道 掌是任者 能否善惡間 必致胥溺之弊 其不可行明矣."(《默軒先生文集》 권5, 雜著, 〈社倉私議〉)

78) "進上廳事 固是列邑之所無 而非但殖利民間 百弊俱生 莫重進供 徵利擔當 事體極涉苟艱 故從民願不得不革罷 而至於保人 則本縣各廳私募屬多至千數 禁令之下 亦不可因循冒占 故除出五百名 移屬進上保 此乃釐正法外閒丁 擔當應納進供 初無一丁更簽之端 有何數百良人搜括之擾乎."(《默軒先生文集》 권1, 書, 〈答安義新官朴正圭〉)

79) "靑苗殖錢 自古流禍 而年年吏胥之或逋或債 幼弄疊徵 千瘡萬瘼 無復紀極 故大小民情 咸願一番收合四千餘兩本錢 而終身永免無限量之橫斂 十二面民狀 尙在鄙案 則民皆願納 不待官督 而譸張造言 欺詐難捧者 特吏逋耳 豈可以狐鼠輩之舞弄而復設一邑萬世之痼弊乎 且聞民間則已多備數待納 而一二奸猾 自外咆喝 方欲僞造民狀 以爲瞞告漫漶之地 哀此生靈 何負於吏胥 而作此匈慝之巧計乎."(《默軒先生文集》 권1, 書, 〈答安義新官朴正圭〉)

세상을 다스리는 정치의 요체로 "천자의 도덕적 광화"에 기대는 왕도의 논리를 찬양한 데서도 엿볼 수 있다.80)

6. 맺음말

이 글은 이만운이라는 인물을 통해 18세기 경북 칠곡 지역의 사상적 동향을 살펴보려는 데 목적이 있다.

이만운은 경북 칠곡의 명문가인 광주이씨 출신으로, 유림의 공의로 불천위에 모신 18세기 영남 지역의 성리학자였다. 이만운은 한강 정구–석담 이윤우–한죽정 이도창·낙촌 이도장–이원정–이담명으로 이어지는 가학의 흐름과 퇴계 이황–학봉 김성일–경당 장흥효–갈암 이현일–제산 김성탁–구사당 김낙행으로 이어지는 퇴계학의 맥을 계승하면서, 주경 존양을 근본으로 하고 실천궁행을 추구하면서 일생을 성리학 연구에 바친 유학자였다.

선대였던 이원정–이담명 부자의 대對서인 강경론 때문에 벼슬길이 막힌 남인 집안의 후예로, 1777년(정조 1) 생원을 거쳐 문과에 합격하였으나 서인의 반대로 벼슬길에 오르지 못하고 향리에서 학문을 지속하였다. 채제공의 천거와 정조의 특교로 지평, 안의현감, 정언 등을 역임하였으나 벼슬생활은 길지 못하였다.

이만운은 어릴 때 기헌寄軒 강해姜楷로부터 학문을 시작하였으며, 커서는 구사당 김낙행, 대산 이상정, 백불암 최흥원, 소산 이광정, 남촌 송이석, 주일재 이완, 천사 김종덕, 입재 정종로, 남야 박손경 등

80) 《默軒先生文集》 권5, 雜著, 〈皇極經文釋義〉.

18세기 영남 지역의 퇴계학을 대표하던 인물들과 일정한 관련을 맺었다.

이만운은 당대 영남의 유종이라고 일컬어질 정도였으며, 성리학뿐만 아니라 역학, 상수학, 예학 등에까지 통달하였다. 특히 상수학과 역학에서는 주자와 퇴계의 의리적 역학을 받아들였다. 예설과 예학에서는 남인인 정경세, 이상정 등의 설을 따르고 김장생의 설을 비판한 데서 보이듯이 주로 남인의 논리와 주장에 바탕을 두고 자신의 견해를 펼쳤다.

이만운 학문의 특징 가운데 하나는 고증적 연구에 대한 관심을 들 수 있다. 그는 경전의 특정 사안에 대해서 자세한 고증을 남기고 있다. 학문에서는 예제적 실천궁행을 강조하고 있으며, 예제에서도 실용에 주안점을 두었다. 이 점은 삼국시기 촉이 오와 연합하여 위에 대항해야 했다고 생각한 점이나 묘도문자의 작성에 상당히 신중한 자세를 보인 데서 확인할 수 있다.

그러나 이만운의 현실 문제에 대한 글을 보면 사회적인 문제에 대한 발언이 거의 보이지 않는다. 그는 사회의 구조적 측면보다 서리와 같은 중간층의 사특 때문에 백성이 어려운 처지에 있다고 보는 등 기존의 현상을 그대로 유지하려는 보수적 관점에 서 있었다고 평가할 수 있다.

요컨대 퇴계학을 계승하였던 이만운을 통해 18세기 후반기 영남 지역 유학자들이 가지고 있었던 역학과 상수학에 대한 철학적 관심과 보수적 사회의식의 일단을 살필 수 있다.

■ 참고문헌

金聖鐸,《霽山文集》
柳道源,《退溪先生文集攷證》
尹榮善,《朝鮮儒賢淵源圖》
李道章,《鑑湖堂集》
李晩燾,《響山文集》
李萬運,《風泉吟》,《國朝搢紳案》,《紀年兒覽》,《俎豆錄》
李秉遠,《所庵集》
李象靖,《大山文集》
李潤雨,《石潭文集》
李埦,《艮巖遺稿》
張錫龍,《遊軒先生文集》
鄭逑,《寒岡全書》
鄭恩錫,《緘齋文集》
趙星復,《鶴坡集》
崔東翼,《晴溪續集》

《國譯 黙軒 李萬運先生 文集》, 묵헌문집간행위원회, 동화서관, 2000.
《묵헌선생문집》, 경인문화사, 한국역대문집총서 1016 1017, 1994.
《묵헌집》, 민족문화추진회, 한국문집총간 251, 2001.
《石潭先生實記》.
《旅軒先生全書》.
《仁同張氏大同譜》.
《조선왕조실록》.
《퇴계학맥도》, 한국국학진흥원.

박인호,《조선후기 역사지리학 연구》, 이회문화사, 1996.

고석규,〈기년아람에 나타난 이만운의 역사인식〉,《한국문화》8, 1987.

김학수, 〈한강정구신도비명의 개정논의와 그 의미〉, 《조선시대사학보》 42, 2007.
박인호, 〈한국의 역사가 이만운〉, 《한국사시민강좌》 36, 일조각, 2005.
신석호, 〈해제〉, 《국역 증보문헌비고》, 세종대왕기념사업회, 1980.
《朝鮮人名辭典》, 朝鮮總督府 中樞院, 1937.

복암 이기양의 생애와 학문

차 기 진
양업교회사연구소

1. 머리말

복암伏菴 이기양李基讓(1744~1802)은 한미한 집안에서 태어나 곤궁하게 살면서도 학문을 닦는 데 노력하였고, 마침내 정조 19년(1795)에는 52세의 나이로 뒤늦게 문과에 급제하였다. 이후 그는 남인의 영수였던 우의정 번암樊巖 채제공蔡濟恭(1720~1799)의 후원 아래 4년 만에 아경亞卿에 올랐지만, 1801년의 신유옥사辛酉獄事가 일어난 뒤 인척 관계를 통해 친서계親西系 인물들과 깊이 연관되었다는 억울한 죄목으로 함경도 단천으로 유배되어 생을 마감하였다. 그러면서 남아 있던 그의 유저마저 사라지고 말았으며, 이 때문에 그의 학문 내용이 어떠한 것이었는지 분명하게 설명할 길이 막히고 말았다.

그럼에도 그동안의 연구로 말미암아[1] 그 생애와 학문 내용의 중

1) 이기양의 생애와 학문을 본격적으로 연구한 글로는, 서종태, 〈성호학파의 양명학 수용: 복암 이기양을 중심으로〉, 《한국사연구》 66집, 1989가 있으며, 필자의 글도 그

요한 부분들을 이해할 수 있게 된 것은 다행이 아닐 수 없다. 실제로 이기양은 관리로서 면면보다는 성호학파星湖學派의 3세대 인물 가운데 한 명으로 더 잘 알려져 왔고, 경전 이해 과정에서는 성호 이익李瀷(1681~1763)의 조카인 정산貞山 이병휴李秉休(1710~1776)의 학문을 따르면서 녹암鹿菴 권철신權哲身(1736~1801)과 의기투합하여 새로운 학설을 내세운 것으로 이해되어 왔다.

이에 이 글에서는 먼저 출사 이전과 1778년(35세)의 출사 이후로 나누어 이기양의 생애와 사승 관계를 살펴보았다. 그런 다음 기존의 연구 성과를 바탕으로 그의 학문에서 찾아볼 수 있는 구체적인 내용과 특징을 살펴보고, 성호학파 안에서 그가 차지하는 위치를 가늠해 보고자 하였다.

2. 생애와 사승 관계

1) 출생과 학문 도야

이기양의 본관은 광주요, 자는 사흥士興이고, 호는 복암茯菴이다. 선조·광해군 때 영의정을 지낸 한음漢陰 이덕형李德馨(1561~1613)의 7

글에서 많은 도움을 받았다. 아울러 다른 연구 과정에서 이기양의 학문을 설명한 경우로는 다음과 같은 것들이 있다. 최봉영, 〈성호학파의 朱子大學章句 비판론〉, 《동양학》 17집, 1987; 서종태, 〈녹암 권철신의 양명학 수용과 그 영향〉, 《국사관논총》 34집, 1992; 서종태, 〈이병휴의 外朱內王의 유교사상〉, 《역사와 사회》, 현암사, 1997; 서종태, 〈성호학파의 양명학과 실학〉, 《조선시대사학보》 7집, 1998; 안영상, 〈순암 안정복의 사단칠정설: 성호학파 내부 논쟁을 중심으로〉, 《한국실학연구》 3집, 2001; 차기진, 《조선 후기의 서학과 척사론 연구》, 한국교회사연구소, 2002; 안영상, 〈古本大學說을 둘러싼 성호학파의 갈등 양상과 그 의미〉, 《한국 사상과 문화》 29집, 2005.

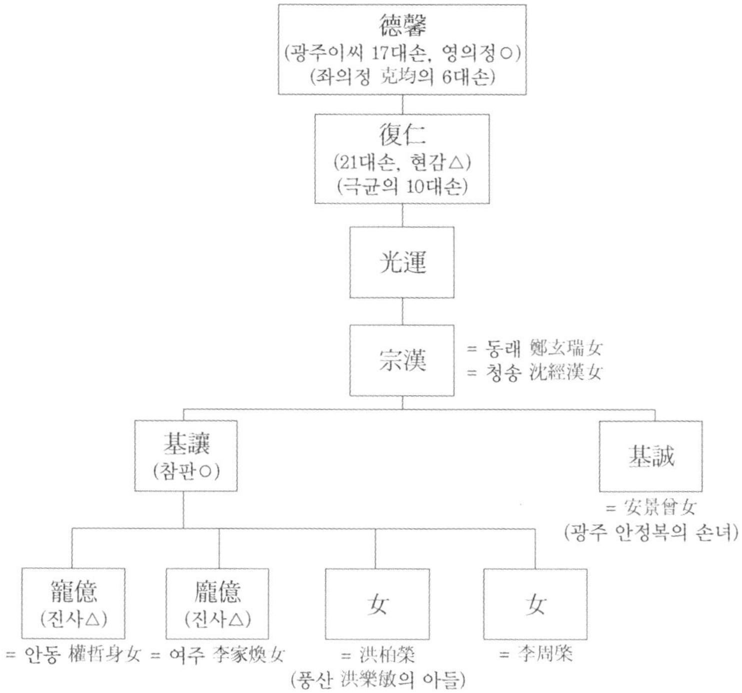

* ○은 문과, △은 생진과를 나타냄
*《광주이씨대동보》,《광주이씨좌의정공파보》,《남보》,《순조실록》,〈복암이기양묘지명〉 등 참조

그림 12-1. 이기양의 가계도

세손 종한宗漢(1724~1775)의 장남으로 태어났으나, 집안은 이미 오랫동안 환로가 끊겨 있던 데다가 부친마저 일생을 처사로 보내면서 그는 경제적으로 아주 어려운 환경에서 자랐다. 사암俟菴 정약용丁若鏞(1762~1836)이 설명한 것과 같이, 이기양은 뒷날 40여 세 무렵에 문의현령에서 파직되고 돌아온 뒤에도 송곳 꽂을 땅도 하나 없이 초가누옥에 살면서 끼니도 제대로 잇지 못할 정도였다.[2)]

2) 정약용,《여유당전서》(여강출판사, 1985) 2책, 제1집 권15, 복암이기양묘지명. 정약

〈그림 12-1〉[3]에서 보는 것과 같이 이기양의 집안은 기호남인으로서의 당색을 유지하면서 이에 속한 여러 집안, 더욱이 학맥상으로는 성호학파에 속하는 집안과 인척 관계를 맺고 있었다. 아마도 이러한 분위기가 뒷날 이기양의 학문과 출사에 중요한 영향을 주었을 것이다. 우선 부친 이종한은 정현서鄭玄瑞의 딸을 아내로 맞이하였고, 이기양 자신은 허경許檠의 딸을 아내로 맞이하였다. 그리고 아우 이기성李基誠(1765~1812)은 순암順菴 안정복安鼎福(1712~1791)의 손녀 즉 안경증安景曾의 딸과 혼인하였으며, 이기양의 장남 이총억李寵億(1764~1822)은 권철신의 딸과, 차남 이방억李龐億(1776~1837)은 금대錦帶 이가환李家煥(1742~1801)의 딸과, 장녀는 홍낙민洪樂敏(1751~1801)의 아들 홍백영洪柏榮과 각각 혼인하였다.

이기양이 어디에서 태어났는지 밝혀져 있지 않지만, 1764년(영조 40) 무렵에는 수성隋城(지금의 수원)에 살고 있었던 것이 확인된다. 이병휴가 소남邵南 윤동규尹東奎(1695~1773)에게 보낸 서한에 "근래 수성의 이기양이 내방하였다"[4]는 내용이 있기 때문이다. 그에 앞서 이병휴는 1757년에 숙부 이익이 거주하던 광주 첨성리瞻星里(지금의 경기도 안산)에서 양부인 섬계剡溪 이잠李潛(1660~1706)이 살던 섬곡剡曲 이웃, 즉 충청도 덕산의 장천리長川里(지금의 예산군 고덕면 상장리)로 이거하였다.[5] 그 뒤 이기양은 1763년(20세)부터 이병휴와 서한을 주

용은 이기양의 풍채를 설명하면서 '신장이 8척인 데다가 영걸로서의 풍채와 의기가 당당하였다'고 하였다.

3) 실록에는 이기양의 또 다른 아들 李永億의 이름이 보인다(《순조실록》 권12, 9년 9월 12일 기사).

4) 이병휴, 《정산잡저》(한국학중앙연구원 소장, 필사본) 권7, 答尹丈書, 1764년경. 이기양이 이병휴를 방문한 사실은 같은 해 이병휴가 이기양에게 보낸 서한에서도 확인된다(《정산잡저》 권7, 答李士興書).

5) 이병휴는 장천에서 사망한 뒤 그곳에 묻혔으며, 그 무덤은 1987년에 강원도로 이장되었다. 한편, 이익의 중형으로 그에게 가학을 전수해 준 것으로 알려진 이잠은 일

고받으면서 가르침을 받았고,[6] 다음 해에는 직접 덕산으로 가서 이병휴를 찾아뵈었으니, 이것이 처음으로 확인되는 그의 사승 관계이다. 1763년의 서한에서 스승 이병휴는 《대학》의 주요 내용에 대한 자신의 의견을 이기양에게 설명해 주는데, 이것이 뒷날 이기양의 학문 성향에 큰 영향을 주었던 것으로 보인다.

1764년 덕산 장천으로 이병휴를 방문한 이기양은 본격적으로 그에게 가르침을 받기로 다짐한 것 같다. 그리고 이로부터 멀지 않은 시기인 1765~1766년 사이에 이기양은 가족을 데리고 수원을 떠나 스승이 살던 덕산으로 이주하였다.[7] 이에 대해 안정복은 이기양에게 보낸 1765년 11월 5일자 서한에서 '이기양이 아호牙湖(지금의 충남 아산만 인근 지역)로 이거할 계획을 갖고 있다'는 소식을 들었다고 했으며,[8] 이병휴는 1766년 무렵 안정복에게 보낸 서한에서 '이기양이 이웃에 살고 있다'고 하였다.[9]

이처럼 스무 살 되던 해부터 이기양은 이병휴를 스승으로 삼고 본격적으로 학문에 정진하였다. 또 덕산으로 이주한 뒤로는 스승을 자주 방문하였고, 이때 이병휴의 조카인 예헌例軒 이철환李喆煥(1722~1790)의 문하에서도 공부하였다.[10] 1768년에는 이병휴의 의견에 따

찍이 덕산 섬곡(剡里)에 정착했는데, 그 시기는 정확히 알 수 없다. 이잠은 1706년(숙종 32) 장희빈을 두둔하는 상소를 올렸다가 국청에서 장살되었다. 한편 충청도 미산眉山에서 태어난 이익의 조카 혜환惠寰 이용휴李用休(1708~1782)는 일찍 부친을 여의고 섬곡의 당숙 집에 와서 유년기를 보냈으며, 10세 무렵에는 당숙 이익이 살던 광주 첨성리로 다시 이거해 수학하다가 30대 초반에 서울 황화방皇華坊(지금의 정동)으로 이주했고, 이곳에서 35세 때 이가환을 낳았다.

6) 《정산잡저》 권7, 답이사흥서, 1763년경.

7) 이기양의 새 거처가 덕산이었다는 사실은 그의 제자 이존창李存昌이 훗날 추국에서 진술한 내용으로도 알 수 있다[《推案日記》(규장각 소장, 필사본), 신유 2월 21일, 이존창].

8) 안정복, 《覆瓿稿》(국립중앙도서관 소장, 필사본) 3책, 答李士興, 을유(1765) 11월 5일.

9) 《정산잡저》 권8, 答安百順書.

라 경기도 양근 한감개(지금의 양평군 강상면 대석리)에 살던 권철신과 교류하기 시작했으며, 다음 해가 되면 이미 긴밀한 관계를 유지하게 되었던 것으로 보인다.[11] 권철신은 이기양보다 8살 위로, 1759년부터 이익의 문하에서 수학하였고, 1760년 무렵부터는 안정복·윤동규에게서 가르침을 받았으며, 1768년에는 처음으로 이병휴에게 서한을 보내 가르침을 받기 시작하였다.[12] 이기양이 안정복에게 가르침을 받은 것은 1765년 무렵부터였고, 이후 그는 윤동규의 문하에도 출입하였다.[13] 뒷날 정약용이 "공(이기양)이 경전 공부에서는 모두 성호의 학문을 따랐다"[14]고 한 것처럼, 이기양은 이때부터 성호를 사숙하였다.

이기양은 또 이익의 문하에 출입해온 농은隴隱 홍유한洪儒漢(1726~1785)과도 교유했음이 분명하다.[15] 홍유한은 권철신의 부친 권암權巖과 가까웠던 사이로, 권철신은 이미 1762년 무렵부터 홍유한과 학문에 대한 의견을 나누어오던 터였다.[16] 그에 앞서 홍유한은 서울 아현동에 살다가 이병휴가 덕산으로 이주한 1757년에 덕산 장천 이웃

10) 《여유당전서》, 복암이기양묘지명; 제3책, 제1집 권18, 示二子家誡; 이가환, 《錦帶集》(규장각 소장, 필사본) 하, 送冬至副使李侍郞入燕序.

11) 《복부고》 3책, 答旣明, 기축(1769); 안정복, 《순암집》(국립중앙도서관 소장) 권8, 답이사홍서, 기축.

12) 차기진, 〈권철신의 학문과 주자학 비판〉, 앞의 책, 104~105쪽. 이기양의 장남 이총억은 1776년부터 권철신에게서 가르침을 받았고[천진암 소장, "홍유한 관계 서한 자료"(필사본), 下生哲身書, 병신 5월 24일], 앞에서 설명한 것과 같이 훗날 권철신의 딸과 혼인하였다. 이하 후자의 자료는 그 제목만을 기록함.

13) 《순암집》 권8, 답이사홍서, 을유(1765); 《정산잡저》 권7, 답윤장서, 1764년경; 윤동규, 《邵南先生文集》 권7, 書, 신묘(1771).

14) 《여유당전서》, 복암이기양묘지명.

15) 金洪永·馬白樂 역편, 《농은 홍유한 선생 유고집》 권2, 학민문화사, 1995, 171~174쪽의 광릉廣陵 이기양의 홍유한 제문(1787); "홍유한 관계 서한 자료", 損弟權巖書, 계사 11월 12일; 下生哲身書, 병신 4월 24일, 병신 5월 24일, 정유 8월 8일). 이하 전자의 자료는 그 제목만을 기록함.

16) 《순암집》 권2, 上星湖先生書, 임오(1762).

인 예산 여사울(지금의 예산군 신암면 신종리)로 이주했으며, 1775년에는 다시 경상도 순흥 구고리九皐里로 이주해 살았다.[17] 이때 홍유한이 예산에서 영남으로 이주한 것은 '퇴계의 학문을 사모하였기 때문'이라고 하는데,[18] 이것은 1773년 이래로 동료들과 논의해온 입산지계入山之計 혹은 남계南計를 실행에 옮긴 것으로, 이 계획에는 본래 권암·이병휴·권철신은 물론 이기양도 참여하려고 했었다.[19] 이렇게 볼 때 그들 사이에서 오랫동안 논의되어 온 계획은 단순히 은둔을 위한 것이거나 시회詩會 정도에 그친 것이 아니라, 학문의 뜻을 같이하고 연구나 토론을 위한 강학 또는 학회를 구성하려고 한 것이 아닐까 한다.

한편 홍유한의 조카요, 권철신의 제자였던 홍낙민도 열두 살 되던 1762년부터 12년 동안 이병휴를 스승으로 모시고 학문을 배웠으며,[20] 경기도 광주의 광암曠菴 이벽李檗(1754~1785)도 1774년에 덕산

17) 《농은 홍유한 선생 유고집》, 1~6쪽, 洪承敬의 家狀. 1757년에 홍유한은 예산 출신인 재종 홍양한洪亮漢과 함께 예산으로 낙향하는데(《농은 혼유한 선생 유고집》, 144쪽, 再從姪樂敏의 祭洪隴隱文), 다음에 설명한 것처럼 홍양한의 아들 홍낙민이 열두 살 되던 1762년부터 12년 동안 이병휴를 스승으로 모시고 학문을 배운 사실(성호기념관 소장, 〈洪樂敏의 貞山公祭文〉)에서 볼 때 이병휴와의 관계도 작용하였던 것이 아닌가 한다.

18) 《농은 홍유한 선생 유고집》, 1~6쪽, 홍승경의 가장; 《정산잡저》 권11, 送洪友士良之嶺南序, 병신(1756). 그러나 샤를르 달레의 기록에서는 '홍유한이 최초로 천주교 교리를 실천한 인물'이라 기록하고, 영남으로 이주한 까닭도 천주교 교리를 실천하려고 한 때문이라고 하였다(Ch. Dallet 저, 안응열·최석우 역주, 《한국 천주교회사》 상, 분도출판사, 1979, 296~297쪽) 또 최근에는 이를 액면 그대로 받아들여 '홍유한은 판토하(D. Pantoja, 龐迪我)의 《칠극》을 바탕으로 수계 생활을 한 최초의 천주교 신자'로까지 설명한 경우가 있지만(馬白樂, 〈홍유한 선생의 천주교 수덕 생활과 사상〉, 《농은 홍유한 선생 유고집》, 215~247쪽), 그렇게 단정하기는 어려울 것 같다.

19) "홍유한 관계 서한 자료", 損弟權巖書, 계사 11월 12일; 下生哲身書, 병신 4월 24일, 병신 5월 24일. 훗날 권철신이 홍유한의 추도문에서 "십수 년을 도모하였지만 마침내 중도 해산하게 되었다"고 한 사실도 이 南計를 말한 것 같다(《농은 홍유한 선생 유고집》, 171쪽, 永嘉權哲身의 祭洪隴隱文).

20) 성호기념관 소장, 〈洪樂敏의 貞山公 祭文〉.

장천으로 이병휴를 방문하고 그가 사망하자 제문을 지어 스승을 추모하기도 했다.[21] 이벽은 한국 천주교회 창설의 주역으로, 이 때문에 집안의 박해를 받다가 1785년 무렵 사망했고, 홍낙민은 천주교 신자라는 이유로 1801년에 참수되었다. 이기양은 이 무렵 홍낙민·이벽과도 교류했을 것으로 생각되는데, 앞에서 설명한 바와 같이 뒷날 이기양과 홍낙민은 통혼 관계를 맺게 되었다. 그러나 이들 홍낙민·이벽이나 다음에 설명할 이존창李存昌(1759~1801)의 관계는 1801년의 천주교 옥사와 관련하여 이기양의 죽음을 재촉하는 직접적인 원인이 되었다.

2) 사환과 유배

이기양은 덕산으로 이주할 당시만 해도 과거에는 뜻이 없었던 것 같다. 1765년 이병휴가 이기양에게 보낸 서한에는 다음과 같은 내용이 있다.

> 과업에 대한 거취는 그대 한 사람만이 아니라 예로부터 어려운 일이었으니, 주자 문하의 여러 선비들도 면하지 못한 것입니다. 이에 대해 문답한 말들은 이미 그 현자들이 깊이 검토한 것에 다 들어 있으니, 어찌 제가 망령되이 떠들 수 있겠습니까? 다만, 우리나라에서 환로에 나가려면 이런 일 저런 일들을 생각해서는 안 되고, 본래 과업을 끊어버린다는 것도 쉽지만은 않은데, 하물며 부모의 뜻이 이처럼 은근하니 어찌 자신의 뜻을 마음대로 할 수 있겠습니까.[22]

21) 이벽, 〈祭貞山李秉休〉. 이 제문의 원문은 현재 소실되었으나, 주재용의《한국가톨릭사의 옹위》, 한국천주교중앙협의회, 1970, 32쪽에 그 자료 사진이 수록되어 있다.

이기양은 부모들의 바람과는 달리 과거에 뜻을 두지 않고 있지만, 과업을 끊는 일이 쉽지만은 않다고 충고한 것이다. 여기에서 이기양은 당시까지도 과거에 응시할 뜻이 없었음을 잘 알 수 있다.

그러나 이기양은 마음을 바꾸어 과거에 뜻을 두게 되는데, 대략 1769년을 전후해서였던 것으로 생각된다. 왜냐하면 이 해 안정복이 이기양에게 보낸 서한에서 "과장科場을 쫓아다닐 때나 벗들이 많이 모인 가운데서는 여기에 마음을 다루는 것이 달려 있는 것이니, 일에 따라 경계하고 살펴야 한다는 것을 현자라면 마땅히 알고 있을 것입니다. 예로부터 사군자로서 때를 잃어 궁하고 천하게 살았던 자들이 얼마나 많았습니까"[23]라고 경계한 내용이 보이기 때문이다. 이처럼 이기양이 1769년 무렵부터 과거 지향적인 태도를 갖게 된 것은, 본래 과거에 뜻을 두고 있던 권철신이 1773년 무렵에 이르러 과거 공부를 폐기하는 과정과는 정반대였다.[24]

이기양은 31세이던 1774년(영조 50) 진사시에 장원으로 합격하였다. 바로 이 해 그는 예산 여사울에 살고 있던 이존창을 제자로 받아들이는데, 이존창은 뒷날 충청도 지역에 천주교를 포교한 죄로 1801년의 옥사 때 공주에서 참수를 당한 인물이다. 다음 해인 1775년에 이기양은 부친상을 당했고, 다시 1년 뒤인 1776년 4월 무렵에는 덕산을 떠나 외가 동래정씨가 살던 남천南川의 단내(지금의 경기도 이천시 호법면 단천리)로 이주하였다.[25] 그 뒤로도 이존창은 그의 집을 드나

22) 《정산잡저》 7책, 답이사홍서, 을유(1765), "科業去就 不特足下一人 自古以爲難 朱門諸彦 亦所未免 而其答問之語 具存此賢者之所已熟閱 豈容僕妄喙耶 但我國進取之路 捨此靡他 本非容易斷棄者 況親意若是鄭重 則又何可擅行己志."

23) 《순암집》 권8, 與李士興書, 기축(1769). "名場追逐之際 儕友群聚之中 此心之操舍係焉 隨事警省 賢者亦當知之 從古以來 士君子失時 窮且賤者何限."

24) 차기진, 〈권철신의 학문과 주자학 비판〉, 앞의 책, 108쪽.

25) 성호기념관 소장, 〈이기양의 정산공 제문〉, 무술(1787); "홍유한 관계 서한 자료",

들면서 수학하다가 같은 해 5월 무렵에는 이기양의 장남 이총억과 함께 권철신의 문하에 들어갔으니,26) 이 해는 이병휴가 사망하고 그 제자들이 대부분 권철신의 문하에 들어가면서 녹암계鹿菴系가 형성된 때였다.27)

1777년에 이기양은 권철신과 함께 호서 지방을 여행하다가 이존창의 집에 유숙하였다.28) 이듬해에는 음서로 영릉참봉이 되었으며, 7년 동안 직장 등을 역임하면서 이곳 저곳으로 옮겨다니다가 1784년(정조 8) 41세가 되어서야 문의현령에 임명되었다. 그러나 이때 그는 자혜로운 수령으로 이름이 났음에도 5년 뒤인 1788년에 파직되어 다시 외가가 있던 이천 단내로 돌아와 어렵게 살다가,29) 1793년에 서울로 이주하였다.30)

이로부터 얼마 뒤에 이기양은 진산현감으로 임명되었다. 또 1795년(정조 19) 8월에는 정조의 특지로 제술 시험을 치르고 여기에서 수석으로 합격한 뒤 9월에는 바로 전시에 나가 합격함으로써 10월에 홍문관 부수찬을 제수받았다.31) 그에 앞서 같은 해 봄에는 남인의

下生哲身書, 병신(1776) 4월 24일, 5월 24일. 이기양의 모친(정현서의 딸)은 단내에서 태어난 것으로 추정된다. 한편 이기양의 외사촌으로 서울 관정동에 살던 鄭涉은 1801년의 옥사 때 체포되어 광양으로 유배되었고(《邪學懲義》 권2, 作配罪人秩, 정섭), 1866년의 병인옥사 때는 정섭의 동생 鄭溵이 단내에서 체포되어 남한산성에서 처형되었다. 현재도 단내에는 동래정씨 천주교 신자들이 많이 살고 있다.

26) "홍유한 관계 서한 자료", 下生哲身書, 갑오·병신; 《추안일기》, 신유 2월 21일, 이존창.

27) 차기진, 〈녹암계의 천주교 수용과 교회 창설〉, 앞의 책, 129쪽.

28) "홍유한 관계 서한 자료", 友弟哲身書, 정유(1777).

29) "홍유한 관계 서한 자료", 下生哲身書, 무신(1788) 6월 12일; 《여유당전서》, 복암이기양묘지명. 이기양도 훗날의 추국시에 문의 현령으로 5년 동안 재임한 것처럼 진술하였다(《추안일기》, 신유 2월 20일, 이기양).

30) 《推案及鞫案》(한국학문헌연구소, 1978), 신유 3월 6일, 이기양.

31) 《여유당전서》, 복암이기양묘지명; 《정조실록》 권43, 정조 19년 8월 2일 경진; 《國朝榜目》 권18, 정조 을묘 9월 4일. 이후 이기양은 서울 순청동巡廳洞에서 살다가 1799년 확동確洞으로 이사하였다(《추안급국안》, 신유 3월 8일, 이기양).

영수 채제공이 우의정에, 이가환이 공조판서에, 정약용이 동부승지에 발탁되면서 남인이 크게 득세할 기회를 얻었으나,[32] 북산사건北山事件[33]이 일어나면서 7월에는 이가환이 충주목사로, 정약용이 충청도 청양의 금정찰방으로 좌천되고 말았다. 이기양이 문과에 급제하여 내직으로 옮기게 된 데는 이러한 배경도 작용했던 것으로 생각된다. 실제로 정조는 이기양을 홍문관 부수찬에 임명한 뒤 채제공을 불러 "경은 이제 늙었소. (이가환·정약용이 좌천되면서) 경을 대신할 만한 인물이 없었는데 이기양을 얻으니 걱정이 없어졌소"[34]라고 했다 한다. 정조는 이가환·정약용과 함께 이기양이 채제공의 뒤를 이을 인물, 곧 탕평의 한 부분을 뒷받침해 줄 남인의 인물로 생각했던 것이다.

정조는 이후 이기양을 빨리 경상卿相에 오르게 하고자 절차를 밟지 않고 임용하였다. 그리하여 그는 1796년 봄에 사간원 헌납, 1797년 1월 홍문관 수찬, 3월 의정부 검상, 4월 부교리, 5월 부수찬, 8월 집의를 거쳐 동부승지에 올랐으며, 같은 해 10월에는 의주부윤으로 나갔다. 이어 1799년에는 호조참판에 올랐고, 10월에는 진하 겸 사은사 해석海石 김재찬金載瓚(1746~1827)의 부사로 임명되어 연경을 다녀왔으며, 다음 해에는 병조참판, 우승지, 형조참판, 한성우윤을 거쳐 윤4월에 사간원 대사간에 임명되었다. 그리고 그해 6월 정조가 승하한 뒤에는 예조참판을 거쳐 좌승지에 임명되었다.[35] 그는 의주부윤

32) 《여유당전서》 제1집 권15, 貞軒墓誌銘; 제1집 권16, 自撰墓誌銘.
33) '북산사건'은 중국인 신부 주문모周文謨가 1784년 12월 조선에 들어와 서울 계동에 은거한 사실이 조정에 알려지고, 이로 말미암아 주문모를 조선으로 인도해 온 천주교 신자 윤유일尹有一·최인길崔仁吉·지황池璜이 체포되어 포도청에서 비밀리에 장살된 사건이다.
34) 《여유당전서》, 복암이기양묘지명. "十月中批除弘文館副修撰 謂相國曰 卿今老矣 無可代卿者 得李基讓吾無患矣."

시절에 거급擧給(호수의 대소에 따라 환곡을 모든 민호에 균등하게 배당하는 일)과 진분조盡分條(백성에게 환곡을 나누어주고 상환토록 하는 몫)에 따른 환곡의 폐단을 시정해야 한다고 상소하여 윤허를 받았으며, 대사간 시절에는 다시 한 번 환곡·형옥·송정松政의 폐단을 상소하기도 하였다.[36]

이처럼 이기양은 1795년 내직으로 들어간 뒤 채제공과 정조의 후원 아래 탕평의 일각을 지탱할 남인의 인물로 성장하였다. 그러나 1799년 봄에 채제공이 죽고 이듬해 6월 정조가 승하한 데다가 1801년의 옥사가 일어나면서 모든 환로가 막히고 말았다. 뿐만 아니라 그는 남인들을 제거하려는 노론계 인물들의 표적이 되었고, 그들은 마침내 이기양을 권철신·이가환·정약용 등과 함께 친서계 인물로 몰아붙여 천주교 비호 세력이라는 낙인을 찍어버렸다. 그 결과 그는 1801년(순조 1) 2월 20일 의금부로 압송되어 추국을 당한 끝에 함경도 단천에 유배되었으며, 다음 해(59세) 2월 유배지에서 병이 악화되어 생을 다하였다.[37] 이때 맏아들 이총억은 체포되어 형조에서 신문을 받았지만 무혐의로 풀려났고, 이기양도 1809년에 아들 이영억李永億의 원정으로 신원되었다.[38]

그러면 과연 이기양은 자신을 유배와 죽음으로까지 몰고 간 천주교를 받아들였을까? 그렇지 않으면 정약용이 단언한 것처럼, "공은 평생 동안 서양인들의 서적을 한 자도 보지 않았는데, (친서계 인물들

35) 《여유당전서》, 복암이기양묘지명.
36) 《정조실록》 권48, 정조 22년 3월 27일 신묘; 권54, 정조 24년 5월 2일 계미.
37) 이기양의 시신은 단내를 거쳐 광주 율현리(지금의 서울 율현동)에 안장되었다.
38) 《순조실록》 권12, 순조 9년 9월 12일. 정약용은 이때 연행시의 정사였던 좌의정 김재찬의 도움으로 이기양이 죄명을 씻고 관작을 회복할 수 있었다고 한다(《여유당전서》, 복암이기양묘지명).

과) 혼인을 맺었다는 것 때문에 이와 같이 해를 입었다"[39]고 이해할 수 있을 것인가?

결론부터 말하자면, 그는 한때 천주교 서적을 접한 적이 있었던 것 같고, 장남 이총억도 천주교에 기울어진 적이 있었다. 그러나 이기양이 친서계의 다른 인물들처럼 천주교를 수용했다고 보기는 어려울 것 같다. 실제로 교회 측 기록에서는, 1784년의 교회 창설 직전에 이루어진 이벽과 이가환·이기양의 천주교 교리 토론에 대해 다음과 같이 기록하였다.

> 그(이벽)는 이기양에게 다양한 능력을 지닌 인간의 영혼에 대한 교리, 한 생애 동안 각자의 행위로써 다른 생에서 받을 벌과 보상에 대한 놀라운 상응에 대해서 설명했고〔償善罰惡〕, 한마디로 견고하고 공략할 수 없는 원리들에 기댄 천주교의 진리와 명확성의 명백한 증거를 가지고 그를 납득시켰다. 이기양은 토론을 견뎌낼 수 없었고 감히 입을 열지 못하였다. 그는 마음속 깊이 믿는 것 같았으나 솔직하게 그것을 고백하고 실천할 결심을 할 수가 없었다.
>
> 그가 물러나자, 이벽은 이 두 학자(이가환과 이기양)에 대해서 이렇게 말했다. '이 두 이씨는 대답할 말이 아무것도 없고 토론을 견뎌내지 못하면서도 천주교를 실천할 마음이 전혀 없으니 그들을 신뢰할 수가 없다. 도무지 희망이 없다.'[40]

이가환뿐만 아니라 이기양도 천주교를 수용하려는 의사가 전혀

39) 《여유당전서》, 복암이기양묘지명.

40) A. Daveluy, *Notes pour l'Histoire des Martyrs de Corée*(한국교회사연구소 소장, 필사본), 1859, pp.13~14.

없었다는 것을 설명해 주는 내용이다. 그러나 이기양 부자는 한때 서학서나 천주교를 접했던 것으로 보인다. 우선 이기양의 장남 이총억은 1785년의 명례방 사건이 일어난 직후, 인척인 정섭, 권철신의 아우인 직암稷菴 권일신權日身(1742~1792)·권상학權相學 부자, 녹암계의 이윤하李潤夏(?~1793) 등과 함께 형조로 들어가 교회 서적과 물건을 되돌려달라고 요청한 사실이 있으며,[41] 안정복은 1784년 권철신과 이기양에게 보낸 서한에서 "이기양의 아들인 이총억과 이방억이 신학新學(서학)을 공부한다"는 이야기를 들었다고 하면서 이를 질타한 적이 있었다.[42] 또 안정복은 1784년 권철신에게 보낸 또 다른 서한에서 "이기양이 영남 유생들에게 빌려갔다는 《칠극七克》의 내용에서는 취할 것이 없다"고 비판하였다.[43]

1801년의 신유옥사 때 추관들은 이기양에게서 천주교와 관련된 어떠한 단서도 밝혀내지 못하였다. 이에 대왕대비전에서는 백방白放을 명했다가 다시 추관들의 의계를 받아들여 이기양을 정배에 처한다고 결정하였다.[44] 당시 추관들이 의논해서 아뢴 내용을 보면 다음과 같다.

> 다만 죄인 이기양의 일에 대해서는 그윽이 아뢸 것이 있습니다. 이기양 좌우 전후에 있는 인친과 척당 가운데 사학(천주교)에 점차 물들지 않은 자가 없는데, 그가 또 눈을 부릅뜨고 용기를 내서 성토하지 못했으니, 어찌 사

41) 李晩采 편, 《闢衛編》(열화당, 1931) 권2, 乙巳秋曹摘發.
42) 《복부고》 권10, 與權旣明弟三書兼呈士興, 갑진(1784) 12월; 《벽위편》 권2, 安順菴乙巳日記.
43) 《순암집》 권6, 答權旣明書, 갑진(1784). 《칠극》은 중국의 예수회 선교사 판토하(D. Pantoja, 龐迪我, 1571~1618)가 저술한 책으로, 칠죄종七罪宗을 칠덕七德으로 극복해 나가야 한다는 가르침을 담은 수덕서이다. 이익은 일찍이 "뼈를 찌르는 내용"이 그 안에 담겨 있다고 칭찬한 적이 있었다.
44) 《순조실록》 권2, 순조 원년 3월 10일 무술.

> 학과 관련해서 지목을 받는 일을 피할 수 있겠습니까? 여러 차례 자세히 캐묻고 연달아 형벌을 했지만, 처음부터 지금까지 진술하는 것이 한결같습니다.……이기양은 본디 이와 같이 확실한 흔적도 적발된 것이 없고, 사학 서적의 면목은 애초에 보지 않았다고 합니다.[45]

이와 같이 이기양은 천주교를 수용한 일이 없었다. 실제로 권철신은 물고 직전까지도 '이기양은 천주교를 배척하였다'고 하였으며, 이기양은 추국 과정에서 권일신·이존창 등이 천주교에 물든 이후로는 그들과 절교했고, 권철신은 1791년의 신해옥사 이후 천주교를 신봉하지 않았기 때문에 절교하지 않았다고 진술하였다. 또 이존창도 1799년 이후 천안 옥에 수감되어 있을 때 "그(이기양)가 본 군의 수령 조정옥趙鼎玉에게 서한을 보내 '저를 매우 다스려야 한다'고 하였다"는 말로 스승의 천주교 배척 사실을 확인해 주었다.[46]

이렇게 볼 때, 이기양과 아들 이총억이 일찍이 접했다는 서학서는 천주교 서적이 아니라 서양 문물에 관한 서적이었을 가능성이 있다. 그럼에도 그들 부자는 혼인이나 학문 교류를 통해 친서계 인물들과 깊은 관련을 맺고 있었고, 결국에는 노론계 인물들의 성토 대상이 되어 화를 당해야만 하였다.

45) 《추안급국안》, 신유 3월 10일, 이기양. "第罪人李基讓事 竊有所仰陳者 基讓之左右前後姻親戚黨 無不漸染於邪學 渠又不能明目張膽極力聲討 則邪學之目 渠安得逭 屢次盤詰 連加刑訊 自初至終 所供如一……基讓則姑無此等眞贓之現捉 至以爲邪書面目 初不見之云."

46) 《추안급국안》, 신유 2월 21일, 권철신, 이존창; 3월 6일, 이기양.

3. 학문 내용과 성향

1) 경전 해석과 논의

이기양은 일찍이 이병휴, 목재木齋 이삼환李森煥으로부터 천인성명天人性命의 학문을 배웠고, 경전과 역사를 스스로 공부하여 모든 것에 박식하고 정통하였다. 그는 평생 당쟁 문제에 대해서는 입으로 말한 적이 없으며, 흑백을 구분해서 말한 적도 없고, 단가서丹家書를 읽은 뒤로는 살생을 하거나 해를 끼치는 일을 좋아하지 않았다고 한다. 또 젊어서부터 실용의 학문에도 뜻을 두었다고 한다.[47] 정약용은 이기양의 이러한 성향을 지적하면서 그의 학문을 다음과 같이 설명하였다.

> 공은 경전 공부에서 모두 성호의 뜻을 따랐다. 그러나 스스로 혼후하여 고금의 시비를 가볍게 말하지 않았으므로 비록 친한 사이라 하더라도 그의 주장이 어떤 학설인지 알 수 없었으니, 다만 그의 문장에서만 나타날 뿐이었다.……(공은) 글을 대해서 그 뜻을 파악할 때는 마땅히 세밀히 살펴보고 엄혹하게 해야 하며, 단지 자구를 해석하는 것만으로 과정을 끝냈다고 해서는 안 된다고 하였다. 이것으로 볼 때 공은 경전 공부를 함에 세밀히 관찰하고 탐구했던 것이니, 확실히 주장하는 바가 있었음을 알 수 있다(1799년 가을에 들은 바다).[48]

47) 《여유당전서》, 복암이기양묘지명; 《여유당전서》 제2책, 제1집 권13, 送李參判基讓使燕京序. 1799년 이기양의 연행에 앞서 정약용은 문익점이 예전에 한 것과 같이 이용후생의 방도를 구해보도록 이기양에게 부탁하였으며, 실제로 이기양은 하루에 수백 근의 목화를 앗을 수 있는 씨아[攪車]를 사와서 널리 보급하려 했으나 정조의 사망으로 뜻을 이루지 못했다고 한다.

48) 《여유당전서》, 복음이기양묘지명. "公於經傳 皆從星湖之義 然渾厚 不輕言古今是非 雖親者

이처럼 이기양은 성호 이익의 학문을 따르면서 일찍부터 천인성명의 학문과 경전을 연구하고, 그 내용을 세밀하게 탐구하였다. 또 역사와 단가서까지 섭렵하면서 실천적인 학문에 뜻을 두었으나, 이기양 스스로 자신의 의견을 드러내려 하지 않은 까닭에 그와 가까웠던 정약용조차도 그 세밀한 내용에 대해서는 설명하기 어려웠던 것이다.

이기양의 저술로는 《복암유고》 4책이 있었다고 하지만 현전하지 않는다. 따라서 정약용의 설명처럼 그의 학문 내용과 성향을 자신의 문장 안에서 파악하는 일도 쉽지만은 않다. 그나마 다행인 것은, 일찍이 성호학파 안에서 이루어진 경전과 심성 논의 과정에서 드러나는 단편적인 방계 자료들을 통해 그 학문의 일단을 파악할 수 있다는 점이다.

(1) 《대학》설

이기양의 학문 내용은 대부분 이병휴·안정복·권철신과의 관계 안에서 설명될 수 있다. 그 가운데서도 가장 먼저 드러나는 것은 일찍이 성호학파 안에서 논의되어 온 '《대학》설'로, 이는 이병휴가 30세 때인 1739년에 이익의 《대학질서大學疾書》를 읽고 문제가 있다고 생각하여 새로 《대학심해大學心解》를 저술하면서 시작되었다. 이때 이병휴는 고본 《대학》의 체제를 중시하면서 주자가 내세운 대학설의 체계, 곧 대학장구大學章句 대부분을 비판하였다. 아울러 그는 '《대학》의 격치格致는 곧 《중용》의 명선明善'이고, '《대학》 3강령의 첫 명덕明德은 곧 세 번째의 지선至善'이라고 이해했으며, 더우이 명덕을

莫知其所主者何說 但見其發爲文章……以爲臨文索義 當精覈嚴酷 不可但以詁訓塞果也 由是觀之 公於經傳 其密察探求 確有所主 可知矣(己未秋所聞)."

후천적인 노력으로 얻어지는 효제자孝弟慈로 풀이하고, '치국·평천하의 도는 제가의 효제자와 다름없다'고 단정하였다.[49] 따라서 그의 《대학》설은 그 가르침을 인륜의 실천으로 해석한 실천적 대학설이라 할 수 있다.[50] 이후 이병휴의 탈주자학적인 《대학》설은 신후담에게 영향을 주었고, 윤동규와 안정복 등의 논의로 발전하게 된다.

이기양이 이병휴에게 《대학》의 실천 수양론에 대해 듣게 된 것은 1764년 무렵이었다. 이때 이병휴는 이기양에게 보낸 서한에서 '격치는 명선', 곧 격치가 사물의 이치를 궁구하는 것이 아니라 선을 실천으로 밝히는 일이고, '명덕은 효제자', 곧 명덕은 선천적인 예지가 아니라 실천과 노력에 따라 얻어지는 효제자와 같은 것임을 강조하면서 "효제자는 비록 성性에 근본이 있고 심心에서 발한 것이지만, 그 뜻을 보면 성이나 심에 얻을 수 있는 것이 아니라 덕德을 통해 얻게 된다"고 설명하였다.[51] 이후 그는 권철신에게도 서한을 보내 다시 한 번 명덕은 효제자를 말하는 것임을 조목조목 설명했으며,[52] 그 결과 이기양과 권철신은 이병휴의 '명덕=효제자설'을 굳게 따랐

49) 이병휴, 《대학심해》(국립중앙도서관 소장, 필사본), 경1장, 至善便是明德條, "至善便是明德 在人曰明德 在事曰至善 而其實一物也."; 止於至善本是明明德之事條. "治國平天下之道 不外於齊家之孝弟慈"; 物指明德條, "齊家之孝弟慈 卽所謂明德……以此三者敎於國 則是明明德於國也 以此三者率天下 則是明明德於天下也."

50) 이병휴의 대학 해석을 양명학에 바탕을 둔 것으로 본 경우도 있다(서종태, 〈이병휴의 외주내왕의 유교사상〉, 922~929쪽). 그러나 이병휴가 양명학에서 영향을 받았다고 할지라도 《대학》설에서 전적으로 양명설을 추종한 양명학자라고 생각되지는 않는다. 실제로 왕양명은 이병휴와 달리 명덕과 지선을 모두 선험적인 양지良知로 보았지, 후천적이요 실천적인 효제자로 설명한 것은 아니다. 이는 정약용도 지적한 바가 있다(《여유당전서》 제4책, 제1집 권1, 大學公議, "但王陽明 不以明德爲孝弟").

51) 《정산잡저》 권7, 答李士興書, "但大學所謂格致 卽中庸明善之工也……然經云 明明德於天下 而察於傳中 其所明之者 不過孝弟慈 故愚意 孝弟慈之類 卽所謂明德也 彼孝悌慈 雖原於性 而發於心 然今以意者 謂之性不得 謂之心亦不得 只得謂之德."

52) 《정산잡저》 권11, 答旣明大學經一章問目(1773년경). "明明德者 孝弟慈也……治國平天下之孝弟慈 雖不外於齊家之孝弟慈."

다.[53]

사실 효제자설은 양명 좌파인 근계近溪 나여방羅汝芳(1515~1588) 등이 학문의 종지로 삼은 것이었다.[54] 또 효제자에 대해서는 이미 잠야潛冶 박지계朴知誠(1573~1635), 탄옹炭翁 권시權諰(1604~1672), 백호白湖 윤휴尹鑴(1617~1680) 등도 주목한 적이 있었다. 그러나 정약용의 말과 같이 "왕양명은 명덕을 효제로 여기지 않았다."[55] 그리고 박지계·권시·윤휴 등은 《대학》의 명덕을 효제자로 해석하지 않았으니, 이러한 해석은 이병휴에게서 비롯되었다고 할 수 있다.[56] 또 권철신은 1768년 안정복과 《대학》에 대해 논하는 과정에서 안정복이 강서학江西學(양명학)에 치우쳤다고 비판하자, 양명학에 빠진 것이 아니라고 불평을 토로한 적이 있었다.[57] 그럼에도 양명학의 이론과 선학들의 효제자론이 이병휴의 명덕=효제자설에 영향을 주지 않았다고 보

53) 《여유당전서》, 복암이기양묘지명, 附見閒話. 정약용은 1791년 정조의 《대학》 문목에 대해 자신이 효제자를 명덕이라 답한 사실을 떠올리면서, 이러한 견해가 이미 驪江(윤휴)과 茯菴(이기양)에 의해 제기되었던 것임은 당시의 命官 채제공도 알고 있었으며, 이 때문에 자신을 제2등으로 강등시켰다고 밝히고 있다. 한편 권철신의 《대학》설에 대해서는, 차기진, 〈권철신의 학문과 주자학 비판〉, 앞의 책, 119~124쪽을 참조.

54) 劉明宗, 《韓國의 陽明學》, 동화출판공사, 1983, 258~259쪽.

55) 앞의 주 49 참조.

56) 유명종, 《韓國思想史》, 이문출판사, 1981, 442~464쪽 참조. 박지계가 "人君必先躬行孝悌慈" "使民各修其孝悌慈之心 此乃大學傳所謂治國平天下用工之地也"(박지계, 《潛冶集》 권1, 請務本疏)라 한 것이나 권시가 "孝悌慈 所以修身而敎於家者也"(《炭翁集》 권3, 進善謝恩後疏)라 한 것은, 효제자를 수신·제가나 치인의 바탕으로 삼은 것이기는 하지만, 이병휴와 같이 명명덕 자체를 효제자로 본 것은 아니다. 또 훗날 정약용이 "근래 夏軒 尹氏(윤휴)가 효제를 명덕이라 하니 東園(이덕흠)이 그를 자주 칭찬하였다"(《여유당전서》 제4책, 제2집 권1, 대학공의)고 하였으나, 실제로 윤휴가 '명덕을 효제'로 해석한 내용은 찾아볼 수 없고, "堯舜之道 孝悌而已"(《白湖全書》 권6, 225쪽)라 하여 효제를 중시한 사실만을 알 수 있다. 따라서 '명명덕을 효제자'로 해석한 것은 이병휴가 처음이라고 해도 좋을 것이다.

57) 《순암집》 권6, 答權旣明, 무자(1768). "公書云 若一意反觀內省 而脫略於講討 則未免江西一偏之歸 又云 一欲質疑 反陷罪過 又云 義理頭腦處 寧容噤嘿不言乎 辭氣之間 太涉發露 有不平底氣像."

기는 어렵다. 뿐만 아니라 이기양과 권철신의 탈주자학적이고 실천윤리적인 해석이 이병휴의 영향이었다고 본다면, 이들의 《대학》설도 양명학이나 선학들의 이론과 일정한 관계 아래 있다고 보아야 할 것이다.

(2) 심성론

이기양은 《대학》설뿐만 아니라 심성론에서도 이병휴의 영향을 받았다. 당시 성호학파 안에서 논의된 심성론의 요체는, 첫째 공희노公喜怒 즉 성인의 공칠정公七情(중절한 칠정)을 이발理發로 보아야 하느냐 기발氣發로 보아야 하느냐의 문제, 둘째 심心·성性·정情의 혼륜과 분개, 특히 정에서 사단과 칠정을 구분해 볼 것이냐의 문제였다. 이때 이병휴는 공칠정 이발설을 주장하면서 사단의 이발과는 다른 칠정 가운데 또 다른 이발이라고 주장하였다. 동시에 그는 심성을 강충지성降衷之性(도심-사단-이발)과 기질지성氣質之性(강충지성+형기지성), 형기지성形氣之性(인심-칠정-기발, 공칠정 이발 포함)으로 엄격하게 구분함으로써 어떠한 혼륜도 인정하지 않으려 하였다.[58]

이와 같은 이병휴의 심성론은 이기양이 사단칠정도를 그려서 명쾌하게 밝히는 것이 좋겠다는 의견에 따라 얻은 결론으로,[59] 이기양의 심성론도 이와 크게 다르지 않았을 것으로 추정된다. 실제로 이기양은 "성이 발하여 정이 되는데, 사단이 바로 이것이다. 희로애락의 정情은 명칭이 비록 유사하기는 하지만 형기에서 발한 것이므로 서로 뒤섞어 말할 수 있는 것은 아니다"라고 하면서 주자의 《중용장구》에서 "희로(정)가 아직 발하지 않은 것이 성이고, 성에서 발한 것

58) 차기진, 〈성호학파의 경전 해석과 학문 성향〉, 앞의 책, 38~42쪽.
59) 《정산잡저》 권11, 人心道心四端七情圖.

이 희로(정)"라고 한 것에 의문을 품었다.[60] 그 또한 이병휴와 같이 성·정 분개설을 주장하고, 영남의 대산大山 이상정李象靖(1711~1781)과의 교류 안에서 일심一心·일성一性·일정一情의 혼륜설을 주장하는 안정복의 이론을 비판하게 된 것으로 보인다.[61] 이에 대해 안정복은 다음과 같이 자신의 이론을 이해시키려고 노력하였다.

> 기명(권철신)이 서한에서 말하기를 '공(안정복)께서 칠정은 동일한 것이라고 한 것은 혼륜설에 관계된 것으로 스승의 설이 둘로 나뉘어진 것이다'라고 했다는 말을 듣고 깜짝 놀라 어찌할 줄을 몰랐습니다.……성이란 것은 형기 속에 들어 있는 명칭입니다. 단순히 성만 말할 경우 본성(본연지성)과 기품(기질지성)이 포함되어 있고, 단순히 심만 말할 경우 인심과 도심이 포괄되어 있으며, 단순히 정만 말할 경우 사단과 칠정이 모두 들어 있는 것입니다. 사단이 비록 이에서 발로된 것이기는 하지만 기실은 정인 것입니다.……그런데 지금 '정은 하나다'라는 구절을 가지고 혼륜설이라 하여 스승의 설이 둘로 나뉘었다고 하니 저의 본의를 잘 알지 못한 것 같습니다.[62]

다시 말해 그는 스승 이병휴와 같이 인물성이론人物性異論(기수의 특수성) 위에서 심성을 학문이나 현실의 실천에 직결되는 것으로 파악(실천적 심성론)하려고 했던 것이다.[63] 같은 해 안정복이 권철신이나 소암素菴 한정운韓鼎運(1741~1819)에게 보낸 서한을 보면,[64] 이들

60) 《순암집》 권8, 답이사홍서(별지), 기축(1769). "盛論 性發爲情 則四端是也 喜怒哀樂之情 名雖相類 而發於形氣 不容相混 而章句以喜怒之未發者爲性 性之所發 卽爲喜怒者 然何也."

61) 안영상, 〈순암 안정복의 사단칠정설〉, 74쪽.

62) 《순암집》 권8, 여이사홍서, 경인(1770). "旣明書言 公以情一也之句 爲太涉渾淪 岐貳師訓 聞來瞿然失圖……性是墮在形器之名 單言性則本性氣稟兼矣 單言心則人心道心包矣 單言情則四端七情混矣 四端雖理發 而其實情也……今以情一也之句 謂之渾淪 而岐貳師說 則似未悉僕之本意也."

63) 차기진, 〈성호학파의 경전 해석과 학문 성향〉, 앞의 책, 41쪽.

또한 이기양과 마찬가지로 이병휴의 탈주자학적인 분개설을 따랐던 것으로 생각된다.

(3) 《중용》설

이에 앞서 안정복은 1769년 이기양에게 보낸 서한을 통해 《중용》 장구首章에 대한 해석에 잘못이 있음을 지적하고 이를 조목조목 이해시키려고 했는데, 여기에서 이기양이 안정복에게 보낸 《중용》 수장에 대한 해석을 파악할 수 있다. 결론부터 말하자면 이기양의 해석은 대체로 정주程朱의 학설을 비판하는 방향에서 이루어진 것이었다. 위의 서한에서 이기양의 주장을 정리해 보면 다음과 같다.

> 그대가 보낸 서한의 뜻을 보니, 중中을 미발未發이라고 하지 않았습니다. 그대의 서한에서는 '동작이나 언어가 한결같이 중정하고, 다만 하나의 희로애락도 미발한 때를 말한 것이다'라고 했습니다.……공은 미발의 중을 반드시 과거 사람들의 견해와 달리하고자 중을 이발已發이라고 하였습니다.…… 그대는 말하기를 '눈으로 성현의 글을 보고, 귀로 스승의 가르침을 들으며, 마음으로 생각하고, 입으로 이야기하며, 좌우로 요구에 응하여 도에 들어맞지 않음이 없는 경우는, 비록 희로애락과는 관계가 없지만 특별히 사려가 이미 발하였다고 해서 중이라고 말하지 않겠습니까?'라고 했습니다.……그대는 또 말하기를 '사려 이전과 보고 듣기 이전을 중이라고 한다면 죽거나 잠든 사람과 입정한 중〔僧〕도 중이라고 하겠는가?'라고 하였습니다.[65]

64) 《순암집》 권6, 답권기명서, 경인; 권8, 與韓士凝書(별지), 경인.
65) 《순암집》 권8, 답이사홍서(별지), 기축. "竊觀來意 以中爲不作未發 看盛諭有云 動作言語一皆中正 而特一喜怒哀樂未發之時而言……公於未發之中 必欲異于前人 而以中爲已發……盛諭謂目觀聖賢之書 耳聽父師之訓 心思口談 左酬右應 無不中道者 雖無喜怒哀樂之相干 而特以思慮之已發 不謂之中耶……盛諭又云 若以不思慮無聞見爲中 則死睡人入定僧 亦可謂中乎."

이처럼 이기양은 정주학과는 달리 중 자체를 미발이 아니라 이발已發로 보려고 하였다. 이와 달리 정주학에서는 아무런 사려도 일어나지 않고 사물도 이르기 전인 상태가 희로애락의 미발이고, 이러한 고요하고 부동의 상태를 미발의 중으로 이해하였으니, 보고 듣고 생각하고 이야기하는 동작이나 사려나 언어 등이 중정에 들어맞는다는 것 자체가 이미 이발인 것이다. 따라서 이기양의 '미발의 중'은 정주학의 '이발의 중절中節한 화和'에 해당한다. 그러나 이기양은 이와 같은 정주의 설을 비판하면서 "희로애락이 숨어 있으면서 드러나지 않은 것이 얼마나 긴요한 의리이기에 반드시 이것을 중中으로 지목해 거론하여 《중용》 수장에 쓰려고 한단 말인가?"[66]라고 반문하였다.

이기양은 또 자사子思의 계구戒懼(미발의 중에서 천리를 간직하는 공부)와 정자의 거경居敬은 물론 신독愼獨(이발 이후 인욕을 막고 성찰하는 공부)에 대한 정주의 해석, 즉 정주학의 공부 절차와 이론도 비판하였다. 앞에서 인용한 안정복의 1769년 서한에서 이기양의 주장을 정리해 보면 다음과 같다.

> 그대는 계구를 논한 구절에서 '인욕이 끼어들면 반드시 도를 벗어나 악에 빠지기 때문에 계구 공부를 하는 것이다. 이는 악을 엄히 막고 도를 공고하게 지키려는 것이다'라고 하였습니다.……'이미 계구 공부를 하여 인욕의 사사로움을 끊고, 또 희로애락이 편벽되게 촉발하여 그 중을 해치지 않으면 이를 중이라고 할 수 있다'고 하였습니다.……공은 계구를 논하면서 '고요히 간직하는 공부가 없어져 차츰 신독을 벗어나게 된다'고 하였습니다.[67]

---

66) 《순암집》 권8, 답이사홍서(별지), 기축. "盛諭言 喜怒哀樂之伏而不發者 是甚義理緊要 而必也目之以中而擧 而書之於中庸首章也."

정주학에서 계구는 정자의 거경으로, 미발 상태에서의 공부였다. 그러나 이기양은 중은 이발이고, 계구는 신독과 다름이 없이 이발의 상태에서 인욕을 제거하고 천리를 보존하는 공부라고 보았다. 다시 말해 이러한 이론은 주자학에 대한 비판일 뿐만 아니라 '인욕의 사사로움은 이발'이며, '계구와 신독을 통해 인욕을 제거하고 천리를 보존해야 한다'는 양명학의 기본 학설과 크게 다르지 않다. 그러므로 안정복의 학문을 따랐던 하려下廬 황덕길黃德吉(1750~1827)이 뒷날 안정복 행장을 정리하면서 이기양이 일찍이 권철신에게 한 설명, 곧 "경敬은 선禪에 빠져들기 쉽고, 격물치지는 구이지학口耳之學에 빠지기 쉽다"[68]는 내용을 들어 양명설[王學]이라고 비판하게 된 것이다. 이에 앞서 권철신은 1766년에 이미 왕양명의 치양지설致良知說을 옳다고 여겼고, 1769년 무렵에는 이기양의 양명학적 해석을 수용하였다.[69]

이와 같이 이기양의 경전 이해는 철저히 탈주자학의 입장에 서 있었으며, 그는 《대학》이나 《중용》설에서 알 수 있는 것처럼 양명학의 주요 이론도 받아들였다. 이는 가깝게는 이병휴나 권철신과 학문을 교류하는 과정에서, 멀게는 양명설이나 선학들의 탈주자학 성향에서 영향을 받은 것으로 생각된다. 그가 《중용》에 대한 정자程子의

---

67) 《순암집》 권8, 답이사홍서(별지), 기축. "盛諭論戒懼節 以爲人慾間之 則必離道 而陷於惡 故致戒懼之工 所以防惡之嚴 而守道固也……旣能致戒懼之工 以絶人慾之私 而又無喜怒哀樂之觸發 偏僻以害其中 則可謂之中……公論戒懼 則闕靜存之功 而侵過于愼獨."

68) 《순암집》, 부록, 황덕길의 순암 선생 행장. "嘗有一種議論 主張明季王學之說謂 敬易流於禪 格致易失於口耳." 이 구절은 앞에서 인용한 '안정복이 이기양에게 답한 1769년 서한' 내용에 들어 있는 것인데, 안정복은 이때 이기양이 권철신에게 서한을 보내면서 위의 구절을 이미 언급했던 것으로 보았다.

69) 차기진, 〈성호학파의 양명학·서학 접촉과 이해〉, 앞의 책, 74쪽; 서종태, 〈성호학파의 양명학 수용: 복암 이기양을 중심으로〉, 86~96쪽; 서종태, 〈녹암 권철신의 양명학 수용과 그 영향〉, 246~252쪽.

설은 이정지론已定之論이 아니며, 왕양명의 주자만년정론朱子晩年定論에 따라 이 만년정론이 의심스럽다고 비판한 점도 같은 맥락에서 이해될 수 있다.[70] 그러므로 안정복은 양명학의 중요한 이론들을 수용한 이기양과 권철신을 비판하였으니, 이미 그들은 경전 논의 과정에서 수주자학守朱子學과 탈주자학脫朱子學이라는 서로 다른 길을 걷고 있었던 것이다.

2) 학문 성향과 학통

심성론과 《대학》 논의에서 알 수 있는 것처럼, 성호학파 안에서는 일찍이 주자나 송유의 설을 존중하는 학문적 성향[守朱子學]과 함께 자주적 입장에서 정주의 이론을 벗어나려고 했던 학문 성향[脫朱子學]이 자리 잡고 있었다. 성호학파의 2세대 가운데서 윤동규·안정복의 경우에는 전자의 입장이 강했다면, 하빈河濱 신후담愼後聃(1702~1761)이나 이병휴는 후자의 입장이 강하였다.[71] 이처럼 주자류의 해석 체계에 반발하는 학문 성향은 이익으로부터 시작되고 있었으니, 그는 일찍이 자득지학自得之學을 중시하여 주자의 가르침에 이미 자득의 의미가 들어 있다고 가르쳤다.[72]

이병휴의 자주적인 경전 해석과 새로운 이해는 이러한 이익의 자

70) 《순암집》 권8, 답이사흥서(별지), 기축. "公錯看難處二字 反以程子以未發之中爲難處 而謂非已定之論 可乎……盛諭所云 朱子晩年定論 又却疑不暢者 又指何耶."

71) 차기진, 〈성호학파의 경전 해석과 학문 성향〉, 앞의 책, 38~42쪽.

72) 《星湖全書》 5책, 僿說 권13, 人事門, 尹彦明質魯. "朱子有訓 少疑則小進 大疑則大進 多著疑無妨 故無疑處有疑看也 疑者涉乎好新奇 然始學之士 探討谿徑 務在深奧 惟懼不合乎聖經之義 豈可泛看而遂止耶"; 《성호전집》 6책, 사설 권21, 經史門, 儒門禁網. "一字致疑則妄也 考校參互則罪也 朱子之文尙如此 況古經乎 東人之學 難免魯莽矣"; 《순암집》 권16, 函丈錄. "先生曰 學貴自得必也 眞知此事之貴 而自得于心 然後無勉强矯僞之習 而日就眞正之域……先生曰 士當致知 爲學貴重于實行 然而淳謹之人 知務踐履 循塗守轍而已 故見處終不灑然 士當以知識爲主."

득지학에 바탕을 두고 있었으며, 이는 기존의 학문에 대한 '방법론적 반성'에서 비롯된 것으로 볼 수 있다. 그러므로 그는 이익이 강조한 주자의 말을 인용하면서 "주자가 정자를 공맹처럼 존경하면서도 경전과 문의文義에서는 그와 다른 의견을 내세운 적이 있다"[73]는 사실을 들고 있다. 또 이러한 성향은 다음과 같이 학문 현실을 비판한 데서도 잘 나타나고 있다.

> 오늘날 주자를 존경하는 사람들은 그렇지 않다. 문의와 사증을 논하지 아니하고, 진실로 한 글자나 절반의 말이라도 주자의 집전이나 장구에 의심을 두면, 주자를 배반한 것이라 배척하고 선현의 계율을 모독했다고 바로잡으려 한다.[74]

따라서 이병휴의 심성론이나 《대학》에 대한 해석은, 기존의 경전 해석과 내용을 극복해 보려는 '원칙론적인 반성'에서 출발한 것으로 생각된다. 그리고 이는 자득지학이라는 방법론적인 반성에 바탕을 두고 있다고 할 수 있다.

이와 달리 안정복은 "한 글자 한 어구를 깊이 파고들어 만일 한 가지 뜻이라도 알아내게 되면 이를 자득"이라고 하는데, 이는 자득지학 본래의 의미를 알지 못하는 것이라고 비판하였다. 그에 따르면 맹자가 말한 본래의 자득이란 "의에 정밀하고 인에 익숙하며 근본에 훤하여 행동으로 옮기더라도 선하지 아니함이 없고, 마음의 의리를 실천할 때는 그만두려고 해도 그만둘 수 없는 경지"[75]였다. 또 자득

---

73) 《정산잡저》 권10, 論學術之弊. "朱子嘗曰 多著疑不妨 小疑則小進 大疑則大進……朱子之學出於程氏 其平日尊程氏 無異於孔孟 至於經典文義之間 或有意見不合."

74) 《정산잡저》. "今人之尊朱子 則不然 不論文義與事證 苟有一字半辭 致疑於集傳章句之間 則斥之以背朱 繩之以侮賢之律."

의 묘는 "독서를 할 때 말이나 행실의 아주 긴요한 대목에서 인내로 공부하여 오랫동안 쌓이게 되면 맛볼 수 있는 것"[76]이었다.

이와 같이 이병휴와 안정복의 학문 성향은 아주 달랐다. 이것은 1768년에 이병휴가 《대학》·《중용》에 대한 신후담의 자주적인 해석을 옹호한 점, 그리고 이를 비판한 영남 이상정의 이론이 옳은 것만은 아님을 주장한 것과 달리, 안정복이 이상정의 이론을 자주 따르고 있는 데서도 알 수 있다. 아울러 안정복은 한정운의 '독실하고 치밀함[篤實精緊]'을 칭찬하면서 권철신·이인섭李寅燮(자는 士賓, 1734~?)의 단점을 지적하였다.[77] 이어 안정복은 이병휴에게 다시 서한을 보내, 이병휴를 믿고 따른다고 생각되는 권철신과 이기양의 학문과 재주를 다스려주도록 요청하기도 하였다.

> 기명(권철신)과 사홍(이기양)은 진실로 당대의 기재이나, 무릇 덕을 성취하고 큰 일을 이루는 것은 재주로서만 할 수 있는 것이 아닙니다. 반드시 평실平實·온중穩重·관후寬厚·정대正大한 기상이 있은 뒤에야 이룰 수 있는 것이

75) 《순암집》 권5, 答李士賓書, 신축(1781). "孟子言道 欲其自得 自得云者 義精仁熟 洞見本原 發之於行 而無不善 此卽眞知實踐 而義理之悅於心 若芻豢之悅於口 欲罷而不能者也……今之所謂自得 有異於是 必致力於一字一句之間 而決摘穿鑿 如見一義 則謂之自得."

76) 《순암집》 권5, 答李士賓書, 신축(1781). "讀書體驗 其於言行喫緊處 忍耐用工 積習之久 庶有自得之妙."

77) 《순암집》 권4, 答李景協書, 무자(1768). "頃者 韓自嶺來過謂 見李延日象靖 道其文行之美 且傳其言云 昔年 愼耳老氏過嶺時 歷訪有講討之樂 而其理氣庸學諸說 皆背先儒已定之論 而自立門戶者多 果然半生讀書 皆歸虛云云"; 위와 같음, "旣明士賓時有情問 而明也大敏 敏處反爲其病 賓也過通 通處亦爲其短 而篤實精緊 韓鼎運其人也"; 이병휴, 《정산잡저》 권9, 答百順書. "李延日卽嶺外之望 常欲一見而不得 承喩韓某傳說 果是嶺人規撫 凡人論者 當察其言之得失而已 若但以異於先儒之說 而一例揮斥 則是豈前修所望於後人者耶." 이인섭보다는 권철신이 더 자주적인 경전 해석을 시도하고 있었다. 이 점은 안정복이 독서함에 의문을 많이 가지고 시작하는 권철신에게 이인섭의 충고를 받아들이라고 한 점에서도 알 수 있다(《순암집》 권6, 답권기명서, 병술). 이인섭은 1759년 생원시에서 장원을 했으며, 훗날 안정복의 문인이 되어 그의 《동사강목》 완성에 도움을 주었다(姜世求, 〈"東史綱目" 연구〉, 서강대 박사논문, 1993, 52쪽).

므로 그들의 재주를 조절하는 권한을 실로 그대(이병휴)에게 바랍니다.[78]

이 무렵 안정복은 권철신과 이기양의 학문이 이미 자신의 뜻과는 다른 길로 가고 있다는 것을 알고 있었다. 그러므로 앞에서 설명한 것과 같이 1768년에는 권철신에게, 1769년에는 이기양에게 서한을 보내, 그들이 정주의 학설에서 벗어나 양명설을 추종하는 데 우려를 표시한 것이다. 뿐만 아니라 1770년 안정복이 권철신과 한정운에게 보낸 서한을 보면, 사단칠정에 대한 해석에서 권철신·이기양·한정운은 안정복의 해석과 큰 차이를 보이고 있었음을 알 수 있다.[79]

이병휴는 성호학파의 소장 학자들 가운데서도 경전의 자주적인 해석을 추구하는 권철신과 이기양을 가장 높이 평가하였다. 물론 이기양과 권철신은 안정복에게서도 가르침을 받았고, 이후에는 한정운과도 교류하면서 학문의 뜻을 같이하였으나, 경전을 논의하는 과정에서 차츰 자득지학과 탈주자학의 성향을 가진 이병휴에게로 기울게 되었다. 더욱이 이병휴는 만년에 이르러 권철신과 이기양이 성호학파의 다음 세대에서 학문적으로 으뜸이 된다고 생각하여 이익의 학문이 우선 윤동규·신후담·안정복과 자신에게 이어지고, 다음으로 권철신·이기양에 의해 드높여질 것을 기대하고 있었다.[80] 그러므로 이병휴는 후배 학자들의 새로운 학문 해석을 막는 일은 없어야 한다고 강하게 주장하고 나섰다. 이 점은 1770년 무렵 윤동규에게 보낸

78) 《순암집》 권4, 답이경협서, 기축(1769). "既明士興 誠爲當世奇才 夫成德大業 不可徒才而止 必有平實穩重寬厚正大氣象後 可以有爲 抑揚之權 實有望于兄矣."

79) 《순암집》 권6, 답권기명서, 경인(1770); 《순암집》 권8, 與韓士凝書, 경인.

80) 《정산잡저》 권11, 自序, 갑오(1774). "當時及門之士 如龍湖尹幼章氏 余所師表也 河濱愼耳老 漢山安百順 皆余所畏友也 硏或亡或存 存者亦老 余亦老將死矣 惟後進中 如權君既明 有及門親炙 李君士興 亦私淑與聞 是二君者 皆年富志健 若能奉遵遺矩 始終不懈 克笑先生正學之統 則余之願也 余之願也."

다음의 서한에도 잘 나타난다.

> 백순(안정복)이 말한 과장되고 허세가 있는 젊은이는 누구를 가리키는 것인지 모르지만, 사람의 재주와 품성은 각각 다른 것인데 만일 그 마음의 진위를 살펴보지 않고 모두 배척하면서 억누른다면 후배들의 향선지로向善之路를 막을까 두렵습니다. 이는 퇴계退陶가 남명南冥에게 불만을 품고 기세도명欺世盜名하는 것으로 배척한 것과 같습니다.[81]

이병휴는 이처럼 안정복이 후학을 대하는 입장은 이황이 조식에게 취한 태도와 비슷한 편견이 있다고 지적하였다. 그러므로 윤동규에게 서한을 보내 이를 막아주도록 협조를 구한 것이다. 또 그는 사칠설에 관해 안정복과 토론하는 가운데, 안정복이 병폐가 있다고 지적한 서한을 권철신을 통해 받게 되자 곧바로 이에 반박하였으며,[82] 다시 한 번 사칠설에 대한 자신의 의견을 제시하였다.

이후 안정복은 1776년 이병휴에게 보낸 서한을 통해 이기양을 거론하면서 '그의 학문이 변질된 것은 이병휴가 잘못 인도했기 때문이 아닌가' 하고 의심하였으며, 만일 그렇지 않다면 '이기양에게 정문일침을 놓아야 한다'고 강조하였다.[83] 그에 앞서 한때 안정복에게 독실하고 치밀하다고 칭찬을 받은 한정운도 1775년 무렵에는 이미 《양명집》을 읽고 양명설에 심취해 있었으며, 이로 말미암아 뒷날 안정

81) 《정산잡저》 권9, 答龍湖丈書(1770년경). "百順所云 少年誇虛 未詳指某 而人之才性各異 若不察其心之眞僞 而一體排抑 恐閉後輩向善之路 此退陶所以不滿於南冥 欺盜之斥也."

82) 《정산잡저》 권9, 답백순서(1770년경). "忽承惠牘 自旣明所轉寄而來者 乍閱已訝 非手畢矣 讀未半見 有無端添病字 語多辛焚."

83) 《순암집》 권4, 여이경협서, 병신(1776). "近來觀其言論氣習 漸異於前 未知尊兄之敎導 或有所由而然耶……豈非更有別種義理 出於先儒已定之外 而可以成立者耶 此與兄之法門不同 則何不施以頂針耶."

복의 질책을 들으면서 뜻을 달리하게 된 것으로 보인다.[84]

이 무렵 전통 주자학의 이론을 따르는 젊은 학자들은 안정복에게서 가르침을 받고 있었다. 이와 달리 권철신·이기양·한정운 등은 이병휴의 학문을 추종하고 있었으며, 이병휴는 그들이 양명설에 기운 사실을 알고 있으면서도 결코 이를 막으려 하지 않았다.[85]

그 결과 성호학파의 수주자학적 성향과 탈주자학적 성향은 차츰 '보수'와 '혁신'이라는 학문적 갈등으로 변모하게 되고, 그 과정에서 안정복 계열이 보수 진영에, 이병휴의 학문을 이은 권철신·이기양·한정운 등이 혁신 진영에 서게 된 것으로 보인다. 다만, 이기양의 학문이 그 뒤에 어떻게 변화되었는지는 자료가 부족하여 분명히 알 수 없다. 그러나 정약용이 지적한 것과 같이 이기양은 사환의 길로 나가면서 경전에 대한 논의보다는 실용의 학문에 더 관심을 기울였는지도 모른다.

4. 맺음말

이기양은 오랫동안 환로가 끊어진 집안에서 태어나 어렵게 생활하였다. 그는 1763년(20세)부터 이병휴의 문하에 드나들면서 성호의

84) 《순암집》 권6, 여권기명서, 갑진(1784); 권8, 답한사응서, 을미(1775).

85) 1773년 이래로 안정복의 학문은 공백당拱白堂 황덕일黃德壹(1748~1800)과 황덕길 형제를 비롯하여 심유沈瀏·오석충吳錫忠·조신행趙愼行·이존경李存慶·권심언權心彦·김원성金源星 등으로 이어지면서 순암계順菴系를 형성하였고, 1776년 이병휴가 사망한 뒤로는 권일신權日身·홍낙민洪樂敏·이존창李存昌·이벽李檗·이승훈李承薰·정약선丁若銓·이윤하李潤夏·윤유일尹有一·이총억李寵億·이방억李龐億 등이 권철신의 문하에 들어가면서 鹿菴系를 형성하였다(차기진, 〈녹암계의 천주교 수용과 교회 창설〉, 앞의 책, 129~130쪽; 〈척사론의 형성과 공론화〉, 같은 책, 235·267~268쪽).

학문을 계승했으며, 같은 성호학파인 윤동규·안정복·이철환·홍유한에게서도 학문을 배웠다. 특히 1768년(25세) 이후로 권철신과 아주 가까운 관계를 유지했고, 아우나 자식들의 통혼을 매개로 안정복·권철신·이가환과 인척 관계를 유지했으니 정치적으로는 기호남인계로 분류될 수 있다.

이러한 상황에서 이기양은 1769년부터 과거에 뜻을 두었으며, 1774년(31세)에는 진사시에 합격했고, 1795년에는 52세의 나이로 문과에 급제하였다. 그 뒤 그는 정조와 남인의 영수 채제공의 후원 아래 본격적인 사환의 길로 들어서 홍문관 부수찬, 의정부 검상, 승문원 승지를 역임한 뒤 1797년에는 의주부윤에 임명되었으며, 1799년에는 연행 부사로 임명되어 연경을 다녀왔고, 다음 해에는 호조참판을 거쳐 한성부윤, 대사간, 형조·예조참판 등을 역임하였다. 그러나 1801년의 신유옥사 때, 그 자신은 천주교를 받아들인 적이 없었음에도 통혼 관계나 학문적으로 친서親西계 인물들과 깊이 연관되어 있다는 죄명으로 함경도 단천으로 유배되어 그곳에서 생을 마감하게 되었다.

이기양의 《복암유고》는 현재 전하지 않는다. 그러나 다행히도 그의 학문 내용과 성향의 일부를 성호학파 안에서 이루어진 경전 논의나 심성 논쟁 가운데서 찾아볼 수 있다.

이기양은 《대학》 논의 과정에서 탈주자학적 입장을 지향하면서 이병휴의 실천적인 대학설, 즉 '명덕=효제자설'을 따랐고, 심성론에서는 주자나 안정복의 혼륜설을 비판하면서 이병휴의 엄격한 구분, 즉 분개설에 따라 이심二心·이성二性·이정二情의 심성론을 주장하였다. 또 그는 《중용》 수장을 해석하면서 중을 정주학의 미발이 아니라 이발로 보았으며, 계구·거경은 말할 것도 없고 신독에 대한 정주의 이론까지 비판하였다. 뿐만 아니라 이병휴나 권철신과 같이 《대학》이나 《중용》을 해석하면서 양명학의 주요 이론까지 받아들임으로써 안정복으로부터 많은 비판을 받게 되었으니, 이는 가깝게는 이병휴나 권철신과 학문을 교류하는 과정에서 영향을 받은 것이고, 멀리는 양명설이나 선학들의 탈주자학 성향에서 영향을 받은 것으로 생각된다.

이기양의 학문 성향은 이처럼 혁신적이었다. 이는 기존의 학문에 대한 방법론적 반성으로 자득지학을 중시하고, 원칙론적인 반성으로 탈주자학의 입장을 지향했기 때문에 가능한 것이었다. 기호남인 가운데서는 권철신·한정운 등이 그와 뜻을 같이했는데, 이들은 모두 이익과 이병휴로 이어지는 학문을 추종했다는 공통점을 지니고 있었다. 결국 이들은 수주자학의 입장을 고수하는 안정복 계열과 오랫동안 갈등을 겪지 않으면 안 되었다. 이기양이 사환의 길로 들어선 1795년 이후 그의 학문이 어떻게 변모했는지는 자료의 부족으로 알 수가 없다.

■ 참고문헌

차기진, 《조선 후기의 서학과 척사론 연구》, 한국교회사연구소, 2002.

서종태, 〈녹암 권철신의 양명학 수용과 그 영향〉, 《국사관논총》 34집, 1992.

______, 〈성호학파의 양명학 수용: 복암 이기양을 중심으로〉, 《한국사연구》 66집, 1989.

서종태, 〈이병휴의 外朱內王의 유교사상〉, 《역사와 사회》, 현암사, 1997.

심경호, 〈성호학파의 계보〉, 《성호학보》 2호, 2006.
안영상, 〈古本大學說을 둘러싼 성호학파의 갈등 양상과 그 의미〉, 《한국 사상과 문화》 29집, 2005.
______, 〈순암 안정복의 사단칠정설: 성호학파 내부 논쟁을 중심으로〉, 《한국실학연구》 3집, 2001.
최봉영, 〈성호학파의 朱子大學章句 비판론〉, 《동양학》 17집, 1987.
최석기, 〈정산 이병휴의 경전 해석과 그 의의〉, 《대동문화연구》 42집, 2003.